Organizational Behavior

高等院校经济管理类新形态系列教材

组织行为学
（第3版）

□ 丁敏 主编

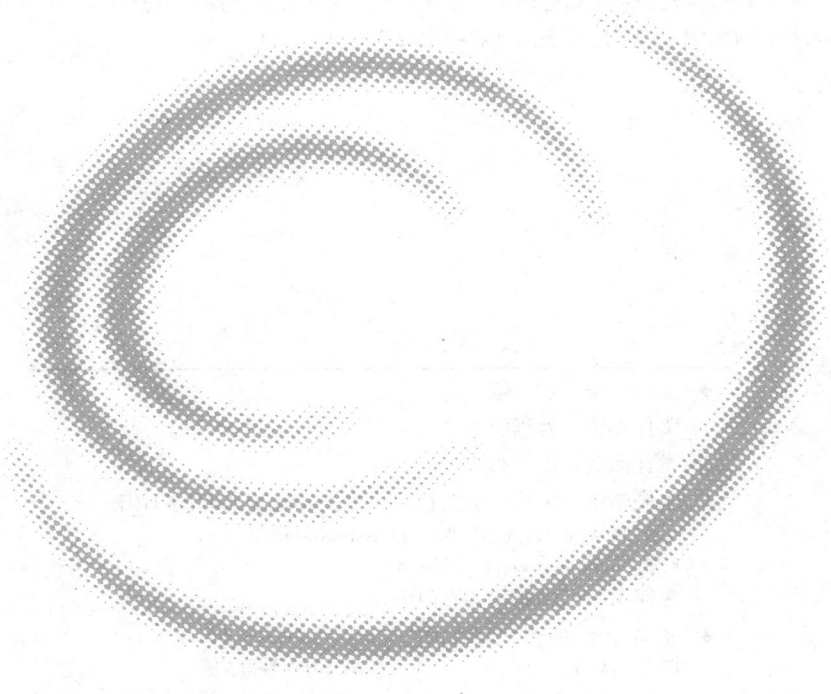

人民邮电出版社
北 京

图书在版编目（CIP）数据

组织行为学 / 丁敏主编. -- 3版. -- 北京 : 人民
邮电出版社, 2025. --（高等院校经济管理类新形态系列
教材）. -- ISBN 978-7-115-67106-6

Ⅰ. C936

中国国家版本馆 CIP 数据核字第 2025HX1935 号

内 容 提 要

本书阐述了组织行为学的基本概念、基本方法和基本理论，简要介绍了学科发展的新理论、新趋势及面临的挑战，从个体、群体和组织等三个层次系统地分析了组织中人的行为及其规律，以培养和提高读者对个体行为、群体行为、组织行为规律的认知、预测和控制能力，并使读者能够应用所学知识分析组织成员的各种心理与行为，进而提高组织绩效。

本书各章章首有学习目标和导入案例，章节中有可供课堂讨论的案例，章后有本章小结、综合练习题。

与本书配套的教学资料有教学大纲、电子教案、电子课件、补充案例、习题答案、模拟试卷与答案等，索取方式参见"更新勘误表和配套资料索取示意图"（部分资料仅限用书教师下载，编辑 QQ：602983359）。

本书可作为高等院校经济类和管理类各专业本科生组织行为学课程的教材，同时还可作为从事组织管理的工作人员和对组织行为学感兴趣的读者的学习读物。

◆ 主　　编　丁　敏
　　责任编辑　万国清
　　责任印制　陈　犇

◆ 人民邮电出版社出版发行　　北京市丰台区成寿寺路 11 号
　　邮编　100164　电子邮件　315@ptpress.com.cn
　　网址　https://www.ptpress.com.cn
　　三河市中晟雅豪印务有限公司印刷

◆ 开本：787×1092　1/16
　　印张：14.25　　　　　　　2025 年 7 月第 3 版
　　字数：381 千字　　　　　　2025 年 7 月河北第 1 次印刷

定价：56.00 元

读者服务热线：(010)81055256　印装质量热线：(010)81055316
反盗版热线：(010)81055315

第 3 版前言

组织行为学是系统地研究人在组织中所表现的行为规律的学科。作为工商管理和公共管理的专业核心课，该学科经历了"工业心理学—管理心理学—组织行为学"的发展阶段。加强对该学科的研究和应用，可以提升各级管理人员对员工的心理与行为的预测、引导和控制能力，提升管理者的管理水平，协调个人、群体与组织之间的相互关系，充分调动组织中人们的工作积极性、主动性和创造性，有效实现组织目标，取得最佳组织绩效。

本书自第 1 版于 2012 年出版以来，深受专家、学者、青年学生以及其他读者的喜爱、肯定和好评。

本次修订力求使读者全面了解组织行为学的知识结构体系，掌握组织行为学的基本概念、基本方法和基本理论，培养和提高读者对组织中的个体行为、群体行为、组织行为规律的认知能力，并能应用所学知识分析、引导和预测组织中的各种心理与行为，以提高组织绩效。本书不仅可为读者以后学习其他相关课程奠定良好的基础，而且还能促其结合所学知识解决管理中涉及的组织中人的行为的各种实践问题。

本次修订，编者结合教学与时代发展的需要，对教学内容、教学案例等都做了补充、更新与完善，并着重进行了以下几方面的改进：①内容整合与更新。根据教学需要，适当删除了理论性较强的内容，更新了一些案例，补充了积极组织行为学、新型组织结构等新知识点。②各章的教学小案例结尾处补充了点评或问题，以强化所学知识，使教学目标更明确、更有针对性和实用性。③调整了部分习题，精简了选择题，更新与补充了其他题型的内容。

本次修订，编者力求纳入更多与实践相关的内容，以更好地激发读者对现实问题的思考，增强读者的分析能力与实践能力。

与本书配套的教学资料有教学大纲、电子教案、电子课件、补充案例、习题答案、模拟试卷及答案等，索取方式参见"更新勘误表和配套资料索取示意图"（部分资料仅限用书教师下载，编辑 QQ：602983359）。

　　本次修订由丁敏统纂定稿，编写组其他成员有王春芳、周燕、苏立宁、邵艳丽等老师。

　　在本次修订过程中，编者参阅了国内外大量的相关文献与资料，在此向涉及的所有作者表示真诚的感谢！

　　由于作者时间与水平所限，本书疏漏之处在所难免，敬请理论界同行和广大读者提出宝贵意见与建议，以便我们在下次修订时进一步完善。

编者

目　录

第一章　组织行为学导论

【学习目标】

通过学习本章，了解组织行为学的产生与发展状况、组织行为学的理论基础；掌握组织行为、组织行为学的内涵；理解积极组织行为学、积极心理能力、马克思主义的人性观。

【导入案例】

数字员工成为企业新员工

据晶报数字报 2024 年 4 月 3 日报道（记者　邹振民）九千仿脑科技（深圳）有限公司目前有 9 名人类员工，其余的都是"非人类员工"，也就是数字员工。数字员工作为一种基于计算机和软件的虚拟员工，具备处理各种复杂任务的能力，属于智能自动化的范畴。通过结合机器人流程自动化（RPA）和其他人工智能技术，如对话式人工智能、自然语言处理（NLP）和计算机视觉，数字员工能够与人交流、理解需求、从非结构化数据中获取意义、做出决策，并不断从与人类的互动中学习。数字员工 24 小时不间断地工作，为公司和客户解决问题，创造价值。跟人类员工一样，每个数字员工各有优缺点和专攻方向，大家组合到一起，通过新的标准操作程序，各司其职。

数字员工的工作流程和人类的工作流程几乎一样，但对于信息处理的广度和速度，两者差别极大，数字员工的工作效率高得可怕。据公司创始人李家旺介绍，"一个工作岗位上的员工通常需要做很多不同的事情，比如一名销售需要接待客户、介绍产品、谈合同等，我们就把这些事情里用到的各种人工智能技术像拼图一样拼起来，形成一套完整的工作流程，这样，销售工作岗位上的数字员工就能从头到尾把活儿干完，不太需要人来帮忙了。""比如我们的法务工作岗位上的数字员工，它基本可以在几秒内完成写合同、审合同。很多人可能会说，像销售这种需要'善解人意'的工作，人工智能还是取代不了的。其实在我们的实践当中，随着大模型的升级，人工智能现在可以很好地理解人类的语境和语意，一名人工智能销售可以做到'千人千面'地聊天，而且不是大家想象的那种充满机械感的交流。这甚至是很多专业销售人员都很难做到的。"

数字员工不仅工作效率高、失误少，且任劳任怨，可以 24 小时保持高效的工作状态及节奏。更关键的是，数字员工还不要工资。相比之下，数字员工的性价比高出人类员工太多了。现在不少大型企业都已经用上了数字员工。市场调研机构的分析表明，企业若持续采用数字员工，有望在两三年内将中后台生产力提升四五成，将员工离职率降低三成，并节省一两成的人工成本。数字员工带来新型生产力后，完成同一件事情的组合要素变了，以前可能要很多人来完成的事情，现在可能只需要一两个人加人工智能就能完成。

启发与思考： 数字员工的引入会使组织面临哪些严重影响组织绩效的组织行为方面的问题？

组织是由人组成的开放的复杂系统，人在组织中工作，与他人建立各种各样的关系，不同的人际关系会影响组织中的人、群体与组织本身，更重要的是会影响组织绩效及组织终极目标的实现。通过对导入案例的分析可知，伴随着企业数智化转型进入新的阶段，人与组织的关系更加复杂、多变、混序化、个性化，人与智能人（数字员工）有望形成新智能灵魂伙伴关系。智能人的出现则会给整个组织带来全新的挑战。组织结构、组织设计、组织变革、组织发展、组织文化、领导能力与领导艺术、群体冲突、群体沟通、激励机制设计等逐渐成为严重影响数智化转型下组织绩效的组织行为问题。组织行为学的专业性、人性化、创新性与个性化服务不可能完全被替代，所以，我们建议组织采取以下几种方法改善现状：①对组织的全体管理人员进行组织行为学方面的培训，以强化其数智化的管理理念和技能；②进行组织变革，促进组织发展；③完善公司群体沟通机制；④改善员工激励机制；⑤加强自身的学习，提升领导能力与领导艺术水平。

对于组织的管理者，没有一定的组织行为学的知识是万万不行的。我们不仅要给人才赋能，还要给智能人赋能，善用新智能来提升效能，激发组织活力。组织绩效的提升不仅取决于管理者的技术能力，还取决于管理者在组织行为学方面的技能。如何界定智能人与人类之间的关系？如何实现智能人和人类在生产要素上的协同？这些问题将成为组织行为管理面临的重要课题。

在竞争日益激烈的环境中，管理者不仅要有技术与技能，善用智能工具，还需要具备良好的人际技能，善于了解员工的能力与动机，客观分析与有效处理组织中的群体矛盾，及时进行组织变革，等等，从而为组织行为管理赋能提效。

第一节　组织行为学的产生与发展

组织行为学的产生和发展经历了一个漫长的理论准备和实际应用的演变过程。

一、组织行为学的产生

1. 早期探索阶段——近代管理理论

1776年，亚当·斯密（1723—1790）的《国民财富的性质和原因的研究》（以下简称《国富论》）一书出版后，立即震动了各国学术界。《国富论》中第一次提出了劳动分工的观点，并全面、系统地阐述了劳动分工对提高劳动生产率和增加国民财富的巨大作用，同时还提出了人们在经济活动中追求个人利益的观点——"经济人"。在企业管理实践中，英国空想社会主义者罗伯特·欧文（1771—1858）对影响劳动生产率的人的因素进行了长期的观察和研究，提出了人是"有生命的机器"的观点。美国人唐恩1886年发表的《作为经济学家的工程师》一文点燃了"管理运动"的火星。唐恩认为，有管理才能的人应该经过生产技术和行政事务两方面的培训，并从具备经验的人员中选拔。

20世纪初至30年代，这一阶段形成了古典管理理论，主要理论有：以美国的泰勒为代表人物的科学管理理论，提倡运用工业工程技术（如时间与动作分析）来提高劳动生产率；以法国的法约尔为代表人物的管理过程理论，提出了关于管理职能和管理原则的一般管理理论；以德国的韦伯为代表人物的组织理论，提出了"理想的组织机构模式"。

其实，人们很早就注意到运用心理学来研究企业管理了。早在1903年，德国心理学家斯腾就提出了"心理技术学"这一概念；1912年，德国心理学家冯特的学生雨果·闵斯特伯格出版了著名的《心理学与经济生活》(后被译为《心理学与工业效率》)一书。在该书中，闵斯特伯格主要研究了三个方面的问题：①如何选拔最优秀的员工；②如何使员工的才能与所做工作最匹配；③什么条件下人们的工作绩效最佳。因此，闵斯特伯格被学术界称为"工业心理学之父"。被称为"管理学第一夫人"的莉莲·吉尔布雷思是最早尝试将心理学运用到企业管理中的理论家之一。1914 年，她出版了《心理学与管理的科学》一书，强调管理部门对工人的关心和科学管理方法的重要性，认为这是提高工作效率和员工满意度的关键。

案例 1.1

1914 年，工业巨头福特在其公司建立了一个"人事研究室"，专门研究人的管理。美国一家钢铁公司的人事部经理威廉斯为了解和研究员工的心理活动和行为，于 1920 年先后到煤矿、铁厂、炼油厂、造船厂等企业当流动工人，体验工人生活，写出了《员工们在想什么》一书，否定了泰勒的"经济人"观点。他认为，管理人员如果只注意员工的经济欲望，而不注意他们的思想状况，管理工作必将失败。

启发与思考：组织中的人到底需要的是什么呢？

管理学家们逐渐察觉到，人的因素应该受到重视。从亚当·斯密提出的"经济人"观点，到欧文倡导的重视人力资源投资，重视人的地位与作用；从泰勒悉心研究工人的作业行为和管理者的行为，强调物质刺激与物质鼓励，到莉莲·吉尔布雷思肯定人的作用，关心工作中人的因素；从法约尔潜心研究劳动报酬分配的公平合理问题，到厄威克在近代两大管理流派的基础上对组织行为的初步研究，我们不难发现，重视人的地位与作用，强调关心人、爱护人、承认人是提高生产效率、增加利润的不可忽视的重要因素，这些行为管理思想的雏形已初现端倪。因此，我们可以认为，近代管理理论的发展为行为科学的萌芽奠定了基础。

2. 初创阶段——人际关系学说的创立

人际关系学说的创立为行为科学的产生提供了契机。19 世纪末到 20 世纪初，随着机械化生产规模的扩大和社会化程度的提高，以及资产阶级剥削工人的加剧，工人运动进一步发展，劳资矛盾日趋尖锐和激化。在这种情况下，西方一些管理学家已察觉到以往的管理理论对"人"的因素重视不够，他们从提高劳动生产率的目的出发，试图寻找新的管理方法。

人际关系学说形成于 20 世纪三四十年代，它吸收了科学管理中后期出现的以探讨人的因素为主题的许多新内容，它的着眼点是人们工作周围的社会环境，它对个人行为的种种差异和工作组合对个人的影响给予了充分的注意。

1924—1932 年，在美国芝加哥西方电气公司所属霍桑工厂进行的一连串实验被称为"霍桑实验"。这次著名的研究活动是在美国国家科学委员会的资助下，由美国哈佛大学教授梅奥主持进行的。霍桑实验的重大贡献在于，它激发了人们对组织内部人的重视与关注，所以被后人称为研究组织内部人的行为的里程碑。霍桑实验所取得的一系列成果，经梅奥归纳、总结、整理，于 1933 年正式出版为《工业文明的人类问题》一书，书中提出并创立了人际关系学说理论，该理论第一次涉及影响员工生产积极性的心理与社会方面的因素，探讨了人际关系因素在生产与管理中的作用。1945 年，梅奥又出版了《工业文明的社会问题》一书，进一步阐述了他的观点。人际关系学说的主要内容包括以下四个方面：①人是社会人；②士气是决定生产效率的关键；③企业中存在着非正式组织；④要改变领导方式以提高工人满意度。

人际关系学说的出现使西方许多管理学家开始重视对企业中人的因素的研究，它为管理工作和管理理论的发展开辟了新的途径，也为行为科学的产生提供了契机。

3. 形成阶段——行为科学的诞生

20 世纪 40 年代末 50 年代初，在人际关系学说的基础上，行为科学作为一门新学科出现了。行为科学是对员工在组织活动中的行为以及这些行为产生的原因进行分析的一门学科，涉及员工的需要、动机、个性、情绪、思想等，是管理科学的一个主流学派。

1949 年，在美国芝加哥召开的一次跨学科会议上首次确立行为科学之后，美国福特基金会成立了"行为科学部"，1952 年又成立了"行为科学高级研究中心"，每年选拔 40 位美国的行为学家和 10 位其他国家的行为学家进行研究讨论，1953 年又拨款给哈佛大学、斯坦福大学、芝加哥大学、密歇根大学及北卡罗来纳大学等，委托它们从事行为科学的研究，并召集一些大学的科学家开会，正式将研究人的行为规律的综合性学科定名为"行为科学"。此外，美国联邦政府和一些基金会也先后拨款支持行为科学的研究。美国福特基金会于 1956 年在美国发行了第一本《行为科学》(*Behavioral Sciences*) 杂志。从此，行为科学的研究及应用迅猛发展起来。

美国的管理学家杜拉克估计，第二次世界大战以后，介绍行为科学的书籍和刊物在管理方面的所有出版物中占比超过 50%。美国道奈兰公司的董事长约翰·道奈兰曾说过："我们在行为科学的咨询和训练上进行了大量投资，因为我们觉得投资于行为科学比投资于机器更合算，因为关于投资的回报，行为科学比机器更保险。"日本早稻田大学一位教授曾说过："现在是原子时代，自动化时代，同时也可以说是行为科学的时代。"

4. 发展阶段——组织行为学的确立

到 20 世纪 50 年代末，行为科学出现了"工业人本主义"的概念，其主要主张是在工业组织中消除独裁倾向，实行民主管理，促使个人目标和组织目标趋向一致。20 世纪 60 年代中叶以后，行为科学的又一重要发展方向是组织行为学的研究，其特征是既注重人的因素，又注重组织的因素。组织行为学是行为科学在企业管理领域的应用，是综合运用各种与人的行为有关的知识，研究一定组织中人的行为规律的科学。组织行为学不是研究一般心理规律的，而是研究各种工作组织中人的工作行为规律的。这一时期，组织行为学在企业中的应用已遍及西欧各国、美国、日本等众多国家，并创造了多种应用形式，如目标管理、无缺点计划、职工参与管理、工作扩大化与丰富化、工作再设计、职工教育与训练等。

组织行为学的产生对管理科学的发展、管理的科学化和现代化产生了重大影响。它改变了传统管理对人的错误认识，从忽视人的作用转变为重视人的作用。至此，现代管理已由原来的以事为中心发展到以人为中心；由原来对纪律的研究发展到对人的行为的研究；由原来的监督管理发展到激励管理。

二、组织行为学的发展

1. 组织行为学面临的挑战

组织行为学是随着组织的演变、管理理论的发展而产生和发展的。20 世纪 90 年代以后，科学技术的飞速发展，世界经济一体化的进程加快，对组织的发展与变革提出了新的课题。学习型组织、流程再造、虚拟组织等组织形态的出现标志着对组织行为的研究已进入了一个新的阶段。在美国，企业家们普遍重视运用组织行为学来提高自己的经营管理水平。美国工业联合委员会的一项调查显示，各公司管理人员中有 90% 的人读过行为科学方面的文章，有 80% 的公司对行为科学感兴趣，有 75% 以上的公司曾派人参加过有关行为科学的培训班。

在剧烈变革与迅速发展的时代，组织行为学为管理者处理某些变革与发展问题提供了重要的启示，同时也面临着更多新的机遇与挑战：①如何改善产品质量以及提高生产率；②如何改善人际交往技能；③如何应对劳动力多元化；④如何应对经济全球化；⑤如何应对网络化；⑥如何激发革新和变革；⑦如何提升员工工作幸福感；⑧如何应对道德困境。

2. 积极组织行为学

一般来说，传统组织行为学更多地关注组织、团队、管理者和员工等的负面问题的解决，如研究怎样引导和激励消极、懒惰的员工；研究如何更有效地应对冲突、压力和工作倦怠；研究如何改进员工不良的态度及对组织变革的抵制。21 世纪以来，组织行为学兴起了一个新方向——积极组织行为学，它弥补了传统组织行为学的不足。

积极组织行为学（positive organization behavior，POB）由美国管理学家、心理学家鲁森斯于 2002 年正式提出，它强调对人的心理优势的开发与管理，将研究重点放在了如何采取积极的方法和怎样发挥员工心理优势以提高组织的绩效水平上。鲁森斯为积极组织行为学研究的特定内容提出了具体的标准，即能够纳入积极组织行为学研究领域的范畴必须有清晰的概念界定和积极的意义，相对传统组织行为学研究领域的独特性，有效的测量方法，以及适合进行工作中的管理开发和员工训练，有助于工作绩效的改善等一系列标准。

积极组织行为学的理论基础源于积极心理学的研究成果。积极心理学的发展始于 20 世纪 60 年代，在人本主义思潮及人类潜能开发思想的影响下，研究者开始研究快乐、幸福、满意、士气等积极的心理课题。到 20 世纪 90 年代，有关积极心理学的研究成果大量涌现。美国心理学家塞利格曼和契克森米哈赖在 2000 年正式提出积极心理学的概念。<u>积极组织行为学是对积极心理品质和能力的测量、开发和有效管理的研究和应用，其目的是实现个体、群体和组织绩效的提升。</u>积极组织行为学强调积极心理品质和能力的可测量性、可开发性，关心的是研究结果能否对管理者及员工进行培训与开发，在理论和研究上专注于人的积极优势和心理能力的驱动。积极组织行为学与积极心理学有所不同，其研究的重点放在可以改变的心理状态上，而不是相对较难改变的心理特质上。可开发、可培训是从本质上区分积极组织行为学和积极心理学、传统取向的组织行为学的关键。

案例 1.2

北漂"快递哥"窦立国

综合媒体报道，窦立国出生在吉林农村，只读完了初中二年级便早早辍学，1996 年来到北京，开始了"北漂"生活。其间，他从事过各种职业，包括酒楼保安和厨师等。2008 年，窦立国与妻子开始从事快递员的工作。窦立国购买了大量名片和广告，每天在路上分发名片，并捡回被扔在地上的名片。他坚持不懈地派发名片，渐渐地开始有人联系他寄件。此外，窦立国从 2010 年就开始做志愿者，参与更多的公益活动和志愿援助活动，致力于为贫困地区的人们带来更好的生活条件，尽力去做有益于社会的事情。

窦立国不断研究和改善自己的服务，不仅将名片改成了便民服务卡，印上了附近提供送餐服务的商家的信息，还开始研究路线，绘制自己要途经的地点，探索了避免交通拥堵的办法，提高了工作效率，增加了业务量。2014 年 1 月，他因参加一档知识抢答类电视节目时击败了北大高才生而获得了更多的关注和认可。阿里巴巴注意到了窦立国的成就，并为他提供了机会，最终使他成为阿里巴巴 2014 年上市时的敲钟人之一。他从此被人称为"最牛快递员"。

窦立国说，他讲不出什么大的道理，但是他觉得，事业和好的生活都是人踏踏实实一点一点地干出来的，机会也是人努力争取来的，无论什么时候，无论在什么环境下，勤奋和乐观永远都不能丢。勤奋和快乐的窦立国先后荣获 2014 年"全国最美快递员"50 强、2014 年"责任中国公益人物奖"、2019年"全国快递小蜜蜂奖"等荣誉。

点评：自信、乐观、希望、韧性、幸福感等积极的心理品质对人生有着重要意义，只要是努力工作、保持对生活的热爱、乐于助人的人，都能为社会做贡献，都可以取得成就。

自我效能感（self-efficacy）、希望（hope）、乐观（optimism）、主观幸福感（subjective well-being）和恢复力（resilience）等被认为是积极组织行为学有关积极心理能力的典型代表。

（1）自我效能感是指人们对自己具备实现特定领域行为目标所需能力的一种信念。自我效能感是积极性发挥作用最普遍、也最为重要的心理机制。人们只有相信自己的行为能够达到理想的效果，并能阻止不理想结果的发生，才会有行动的动机。

（2）希望是指个体相信自己能够设置目标，想出如何实现目标的途径，并激励自己去实现目标的一种信念。它不仅仅反映了个体达成目标的决心，而且也包括了个体对能够制订完美的计划和确定达成目标的有效途径的一种信心。

（3）乐观是一种倾向于做积极结果预期和积极归因的认知特性。乐观者做外部的（不是自己的错）、非稳定的（暂时的）及特定的（只是这一情境中的问题）归因；悲观者则做内部的（是自己的错）、稳定的（会持续较长一段时间）及总体的（会破坏他们所做的一切）归因。研究发现，乐观能够对身心健康、成就取向、动机等因素产生积极的影响，而这些因素能够进一步带来学业、体育竞技和职业上的成功；悲观则起反作用。

（4）主观幸福感是指人们关于自己生活的情感性和认知性的评价。在这种意义上，决定人们是否幸福的并不是实际发生了什么，而是人们对所发生的事情在情绪上做出何种解释，在认知上进行怎样的加工。主观幸福感反映了人们注重美好生活的社会发展趋势。

（5）恢复力是指面对失败、困难或者逆境时的有效应对和适应。当生活变化对人们造成威胁时，这种自我保护的生物本能就会展现出来。恢复力的提高意味着成长、健康和幸福。

可见，积极组织行为学是在传统组织行为学研究的基础上增加了一种积极的研究取向，要求组织建立高度重视员工积极心理能力的新的管理理念，提倡采取以优势或积极性为导向的管理方法。组织持续的绩效提升来自管理者对员工积极品质——积极心理能力的重视。

三、研究组织行为学的意义

组织行为学认为，在人、财、物等生产要素中，人是最重要的因素，在科学技术高速发展的今天更是如此。在"以人为本"的现代管理中，最主要的管理是对人的管理。企业最终要靠人（个人及群体）来实现企业的目标。在现代化生产中，脑力劳动在经营管理与生产操作中所占的比重越来越大。脑力劳动是难以直接观察的，也是难以通过计量来显示其绩效的，因为这主要取决于脑力劳动者的主动精神和积极性。

特别是进入信息化、大数据、人工智能时代以后，企业要求员工能够进行更高级的脑力劳动。数据的可获得性提高了机构预测人类行为趋势的能力，但由于人类的行为反复无常，需要基于无数变量来预测，所以管理不是基于简单的数据总和。大数据在预测事件与防治风险和灾难时具有局限性，要做出正确的决策和减少自然的偏见，就必须对人类行为的特性有所理解。

随着现代组织不断发生巨大变化，研究与学习组织行为学变得越来越重要。我们应当吸取组织行为学中关于如何激励员工个人和群体工作积极性的有效方法：研究个人需要，把满足个人需要与实现组织的目标相统一；重视领导行为的研究，改善领导者与被领导者的关系；重视组织设计、组织变革和组织发展的研究，从而建立以人为中心而不是以生产任务为中心的管理制度，更好地发挥人的积极性、主动性和创造性，更有效地提高组织绩效。

第二节　组织行为学概述

　　到底什么是组织？答案似乎很简单，学校、政府、医院、银行等都可以被称为组织。人们在组织中寻求爱与被爱，寻求认同与尊重；在组织中获得成功或遭遇失败，感受满意与失望……组织因有人而丰富多彩，也因有人而复杂。

一、组织与组织行为

（一）组织

1. 组织的含义

　　美国管理学家巴纳德认为，组织是人们为了达到共同的目标而形成的一个动态、有序、系统的社会共同体。编者认为，<u>组织是具有特定目标、资源、结构，并与环境相互作用的开放系统</u>，如图 1.1 所示。

　　（1）特定目标。组织是为实现特定目标而产生的，这一目标决定了任何一个组织作为社会组成部分存在的必要性与合理性，所以每一个组织都应有明确的目标。例如，企业的目标与宗旨是实现利润最大化，学校的目标与宗旨是为社会发展培养人才，医院的目标与宗旨是为社会提供优质的医疗服务。

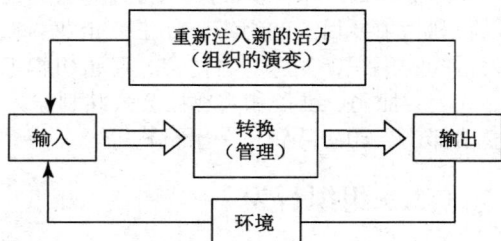

图 1.1　组织是一个开放系统

　　（2）资源。实现组织目标需要人、财、物等各种资源。组织只有通过对资源进行有效整合，并将这些资源转化为其他组织或个人所需的各类产出，才能实现目标，得以生存和持续发展。

　　（3）结构。组织活动所需的资源最终是由人来配置的。如何有效地分工与协调，使组织中的人发挥其最大效用，是组织运作首先要解决的重要问题。所以，组织不仅需要科学地划分部门、管理层次及各自的责任、义务、权力与利益，科学地安排每个成员的职责并落实其权利，还需要建立有效的沟通与协商机制，以保障组织的正常运行。

　　（4）互动（交换）。一个组织不是存在于真空中的，而是存在于现实环境中的一个开放的系统，组织要不断地与内外环境进行信息、物质等资源的交换，以使自身与环境相互作用，适应环境的变化，持续、稳定地发展。

2. 组织的类型

　　一般来说，组织的类型主要有以下几种。

　　（1）按成员数量进行分类，组织可分为小型组织（数十人以内）、中型组织（数十人至千人）、大型组织（千人至数万人）、巨型组织（数万人以上）。

　　（2）按社会职能进行分类，组织可分为文化性组织、经济性组织和政治性组织。文化性组织是人们之间相互沟通思想、联络感情、传递文化知识的一种社会组织，如各类学校、研究机构、艺术团体、图书馆、博物馆、展览馆、出版社、杂志社、报社等都属于文化性组织，文化性组织一般不追求经济效益，多属于非营利性组织；经济性组织是一种专门追求经济效益的社会组织，它存在于生产、交换、分配、消费等领域，如工商企业、银行、财团、保险公司等都属于经济性组织；政治性组织是一种为国家的政治利益服务的社会组织，如国家的立法机关、司法机关、行政机关、政党、监狱、军队等都属于政治性组织。

（3）按成员的受益程度来分类，组织可分为互利组织、商业组织、服务组织和公益组织。互利组织是一种以组织内部成员间互相获得利益为目标的组织，这类组织追求的是组织内部成员之间的互惠互利，如工会、俱乐部等；商业组织是从事工商活动的组织，如工商企业、银行等；服务组织是为人们或者其他组织提供服务的组织，如公立医院、公立大学、福利院等；公益组织是指那些非政府的、不是以经济利益为首要目标，而是以社会公益事业为首要目标的社会组织。早期的公益组织主要从事人道主义救援和贫民救济活动，很多公益组织起源于慈善机构，如中华慈善总会、邵逸夫基金会、蓝天救援队等都属于公益组织。

（4）按管理成员的方式进行分类，组织可分为强制型组织、功利型组织和规范型组织。强制型组织是采用高压、威胁、暴力等手段管理成员行为的组织，通常用于控制或改造成员的行为，如监狱、精神病院等；功利型组织是用金钱或物质为媒介来管理成员行为的组织，如工商企业等；规范型组织是通过在伦理道德或观念、信仰等基础上形成的规范权力来管理成员行为的组织，如宗教团体、政治团体等。

（5）按目标来分类，组织可分为营利性组织、非营利性组织和公共组织。营利性组织是指以获利为主要目的的组织，如工商企业、私立医院、私立学校等；非营利性组织是指不以营利为目的的组织，如志愿者协会、慈善机构等；公共组织就是以管理社会公共事务，提供公共产品和公共服务，维护和实现社会公共利益为目的，拥有法定或被授予公共权力的组织，如政府、立法部门、司法部门、军事机构等。

（二）组织行为

组织是由人组成的复杂系统。组织成员要想在组织中如鱼得水，须掌握人际沟通的知识与技能。

1. 行为

《现代汉语词典》（第 7 版）对"行为"给出的注解是："受思想支配而表现出来的活动。"《韦氏大词典》对"行为"给出的注解是："处理自身的方式；对外界刺激反应的某种表现；个体、组织等方面对其外部环境的反应；某种事物活动的方式。"可见，东西方对"行为"这一概念的认识是有差别的。东方学者强调内在的反应——意识环节，西方学者强调外部的反应——活动。尽管人们从不同的角度对"行为"做出了不同的解释，但总的来说，人的行为是其内在的心理需要与外部的社会环境相互作用而产生的一系列指向外部的活动，是人这一主体对其所处环境这一客体所做出的反应。

著名心理学家勒温（Lewin）认为，人的行为是人与环境相互作用的结果，或者说行为是人与环境的函数：$B = f(P, E)$，其中，B 为行为（behavior），P 为个性（personality），E 为环境（environment）。我们认为，行为是指人或动物表现出的，与其生理、心理活动紧密相连的、外显的运动、动作或活动。

一般来说，人的行为具有以下特点：①目的性，即行为总是指向某个目标；②因果性，即行为是目标的因，目标是行为的果；③能动性，即行为具有主观能动性，它既符合环境的要求，又满足人本身的需要，所以在不同的时间、地点等条件下，人的行为也会不同；④持久性与变化性，即人的行为反应在一定时期内具有相对持久性，但在一定条件下也是可变的，组织可以通过制度、培训等消除人的消极行为，诱导人的积极行为；⑤社会性，即行为离不开外在的环境刺激，人的行为实质上是人的生理因素、心理因素与客观环境相互作用的结果和表现。

2. 组织行为的内涵

组织行为是指各类组织的每位成员在工作过程中表现出的所有行为。组织成员的业余活动，如娱乐、交友、健身、购物等都不是组织行为。一般来说，组织行为涉及两个基本问题：①组织对其成员的思想、感情和行动的影响；②组织每位成员的行为方式及其绩效对整个组织绩效的影响。如果一位管理者想影响他的下属做出更好的行为，他就需要更多地研究那些潜在（行为）的影响因素。图 1.2 为组织冰山示意图。

3. 组织行为的种类

组织行为一般分为宏观组织行为和微观组织行为，如图 1.3 所示。

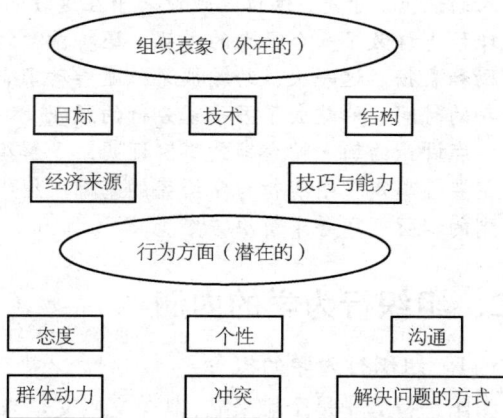

图 1.2 组织冰山示意图

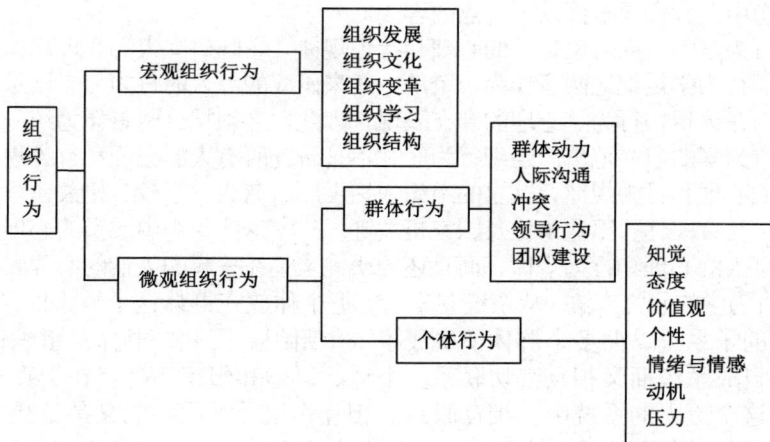

图 1.3 组织行为的种类

组织活动的复杂性使人们对组织行为的分析和研究呈现出多个层面的特点，包括个体层面、群体层面、组织层面。另外，研究组织行为还必须研究组织与环境的相互关系。

案例 1.3

约翰·帕金斯的转变

50 多岁的约翰·帕金斯在一家大型银行做经理助手，他已经在这家银行工作了 11 年。长期以来，他的工作成绩平平、毫无起色，以至于没有一家分行的经理愿意要他。11 年来，他被调来调去，换了 8 家分行。当约翰被调到第 9 家分行给经理做助手时，经理很快就知道了他的经历，尽管这位经理最初也打算调走约翰，但最终还是决定尝试对他进行激励，看是否能够改变他的工作态度。

这位经理了解到约翰在经济上已别无所求——约翰继承了一套舒适的住宅，由他的妻子打理，他的两个孩子也都已大学毕业，并且都有收入不错的工作。这位经理在对约翰的情况进行了仔细的分析之后，得出了一个结论：虽然约翰在物质方面是满足的，但是在精神方面却缺乏他人的认可。于是，这位经理便着手在这方面做了一些工作。在庆祝分行成立一周年的聚会上，经理预先订做了一个很大的蛋糕，还特意把约翰负责的部门的重要财务数据写在蛋糕上，以示鼓励和表扬。这一次，约翰被深深地感动了。从此以后，约翰像变成了另外一个人似的，不到两年的时间，他就成了另一家分行的经理。

点评： 约翰·帕金斯的事例证明，了解组织中成员的行为及其原因是十分重要的，正是这种重要性奠定了组织行为学研究的基础。组织行为学研究是一种科学探索，旨在为管理实践中遇到的实际问题寻求解决方案。

二、组织行为学的内涵

1. 组织行为学的概念

组织行为学是个舶来品，其英文原文是"organization behavior"，翻译过来就是"组织行为"。为体现它是一门学科，故在"组织行为"后面加上了一个"学"字，因而形成了"组织行为学"。

组织行为学是研究组织中成员的心理和行为表现及其规律，以提高管理者预测、引导和控制组织成员行为的能力，实现组织既定目标的科学。

在这个概念中，我们要把握以下几点内容。

（1）组织行为学的研究对象是人的心理和行为规律。它既研究人的心理规律，又研究人的行为规律，组织行为学是把这两者作为一个统一体来研究的。人的行为与心理是密不可分的，心理是行为的内在体现，行为是心理的外在表现。因此，必须把这两者作为统一体进行研究。

（2）组织行为学的研究范畴。组织行为学并不是研究所有人的心理和行为规律，而是只研究组织中成员的心理和行为规律，这里的组织包括工厂、商店、学校、机关、军队、医院等所有的工商企业、社会团体、事业单位及国家机关等。研究这些组织中成员的心理和行为规律，不仅要研究单个人的心理和行为规律，而且还要研究聚集在一起的人们的心理和行为规律。

（3）组织行为学的研究方法。从系统观来看，把个体放在群体这个较大的系统中来研究，个体就是群体的子系统，而多个群体便组成了一个组织。因此，群体是组织这个大系统的子系统，它们自成系统而又相互密切联系。个体、群体和组织不是存在于真空中，而是都处于社会环境这个更大的系统中，相互联系、相互作用，因此它们又都是社会环境的子系统。所以，组织行为学不是孤立地研究一个组织中的个体、群体和组织的心理和行为规律，而是运用系统分析的方法对它们进行研究。

（4）组织行为学的研究目的是在掌握一定组织中成员的心理和行为规律的基础上，提高预测、引导、控制组织成员行为的能力，特别是采取相应的措施变不利行为为有利行为的能力，以实现组织预期的目标，取得最佳的组织工作绩效。

2. 组织行为学的研究内容

组织行为学是现代管理科学和行为科学发展过程中派生出来的一门综合性、边缘性学科。它主要研究组织成员的行为激励，探索组织成员的心理和行为规律，旨在寻求激励组织成员的心理和行为的各种途径与技巧，从而达到最大限度地提高组织管理效能的目的。组织行为学研究的主要内容有以下几个方面。

（1）个体心理与行为。所谓个体心理，是指个体在特定的社会部门或组织系统中因其所处的角色地位而表现出来的心理现象。个体心理包括个体行为的发展过程、态度、个性、价值观、情感发展及社会认知等。个体行为则是指处于组织环境中的个人的活动。组织行为学研究个体心理与行为的共同规律，目的在于对组织中的个体成员进行引导和控制，使之符合组织要求。

（2）群体心理与行为。组织中的人总是处在某些关系之中，并因这些关系存在亲疏远近而呈现为不同的群体。要想有效地对组织中的人进行管理，达到组织目标，就必须研究群体心理与行为，包括群体心理的特征、群体动力、群体的冲突与沟通、群体中的人际关系及高绩效团队的建设等，从而使管理者能掌握群体行为形成的原因，并对之进行有效的协调、引导与控制。

（3）领导心理与行为。领导行为是影响组织、群体和个体行为，进而影响组织生产与组织绩效的一个关键性因素。虽然领导者作为普通个体，领导班子作为一般群体，有其一般性规律，但在管理活动中，其特殊的身份地位、角色、职责与职能决定了他们的特殊性和重要性。领导行为研究的内容主要包括领导的影响力、领导素质理论、领导行为理论、领导权变理论及领导艺术等。领导行为研究的目的在于为领导者的选拔、培训与考核提供理论依据，旨在提高领导者的领导水平和领导效率。

（4）组织心理与行为。组织是个体和群体实现目标的载体，组织状况会直接影响个体或群体的心理、行为与组织绩效，而组织行为直接关系到组织自身的生存和发展。因此，研究组织心理与行为具有十分重要的意义。组织心理与行为研究的主要内容包括组织结构、组织设计、组织变革、组织发展及组织文化等。组织心理与行为研究的目的是分析组织结构、管理体制、组织文化对组织成员心理和行为及组织绩效的影响，提高组织管理效率，探索组织变革、组织发展的原则和模式，促进组织不断完善和发展。

3. 组织行为学与管理心理学

心理是行为的内在机制，行为是心理的外在表现。组织行为学与管理心理学两个学科的联系集中表现在心理活动与行为的联系上：心理活动是行为的内在动因，心理活动可以通过行为来表现和衡量；行为是心理活动的外在表现，行为是在一定的心理活动指导下进行的。所以，组织行为学在研究心理的外在表现——行为的规律性时，离不开心理研究；管理心理学在研究行为内在的心理活动的规律性时，也离不开行为研究。即便如此，这两个学科在研究对象、理论基础、学科性质、应用范围等方面还是存在差异的。

在研究对象上，组织行为学主要研究一定组织中人的行为的规律性，侧重于管理实践和应用；管理心理学主要研究管理过程中各类人员的心理特点及其规律，侧重于把心理学的原理、原则应用于管理中。在学科的理论基础上，组织行为学的理论来源比管理心理学更广泛，它不仅来自心理学，还来自社会学、人类学、经济学、生物学和生理学等。所以，组织行为学的学科性质是行为科学，而管理心理学的学科性质是心理科学。在学科应用广度上，组织行为学展现出更强的跨学科特性，它不仅整合了心理学的理论框架，还系统融合了社会学、人类学、经济学等多元学科的研究成果于组织管理实践中。

三、研究组织行为学的具体方法

1. 观察法

所谓观察法就是用感觉器官（如视觉、听觉、嗅觉器官）有目的地观察被观察者的行为，从而分析其心理活动及行为的方法。

采用这种方法时，一般要求观察者在自然条件下进行。观察者作为旁观者或中立者，不能改变被观察者的日常生活条件，也不能对其行为进行人为的干预和控制，而只能等待被观察者的行为"自然发生"。但因为观察是有目的、有计划、有系统地进行的，所以观察者对观察目的、观察计划的制订，观察对象及所需工具的选择，都需要进行积极主动的安排。

观察法不同于日常生活中那种片段的、随意的观察。它作为一种基本的研究方法，是按照一定步骤进行的：首先，在观察前，必须明确观察的目的，制订详细的观察计划，确定观察对象，做好各种准备工作；其次，在观察中，必须有选择性和针对性，既要全面了解，又要重点深入，详细记录被观察者的各种行为表现；最后，在观察结束后，观察者必须对所观察到的事实进行认真整理、分析、概括，总结出合理的结论。这种方法的最大优点是操作简单，使用方便，效果直观，因而得到了广泛的应用。但由于它只能了解到一些表面现象，缺乏深刻性和准确性，因此，通常需要与其他方法结合起来使用才能取得更好的效果。

2. 实验法

实验法是指在严格控制的环境中，研究者有目的地创设一定的环境条件，诱发被研究者产生某种行为，从而进行针对性研究的方法，其做法是：先假设一个或多个自变量对另一个或几个因变量的影响，然后设计一个实验，系统地改变自变量，进而测量这些自变量的改变对因变量的影响。这里的自变量是指能独立变化并引起其他变量改变的变量，如性格、能力、动机、态度、领导风格、组织文化等；因变量是指受自变量的影响而发生改变的变量，如工作满意度、工作行为、工作绩效和出勤率等。

实验法又可分为实验室实验和现场实验。实验室实验是在人为制造的实验室环境中进行的，通常研究的变量也是有限制的，其特点是能较明确地反映变量之间的因果关系。但因为现实中很少有像实验室那样的环境，所以实验室实验往往缺少真实性和普遍性。现场实验是在自然的组织环境中进行的，这种实验方法较为可靠，所得出的结论也更具普遍性意义。

经典实验

服从与反抗权威的条件实验

为了测试受测者在遭遇权威者下达违背良心的命令时，人性所能发挥的拒绝力量到底有多大，美国社会心理学家米尔格伦设计了以下实验。

每次实验都有"被实验者""实验者""实验助手"等三人参加，他们的分工如下：①"被实验者"负责提问和控制电击按钮；②"实验助手"负责回答问题；③"实验者"负责监督——在"实验助手"回答"被实验者"提出的问题出现错误时，要求"被实验者"对"实验助手"实施电击惩罚。电压从15V到450V，共有30个挡位。

为了使"被实验者"体验设备的威力，开始实验之前，在45V挡位对"被实验者"电击一下。

实验开始后，"实验助手"被绑在电椅上。按照预定计划，"实验助手"做了很多错误的回答，"被实验者"就开始实施他认为越来越强烈的电击惩罚。实际上，"实验助手"根本没受电击。随着"名义电压"的升高，"被实验者"听到了"实验助手"越来越强烈的要求停止电击惩罚的呼叫声。实际上，这些呼叫声是根据不同电压挡位事先录制的。如果呼叫声使"被实验者"产生了恻隐之心，使他对继续实施电击惩罚犹豫不决，"实验者"就监督他继续实施电击惩罚。"被实验者"必须在互不相容的两个要求中做出选择：执行命令，继续对"实验助手"实施更强的电击惩罚；或者违抗命令，满足"实验助手"的乞求。

实验证明：权威并非"法力无边"，而是随着"实验助手"被惩罚程度的增加而削弱。随着电击强度的增加，有些"被实验者"拒绝对"实验助手"实施更强的电击惩罚。

通过实验，米尔格伦得出了如下结论。

（1）当"被实验者"和"实验助手"在同一房间时，服从程度减弱；如果是由"被实验者"亲自操纵电击按钮对"实验助手"直接进行电击惩罚，则服从程度会进一步减弱。

（2）当"实验者"（主持人或权威）不在场时，服从程度急剧减弱。

（3）当"被实验者"发生团体抗衡情况时，服从程度减弱。

（4）当"被实验者"仅仅通过助手而不是亲自实施电击时，服从程度增强。

霍桑实验中的照明实验

照明实验共进行了两年半的时间，是在被挑选出来的两组绕线工人中进行的。一组是"实验组"，另一组是"参照组"。在实验的过程中，对"实验组"不断地增加照明强度，从 24 烛光，到 46 烛光，再到 76 烛光，逐渐递增；而"参照组"的照明强度始终保持不变。

研究者起初打算考察照明强度和产量之间的关系，找出一个理想的照明强度：在这个照明强度下工作，能使工人的生产效率达到最高。但实验结果却出乎研究者的意料，这两组工人的产量都在不断提高。后来他们又采取了相反的措施，逐渐降低"实验组"的照明强度，还把两名"实验组"的工人安排在单独的房间里劳动，使照明强度一再降低，从 10 烛光、3 烛光，一直降到 0.06 烛光——几乎和月光差不多的亮度。这时候，也只有在这时候，产量才开始下降。

研究者得出的结论是：工作场所的照明强度只是影响产量的一个因素，而且是一个不太重要的因素。除照明强度之外，还有其他更重要的因素会影响产量。

3. 调查法

调查法是指根据事先拟定的一系列问题，针对某些相关因素，收集资料并加以分析的方法。这种方法主要是为了了解被调查者对某一事物的看法、情感和满意度。

调查法又有多种具体的方法，较常用的有面谈法和问卷法等。面谈法是指运用口头的信息沟通方式（个别访谈、调查会），通过信息的传递与交流分析和探索人们的心理与行为的研究方法。面谈法的特点为：谈话双方是双向沟通的，可以增进感情交流和相互了解，但同时也面临着无法完全避免主观因素的影响及暗示、诱导所形成的信息失真的风险。问卷法是指运用标准的问卷量表对人们的心理与行为进行分析与调查的研究方法。这种方法通常包括问卷设计和问卷访问。问卷设计主要有选择法、是非法、计分法和等级排列法等。问卷访问主要有通信访问、电话访问和人员访问等。问卷法的优点是应用范围广，可以对较大规模群体的心理、行为、态度进行分析与调查，并能运用数据分析方法将定性问题量化。其缺点是问卷设计须力求标准与科学，同时需要被调查者的积极配合，且难以避免其回答问卷时的随意性。

无论采取何种调查法，都必须遵循调查法的一般程序，包括明确具体的调查目的、制订调查方案和调查计划、搜集资料、整理分析资料和撰写调查报告等。

视野拓展

霍桑实验中的大规模访谈

在霍桑实验中，研究者组织谈话的人次达到两万以上，调查时间超过两年。第一次调查时，调查者大都直截了当地提出问题，如对工厂环境的看法等问题。尽管调查者事先承诺对调查情况保密，但是刚开始时，被调查者总是存有戒心，害怕受到厂方的报复。第二次调查时，调查者调整了提问的方式，改用"非直接问题"，由被调查者自行选择话题。因此，工人们的谈话无所顾忌，结果调查者收集到了大量有关工人态度的资料。事后的研究分析发现，工人们的工作绩效、职位和地位既取决于个人，又取决于群体。人际关系是影响组织绩效的一个主要原因。

4. 个案研究法

个案研究法又称案例研究法，是指在较长时间里对某一典型个体、群体或组织连续进行深入、具体的研究，从中找出其行为发展变化的客观规律，再推而广之的一种研究方法。这种方法的优点是能够较快地进入情境，相比调查法省时省力；另外，掌握的信息较生动、详细、真实，因此它是理论联系实际的好途径。但因为这种方法只关注局部状况而容易忽略宏观整体，所以在运用时必须注意以下三点：①案例要选准，研究的问题要具有针对性和普遍性；②分析案例时，既要灵活又要实事求是，遇到不同的情况仍需具体问题具体分析；③要处理好个体与整体的关系，特别是要把握好各种关系的发展变化，以及时调整研究方案。

5. 测验法

测验法是指采用标准化的心理测验量表或精密的测量仪器测量被研究者的有关行为特征和心理品质的研究方法，比如智力测验、动机需要测验、个性测验、态度测验等。测验法的优点是科学、严谨，有一定的准确性。其缺点也是显而易见的：复杂、烦琐，往往难以大面积推广。在组织行为学的研究中，测验法通常用在人员选拔、安排和晋升等方面。在应用测验法时，应注意使测验的信度和效度维持在一个合理的范围内。

6. 模型法

同其他学科的研究方法一样，组织行为学也可以通过建立模型的方法来反映各要素之间的关系。所谓模型是指对某种现实事物的抽象，或者说是对现实事物的简化，如人体模型、飞机模型、汽车模型、房屋模型及数学模型、物理模型等。同以上模型不同的是，组织行为学的模型往往是动态的、描述性的和抽象性的。

人的工作行为，无论是个体行为、群体行为还是组织行为，都是非常复杂的现象。在组织行为学中，为了达到研究目的，往往大量采用建立模型的方法把复杂的事物进行简化。例如，某企业的一张组织结构图也可以说是一个模型，它可以使我们对该企业的组织结构一目了然。又如，勒温所提出的一般行为模式就是一个典型的组织行为动态模型：$B=f(P, E)$。

上述几种研究方法各有特点、相互补充，至于采用哪种方法，必须基于研究对象的具体情况而定。因此，在实际研究过程中，必须具体问题具体分析、区别对待，只有这样，才能确保研究效果。

第三节　组织行为学的理论基础

一、人的本质

要研究组织管理中人的心理和行为，首先必须回答的问题是：如何看待人？这是组织行为学研究的立足点和出发点。

案例 1.4

斯芬克斯之谜

古希腊有个神话叫斯芬克斯之谜。这个神话中有个狮身人面的女妖出了个谜语，让过路的行人猜，行人若猜不中就要被她吃掉；若是猜中，她就自杀。谜面是：什么东西在早晨用四条腿走路，中午用两条腿走路，晚上用三条腿走路？数以千计的人因猜不中而被女妖吃掉。后来，古希腊英雄俄狄浦斯揭开了谜底——人。女妖大叫一声，自杀身亡。

虽然这只是个神话传说，但可以看出思想家、哲学家对人是什么、人的本质是什么进行了长期不懈的探索。

启发与思考：那么，人的本质究竟是什么呢？

（一）人性假设理论

人的本质是什么，这是一个古老的命题。在人类思想发展史上，人性问题一直是思想家、哲学家所关注的重要问题之一。在我国，从先秦时代就有关于"性善论""性恶论"的争论。对于这一复杂的问题，国外的专家学者也从不同的角度提出了各自的理论和观点。古希腊哲学家巴门尼德认为，人是从土中生出来的；古希腊哲学家德谟克利特则认为，人是从地里出来的同虫一样的东西；而古希腊思想家亚里士多德认为，人是"陆栖两脚动物"；欧洲中世纪的宗教界认为，人没有独立的本性，人是上帝造出来的，上帝就是人的本性；德国哲学家费尔巴哈认为，人不是上帝的作品，而是自然界的产物，人的本质是其自身，理性、爱、意志力是人的本质。

随着历史的发展、时代的进步和认识的深化，人性理论在内容上不断丰富，日益成熟。特别是在近代，人性学说构成了管理理论的哲学基础。不过，管理学中的人性观（假设）和哲学对人性的看法是不同的。管理学中的人性假设是指管理者对被管理者的需要及劳动态度的基本看法，或是管理者对被管理者参加企业或组织工作目的的基本看法。

美国心理学家和行为学家埃德加·沙因总结了前人的观点，将人的本性归纳为以下四种假设。

（1）"经济人"假设。"经济人"假设起源于享乐主义，美国工业心理学家麦格雷戈称该假设为"X理论"，泰勒是该假设的典型代表人物。这一假设认为，人最关心的是如何提高自己的货币收入，或者说只要能使人得到经济利益，他就愿意配合管理者挖掘出自身最大的潜能。

（2）"社会人"假设。"社会人"假设是梅奥等人依据霍桑实验的结果提出来的。这一假设认为，人们最重视的是工作中与周围的人友好相处，希望更多地满足获得友谊、得到尊重和保证安全等方面的社会需要，而物质利益是次要的需要因素。

（3）"自我实现人"假设。"自我实现人"假设是行为科学和人力资源学派的一些代表人物提出来的。马斯洛需求层次理论中最高一级需求是自我实现需求，麦格雷戈的"Y理论"也与"自我实现人"假设异曲同工。"自我实现人"假设认为，每个人都期望发挥自己的潜力，表现自己的才能，只要潜能充分发挥出来，人就会产生最大的满足感。

（4）"复杂人"假设。"复杂人"假设是在20世纪60年代末70年代初提出来的。埃德加·沙因等人经过长期研究，认为以往的人性假设，如"经济人""社会人""自我实现人"假设，各自反映了当时的时代背景，适用于某些人和某些场合，有合理的一面，但过于简单和绝对。由此他们提出了"复杂人"假设。该假设认为，人是复杂的、多变的，不能用以往的人性假设，如"经济人""社会人"假设等将所有的人归为一类。"复杂人"假设和"超Y理论"共同构成了权变学派的理论基础。根据"复杂人"假设，管理的方法和技巧必须因环境的不同而审时度势、随机应变，这对保证组织管理的成功是至关重要的。

> 总之，人性假设理论的演变反映了人们对人性认识的深化发展，不同的管理理论与管理措施不仅说明了人性认识上的差异，也是与生产力发展水平、员工的生活水平及受教育程度相联系的。虽然西方学者总结的人性假设理论有其局限性，如"经济人"假设、"社会人"假设、"自我实现人"假设都是唯心的遗传决定论，而"复杂人"假设又过于强调人的差异，忽视了人的共性方面，但它们也在一定程度上揭示了人的行为发展的内在依据，探讨了组织结构、管理方式对人性发展的依赖和影响。如何借鉴这些理论，发展符合我国特点的组织行为理论是摆在我们面前的紧迫任务。

（二）马克思主义的人性观

1. 人是自然实体和社会实体的统一

马克思说："人来源于动物界这一事实已经决定人永远不能完全摆脱兽性，所以问题永远只能在于摆脱得多些或少些，在于兽性或人性的程度上的差异。"人是自然界的产物，是自然界中生物的一支。作为自然实体，人同自然界中的其他动物一样，同自然界保持着密切联系，也需要阳光、空气、水、饮食、睡眠、繁衍后代、新陈代谢等，这是人的自然属性，是人的生物性特征，与动物存在着共性。但人与动物有着本质的区别，即人具有极强的社会性，因为人是生活在社会中的，每个人都是社会的一员。人类经过漫长的发展历史，在社会生活和社会实践中产生了不同于其他动物的一系列特征，如人能劳动、制造工具、有目的地改造自然；人有语言、文字、思想、精神需要等，这就是人的社会属性。

人的本性是人的自然属性与社会属性的统一。没有自然属性，人的社会属性就无法存在。而没有社会属性，人就不能称为"人"，只能等同于一般动物。人的社会属性更能体现人的本质。所以，从某种意义上来说，人的本性主要是指人的社会属性。

案例 1.5

印度狼孩

1920年10月，印度传教士辛格在印度加尔各答的丛林中发现了两个被狼哺育的女孩。大的约8岁，小的1岁半左右。据推测，她们应是在半岁左右时被母狼带到山洞里去的。辛格给她们起了名字，大的叫卡玛拉，小的叫阿玛拉。

她们被领进孤儿院时，一切生活习惯都同野兽一样，不会用双脚站立，只能用"四肢"走路。她们害怕阳光，在太阳下，眼睛只能睁开一条窄缝，而且会不断地眨眼。她们更擅长在黑夜里看东西。她们经常白天睡觉，一到晚上则活跃起来，每晚10点、凌晨1点和3点循例发出非人非兽的尖锐的怪声。她们完全不懂语言，也发不出人类的音节。她们经常像动物似的蜷伏在一起，不愿与他人接近。她们不会用手拿东西，吃起东西来狼吞虎咽，喝水也和狼一样用舌头舔。在吃东西时，如果有人或有动物走近，她们便呜呜作声，去吓唬人或动物。在太阳下被晒热时，她们就张着嘴，伸出舌头来，像狼一样喘气。她们不肯洗澡，也不肯穿衣服，并随地便溺。

她们被领进孤儿院后，辛格夫妇异常爱护她们，耐心抚养和教育她们。总的说来，阿玛拉的成长比卡玛拉的成长要快些。进入孤儿院两个月后，当她口渴时，她开始会说"bhoo"（水，盂加拉语），并且较早对别的孩子的活动表现出兴趣。遗憾的是，阿玛拉进入孤儿院后不到一年便死了。卡玛拉用了25个月才开始说第一个词"ma"，4年一共只学会了6个词，7年时增加到45个词，并曾说出用3个词组成的句子；16个多月才会用膝盖走路，2年8个月才会用双腿站起来，5年多才会用双脚走路，但快跑时又会用"四肢"爬行。卡玛拉一直活到了17岁，但她直到死都没能真正学会说话，智力只相当于三四岁的孩子。

点评： 较早长时间离开了人类社会，狼孩只具备了人的自然属性，失去了人的社会属性，后期即使回到人类社会，也无法成为"正常人"了。所以，人的社会属性更能体现人的本性。

2. 人的本性是一切社会关系的总和

马克思说："人的本质并不是单个人所固有的抽象物。在其现实性上，它是一切社会关系的总和。"人们为了生存发展，在社会生活、社会实践中，结成了这样或那样的人际关系，如生产关系、经济关系、血缘关系、业缘关系，以及人与人之间的各种各样的心理关系。一个生下来就离开人类社会，从来没有在人类社会中生活过的人，就不可能有人的本性。所以，人的本性是社会关系的反映，是一切社会关系的总和。在种种社会关系的影响、制约下，人的本性是不断形成、发展和变化的。例如，我们说某个人为人忠厚老实、勤奋上进，这种特性是其在社会交往中形成的，是通过各种人际关系反映出来的。

3. 人的本性是在社会生活、社会实践中形成和发展变化的

马克思说：在再生产行为本身中，不但客观条件改变着……而且生产者也改变着，锤炼出新的品质，通过生产而发展和改造着自身，形成新的思想和新的观念，形成新的交往方式、新的需要和新的语言。所以，人的本性不仅是在社会生活、社会实践中形成的，更是随着人类社会的发展变化而不断发展变化的，任何人的思想、情感、道德等无不被打上时代的、阶级的烙印。

二、与组织行为学相关的学科理论

组织行为学逐步吸收心理学、人类学、社会学、政治学、伦理学、生物学、生理学等社会科学和自然科学中有关人类行为、人类心理的内容，最终形成了一门独立的学科。

1. 心理学

心理学是研究人类心理现象规律的学科。心理现象是人们最常见、最熟悉、最普遍的精神现象。它是在人的各种活动中表现出来的，而且能动地指挥、调节着人的各种实践活动。所以说，哪里有人的活动，哪里就有人的心理现象。心理现象的规律性包括心理活动的规律性和心理特征的规律性两部分。一般意义上认为，心理活动是内省的，行为是外显的。要研究组织中人的外显行为的规律性，必须以心理学作为理论基础，因为心理活动和心理特征是人们产生行为的重要原因和驱动力。

心理学又分为个体心理学与社会心理学。个体心理学集中于个人的心理活动和特征的分析，是一切心理学研究的基础，所以也称为理论心理学。社会心理学是把个人作为社会的人来研究其心理过程的学科。我国著名的社会学家孙本文说，社会心理学研究社会中个人的行为，一方面研究社会对于个人行为的影响，另一方面也研究社会所受个人行为的影响。因此，要研究组织行为学，必先研究普通心理学的实验资料、社会对个人的影响及其相互关系。

2. 人类学

人类学是组织行为学重要的理论基础之一。人类学分为体质人类学、文化人类学（又称社会人类学）和考古学，其中与组织行为学关系最密切的是文化人类学。文化人类学过去集中在对原始社会及文化的研究上，但是近几十年来，已逐步扩展到对现代文明社会的研究。文化人类学对组织行为学的贡献主要是组织中人的行为与人类社会的起源理论、人类社会行为及人类和文化的关系等方面的研究成果。

近年来，我国的理论工作者和实践工作者都提出要研究中国式的管理。所谓中国式的管理，也就是管理方法和措施不但要符合我国的文化环境和国民性格，而且要能有效地解决管理当中的实际问题。

3. 社会学

社会学是一门综合性较强的学科，它把社会看作一个整体，综合研究社会现象各方面的关系及其发展变化的规律。社会学是研究社会关系的科学，研究的是与其他人发生联系的人。而组织行为学就是运用社会学的知识来研究人们在社会关系中表现出来的行为的。组织、群体和个人之间是彼此相互依存的关系，他们与环境构成互动的、复杂的社会体系。组织中人们的行为离不开社会关系，因此，研究组织中人们的行为必须从其所处的整个社会关系着手，这样才能全面认识人的行为规律，如群体动力、冲突、沟通等。

4. 政治学、伦理学、生物学、生理学等

政治学中的权力与冲突、伦理学中的道德规范都会影响组织中人的行为。人体犹如一个生物钟，有自己的生物节奏，这也会影响人的行为。20世纪80年代，组织行为学开始研究工作压力对个体、群体、组织的行为和工作绩效的影响，主要分析压力源、压力对人的生理与心理的影响及压力的防治等。

本 章 小 结

组织行为学是研究组织中成员的心理和行为表现及其规律，以提高管理者预测、引导和控制组织成员行为的能力，实现组织目标的科学。本章主要介绍了组织行为学的发展历程与积极组织行为学、组织行为学的内涵与研究方法、组织行为学面临的挑战与理论基础。总的来说，本章为大家继续学习、进一步探讨组织行为学这门课程进行了引导与介绍。

综合练习题

一、名词解释

积极组织行为学　组织　组织行为　组织行为学　人性假设

二、单项选择题

1. 工业心理学之父（　　）在1912年出版了著名的《心理学与经济生活》一书。
   A. 雨果·闵斯特伯格　　　　　　　B. 莉莲·吉尔布雷思
   C. 梅奥　　　　　　　　　　　　　D. 泰勒

2. 大型组织拥有的成员一般为（　　）。
   A. 数十人以内　　B. 数十人至千人　　C. 千人至数万人　　D. 数万人以上

3.（　　）被称为研究组织内部人的行为的里程碑。
   A. 科学管理原理　　　　　　　　　B. 霍桑实验
   C. 积极组织行为学　　　　　　　　D. 工业心理学

4. 组织行为是指各类组织的每位成员（　　）。
   A. 在工作过程中表现出的所有行为　　B. 在与其他组织打交道时的行为
   C. 在工作过程中表现出的个别行为　　D. 上下班时的所有行为

5.（　　）是从本质上区分积极组织行为学和积极心理学、传统取向的组织行为学的关键。
   A. 可开发、可培训　　B. 可开发　　　C. 可培训　　　　D. 不可计量

三、多项选择题

1. 美国心理学家和行为学家埃德加·沙因总结了前人的观点，将人的本性归纳为（　　）等几种假设。
   A. "经济人"　　　　　　　　　　　B. "复杂人"

C."社会人" D."自我实现人"

2．组织行为学的因变量有（ ）等。

    A．态度 B．生产率 C．出勤率 D．工作满意度

3．组织行为学研究的层次有（ ）。

    A．个体 B．组织 C．群体 D．团队

4．（ ）等组织行为属于微观组织行为。

    A．团队建设 B．个性 C．领导行为 D．态度

5．（ ）被认作积极组织行为学有关积极心理能力的典型代表。

    A．自我效能感 B．希望 C．乐观

    D．主观幸福感 E．恢复力 F．健康

四、简答题

1．组织行为学的主要内容是什么？

2．学习组织行为学的意义是什么？

3．人性假设有哪些？

4．人际关系学说的内容有哪些？

5．马克思主义的人性观是什么？

6．积极组织行为学的积极心理能力的典型代表是什么？

7．组织行为学与管理学有什么异同？

8．组织行为学与管理心理学的关系如何？

9．有人认为，理解人类行为是管理工作的重中之重，甚至把它看成唯一重要的任务。请说说你的看法。

10．随着组织环境的变化，谈谈组织行为学所面临的机会与挑战。

案例分析题

五、案例分析题

扫描二维码，阅读案例并回答后面的问题。

第二章　个体心理与行为

【学习目标】

通过学习本章，把握个性、气质、性格、能力、感觉、知觉、情绪、情感、价值观、态度的概念和特点；掌握个性理论与运用、知觉的影响因素、情绪与情感的区别与联系、情绪对组织的影响、价值观对行为的影响、态度的形成与改变等，并且会用这些理论来解决管理中的实际问题。

【导入案例】

"00后"大学生就业新趋势

伴随着互联网技术的蓬勃发展，"00后"大学生的成长环境、个性特点与思维方式表现出鲜明的差异性。"00后"大学生出生于网络时代，成长环境受手机、计算机、平板等电子智能产品影响较大，随后又见证了 5G、物联网、大数据、云计算等新一代信息和通信技术的崛起，由此产生的数字化、信息化特征让其对于新事物的接纳与学习更为迅速。在网络世界里，知识信息汇聚与发散的速度远远高于传统学习方式。"00后"大学生在这样的成长环境与学习模式下，思维模式不断被训练与加强，在学习与工作上想法更为超前，思维更为灵活，创造力更为强盛，执行力更为优异。同时，"00后"大学生身上最为显著的特质之一就是"新"，与生俱来的"新"让其具有较强创新意识、创新思维、创新精神和创新能力，热爱发掘新事物，乐于推陈出新，喜欢探索新领域。"00"后大学生热爱学习新事物，喜欢打破传统思维的习惯给社会发展带来了很多新意与特色。比如，"临时加班""参与形式化团建活动"等常常被进入职场已久的"80后""90后"吐槽，他们却没采取反对措施，"00后"进入职场后，便掀起了"整顿"职场的浪潮。

"00后"的择业价值观已经从"向钱看"转变为"向前看"，更加关注长远发展与个人能力成长。与"80后""90后"大学生相比，"00后"大学生普遍缺少维持生计、保障基本物质生活的现实压力，优质的家庭生活条件与经济实力给予了"00后"大学生充足的物质保障与精神支持。因此，在强大的家庭后盾支撑下，"00后"大学生在择业过程中不将生存、安全等基本需求作为优先考虑的因素，更多地追求较高层次的社交、尊重及自我实现需求的满足。在抉择同样或类似工作岗位时，相较于薪酬福利待遇，"00后"大学生更看重职业发展前景与自我价值提升，并希望能够充分发挥自身专业所长，获得较高的工作效能感与成就感。因此，"00后"大学生倾向于选择成长型的工作岗位，与企业共同成长，从而实现企业发展与个人成长的共赢局面。

（摘编自人民论坛网-人民论坛杂志 2023 年 12 月 2 日于永达《"00后"求职新现象：不将就、向前看！》）

启发与思考："00后"大学生以实际行动向社会大众展现了新时代中国青年的责任与担当。"00后"大学生还有哪些特点？这些特点会影响他们的择业观和就业观出现哪些新变化？

第一节　个性理论

一、个性概述

广义上来讲，个性也称人格，是一个人在先天生理素质基础上和特定历史条件下的社会实践活动中经常表现出来的、比较稳定的、区别于他人的个性倾向性和个性心理特征的综合。狭义上来说，个性通常指个人心理面貌中与共性相对的个别性，而人格则指个人的一些与意识倾向相联系的心理特征的综合。

个性倾向性即心理过程的倾向性，是人对社会环境的态度、行为的特征，主要表现在人对客观事物的选择上，以及人对事物的不同态度和行为方式上，个性倾向是个性的潜在力量，是人们进行社会活动的基本动力，包括需要、兴趣、爱好、动机、理想、信念、态度和价值观等。个性心理特征即心理过程的特征，是指在人的个性结构中比较稳定的、具有决定意义的部分，它表明一个人的典型心理活动特点和行为模式，包括气质、性格和能力等。

作为个体内部身心系统的动力组织，个性决定了个体对环境独特的适应方式。个性与环境相互作用，从而共同决定了人的行为。

个性有以下几个特征。

（1）独特性。个性的形成受到个体先天的遗传因素、学习经历、受教育状况和社会环境等多种因素的影响。每个个体在个性形成的过程中所受到的影响因素及其作用不同，因此，每个个体的个性也各不相同。

（2）相对稳定性。个体偶尔表现出来的心理倾向和心理特征不是个性，只有那些经常出现的、稳定的心理倾向和心理特征才是个性。个性在个体成长的过程中逐渐形成，一旦形成，就具有相对稳定性，从而成为判定个体心理倾向和心理特征的依据。个性不是一成不变的，在特定的条件下会有所改变，但其本质属性是很难改变的。

（3）整体性。个性是各种心理倾向和心理特征的综合，是人的整体心理面貌。个性不是各种心理倾向和心理特征的简单叠加，而是相互联系的统一整体，不存在孤立的心理倾向和心理特征。一个人的行为不是由某个心理倾向和心理特征独立运作的结果，而是由多个心理倾向和心理特征综合作用的结果。

（4）制约性。个性的制约性主要表现在两个方面：生物制约性和社会制约性。因为个性的形成既受生物因素的影响，也受社会因素的影响。

案例 2.1

蝎子的天性

有一个地方住着一只蝎子和一只青蛙。蝎子想过池塘，但它不会游泳。于是，它爬到青蛙面前央求道："青蛙先生，你能驮着我过池塘吗？""我当然能。"青蛙回答，"但在目前这种情况下，我必须拒绝，因为你可能在我游泳时蜇我。""可我为什么要这样做呢？"蝎子反问，"蜇你对我毫无好处，因为你死了我也会被淹死。"青蛙知道蝎子有多么狠毒，但又觉得它说得有道理。青蛙想，也许蝎子这次会收起毒刺，于是就同意了。蝎子爬到青蛙背上，它俩开始横渡池塘。就在青蛙游到池塘中央时，蝎子突然弯起尾巴蜇了青蛙一下。伤势严重的青蛙大喊道："你为什么要蜇我呢？蜇我对你毫无好处，因为我死了你也会被淹死。""我知道。"蝎子一面下沉一面说，"但我是蝎子，我必须蜇你，这是我的天性。"

点评：上述寓言故事表面上是说蝎子和青蛙，其实说的是人。对于每个人来说，个性都是很难改变的。我们应该认识到，每个人各有不同的个性特征、独特的思维方式和行事风格，管理者不应试图改变或者消除它们，而应因势利导地加以利用，力求使每个人在其独特个性的基础上持续进步。

二、影响个性形成与发展的因素

个性的形成与发展受到多方面因素的影响，但主要影响因素有两个方面：先天遗传因素和环境因素。个性是在个体先天遗传和所处环境等各种因素的综合作用下形成的，仅仅强调其中任何一方面因素的作用都是不恰当的。

1. 遗传是个性形成与发展的前提和物质基础

遗传为个性的形成和发展提供了物质基础，包括身材、相貌、肌肉的组成和反射、能量水平、神经系统特点、生理节律等。人的智力、敏感性、语言、音乐、数学等才能都与遗传有关。一方面，遗传为个性的形成提供了前提，只有具备某种特定的遗传条件，才有可能形成某种个性；另一方面，遗传为个性的发展提供了必要的物质基础，如个体必须具有节奏感才有可能形成音乐方面的能力。根据有关研究，有约50%的个性差异和约30%的娱乐与兴趣方面的差异来自遗传。有一个典型的例子：一对分开近40年的双胞胎，后来却被发现驾驶型号和颜色相同的汽车，给各自养的狗起了相同的名字。

2. 环境是个性形成与发展的决定因素

遗传因素仅仅为个性的形成和发展提供了可能性，在此基础上是否能够最终形成某种个性，还要取决于个体后天所处的环境。环境即个体周围的对个体产生影响的外部世界，包括个体所处社会的文化、政治、经济背景，家庭和社会经济地位、父母教育方式、与朋友和社会群体的互动，等等。相对而言，遗传因素主要针对个性中自然性的部分发生作用，而环境因素则主要针对个性中社会性的部分发生作用，诸如性格、态度、世界观、理想、信念等。

三、个性理论与运用

个性理论涉及个性的形成、发展阶段、特征、类型等多个方面。对于管理者来说，运用个性理论，有助于了解在组织情境下，个性对人们行为的影响及人们对组织的认知和态度等。

1. 个性发展阶段论

个性发展阶段论是由美国心理学家埃里克森提出的，他认为个性是不断发展的，贯穿人的一生，从儿童早期开始，在环境的不断影响下，伴随着生命的延续而发展。他将个性的发展分成若干阶段，认为个性在各个发展阶段显示出不同的特点，并根据个性不同发展阶段的特点制作出相应表格，如表2.1所示。

2. 五维度模型

五维度模型即"大五"人格特质（big five

表2.1　个性发展阶段及其特点

阶　　段	年　　龄	特　　点	
		成　　功	失　　败
1. 婴儿期	出生至1.5岁（不含满1.5岁，余同）	基本的信任	不信任
2. 儿童早期	1.5～3岁	自主	羞耻、困惑
3. 学前期	3～6岁	创造性	自责
4. 学龄期	6～12岁	勤奋	自卑
5. 青春期	12～18岁	自我认识	对自己的认识模糊
6. 成年早期	18～25岁	合群	孤僻
7. 成年中期	25～50岁	继续成长	失望
8. 成年晚期或老年期	50岁及以上	完善	停滞

personality traits），包括宜人性、尽责性、神经质、外向性和开放性等五个维度，如表 2.2 所示。

表 2.2 "大五"人格特质

高分者特征	个性维度	低分者特征
心肠软、脾气好、信任人、乐于助人、宽宏大量、直率	宜人性	愤世嫉俗、粗鲁、多疑、不合作、报复心重、残忍、易怒、好操纵别人
有条理、可靠、勤奋、自律、准时、细心、爱整洁、有抱负、有毅力	尽责性	无目标、不可靠、懒惰、粗心、松懈、不检点、意志弱、爱享乐
平静、放松、不情绪化、安全、自我陶醉	神经质	易烦恼、易紧张、情绪化、缺乏安全感、忧郁
好社交、活跃、健谈、乐观、好玩乐、重感情	外向性	谨慎、冷静、无精打采、冷淡、厌于做事、易退让、话少
好奇心强、兴趣广泛、有创造力、有创新性、富于想象	开放性	讲究实际、兴趣少、缺乏艺术性

宜人性是描述个体是否随和、易合作、信任他人等方面的个性维度；尽责性是描述个体责任感、可靠性、持久性、成就倾向等方面的个性维度；神经质是描述个体情绪的稳定性、紧张性等方面的个性维度；外向性是描述个体人际互动的数量、强度、活动水平、刺激需求程度等方面的个性维度；开放性是描述个体是否乐于探索、接受新事物等方面的个性维度。

五维度模型提供了较为完整的个性框架：在这五个维度中，宜人性和尽责性属于人际维度，神经质属于情绪维度，外向性属于气质维度，开放性与认知密切相关。不仅如此，这五个维度还与人们的工作绩效有着重要关系，如高尽责性者比低尽责性者更有可能成为高绩效者。

第二节 气质与管理

一、气质的概念

气质是个体心理活动稳定的动力特征。心理活动的动力特征指的是心理过程的强度（如情绪体验的强度、意志努力的程度等）、心理过程进行的速度和稳定性（如知觉的速度、思维的灵活程度、注意力集中时间的长短等）、心理活动的指向性（有的人倾向于外部事物，有的人倾向于内心世界）等方面的特点。

气质是一个人活动的"风格与节奏"，它不会推动个体从事某种活动，但会影响个体活动的方方面面，使个体的心理活动呈现出一定的特征。具有某种气质的人在各种活动中都会表现出固有的、与其气质类型相应的心理方面的动力特征，这种动力特征不以个体活动的目的、动机和内容为转移，既表现在情绪、动作方面，也表现在认识过程和意志过程中。

气质的生理基础十分复杂，气质会受到人体神经系统活动和内分泌系统活动等各方面因素的影响，可以说，整个人的身体组织都会影响气质。一般认为，高级神经活动类型与气质的关系较为密切和直接，是气质的主要生理基础。

根据巴甫洛夫等人的研究，高级神经活动的两个基本过程——兴奋过程和抑制过程中有三个基本特征：神经过程的强度、神经过程的平衡性和神经过程的灵活性。神经过程的强度是指个体的大脑皮质细胞经受强烈刺激或持久工作的能力；神经过程的平衡性是指个体高级神经活动的兴奋过程和抑制过程的强度是否相当；神经过程的灵活性是指个体对刺激的反应速度和兴奋过程与抑制过程相互转换的速度。这三个基本特征的组合就构成了人体高级神经活动的类型。虽然基本特征组合的类型有很多，但高级神经活动实际上可以归纳为以下四种最显著、最主要的类型。

（1）兴奋型，又称强而不平衡型、冲动型，即个体的兴奋过程强于抑制过程，阳性条件反射比阴性条件反射容易形成，个体容易兴奋，不受约束。

（2）活泼型，又称强而平衡、灵活型，即个体的兴奋过程和抑制过程都较强，两者容易相互转化，个体反应灵敏、活泼，能很快适应外界环境的变化。

（3）安静型，又称强而平衡、不灵活型，即个体的兴奋过程和抑制过程都较强，但两者不易相互转化，易于形成条件反射，不易被改造，个体行为坚韧但行动迟缓。

（4）抑制型，又称弱型，即个体的兴奋过程和抑制过程都较弱，阳性条件反射和阴性条件反射的形成很慢。

神经过程的基本特征与高级神经活动的类型见表2.3。

表 2.3 神经过程的基本特征与高级神经活动的类型

神经过程的基本特征			高级神经活动的类型
强度	平衡性	灵活性	
强	不平衡	—	兴奋型
强	平衡	灵活	活泼型
强	平衡	不灵活	安静型
弱	—	—	抑制型

所谓"江山易改，禀性难移"，受个体生物组织的制约，个体的气质类型和气质特征具有稳定性。研究表明，一个婴儿生而具有某些气质特征。在许多儿童中，这些气质的原始特征往往在随后几十年的发展阶段中始终被保持着。但是，气质也不是一成不变的，在教育和社会实践的影响下，气质可以缓慢地发生改变以适应社会实践的要求。

二、气质类型及其特征

传统的气质类型主要考察以下几个特性。

（1）感受性。感受性是指人们对内外适宜刺激的感觉能力。

（2）耐受性。耐受性反映的是人们对客观刺激在时间和强度上的耐受程度。

（3）反应的敏捷性。反应的敏捷性包括人们的心理反应和心理过程进行的速度及不随意的反应性，主要体现的是人体神经过程的灵敏性。

（4）可塑性。可塑性是指人们根据外界环境的变化而改变自己适应性行为的可塑程度。

（5）情绪兴奋性。情绪兴奋性是指以不同的速度对微弱刺激产生情绪反应的特性。

上述五个特性的不同组合带来了人们不同的行为变化（见图2.1），同时形成了人们不同的气质类型。有关气质的理论有多种，相对而言影响力更大的是古老的体液说，体液说认为典型的气质类型有以下四种。

（1）胆汁质。胆汁质的人感受性弱，耐受性强，不随意反应性强，反应的不随意性占优势，外向性明显，情绪兴奋度高，抑制能力差，反应速度快但不灵活。这类人情绪易于激动，反应迅速，行动敏捷，暴躁而有力；在克服困难方面有不可遏止和坚韧不拔的劲头，但不善于考虑自己是否能做到；性急，狂热，易爆发，自制力差，

图 2.1 气质类型与行为变化

其工作特点常带有明显的周期性，能以极大热情投身事业，一旦精力消耗殆尽，便会失去信心，情绪顿时转为沮丧而一事无成。

（2）多血质。多血质的人感受性弱，耐受性强，不随意反应性强，具有外向性和可塑性，情绪兴奋度高且外部表现明显，反应速度快而灵活。这类人敏捷好动，易于适应环境的变化，能很快跟人接近，善于交际，在新的环境里不感到拘束，在工作和学习上富有精力且效率较高，常表现出机敏的工作能力；在集体中精神愉快，朝气蓬勃，能迅速把握新事物，在有充分自制力和纪律性的情况下，会表现出很强的积极性，对什么都感兴趣，但情感易变，兴趣也易变，如果从事的不是自己喜欢的工作或者工作特别需要细心和耐心，其热情可能会迅速消逝。

（3）黏液质。黏液质的人感受性弱，耐受性强，不随意反应性弱，情绪兴奋度低，外部表现不明显，反应速度慢且具有稳定性。这类人在生活和工作中坚韧而勤奋，行动缓慢而沉着，能够克制自己的冲动，严格遵守既定的生活秩序和工作制度，不会为无谓的事情而烦恼；为人持重，交际适度，不爱做空泛的清谈，不易激动，情感不易流露，脾气好，不常显露自己的才能。其不足之处是做事不够灵活，不善于转移注意力；因循守旧，不善于创新，稳定性有余而灵活性不足。

（4）抑郁质。抑郁质的人感受性强，耐受性弱，不随意反应性弱，严重内向，情绪兴奋度高，反应速度慢，为人处世刻板、不灵活。这类人敏感，情绪体验的方式较少，但体验有力、强烈而持久，往往会为小事而冲动；在行动上非常迟缓、忸怩、怯懦、腼腆、迟疑，有些孤独，遇到困难时优柔寡断，当面临危险情势时极易感到恐惧。

上述四种是基本的、典型的气质类型，具有以上某种气质类型的典型特征者被归为"典型型"，具有近似某种气质类型者被归为"一般型"，具有两种或两种以上气质类型者被归为"中间型"或"混合型"。现实中，具有典型气质类型的人较少，多数人都以一种气质类型为主，兼有其他气质类型的特点。

视野拓展

气质类型是对人的气质所进行的典型分类，通常有以下几种学说。

（1）体液说。古希腊医生希波克拉底认为人体内有四种液体，即血液、黏液、黄胆汁、黑胆汁。罗马帝国时期生物学家、心理学家格林（又译盖伦）从希波克拉底的体液说出发，提出了四种气质类型。虽然体液说的生理基础现在看来是不科学的，但四种气质类型的划分被后世学者不断验证，故而四种气质类型的名称一直沿用到现在，并为许多学科所采纳。

（2）血型说。古川竹二根据血型将人的气质划分为 A 型、B 型、O 型和 AB 型等四种：A 型血的人内向保守、多疑焦虑、富有感情、缺乏果断性、容易灰心丧气等；B 型血的人外向积极、善交际、感觉灵敏、轻诺言、好管闲事等；O 型血的人胆大、好胜、喜欢指挥别人、自信、意志坚强等；AB 型血的人兼有 A 型血和 B 型血的人的特征。大部分学者认为血型说缺乏科学性，但血型说在日本民间却被视为有趣的发现而被普遍接受。

（3）体型说。德国精神病学家克雷奇默根据自己对精神病人的观察和研究，按人体胖瘦高低提出肥胖型、瘦长型、斗士型等三种气质类型。

（4）神经说。神经说的兴奋型、活泼型、安静型和抑制型，可与体液说的胆汁质、多血质、黏液质和抑郁质分别对应。

三、气质类型与管理的关系

气质类型对人们的社会实践活动有着一定的影响，了解气质类型的特点，有助于管理活动的顺利开展。

1. 每种气质类型的人都能成功

研究表明，气质对能力发展有着不容忽视的影响，气质与思维能力也有着密切联系。气质还会影响个体智力活动的特点和方式。比如，有的学生学习时反应迅速，精力充沛，对新事物充满兴趣和热情，但不喜欢复习已学知识；而有的学生学习时则容易疲劳，对新知识的接受速度较慢，但对已掌握的知识则表现出高度的思维准确性和明晰性。气质对智力有一定影响，但不会决定一个人的智力发展水平。不同气质类型的人可能具有同样的智力水平，不同智力水平的人也可能具有同样的气质类型。同时，气质类型无好坏之分，每种气质类型都既有积极的方面，也有消极的方面。因此，不同气质类型的人都可能成功，成为有用之才。例如，在中俄杰出的文学家中，郭沫若和赫尔岑都具有多血质的特征，李白和普希金都具有胆汁质的特征，茅盾和克雷洛夫都具有黏液质的特征，而杜甫和果戈理则都具有抑郁质的特征。

2. 气质类型是职业选择的依据之一

首先，某些气质特征为一个人从事某种工作提供了较为有利的条件。一般而言，抑郁质和黏液质的人适宜从事要求严谨、细致的工作，如会计工作；而要求灵活、反应迅速的工作则更适宜多血质和胆汁质的人，如消防工作。

其次，一些特殊的职业对气质类型有着特定的要求，须对从业人员进行严格的选拔，如飞行员、宇航员、潜水员、雷达观测员等，这类人员都必须经过身体和心理测试及筛选，接受训练后才能被录用。

最后，气质类型对群体协同活动的绩效有一定影响。气质类型不同的人员组成的群体可以实现互补，他们相互配合取得的工作绩效好于相同气质类型的人员组成的群体。

当然，人们的实践活动受到多种因素的影响，特别是理想、信念和态度等因素的影响。与气质相比，这些因素对实践活动的影响更大。

3. 因材施教，根据气质类型采取积极有效的教育方式

有学者认为，在学校教育中不应该改变学生的气质，因为气质类型的改变十分缓慢；而应该了解被教育者的气质特征，找到适合其气质特征的教育策略和方法。

管理活动离不开思想教育。根据员工的气质类型采取不同的思想教育措施会取得良好的效果。在思想教育上，对胆汁质的人，应耐心说服，讲明道理；对多血质的人，应严格要求；对黏液质的人，应理智、热心而有耐心；对抑郁质的人，应给予其更多的关心和帮助，不要在公开场合批评和指责他们。同时，应根据每种气质类型的特点给予员工针对性的教育。比如，可以通过思想教育对每种气质类型的员工的消极方面进行针对性的训练：训练胆汁质的人遇事沉着冷静、学会自制；训练多血质的人做事专心致志、敢于面对困难，养成做事有计划、有目标、有要求的习惯；训练黏液质的人主动探索新问题，避免墨守成规、谨小慎微、固执己见的弊端；训练抑郁质的人在社会交往和社会活动中树立自信，消除胆怯、害羞心理，防止猜忌、孤独等消极品质的发展。

🏛 视野拓展

同一情景中的不同行为

某心理学家曾形象地描述了四种基本气质类型的人在同一情景中的不同行为表现。四个不同气质类型的人去剧院看戏，都迟到了。胆汁质的人和检票员发生了争吵，企图闯入剧院。他分辩说，剧院里的钟快了，他进去看戏是不会影响别人的，他还试图推开检票员进入剧院。多

血质的人立刻明白，这名检票员是不会放他进入剧院的，他不肯轻易放弃，于是就去了另外一个检票口，想再次尝试一下。黏液质的人看到检票员不让他进入剧院，就想："第一场总是不太精彩，我在小卖部等一会儿，幕间休息时再进去。"抑郁质的人则自言自语，"我老是不走运，偶尔来一次剧院，还这样倒霉"，接着就回家去了。

第三节　性格与管理

一、性格的概念

性格是指个体在现实的稳定态度和习惯化了的行为方式中所表现出来的个性心理特征。

首先，性格特征表现在人对现实的态度和行为方式中。一个人对现实的态度及与之对应的行为方式的结合构成了一个人区别于其他人的独特的性格。性格既反映一个人"做什么"，又表现这个人"怎样做"，两者是统一的。一个人对现实的态度会决定他的行为方式；反过来，习惯化的行为方式又体现了他对现实的态度。

其次，性格既具有稳定性，又具有一定的可塑性。性格是个体从小不断接受环境的影响、教育的熏陶和自身的实践，日积月累，最终形成的，也就是说性格是个体在实践活动中，在与客观世界相互作用的过程中形成和发展起来的。客观事物的各种影响通过主体的心理活动在个体的反应机制中保存下来，逐步固定，形成特定的态度体系，并反映在个体的行为方式中。因此，性格形成后具有稳定性，它既体现在个体对现实态度的稳定性方面，也反映在个体行为方式的习惯化方面，即只有那些经常性的、一贯化的表现才被视为性格特征。

性格是个体在社会实践活动中形成的，性格也会在社会实践活动中有所改变。客观现实十分复杂，必然会影响个体性格的发展。生活中遇到的重大事件、重要经历有可能会改变一个人的性格特征。同时，性格特征在不同的年龄阶段也有所不同。

最后，性格是具有核心意义的个性心理特征。性格与个体的意识倾向和世界观紧密相连。在个性心理特征中，不同气质特点不会影响人对社会所做出的贡献；能力的大小虽有不同，对社会的贡献也各不相同，但潜能的发掘、实际能力的发挥与个体的性格特征有着很大关系。也就是说，只有性格才能使气质和能力具有一定的意识倾向性，以作用于客观世界。性格最能表征个体的个性差异，是一个人品德和世界观的具体标志，是精神面貌的综合反映，是社会本质的集中体现。

二、性格与气质的关系

性格与气质都是个性心理特征的构成部分，两者紧密相连。性格与气质既有显著的区别，又相互渗透、彼此制约。

性格与气质的区别体现在以下两点上。

（1）性格主要是后天形成的，具有社会性，与气质相比，它的变化较为容易和快速；气质受先天因素的影响较大，变化速度较慢，改变难度较大。

（2）气质与行为的内容无关，因此，它没有好坏善恶之分；性格则涉及行为的内容，反映个体与社会的关系，故而有好坏善恶之分。

性格与气质的联系体现在以下两点上。

（1）气质会影响性格，使性格带有一种独特的色彩。这比较明显地表现在性格的情绪性和发展速度方面。同样具有勤劳的性格特征，多血质的人情绪饱满、精力充沛，黏液质的人则操作精细、踏实肯干。同时，气质还影响性格形成和发展的速度和动态。相对于多血质和胆汁质的人来说，黏液质和抑郁质的人更容易形成自制力较强的性格特征。

（2）性格可以在一定程度上掩盖或改造气质特征，使之服从于社会实践的要求。例如，一名外科医生应该具有冷静沉着的性格特征，因为进行手术操作要求医生必须冷静、谨慎、细心，这种职业要求有可能掩盖或改造胆汁质的人易冲动的气质特征。

三、性格的特征

作为一个复杂的心理构成部分，性格由多个不同方面的特征构成。

（1）性格的态度特征。性格的态度特征体现为处理各种社会关系方面的性格特征，主要表现在以下三个方面：①对社会、集体和他人的态度的特征；②对工作和学习的态度的特征；③对自己的态度的特征。

（2）性格的意志特征。性格的意志特征指的是人对自己行为的自觉调节方式和调节水平方面的性格特征，主要表现在以下四个方面：①对行为目的的明确程度方面的特征，这主要体现在目的的明确性、独立性和纪律性等方面；②对行为的自觉控制水平的特征，这主要体现在主动性、自制力等方面；③在长期工作中表现出来的特征，这主要体现在恒心、坚韧性等方面；④在紧急或困难情况下表现出来的特征，这主要体现在勇敢与否、沉着与否、果断与否等方面。

（3）性格的情绪特征。性格的情绪特征指的是人的情绪活动在强度、稳定性、持续性和主导心境等方面表现出来的性格特征。性格主要有以下几个方面的情绪特征：①情绪强度特征，主要指的是个体受情绪影响程度和情绪受意志控制强度方面的特征；②情绪稳定性特征，主要表现在情绪起伏波动的程度上；③情绪持久性特征，表现为个体受情绪影响时间的长短；④主导心境特征，表现为个体在不同的主导心境下的表现程度。

（4）性格的理智特征。性格的理智特征指的是个体在认知过程中的性格特征，即认知活动的特点和风格。性格的理智特征主要包括以下几个方面：①感知方面的性格特征，主要反映个体在感知过程中是主动观察型还是被动观察型，是记录型还是解释型，是罗列型还是概括型，是快速型还是精确型等；②记忆方面的性格特征，主要反映个体在记忆过程中是主动记忆型还是被动记忆型，是直观形象记忆型还是逻辑思维记忆型，以及识记速度的快慢和记忆时间的长短等；③想象方面的性格特征，主要反映个体是主动想象型还是被动想象型，是幻想型还是现实型，是敢于想象型还是想象受阻型，是狭窄想象型还是广阔想象型等；④思维方面的性格特征，主要反映个体是独立型还是依赖型，是分析型还是综合型等。

上述四个方面的特征中，性格的态度特征和意志特征更为重要，其中又以性格的态度特征最为重要。性格的各个特征不是独立的，而是相互联系的一个独特的统一体。

案例 2.2

破罐不顾

这是出自《后汉书·郭太传》的一个典故。东汉末年，孟敏客居太原，一天到市上买了一个煮饭用的陶罐，在路上一不小心把罐子摔得粉碎，孟敏连看也不看一眼，径自走了。郭太见了觉得奇怪，遂问其意。孟敏回答说："罐子已经破了，看它有什么用呢？"

点评：这个典故展现了孟敏豁达果断的性格特点。面对摔碎的陶罐，他不纠结于无法挽回的损失，而是迅速接纳现实并向前看。这份洒脱在动荡的东汉末年显得尤为可贵，郭太欣赏的也是他的这点。

四、性格的类型

性格的类型是指一类人所共有的性格特征的独特结合。下面简要介绍一下斯普兰格和霍兰德的性格类型论。

1. 斯普兰格的性格类型论

德国教育家、哲学家斯普兰格以价值观作为划分性格类型的标准。他将社会生活分为六大基本领域，即理论、经济、审美、社会、权力和宗教。他认为，人们总会对其中的某一领域产生特殊兴趣并形成价值观。据此，他将人的性格分为理论型、经济型、审美型、社会型、权力型和宗教型等六种，其主要特征和典型人群如表 2.4 所示。

表 2.4　斯普兰格划分的性格类型

性格类型	主要特征	典型人群
理论型	以追求真理为目的，冷静而客观地观察事物，力图把握其本质；对实用和功利缺乏兴趣，缺乏生存竞争能力	理论家、哲学家
经济型	以经济观点看待一切事物，把经济价值置于一切价值之上，以功利来评价事物价值，以获取财产和利益为其主要生活目的	实业家
审美型	以美为最高人生意义，对实际生活不大关心，从美的角度评价事物价值，自我欣赏和自我完善是他们的目的	艺术家
社会型	重视爱，以爱为人生的最高价值，有献身精神，有志于增进他人或社会福利	慈善、卫生和教育工作者
权力型	重视权力并努力获取权力，自己做主，有强烈的支配欲	政治家
宗教型	信仰宗教，生活在信仰中，富有同情心，善良，爱人爱物	宗教人士

2. 霍兰德的性格类型论

美国职业指导专家霍兰德提出了性格-职业匹配理论。他将人的性格也分为六种类型：理智型、现实型、社会型、文艺型、贸易型和传统型。不同性格类型的人有相应的性格特点和适合的领域或职业，如表 2.5 所示。

表 2.5　霍兰德划分的性格类型

性格类型	性格特点	适合的领域或职业
理智型	好奇、善于分析、内向、富有理解力、聪明	自然科学、电子学、计算机程序编写等
现实型	直率、随和、重实践、节俭、稳定、坚定、不爱社交	农业、制图、采矿、机械操作等
社会型	爱好社交、活跃、友好、慷慨、乐于助人、易合作、合群	社会工作、教师、护士等
文艺型	感情丰富、想象力强、富有创造性	文学创作、艺术、雕刻、音乐、文艺评论等
贸易型	外向、乐观、爱社交、健谈、好冒风险、喜欢支配和领导他人	董事长、经理、营销人员等
传统型	务实、有条理、随和、友好、拘谨、保守	办公室工作人员、秘书、会计、打字员、接线员等

大多数人都可以被划为某一种性格类型，而且每一种性格类型都对应着两种相近关系的性格类型、两种中性关系的性格类型和一种相斥关系的性格类型，如表 2.6 所示。

表2.6 性格关系类型

性格类型	相近关系	中性关系	相斥关系
社会型	文艺型、贸易型	传统型、理智型	现实型
理智型	文艺型、现实型	传统型、社会型	贸易型
现实型	理智型、传统型	文艺型、贸易型	社会型
文艺型	理智型、社会型	贸易型、现实型	传统型
贸易型	社会型、传统型	现实型、文艺型	理智型
传统型	现实型、贸易型	社会型、理智型	文艺型

霍兰德认为，如果职业类型和性格类型相匹配，个体会对职业感兴趣并得到内在的满足，最能发挥个体的聪明才智；如果职业类型与性格类型相近，个体经过努力，也能适应并做好工作；如果职业类型和性格类型相斥，那么个体就会对职业毫无兴趣，不能胜任工作。

案例2.3

哈罗德·吉宁的个性

20世纪70年代，哈罗德·吉宁将国际电报电话公司发展为世界上最大的联合企业。大家都认为吉宁在公司兼并业务上是一位超级明星，但是对他作为一名组织经营管理者的能力的看法却莫衷一是。《命运》杂志引用了一位商业分析家的话："他是个绝对的灾星。"而他的部分同事认为他是位极出色的管理者，尽管他不会受到人们的衷心爱戴。他不组建任何联盟，朋友极少，管理人员都害怕他。他总是在要求这要求那，不耐烦，说话生硬，行动极富对抗性。他在其他同事都在场的会议上对下属们进行连珠炮似的批评指责，这些下属们怕他怕得要死。面见吉宁先生对他们来说简直是件痛苦的事情，可又不得不去见。他们一般每月举行一次会议。在会议上，他们汇报工作，并轮流接受吉宁先生的详细询问。据说这种询问会使许多经理冒汗，甚至急得流泪。许多员工因难以接受这种领导方式而离去，但是吉宁也吸引了一些聪明的企业管理人员。

当吉宁加入国际电报电话公司时，他享有管理大师及财务天才的美誉，他个人私下曾企图独立地经营这个公司，而且不依赖任何人。他说："如果我有更多的胳膊、腿和时间，我能控制整个公司的经营。"

当他让出国际电报电话公司总经理的职位时，他没有掩饰自己想当董事会主席以便继续行使控制权的愿望。吉宁无法抑制他想在国际电报电话公司扮演重要角色的强烈愿望。事实上，18个月内，吉宁就策划并实施了推翻他的继任者的计划。

点评：性格既反映一个人"做什么"，又表现这个人"怎样做"，是具有核心意义的个性心理特征，最能表现个体的个性差异。性格会极大地影响个人事业成就。个人实际能力的发挥与个体的性格特征有着密切关系。

五、性格与管理的关系

1. 性格对管理的影响

性格直接或间接地影响着人际关系、个人能力、工作与学习效率及领导类型等，进而影响管理的效果。

（1）性格对人际关系的影响。人际关系是影响管理绩效的重要因素。研究和实践表明，良好的性格特征会增进人际关系的和谐，增强群体凝聚力，有利于群体的分工协作；而不好的性格特征则有可能破坏良好的人际关系或不利于建立良好的人际关系，减弱群体凝聚力，不利于群体的分工协作。

（2）性格对能力的影响。创造力和竞争力都属于能力范畴，与性格特征有着密切关系。一般来说，具有较强独立性格特征的人抱负水平相对较高，适应能力较强，革新开拓精神较强，但有时难免武断；具有较强依赖性格特征的人自信心较弱，易受传统思想束缚，创造力和竞争力较差。

（3）性格对工作与学习效率的影响。如一个能力不强的人因为有着勤奋的性格特征，通过勤奋学习和工作可以提升能力、弥补不足，从而取得学业和事业上的成功；而一个能力较强但具有不好的性格特征，如懒惰、浮躁、不求甚解等的人则会制约其潜能的发挥，影响其学习和工作的效率及成就。

（4）性格对领导类型的影响。领导类型受到多种因素的影响，但其中主要的因素是领导作风和性格品质。

2．性格理论在管理中的应用

根据性格理论，在管理中可采取以下方法。

（1）在管理活动中，应遵循性格顺应和性格互补原则，扬长避短，以提高工作效率，调动员工积极性，促进良好人际关系的形成和发展。所谓性格顺应原则指的是，为了顺利开展工作，应顺应员工的性格特征，采取相应措施；所谓性格互补原则指的是，在处理组织内部的人际关系时，管理者应考虑员工的性格差异，让不同性格特征的人能够协同工作，这有利于人际关系的和谐。

（2）根据不同员工的性格特征，采取不同的管理方法。在管理中，管理者应了解员工的性格特征，因人施治、对症下药，以使培养、教育员工的效果更好。对于开朗直率的人，应采取表扬为主、防微杜渐的管理方法；对倔强刚毅的人，应采取经常鼓励、多加教导的管理方法；对粗暴急躁的人，应肯定其成绩、避开其锋芒；对心胸狭窄的人，应多加疏导、开阔其心胸；对自尊心强的人，应开阔其视野，帮助其正确认识自己和他人；对沉默寡言的人，应少指责、多鼓励；对傲慢自负的人，应严格要求、谨慎表扬。

（3）注重培养员工良好的职业性格。职业性格是员工胜任本职工作的心理动力。管理者应通过把握员工的性格特征，根据职业要求，培养员工良好的职业性格，推动组织效率的提高。如应培养律师客观、公正、正直的职业性格，培养教师热情、外倾、理智、独立的职业性格，等等。

（4）在选拔人员时，要注重考核备选人员的性格特征，如对待工作的态度、责任心、自控力等。特别是在选拔高层管理者时，更应重视对其性格特征方面的考核。

案例2.4

武　松　打　蝇

武松在景阳冈打虎出了名以后，某单位重视人才，特地把他调了过去。

机关里既没有打虎的任务，又没有什么出力的工作要他干，但武松是条硬汉子，没有坐办公室的耐性，每天闲着无事，看着办公室苍蝇不少，"嗡嗡嗡"地飞来飞去，着实令人讨厌，便拿起苍蝇拍子来打苍蝇。

一天，鲁智深来拜访老朋友，一进门，看见武松在打苍蝇，便笑道："我们的打虎英雄怎么在此打起苍蝇来了？"

武松见是鲁智深，忙施礼说："鲁兄，请勿见笑！在这儿实在闲着无事，浑身肌肉都松弛得发酸。恐怕长此以往，我便过不得景阳冈了。"

鲁智深问："为什么？"

武松说："如果再过景阳冈，遇到老虎，我不仅打不了老虎，还可能给老虎当点心。"

点评：上述故事看起来非常荒诞，但类似的情形在日常工作中比比皆是。企业在用人的时候，常常会出现这样的情况：有能力的人得不到重用，能力不足的人反而被委以重任。而实际上，每个人都有自己独特的优势，如何发现并发挥他们的优势，并将这些优势变为企业的绩效，是每个管理者的责任。

第四节　能力与管理

一、能力的概念与类型

1. 能力的概念

能力是指一个人顺利地完成某种活动所必需的并影响活动效率的个性心理特征。能力反映了个体在某一工作中完成各种任务的可能性，一个人无论有多大的动力去工作，如果缺乏必要的能力，要想达到足够的绩效水平则是不可能的。比如，一个不具备音高、音色、音强等听觉感知能力的人是难以成为一个歌唱家的。

能力总是和人的学习、工作、劳动等具体活动相联系的。一方面，能力是在具体活动中形成和发展的；另一方面，能力是在具体活动中表现出来的。

能力是完成某项活动必备的心理条件，并影响活动的效率。能力是个体能够胜任某个任务或者完成某项活动的必备条件，特别是个体在掌握知识和技能的程度、速度等方面更是如此。在其他条件相同的情况下，能力强的个体可以比能力弱的个体获得更好的成效。当然，成功完成某项活动所需要的条件是多方面的，能力只是完成该项活动的必要条件，而不是唯一条件。在心理条件方面，知识、经验、动机等都是完成活动所必需的。而且任何单独的能力都不能让人成功地完成一项活动，例如学习活动需要观察力、记忆力、概括力、理解力等能力。

能力既指实际能力，也指潜在能力。实际能力是指一个人从事某项活动所具备的现有成就水平，比如能说英语、会开车。潜在能力是指一个人将来有机会学习时可能达到的水平或完成某项活动的可能性，一般称为潜力，是一种能力倾向。如一个人具有领导能力，只有在他处于领导位置时才能体现出来，否则就只是潜在的可能性。实际能力是潜在能力的展现，潜在能力则是实际能力形成的基础和条件。

能力与知识、技能既有区别又有联系。能力是人们在掌握知识、技能的过程中表现出来和发展起来的。知识是人们对人类社会实践经验的总结和概括，技能是人们在理论或实践活动中经过练习而获得并巩固的某种基本操作或活动方式。能力是大脑的一种机能，知识与技能则是大脑机能活动的结果。一般来讲，知识、技能的掌握要以一定的能力为前提，能力在一定程度上制约着知识、技能掌握的深度、广度和速度。

能力的形成和发展受到天资、环境、社会实践及个人主观努力等因素的影响。天资即先天素质，是能力形成和发展的可能性和基础。天资可分为智力天资和体力天资：智力天资有许多种，每一种智力天资与不同类型的行为能力相联系，因而与成功地从事不同类型工作的能力相关；体力天资与那些以体力和手工为特点的工作联系在一起。环境包括自然环境和社会环境，环境对能力发展的影响常用个体后天智力的变化发展来说明。在环境因素中，社会生产方式、社会生活条件和教育对能力的形成、发展起着很重要的作用。社会实践活动是能力发展的决定性因素，没有实践活动，即便有良好的天资和环境，能力也很难得到发展。人的能力水平与其从事活动的积极性成正比。个人的主观条件为能力的发展提供了动力，可以促进能力的发展。研究表明，一个人能力的发展会受到兴趣和性格的影响。

2. 能力的类型

可从以下多个角度对能力进行分类。

（1）根据能力的倾向性，可以将其分为一般能力和特殊能力。一般能力即普通能力，指的是人们在一切活动中都需具备的能力，如观察力、记忆力、想象力、注意力和思维能力等。一般能力的综合就是通常所说的智力。特殊能力又称专门能力，指的是人们在专业活动中表现出来的、只在特定领域内发生作用的能力，如节奏感、色彩辨别能力、数学能力、管理能力等。

（2）根据能力的功能，可以将其分为认知能力、操作能力和社交能力。认知能力指的是人们接收、加工、存储和应用信息的能力，是成功完成一项活动最重要的心理条件，如知觉、记忆、注意、思维等能力；操作能力指的是人们操纵、制作和运动的能力，如劳动能力、艺术表现能力、体育运动能力等；社交能力指的是人们在社会交往活动中所表现出来的能力，如组织管理能力、语言表达能力等。

（3）根据能力参与的活动的性质，可以将其分为模仿能力和创造能力。模仿能力是指人们效仿他人的言谈举止而引起的与之相类似的行为活动的能力，是人们学会生活和基本的生产劳动的基础，如临摹字画；创造能力是指人们产生新思想、获得新发现和创造新事物的能力，是完成某种创造性活动所必需的条件，如创造和创新能力等。

二、能力的差异

由于先天素质、后天环境、社会实践活动和个体主观努力的差异，人与人之间在能力上也存在着明显的差异。

（一）能力的类型差异

能力的类型差异可分为一般能力类型差异和特殊能力类型差异。

1. 一般能力类型差异

一般能力类型差异主要表现在知觉、表象、记忆、言语和思维等方面。

知觉方面的能力类型有：①综合型，特点是富于概括性和整体性，但在分析能力方面较弱；②分析型，特点是具有较强的分析能力，对细节感知清晰，但整体性不够；③分析综合型，兼有综合型和分析型两种类型的特点。

表象方面的能力类型有：①视觉型，特点是视觉表象占优势；②听觉型，特点是听觉表象占优势；③动觉型，特点是运动表象占优势；④混合型，几乎能在同等程度上运用各种表象。

记忆方面的能力类型是根据个体识记不同材料效果和方法的不同来划分的，主要有：①直观形象的记忆型，识记物体、图画、颜色和声音等效果较好；②词的抽象记忆型，识记词语、概念和数字效果较好；③中间记忆型，对上述所有事物的识记效果都差不多。

言语和思维方面的能力类型有：①生动的言语类型，言语特点是形象的、情绪的因素占优势；②逻辑联系的言语类型，言语特点是具有概括性和逻辑性。

2. 特殊能力类型差异

特殊能力类型差异除了表现在完成同一种活动时不同的人可能采取不同的方法之外，还表现在完成同一活动时可以结合不同的能力来实现。如两个短跑运动员同样取得良好的成绩，但一个人依靠的是动作和节奏的更好配合，而另一个人依靠的是更大的动作幅度。

（二）能力发展水平的差异

人的能力发展水平存在着明显的差异，主要表现在人在同等条件下从事某项活动的能力差异。这可以通过具有一致标准的智力来衡量。有的人智力超常，有的人智力平平，有的人则智力低下。大量研究表明，全人类的智力分布基本上呈中间大、两头小的正态分布——智力低下者和智力超常者极少，绝大多数人的智力一般。

20世纪80年代，美国心理学家加德纳认为，传统的智力概念范围太窄，只适用于对书本知识的学习能力，他认为应把人的智力分为理性认知能力和非理性情感体验能力。其后，美国心理学家萨洛维和梅耶提出了"情绪智力"的概念，他们认为，情绪智力涉及把握自己和别人的感觉和情绪、辨别并利用这些信息来指导自己的思维和行动的能力。对于获得职业的成功来说，情绪智力比一般智力更为关键。人的情绪智力商数（即情商）的高低也有明显的差异，一般将人的情商差异分为高情商、较高情商、较低情商和低情商四类。

（三）能力表现早晚的差异

根据能力表现的早晚之别，可将能力表现在时间上的早晚分为能力的早期表现、中年成才和能力的晚期表现三类。

（1）能力的早期表现。能力的早期表现又称"人才早熟"，有的人在童年时期就表现出某些方面的优异能力。古今中外，这样的例子不胜枚举。如白居易五六岁就会作诗；王勃25岁写就《滕王阁序》；德国数学家高斯八九岁就会解级数求和问题，他的重要数学贡献大部分是在14～17岁做出的；控制论创始人维纳18岁在哈佛大学获得博士学位。

表 2.7　各学科或领域最佳创造平均年龄

学科或领域	最佳创造平均年龄（岁）	学科或领域	最佳创造平均年龄（岁）
化学	23～36	声乐	30～34
数学	30～34	歌剧	35～39
物理学	30～34	诗歌	25～29
实用发明	30～34	小说	30～34
医学	30～39	哲学	35～39
植物学	30～34	绘画	32～36
心理学	30～39	雕刻	35～39
生物学	35～39		

（2）中年成才。中年是成才的最佳年龄阶段。这一阶段的人精力充沛、年富力强，具有丰富的知识和经验，敏锐而不保守。中年时期是个人成就最多、对社会贡献最多的时期。一般认为，30～45岁是人的智力最佳年龄阶段。美国心理学家李曼的研究显示，25～39岁是最佳的成才年龄。各学科或领域最佳创造平均年龄如表2.7所示。

（3）能力的晚期表现。缺乏早期成就的人并不意味着将来就没有作为。事实上，大器晚成的人在古今中外不乏其例。如著名画家齐白石在40岁时才表现出绘画才能，美国生物学家摩尔根发表《基因论》时已60岁了。出现这种现象的原因很多，有的人是因为所研究的学术问题具有长期性，不能一蹴而就，需长期努力；有的人是因为早期不努力，后期加倍努力；还有的人是因为某种特殊能力显露较晚；等等。

（四）能力的性别差异

关于能力的性别差异，目前对其研究较多，结论也有所不同，但基本一致的结论有以下两个方面。

（1）男女智力的总体水平大致相等，但男性智力分布的离散程度比女性高，即很聪明的男性和很笨的男性相对较多。

（2）男女智力结构存在差异，各有优势领域。一般来说，男性的视觉能力较强，尤其在空间视觉能力方面，男性明显优于女性，而女性的听觉能力较强，特别是对声音的辨别和定位方面，女性明显优于男性；男性偏于抽象思维，更喜欢数学、物理和化学等学科，而女性长于形象思维，更喜欢语言、历史、人文地理等学科；女性比男性口语发展早，在语言流畅性及读、写、拼等方面均占优势，而男性在语言理解、语言推理等方面比女性强。

三、能力与管理的关系

研究个体的能力结构和能力差异，有助于管理者发现人才，合理使用人才，提高组织绩效。

（1）合理选才，量才录用。一个好的管理者并不谋求把能力最优者聚集在自己周围，而是会正确制定自己组织所需的人才标准，据此选录有适当能力的人。这样，既不浪费人才，又能提高工作效率。

（2）人尽其才，让能力与职务相匹配。用人艺术的关键是充分发挥人的能力。在管理中，管理者应根据各项工作对能力水平的要求和员工个人的兴趣、特长合理安排员工的工作。

（3）根据员工能力差异，实现能力互补。一项工作的分工协作需要不同类型的人才，管理者在安排工作时应取长补短、实现能力互补。

（4）加强员工能力培训。为了促进员工能力不断提升，适应社会的发展要求，管理者应根据员工的能力结构和工作需要，对员工有针对性地进行动态培训，使其胜任当前和未来的工作。

第五节　知觉与行为

一、感觉与知觉

人对客观事物的认识是从感觉开始的。感觉器官在接收客观事物个别属性的信息时，还会通过各种感觉器官的协同活动将事物的各种属性按照其相互关系进行整合，从而形成有关该事物的整体映像。这些活动主要是通过感觉和知觉完成的。

案例2.5

哈维·兰克尔克培训新员工

哈维·兰克尔克是一家制造厂的工头，受命教会新员工使用某台机器。一名新来的工人是个小伙子，他是通过针对难以受雇人群的特别招聘计划被招募来的。

兰克尔克对这类特别招聘计划没什么好感。他很不乐意地把小伙子带到机器前，指导他如何使用。"每次这种金属部件从装配流水线传到这儿，你把它拉下来，放到这个压床下面。这边对齐了，然后踩一下下面的脚踏板，钻头就会落下来，正好在这儿打个洞。干活的时候小心你的手，别靠近钻头。傻瓜也能干这活儿，有问题吗？"

"没有，先生。"新来的小伙子答道。

在兰克尔克看来，这名工人不大可能会成为一个特别能干的人。这种因赞助性活动而受雇的员工他已经见得太多了，他认为这类员工根本就不能胜任工作。说实话他也弄不懂为什么会这样，他对这些员工全都一视同仁。事实上，他在向所有新员工解释这台机器的使用方式的时候，都使用了同样的语言。

没过几天，这名新员工在完成工作数量和质量上都落后于别人。兰克尔克对此毫不感到意外。

第二名新员工是一个让兰克尔克看上去感觉挺机灵的小伙子，也得到了和第一名新员工几乎完全相同的工作。这名新员工觉察出工头好像挺喜欢自己，对于"傻瓜也能干这活儿"之类的评价并不在意。很快，他就能像那些干了一段日子的熟练工人一样完成任务了。

点评：通过以上案例可以看出，对于同样一件事，由于人们知觉的不同可能会产生两种完全不同的行为，可见知觉与行为的关系非常密切。

（一）感觉与知觉的概念

1. 感觉的概念

感觉是人脑对直接作用于感觉器官的客观事物的个别属性的反映。刺激物作用于感觉器官后，经过神经系统的信息加工，便形成了对该刺激物的个别属性的反映。感觉分为外部感觉和内部感觉两大类。外部感觉是指人们接受外部刺激、反映外界事物的个别属性的感觉，包括视觉、听觉、味觉、嗅觉和肤觉（包括温觉、冷觉、触觉和痛觉）；内部感觉是指人们接受机体本身的刺激，反映机体的位置、运动和内部器官状态的感觉，包括运动觉、平衡觉和机体觉。

对于感觉的认识，我们应了解以下内容。

（1）感觉反映的是人们当前直接接触到的客观事物，不是过去的或间接接触的客观事物。记忆中再现的映像和幻觉中类似的体验都不是感觉。

（2）感觉反映的是客观事物的个别属性，而非整体。尽管对客观事物的整体反映是建立在感觉的基础上的，但在感觉阶段，人们只能知道事物的声音、形状、色彩等个别属性，还没有把这些个别属性整合成一个整体。

（3）感觉是客观内容和主观形式的统一，是对客观事物的主观反映。感觉的对象和内容是客观的，它所反映的是不依赖于人的意识独立存在的客观事物，而形式和表现则是主观的，因为它在特定的主体身上形成、表现和存在；人们的任何感觉都受到个性、经验、知识及身体状况等主体因素的影响。所以说，感觉是主、客观联系的重要渠道。

2. 知觉的概念

知觉是人脑对直接作用于感觉器官的客观事物的各个部分和属性的整体反映。与感觉反映的简单而具体的信息不同，知觉要利用主体已有的知识和经验对所获得的感觉信息进行加工，并通过大脑的组织和解释使之成为有意义的整体。例如，我们听到一个熟悉的说话声音，就能判断出说话的人是谁。"说话声音"是听觉获得的信息，"熟悉的"是已有的经验，感觉和经验相互作用，便能让人产生"说话的人是谁"的知觉。

知觉有空间知觉、时间知觉和运动知觉之分。空间知觉是指人们对物体的形状、大小、距离、方位等空间特性的知觉，又分为距离知觉和方位知觉；时间知觉是指人们对客观物质现象延续性和顺序性的反映；运动知觉是指人们对物体空间位移的知觉。

知觉会出现歪曲的现象，这就是错觉。错觉是人们在特定条件下对客观事物产生的某种有固定倾向的、受到歪曲的知觉。错觉不是幻觉，而是在客观事物刺激作用下所产生的对刺激的主观歪曲的知觉，如"杯弓蛇影""草木皆兵"等现象。错觉是由客观刺激本身特点和观察者生理或心理上的因素相互影响、相互制约、共同作用导致的。

案例 2.6

为什么对同一个太阳会有不同的感觉？

列御寇所编的《列子·汤问》中有个"两小儿辩日"的故事。

孔子东游，见两小儿辩斗，问其故。

一儿曰："我以日始出时去人近，而日中时远也。"

一儿曰："我以日初出远，而日中时近也。"

一儿曰："日初出大如车盖，及日中则如盘盂，此不为远者小而近者大乎？"

一儿曰："日初出沧沧凉凉，及其日中如探汤，此不为近者热而远者凉乎？"

孔子不能决也。

两小儿笑曰："孰为汝多知乎？"

点评：案例中这两个小孩对太阳完全不符合客观事物本身特征的失真或扭曲的知觉反应就是错觉。

（二）感觉与知觉的联系与区别

作为人类认识世界、改造世界的能力和基础，以及其他心理活动的基础，感觉和知觉是两种既有联系又有区别的心理活动过程。

感觉与知觉的联系有以下几点。

（1）感觉和知觉都是人脑对当前客观事物的反映，是客观事物直接作用于感觉器官时在人脑中所产生的映像。只有客观事物直接作用于感觉器官，并引起它们活动时，才会产生感觉和知觉。

（2）感觉是知觉的基础和前提，知觉是感觉的深入和发展。对某个对象的个别属性的感觉越丰富、越精确，对其知觉就越完整、越正确。

感觉和知觉的区别有以下几点。

（1）感觉是对客观事物个别属性的反映，知觉则是对客观事物的不同属性、不同部分及其相互关系的综合的、整体的反映。

（2）感觉是介于心理和生理之间的活动，主要来自感觉器官的生理活动和客观刺激的物理特性，相同的客观刺激会引起相同的感觉；知觉则是以生理机制为基础的、纯粹的心理活动，它处处表现出主观因素的参与。

（3）在生理机制上，感觉是单一分析器官活动的结果，知觉则是多种分析器官协同活动的结果。

二、知觉的特性

知觉是一种有规律的心理活动过程，其规律主要有知觉的整体性、知觉的选择性、知觉的理解性和知觉的恒常性。

1. 知觉的整体性

知觉的整体性是指人们根据自己的知识经验把直接作用于感觉器官的客观事物的多种属性整合为统一整体的组织加工过程，是知觉的积极性和主动性的一个重要方面。知觉的整体性与知觉对象的特性及其各个部分之间的结构成分密切相关。图 2.2（a）中，当把中间的形状与纵向的 A 和 C 作为一个整体时，我们很容易将之视为字母"B"，而当把其与横向的 12、14 作为一个整体时，我们则将之视为数字"13"；图 2.2（b）中黑色圆形中的白色线条，很容易被人们视为一个轮廓为六边形的图形或正方体。

根据格式塔学派心理学家的归纳，知觉的整体性遵循以下几个规律。

（1）接近性。知觉对象在空间、时间上较为接近的，容易被人们知觉为一个整体。在空间上，如图 2.3 所示，我们容易把 A、B、C 中的黑点分别当成一个整体。

（2）相似性。物理属性（形状、大小、颜色、亮度等）相同或相近的知觉对象容易被人们组织在一起，知觉为一个整体。图 2.4（a）中，分布于黑色方块中的空心圆会被人们知觉成一个方形；图 2.4（b）中，间杂在黑色方块中的实心圆则会被人们知觉成一个"×"形。

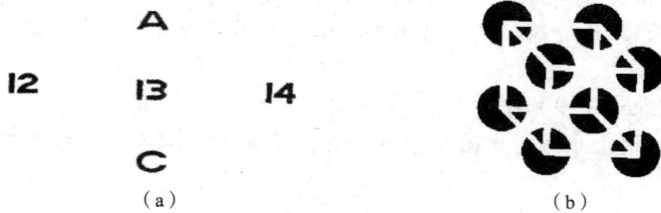

图 2.2　知觉的整体性示例

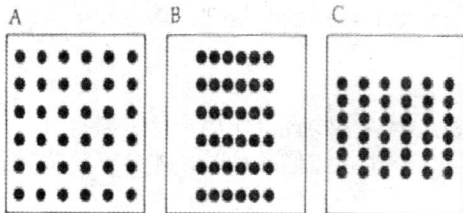

图 2.3　知觉的接近性示例

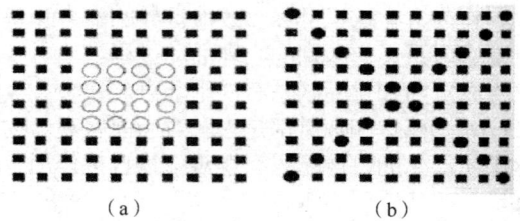

图 2.4　知觉的相似性示例

（3）连续性。凡具有连续性或共同运动方向的知觉对象容易被人们知觉成一个整体，如图 2.5 所示。

（4）闭合性。人们倾向于将缺损的轮廓加以补充，使知觉对象成为一个完整的封闭图形。这是因为知觉的整体性与知觉主体的主观状态，特别是人们原有的知识和经验有关，它为当前的知觉提供补充信息，通过主观上的补充、删略、替代或改组，使人们把当前不完整形状的对象知觉为完整的形状。图 2.6 中尽管存在线条的缺损，但人们仍会在图形 A、B、C、D 的中心位置知觉到三角形。

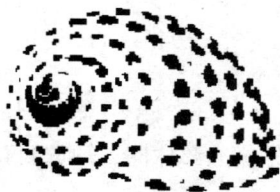

图 2.5　知觉的连续性示例

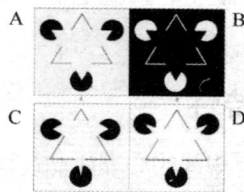

图 2.6　知觉的闭合性示例

2. 知觉的选择性

知觉的选择性是指人们根据当前的需要，将外来刺激有选择地作为知觉对象进行组织加工的过程。由于知觉的选择性的存在，人们对同时作用于感觉器官的所有刺激并不全部进行反映，而只对其中某些刺激加以反映，这样才能使人们把注意力集中到主要的刺激或刺激的主要方面，以排除次要的刺激或刺激的次要方面的干扰。被主观选择的刺激成为知觉对象，而其他刺激则成为知觉对象的背景。相对而言，知觉对象有鲜明而完整的形象，有意义且易被记忆，而知觉对象的背景则相对模糊，不容易被记忆。

知觉对象和背景之间的关系不是绝对的，这两者之间可以相互转换。图 2.7 中，当我们以黑色部分为背景，以白色部分为知觉对象时，我们看到的是一个花瓶；反之，当我们以白色部分为背景，以黑色部分为知觉对象时，我们则看到了两个相对的人脸侧面；当然，我们也可以同时看到人脸侧面和花瓶。

视野拓展

人是主观的还是客观的？

戴尔本和西蒙曾做过这样的研究：他们请某乐器厂的 23 名经营人员阅读一份描述一家钢厂的组织和活动的综合案例。其中有 6 人负责销售工作，5 人负责生产工作，4 人负责财务工作，8 人负责总务工作。他们让每个人写出这一案例中自己认为最重要的问题是什么。负责销售的人中有 83% 的人认为销售问题最重要，而其他人中只有 29% 的人持同样的观点。

从上面的研究可以看出，参与者从环境中感知到的层面常与他的目标和所参与的活动保持一致。确切地说，当刺激信息较模糊的时候，知觉更多地受个体的态度、兴趣和背景等主观因素的影响，而不是刺激本身。由此我们可以得出这样的结论：在某些条件下，人是主观的而不是客观的，而且，这并不是个别现象。

3. 知觉的理解性

知觉的理解性是指人们以知识和经验为基础，对知觉对象进行加工处理，并用词语加以概括、说明的组织加工过程。

具有不同知识和经验的人，对同样的知觉对象会产生不同的知觉结果。图 2.8 中的人像，既可能被看作一个青年女性，也可能被看作一个老年女性。它实际上是一张青年女性图片和一张老年女性图片的拼合。有学者在实验时，分别先给两组被测试者看青年女性或老年女性的图片，然后再让他们看图 2.8，结果发现，他们中的绝大多数都根据先前看图片的经验，将图 2.8 中的人像看成了先前已看过的人像。这个实验形象而显著地证明了知识和经验对知觉对象的理解程度的影响。

4. 知觉的恒常性

知觉的恒常性是指人能在一定范围内不随知觉条件的改变而保持对客观事物相对稳定特性的组织加工过程。知觉的恒常性能够使人获得对物体本身特点的精确知觉而不受外界变化了的条件影响，是人类适应环境的重要能力。知觉的恒常性包括大小恒常性、形状恒常性、方向恒常性、明度与颜色恒常性，即人们在知觉特定物体时，对物体大小的知觉不因距离的变化而变化，对物体形状的知觉不因它在视网膜上投影的变化而变化，对物体方位的知觉不因身体部位的改变或视线方向的变化而变化，对物体明度和颜色的知觉不完全因感觉映像的变化而变化。图 2.9 中，在观察者的视网膜上，门因开合状态不同而呈现不同的形状，但观察者不会因此而认为门的形状发生了改变。

图 2.7　知觉的选择性示例　　图 2.8　知觉的理解性示例　　图 2.9　知觉的恒常性示例

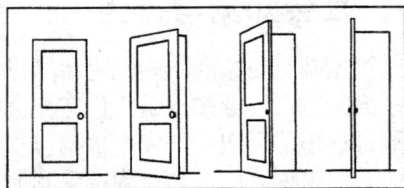

三、知觉的影响因素

知觉的过程包括对知觉对象的选择和对信息的组织加工两个步骤。这两个步骤都会受到很多因素的影响，主要包括知觉对象因素和知觉主体因素，也就是客观因素和主观因素。这两者相互作用、相互影响，共同影响着知觉的过程和结果。

1. 知觉对象因素

一个人同时面对的多个刺激之间实际上并不存在轻重缓急的区别，但是知觉主体往往会对其中的一些刺激加以忽略，而选取另一些刺激作为知觉对象。知觉主体对知觉对象的取舍，往往受到知觉对象本身及背景的一些特点的影响。这些特点包括知觉对象的大小、强度、对比、活动程度、重复程度、新颖性及熟悉性等，其中某一两个因素或者全部因素都可以在同一时刻起作用，影响知觉过程。

通常，知觉对象的尺寸越大越容易被人们感知，知觉对象的刺激强度与其尺寸大小是紧密相连的。一般来说，外部因素的刺激强度越高，就越容易被感知，例如，一个人突然提高音量往往会引起其他人的注意。对比的特性反映的是知觉对象与背景之间的关系，人们最容易感知的是那些与背景相反的和出乎意料的知觉对象，比如"万绿丛中一点红"，在"绿"与"红"之间，我们更多的是对"红"的关注；一个活动对象比一个静止对象更易于被人们感知；经常重复出现的对象比只出现一次的对象更容易被感知，电视中那些经常播放的广告比播放频率低的广告更能让人记住就是这个道理。知觉对象的新颖性和熟悉性特点表明，新颖的或者熟悉的知觉对象更能引起人们的注意。

2. 知觉主体因素

知觉主体在选择知觉对象时，其需要、兴趣、爱好、知识经验等主观因素会影响知觉过程和结果。

主体的需要对知觉活动有很大的影响，往往决定着主体对知觉对象的选择。那些越能满足主体需要、符合其动机的事物，越容易引起其注意，成为其知觉的对象；反之，与主体需要的满足无关的事物则容易被主体忽略。当一个人的某种需要特别强烈时，他的知觉活动就会直接指向与满足这种需要密切相关的事物，而与这种需要无关的事物则被忽略。

兴趣和爱好在更大程度上制约着知觉的主动选择性。主体感兴趣的、喜爱的事物，更容易被主体从复杂的环境中注意到，成为知觉对象。主体不感兴趣或不喜欢的事物，即使被主体注意到了，往往也会从知觉中被忽略。

主体以往的、与当前知觉有关的经验和知识也会影响主体对知觉对象的选择。它们以信息的形式存储在主体的大脑中，形成信息系统，从而使熟悉的对象更易于从环境中被分离出来，成为知觉对象。

四、社会知觉与行为

根据知觉对象的不同，可将知觉分为对物的知觉和对人的知觉两大类。其中，对人的知觉即社会知觉。社会知觉是人们在社会生活中形成的知觉反应。了解社会知觉非常重要，因为人对周围环境的反应不是完全根据客观环境的真实情况做出的，而是根据对环境的知觉和理解做出的。可以说人的一切行为都受到他对社会客体知觉的影响，社会知觉是人与外界环境相互作用的唯一接触点。社会知觉以人为知觉对象，而人是社会实体，所以，对人的知觉就不仅停留在对人的外部特征的知觉上，还包括对人的个性特点、内在品质的了解及对其行为的判断和解释。知觉主体不仅要了解知觉对象的物理特征，还需要对知觉对象的内在特点，如动机、能力、情感、意志等做出判断，以形成完整的印象。因此，准确地说，社会知觉指的是主体通过人际交往，根据知觉对象的外在特征，推测与判断其内在属性的过程。

🔨 案例 2.7

邹忌讽齐王纳谏（节选）
《战国策·齐策一》

邹忌修八尺有余，而形貌昳丽。朝服衣冠，窥镜，谓其妻曰："我孰与城北徐公美？"其妻曰："君美甚，徐公何能及君也？"城北徐公，齐国之美丽者也。忌不自信，而复问其妾曰："吾孰与徐公美？"妾曰："徐公何能及君也。"旦日，客从外来，与坐谈，问之客曰："吾与徐公孰美？"客曰："徐公不若君之美也。"明日徐公来，孰视之，自以为不如；窥镜而自视，又弗如远甚。暮寝而思之，曰："吾妻之美我者，私我也；妾之美我者，畏我也；客之美我者，欲有求于我也。"

于是入朝见威王，曰："臣诚知不如徐公美。臣之妻私臣，臣之妾畏臣，臣之客欲有求于臣，皆以美于徐公。今齐地方千里，百二十城，宫妇左右莫不私王，朝廷之臣莫不畏王，四境之内莫不有求于王：由此观之，王之蔽甚矣。"

点评：邹忌没有徐公美，为什么他身边的人却都说他比徐公美？就像所有人都不敢指责、劝谏齐威王一样。可见，社会知觉不是完全根据客观环境的真实情况做出的，而是根据对客观环境的知觉和理解做出的。人的一切行为都受到其社会知觉的影响。

根据知觉对象的不同，社会知觉可分为四类：对他人的知觉、自我知觉、人际知觉和角色知觉。

社会知觉也会受到多种因素的影响，包括知觉主体的因素（如原有经验、价值观念、情感状态、知觉偏差等）、知觉对象的因素（如魅力、知名度等）和知觉情境因素（如空间距离、背景等）。

在社会知觉过程中，知觉主体自身、知觉对象和环境等因素相互作用、相互影响，使得社会知觉往往会出现各种偏差。这些偏差实际上是一些特殊的社会心理规律的作用导致的特殊反应。常见的社会知觉偏差有首因效应、近因效应、晕轮效应、投射效应、定型效应等。

🔨 案例 2.8

"杀 人 现 场"
（佚名）

一天傍晚，我在一家超市购物，一转弯，突然看到一幅吓人的景象——地板上躺着一个男人，他身上压着另一个人，上面那个人个子高大，简直像个恶魔！他掐住受害人的喉咙，将受害人的头往地板上撞，到处是殷红的血。我急忙赶去叫超市的经理。当我和经理赶到"杀人现场"时，警察也赶到了。我们费了好长时间才弄清真相。原来地上的男人患有糖尿病，在使用胰岛素后产生反应而昏了过去，他在摔倒的时候碰破了头，造成了"满地是血"的表象。压在他上面的那个人是正在购物的顾客，这位顾客看到病人跌倒，慌忙上前察看伤情，设法帮助病人，给他松领口。这时我才注意到，那位无辜的"谋杀犯"的个子相当矮，而且他居然还是我的邻居——一个敦厚而好心的图书馆管理员。

点评：在上述案例中，显然，作者前后两次对那位所谓的"谋杀犯"的知觉有天壤之别，在"杀人现场"对他的知觉是"个子高大，简直像个恶魔"；真相大白后却发现他"个子相当矮……

敦厚而好心"。之所以出现这种知觉偏差，根本原因就是知觉主体由特定情景（满地鲜血等）而产生联想，先入为主地影响了他对别人的判断。

1. 首因效应

首因效应又称"优先效应"，是指在对他人的知觉过程中，人们对最初获得的信息所形成的印象较为深刻，从而能够以同样的认知影响对后来信息的理解。实验结果显示，对陌生人形成印象的过程中，首因效应的作用非常明显，即首先进入知觉主体大脑中的信息会显著影响其对知觉对象总体印象的形成。

初次见面时，如果一个人对对方的相关信息一无所知，那么首因效应的形成主要受对方直接可见的外表、言行的影响；如果在见面之前他已获得了对方的某些间接信息，那么这些间接信息便成了产生首因效应的重要因素。

案例 2.9

新闻系毕业生的智慧

一个新闻系毕业生正急于寻找工作。一天，他到某报社问总编："你们需要一名编辑吗？""不需要！""那么记者呢？""不需要！""那么排字工人、校对呢？""不，我们现在什么空缺也没有了。""那么，你们一定需要这个东西。"说着他从公文包中拿出一块精致的小牌子，上面写着"额满，暂不雇用"。总编看了看牌子，微笑着点了点头，说："如果你愿意，可以到我们的广告部工作。"这个毕业生通过自己制作的牌子表现出了机智和乐观，给总编留下了美好的"第一印象"，引起其极大的兴趣，从而为自己赢得了一份急需的工作。这种"第一印象"的微妙作用在心理学上被称为首因效应。

启发与思考：根据案例中毕业生的表现，分析第一印象在人际交往中有哪些作用。

2. 近因效应

与首因效应相反，近因效应是指在知觉过程中，最后或最近给人留下的印象最为深刻，从而使人忽略了过去信息留下的印象，并且在其后的时间内，对该对象的印象的形成或改变受最后或最近印象的强烈影响。当然，并非所有的近因都会改变以往已经形成的印象。这取决于以下两个方面：一是近因的强烈程度，二是知觉主体对知觉对象以往印象的稳定程度。

3. 晕轮效应

在大风天气到来前，晚间的月亮周边会幻化出晕轮（即月晕），把月亮光芒扩大。在对人的知觉过程中，也会出现类似于晕轮的现象。在观察客体时，由于客体的某种品质或特征较为突出，知觉主体常将这种品质或特征扩大为客体的整体品质或特征。这种品质或特征如同晕轮，掩盖了主体对客体其他品质或特征的知觉。这种效应往往在人们对道德品质的知觉中表现得比较明显。

晕轮效应在人的社会知觉过程中起到了遮掩或扩大的作用，人们往往会"以点带面""以偏概全"，出现"情人眼里出西施""爱屋及乌""讨厌和尚恨袈裟"的不良效应，导致不能正确认识知觉对象。

经典实验

麻省理工学院的实验——晕轮效应

美国心理学家凯利（Kelly）利用麻省理工学院的两个班级的学生分别做了一个实验。上课之前，实验者向学生宣布，临时请一位研究生来代课，接着实验者告知了学生有关这位研究生的一些情况，其中，向一个班的学生介绍这位研究生具有热情、勤奋、务实、果断等多品质，向另一个班的学生介绍的信息除了将"热情"换成了"冷漠"之外，其余各项都相同。两个班的学生对此完全不知情。两种介绍效果所体现的差别是：下课之后，前一个班的学生争相与这位研究生亲密攀谈；而另一个班的学生却对其敬而远之、冷漠回避。可见，仅介绍中的一词之别，就会影响一个班的学生对这位代课老师的印象。学生戴着有色眼镜去观察代课老师，而这位研究生就这样被罩上了不同色彩的晕轮。

4. 投射效应

投射效应是指人们将自己所具有的某些特质加到他人身上的心理倾向。心理学研究发现，人们在知觉他人时的一种倾向是乐于从自己的角度出发去假设别人，用自己的好恶来推断别人，常常不自觉地把自己的心理特征（如个性、好恶、欲望、观念、情绪等）归属到别人身上，认为别人也具有同样的心理特征，也就是将自己的需要、情感等投射到他人身上。古语讲的"以小人之心度君子之腹"即反映了投射效应。

由于投射效应的存在，我们可以从一个人对别人的看法来推测这个人的真正意图和心理特征。

案例2.10

糊涂的苏东坡

据《东坡禅喜集·佛印问答第九·马上谈》中记载，苏东坡与佛印出城玩。佛印说："尔在马上十分好，一似一尊佛也。"苏东坡回答："尔穿一领玉袈裟，在马上好似一堆太牛屎也。"佛印回复："我口出佛，尔口出屎。"随从们哈哈大笑。

点评：这个故事反映了一个人将内在生命中的价值观与情感好恶投射到外在世界的人、事、物上的心理现象。即一个人的内心世界如何，决定了他对外界世界的认知。一讥一讽不仅反映了苏东坡和佛印两人的密切关系，更揭示了真正的智慧在于觉察并净化内心投射之源这一道理。

5. 定型效应

定型效应又称"刻板效应"或"定势效应"。当人们对某类社会知觉对象产生了固定的看法后，这种看法对以后有关该类对象的知觉会产生强烈的影响。也就是说，知觉主体总是按照一定的标准将他人分类，把他人归属于一些预设好的群体范畴内。在人们知觉具体的某个人时，一旦发现对方所属的群体类别，往往就会将群体的特性加诸对方身上。年龄、性别、种族、家庭背景、社会地位、职业、地理环境、文化水准、信仰等，都是定型效应形成的基础。比如"嘴上没毛，办事不牢"就是人们对年轻人办事特点形成的定型效应。

定型效应一旦形成，往往具有非常强的稳定性，且很难改变。这从它发挥的作用来看是危险的，因为它为知觉和解释提供了一种以偏概全的方法，使人的认识强化或停滞，导致了知觉过程不是受特定知觉对象或者特定知觉对象的实际特性的影响，而是受该对象与某个以前感知的知觉对象或一组对象的相似性的影响。个体间的差别被忽视可能会导致不准确的知觉。

定型效应的应用非常广泛，很多人都在生活中使用它来知觉客体。这是因为：第一，它能帮助我们迅速有效地处理关于知觉对象的信息，简化认识过程；第二，它能帮助我们更有效地了解和应对周围的环境，当与陌生人打交道时，可以指导我们对对方做出适当的行为；第三，有些定型效应还是相当准确的，因为它是人们在社会生活实践中不断地知觉某类对象，从而对该类对象逐渐形成的固化的印象，反映了某类对象的实际特点。

第六节　情绪、价值观与行为

一、情绪与情感

人在认识客观事物时，会对该事物产生好恶等态度。情绪和情感就是人对客观事物持有各种态度的体验，反映了人的需要是否得到满足的心理状况。

人对客观事物持有什么样的态度，是以该事物是否满足人的需要为基础的，客观事物对人的意义，往往与它是否能满足人的需要有关。因此，与人的需要毫无关系的事物就不能引起人的情绪和情感，只有那些与人的需要有关的事物才能引起人的情绪和情感。凡是能满足人的需要的事物就会引起肯定性质的体验，凡是不能满足人的渴求或与人的意志相违背的事物则会引起否定性质的体验。

（一）情绪与情感的区别与联系

情绪和情感是十分复杂的心理现象，是人们需要满足状况的心理反应，两者既有区别又有联系。

1. 情绪与情感的区别

（1）情绪更多与机体天然生物需要的满足与否相关，是人和动物（特别是较高级动物）共有的心理体验，相对而言，情绪具有原始性和生理性；情感则更多与社会性的需要满足与否相关，是人类所独有的心理活动，具有社会历史性。

（2）人类的情绪发展在先，情感体验产生在后。婴儿最初的表情是无条件反射的体现，而情感则是人们在与社会接触过程中逐步产生的。

（3）相对而言，情绪较不稳定，情感较为稳定。情感的性质常与稳定的社会实践的内容方面密切相关，因此，情感较多地用于表达感情的内容，具有较强的稳定性和深刻性。而情绪则常用于感情的表现形式方面，具有较显著的情景性、激动性和短暂性。一个人的情绪会随着情境的改变及需要的满足状况而发生改变。

（4）情绪的表现具有外显性，情感的表现具有内显性。情绪可以通过明显的外部特征表现出来，情感则多以内在感受、体验的形式存在。

2. 情绪与情感的联系

情绪与情感的区别是相对的，情绪与情感之间有着密切的联系。

（1）情绪是情感的基础，情感离不开情绪。一方面，情感是在多次情绪体验的基础上发展建立起来的；另一方面，情感是通过情绪的形式表达出来的。

（2）对人类而言，情绪离不开情感，是情感的具体表现。情感的深度决定着情绪表现的强度，情感的性质决定了在一定情境下情绪表现的形式，情绪发生的过程中往往蕴含着情感因素。

案例 2.11

抑郁情绪就是抑郁症？

小丽以当地第一名的成绩考入上海某重点大学，她踌躇满志，决心在大学期间的每个学期都能获得一等奖学金。第一学期期末，她却未能如愿获得一等奖学金。她的情绪从此一落千丈，她变得郁郁寡欢，无心学习，做事情也没有兴致，不爱搭理人，同学关系也处理不好，还整夜失眠。最后她不得不去医院的精神科检查，诊断结果是她患了抑郁症。

现在有抑郁情绪的大学生并不少见。一般这样的学生情绪都比较低落、不稳定，不爱理人，做事情没有兴致，时间长了会造成心理情绪积聚，对日常学习与生活产生一定影响，严重的就会患上抑郁症。抑郁情绪主要源自自我价值没有得到很好的体现，对自己进行了部分否定。如果没有正常渠道发泄，个体可能会沉迷于自己觉得正确的事物，这样就容易误入歧途。如果有抑郁情绪的大学生能和身边的朋友交流，及时释放出自己的压力，就能缓解自己的症状，从而恢复到正常的情绪状态。

点评：抑郁情绪不是抑郁症，抑郁症是以心情低落为主的一种情感障碍。情感是在多次情绪体验的基础上形成的稳定的态度体验。因此，情感特征常被作为人的个性和道德品质评价的重要方面。

（二）情绪对组织的影响

（1）情绪会影响人际关系。积极的情绪会增进人际关系的和谐，消极的情绪则可能会导致人际关系障碍，影响良好人际关系的建立和维持。如一个有挫折感的人会出现冷漠、固执、有攻击性等倾向，这样的人在与他人相处时容易使人际关系恶化。

（2）情绪会影响工作效率。过于紧张或过于松懈的情绪都会使工作效率降低，只有适度紧张的情绪状态才可以使人们具有较高的工作效率。一般而言，处于积极情绪状态的员工，工作积极性高，不易疲劳，出现事故的情况相对较少。研究结果显示，中等愉悦水平可以使人们的智力劳动达到较优的效果。而处于消极情绪状态的人，效率下降，易出事故。实验证明，焦虑、挫折感、悲哀、愤怒、倦怠、消沉、恐惧等消极情绪会降低人们的认知水平，对人们的创造性思维产生消极影响，干扰、延缓人们的智力活动。

（3）情绪会影响人的身心健康。俗话说："笑一笑，十年少，愁一愁，白了头。"情绪对人的身心健康有着非常大的影响。积极的情绪可以增进人们的身心健康，增强人们的活动能力，消极的情绪则可能会损害人们的身心健康。情绪等心理因素会导致很多疾病，如神经功能疾病、消化系统疾病、心脑血管疾病、肿瘤、溃疡等。国外学者对 500 名胃肠病患者的研究发现，其中约 74%的患者是因消极情绪致病的。

（4）情绪与情感对组织行为的影响。情绪和情感理论对管理工作和组织行为有着重要意义。在组织管理中，管理者可以对下属进行情感号召、情感联络和情感感化；在组织工作中，运用这些理论可以培养员工对工作、对组织的肯定性情感，有助于其形成敬业爱岗的观念；在组织文化建设中，通过组织内部的各种沟通和交流，对员工进行情感激励，培养员工对同事、对组织的肯定性情感，可以有效改善组织内的人际关系，增强组织凝聚力，提高组织绩效。

案例 2.12

情绪的"传染性"

一天清早，夏雨刚走进办公室就听到对面的同事李唐气呼呼地叫着："这日子真是没法过了！迟到几分钟就要扣工资！"夏雨下意识地看了下表，已经是 9 点 10 分了，李唐这次确实又迟到了。

办公室里经常充满李唐的抱怨声，其言语中充满了对公司和其他同事的不满。处在这样一种氛围中，夏雨经常感觉到自己的情绪会随着李唐的抱怨而不断变化。想当初，夏雨刚进公司的时候，满怀激情地准备大干一场。在工作中遇到了无法解决的问题时，夏雨会虚心地向公司老员工李唐请教。李唐总是对夏雨说："这么积极干吗！有什么意思？当初我刚进公司的时候和你一样有激情，可结果呢？辛辛苦苦干了这些年，还不就是一个普通的员工！"有一次，夏雨忍不住反驳了李唐一句："不要这么消极，只要努力，就一定会有晋升的机会。"李唐一脸的不屑，说："年轻人，不要太天真！现在这个社会，没有关系哪混得开呀！"李唐神神秘秘地小声说："公司那个郑超，他比我晚来了一年呢，可人家现在都是部门经理了！听说他是老板朋友的儿子……那个刚来半年就被提拔的周睿，听说是老板家的亲戚……"

李唐的这些无意的抱怨每次都会大大降低夏雨的工作热情。在李唐长期负面情绪的感染下，夏雨的信心慢慢动摇了，他失去了对工作的热情，觉得目前的工作没有发展前途，也不知不觉地对公司挑起刺来，以至于在公司待了几年还是一名普通的职员。

点评： 好情绪能让一个人变得更有激情，会让周围的气氛变得轻松而愉悦，也会让其身边的人感到快乐和高兴；相反，厌烦、压抑、忧伤等消极情绪会使周围的气氛变得紧张，也会直接影响一个人身边的同事，引发一系列的负面反应。

二、价值观

1. 价值观的概念

价值观是指一个人对客观事物的意义、重要性的总评价和总看法。价值观主要涉及内容和程度两个方面：一方面表现为价值取向、价值追求，凝结为一定的价值目标；另一方面表现为价值尺度和准则，是人们评价特定事物的是非、善恶、价值的有无和大小、重要性程度等的标准。

价值观具有个体性，每个人都有自己的价值观，每个人的价值观都有所不同。

价值观是事物价值的主观反映，同样一个事物，其价值对不同价值观的人来说也不同。

价值观以人的需要为基础。事物是否有价值是以是否能够满足人的需要为标准的；事物价值的大小因满足人的需要的程度而异。离开了需要，事物就无所谓价值，因此，价值观是建立在人的需要之上，反过来又调节人的需要的。

价值观是个性心理结构的核心因素。作为个性心理结构的深层组成部分，价值观调节和制约着人们的其他个性品质及特点，并把它们组合为统一的结构或整体。价值观是个性倾向中高层次的定向系统，是个体适应社会环境、参与社会生活的内在调整机构，它会影响个体在生活中做出重要而有意义的选择，直接决定着一个人的理想、信念、生活目标和追求方向。同时，它也调节和制约着个性倾向中低层次的需求、动机、兴趣和愿望等内在倾向，还影响和制约着一个人的个性心理特征。

一个人价值观系统的形成一方面受遗传的影响，另一方面还受民族、文化、父母、教师、朋友及其他环境因素的影响。对分开抚养的双胞胎进行的跟踪研究表明，他们中有大约40%的人工作价值观是遗传获得的。但是，总体而言，个体价值观系统中的大部分是在后天通过个体的社会化培养而形成的。一个人价值观形成的过程中，家庭、学校、所处工作环境等因素起着关键的作用。

价值观具有相对的稳定性和持久性。特别是一些体现基本观念和信念的价值观具有相对的稳定性，在一定的时期内保持不变，它们对人们的行为预期起着指导作用。当影响价值观形成的因素发生改变时，人们的价值观也会随之改变。正因为价值观的可变性，组织、群体或个体才可以运用有效的方式和途径改变或重塑人们原有的价值观和价值观体系。

案例 2.13

一辆劳斯莱斯

有三个人要被关进监狱三年，监狱长答应满足他们每人一个要求。美国人爱抽雪茄，便要了三箱雪茄；法国人最浪漫，便邀请自己美丽的妻子相伴；而以色列人则要了一部与外界沟通的电话。三年后，第一个冲出来的是美国人，他嘴里塞满了雪茄，大喊着："给我火，给我火！"原来他忘了要打火机。接着出来的是法国人，他已经有了两个孩子。最后出来的是以色列人，他紧紧握住监狱长的手说："这三年来我每天与外界联系，我的生意不但没有受影响，营业额反而增长了200%。为了表示感谢，我送你一辆劳斯莱斯！"

点评： 从这个故事中我们看到，人们的价值观决定了人生的选择，人生的选择对于人的一生发展影响深远。不同的选择会导致不同的结果。

2. 价值观的作用

（1）动力作用，即价值观是个体追求价值行为的动力。

（2）标准作用，即价值观是判断人们行为的利害、美丑、善恶的评价标准，决定着人们对事物的取舍，影响着人们的态度。

（3）调节作用，即价值观调节主体的行为指向一定的价值目标。

（4）定向作用，价值观包含价值要求，具有强烈的倾向性，带有鲜明的意向和情感色彩。

案例2.14

雷尼尔效应

美国西雅图的华盛顿大学准备修建一座体育馆。消息传出后，立刻引起了教授们的反对。最终，校方不得不做出让步，取消了这项计划。

教授们为什么会反对修建体育馆呢？原因是校方选定修建体育馆的位置是校园内的华盛顿湖畔，体育馆一旦建成，恰好就挡住了从教职工餐厅窗户可以欣赏到的美丽风景。为什么校方又如此尊重教授们的意见呢？

原来，与美国教授的平均工资水平相比，华盛顿大学教授的工资一般要低20%左右。教授们之所以愿意接受较低的工资而不到其他大学去寻找更高报酬的教职，完全是出于留恋西雅图美丽的湖光山色：西雅图位于太平洋沿岸，华盛顿湖大大小小的水域星罗棋布，天气晴朗时可以看到北美洲的雪山之一——雷尼尔山，如果开车出去，还可以游览喀斯喀特山脉最活跃的活火山——圣海伦斯火山。

点评： 该案例中，华盛顿大学的教授们为了欣赏美好的景色而放弃获得更高收入的机会，这被华盛顿大学经济系称为"雷尼尔效应"。这个效应告诉我们，人们的价值取向决定了其行为方式。通常来说，追求经济价值的人在工作过程中往往追求的是高额的工资，而拥有非经济价值取向的人在工作过程中更看重的往往是其他方面，如工作环境、人际关系、上级领导的工作作风、工作本身等因素。

3. 价值观对行为的影响

价值观对人的行为有着重要的影响，一个人有什么样的价值观，就会有什么样的行为方式。价值观与行为方式的关系见表2.8。

在一个组织内，管理人员的价值观会影响以下这些方面：他对其他个人和群体的看法，进而会影响他与其他人之间的关系；他个人做出的决策和对问题解决方法的选择；他对个人所面临的形势和问题的看法；他对于道德行为标准的确定；他个人接受或抵制组织目标和组织压力的程

表2.8 价值观与行为方式的关系

价值观	行为方式	价值观	行为方式
独立	依靠自己，自信	合作	与他人合作，为使他人幸福而工作
竞争	力图超过他人	互爱	温柔，富有感情
顺从	有责任心，尊敬别人	负责	可靠，可信赖
进取	努力工作，朝气蓬勃	诚实	诚挚，真实

度；他对个人及组织的成功和成就的看法；他对个人目标的选择；他对用于管理和控制组织中人力资源的手段的选择。

价值观不仅会影响个体行为，还会影响群体和组织行为。在相同的环境条件下，对于相同的事物或行为，持有不同价值观的人通常会有不同的评价和反应；同样的事物或行为对于持有不同价值观的群体和组织来说，通常会确定不同的目标，采取不同的行为，进而影响其经济效益、社会效益和社会形象等。因此，为了追求更好的效益并树立和维护更好的社会形象，群体和组织在选择目标时，必须考虑其内部成员形形色色的价值观，在整合、平衡各种价值观的基础上，选择合理的群体目标或组织目标。

第七节　态度与行为

一、态度的概念与特征

态度是个体对特定对象所持有的评价和行为意向。它反映的是一个人对某事物的感受。

态度具有一定的结构，一般认为态度由三种成分构成，即认知成分、情感成分和行为意向成分。态度的认知成分是指个体对特定对象所具有的知觉、理解、信念和评价，它常常是带有评价意味的陈述，不只是个体对特定对象的认识和理解，同时也包括个体对特定对象的评判、赞成或反对。态度的情感成分指的是个体对特定对象所持有的一种情绪体验，如尊敬或鄙视、喜欢或厌恶、同情或嘲讽等。态度的行为意向成分指的是个体对特定对象的一种内在反应倾向，是个体做出行为之前的一种准备状态。

一般来说，尤其是从理论上来看，这三种成分是协调一致的。如果出现了矛盾和不协调，个体也会采取一定的方法进行调整，使其恢复协调一致。但在现实生活中，这三种成分之间的关系并非如此简单，在一定程度上往往还存在着不协调和不一致，而且这三种成分之间的关联度也不尽相同。研究表明，情感与行为意向的相关程度高于认知与情感、认知与行为意向的相关程度。由此可见，在这三种成分中，认知成分的独立程度更高一些，与其他两种成分之间的相互影响也相应较小；而情感成分的地位和作用十分重要，有时我们所说的态度往往是就态度的情感成分而言的。

案例2.15

成功取决于你的态度

一个年轻人来到一片绿洲，他碰到一位老人家，便问："这里如何？"老人家反问："你的家乡如何？"年轻人回答："糟透了！我很讨厌。"老人家接着说："那你快走，这里同你的家乡一样糟。"后来，又来了另一个年轻人问老人家同样的问题，老人家也同样反问他，而这个年轻人则回答说："我的家乡很好，我很想念家乡的人、事物……"老人家便说："这里同你的家乡一样好。"第一个年轻人觉得很诧异，便问老人家为何前后说法不一致。老人家说："一个地方好不好是由你自己的态度决定的。"

点评：上面的案例告诉我们，当你以欣赏的态度去看待某一事物时，你便会看到许多优点；而当你以批评的态度去看待同一事物时，你便会看到很多缺点。在不同的态度作用之下，对待同一事物，不同的人会产生不同的感觉。

态度有以下几个特征。

（1）态度的社会性。态度不是与生俱来的，而是个体在后天的社会生活中通过学习获得的。个体在其后天长期的社会生活中，随着意识的出现、情感的丰富、经验的积累，通过与他人的交往和相互作用并接受周围生活环境和社会文化的不断影响和学习，会逐渐形成对人、对事的一定态度。

（2）态度的主观经验性。态度与个体的观念，尤其是与信仰和价值观有着密不可分的联系。态度常常能反映个体的思想观念，同时它又包含了很大的经验成分。因此，态度具有主观经验性。

经典实验

态 度 实 验

斯奈德（Snyder）等人让一些男性被试在电话中与他们不相识的女性交谈，事先告知一部分被试与他们交谈的女性很漂亮，而告诉另外一部分被试与其交谈的女性相貌不佳。结果发现，前者在与"漂亮"女性谈话时更热情、更可爱，对方也会做出相应的反应。

点评：正如上述案例中的实验所证明的，人们对各种事物都会有一定的态度，如认为"吸烟有害健康""文学陶冶情操""崇拜英雄人物""热爱教师工作""讨厌被人管理和控制"等。无论哪种态度都包含三种心理成分：认知、情感和行为意向。

（3）态度的针对性。态度具有针对性，总是指向某个或某些对象，这些对象可能是某一个人、某一群体、某一种状态或某一种观念。没有针对性的态度是不存在的。

（4）态度的内隐性。态度的内隐性即指态度的间接性。作为人的心理倾向，态度只是行为前的心理倾向或心理准备状态。它虽然与行为有着密切的关系，但两者并不是同一概念。因此，态度不能被直接观察到，而只能通过对主体的言论、表情和行为进行间接的分析和推测了解到。

案例2.16

两个秀才去赶考，途中看到黑乎乎的棺材。其中一个秀才的心立刻凉了半截，心想：今天怎么这么倒霉，赶考的日子竟然遇到棺材。于是，他的心情一落千丈，直到走进考场，那个黑乎乎的棺材一直挥之不去，结果文思枯竭，自然没考好。而另一个秀才却想：棺材，棺材，有"官"又有"财"！好兆头！他情绪高涨、文思泉涌，果然一举高中。

为什么两个秀才遇到同样的事情，心情却完全不同呢？

点评：事物本身并不直接影响人的行为，事物只影响人的看法。虽然我们不能改变环境，但我们可以改变内心的想法和看待事物的态度。

二、工作态度

组织行为学所研究的态度主要是与工作相关的态度，包括员工对工作环境、人际关系等积极或消极的评价。员工的工作态度与工作绩效有着密切的关系。

1. **工作态度的类型**

（1）工作满意度。工作满意度指的是一个人对他所从事的工作的满意度。一个人的工作满意度水平高，他对工作就可能持积极的态度；反之，他就可能持消极的态度。决定工作满意度的重要因素包括具有挑战性的工作、公平的报酬、支持性的工作环境和融洽的同事关系等。

（2）工作参与度。工作参与度测量的是员工在心理上对自己所从事工作的认同程度、自己的绩效水平对自我价值的重要程度。工作参与程度高的员工对自己所从事的工作有强烈的认同感，很在意自己所从事的工作。

（3）组织承诺。组织承诺是个人对所属组织的目标和价值观的认同和信任，以及由此带来的积极情感体验。高组织承诺意味着员工对于所属组织的认同程度高。

案例 2.17

超市的面试

一家超市要招聘一名收银员，几经筛选，最后只剩下三位女士有幸参加复试。复试由老板亲自主持，第一位女士刚走进老板办公室，老板便丢了一张百元钞票给她，并让她到楼下买包烟。这位女士心想，自己还未被正式录用，老板就颐指气使地命令她做事，因而感到相当不满，更认为老板是在故意伤害她的自尊心。因此，对老板丢出来的钱，她连看都不看，便怒气冲冲地掉头离开了。她一边走，还一边气呼呼地说："哼，他凭什么支使我，这份工作不要也罢！"第二位女士一进来也遇到相同的情况，她笑眯眯地接过了钱，但是她也没有用它去买烟，因为钞票是假的。她已失业许久，急需一份工作，只好无奈地掏出自己的一百元买了一包烟，还把找回来的钱全交给了老板。尽管如此她也没有被录用。最后，老板录用了第三位面试的女士。原来，第三位女士一接到钱时就发现钱是假的，她微笑着把假钞还给了老板，并请老板重新换一张。老板高兴地接过假钞，并立即与她签订了聘用合同，放心地将收银工作交给了她。

点评：三位面试者有三种截然不同的应对方式。第一位面试者的心态是多数老板最害怕的类型，毕竟，只会用情绪来处理事情的人，谁也不敢将工作托付给他。第二位面试者的处理方式则是最不专业的，虽然委曲求全的人可能更有敬业精神，但万一真的遇到重大问题，老板需要的不是员工的委屈与退缩，而是冷静与理性的处理能力。所以，第三位面试者成功了，因为在这件小事上，她充分表现出了责任心和专业能力。

2. 工作态度与工作绩效

工作态度作为人们从事工作的内在心理动力，会影响人们对工作的知觉、判断、学习效果、忍耐力等。工作态度的这些作用直接关系到工作绩效的高低。一般来说，人们积极的工作态度对工作的知觉、判断、学习效果和忍耐力等都能发挥积极的影响，因而能提高人们的工作效率，有助于取得较高的工作绩效。这表明积极的工作态度与工作绩效之间有着一致性。但是，人们为了能获得更多的工作报酬，消极的工作态度也可能引发积极的工作行为，进而取得较高的工作绩效。由于中介因素的影响，人们的工作态度与工作绩效之间的关系十分复杂。

就上述三种工作态度而言，工作满意度对员工的生产效率、缺勤率和流动率会产生影响：工作满意度与缺勤率和流动率负相关，与生产效率则不完全是正相关关系，因为生产效率还受到专业技术岗位、监督岗位、管理岗位等中介因素的影响；而工作参与度和组织承诺则与缺勤率和流动率为负相关关系。

三、态度的形成与改变

态度不同于一般的认知活动，态度包含情感因素，因而比较持久而稳定，它的形成与改变较为复杂。态度的形成强调了某一态度的发生发展，态度的改变则强调由旧的态度改变为新的态度。实际上，除新生儿外，一个人态度的形成与改变总是相互联系、相互衔接的。新态度形成的同时也意味着旧态度的改变。

1. 影响态度形成与改变的因素

影响态度形成与改变的因素有很多，大致而言，包括社会环境、家庭、同伴、群体、个体态度的学习等方面。

（1）社会环境。个体态度的形成与改变是受社会环境影响的。社会环境对态度的影响是通过社会规范、准则的要求和约束，各种思想观念的宣传和教育，风俗习惯的潜移默化和文化的熏陶等方式实现的。社会环境的影响对个体态度的形成与改变具有宏观的导向性。

（2）家庭。对于个体态度的形成，家庭的影响十分重要。个体年幼时在家庭中受到的教育对其态度的形成及将来态度的变化和发展具有决定性的作用，个体在早期形成的态度往往会一直保持到成年，而有些态度甚至会影响其一生。

（3）同伴。随着个体年龄的增长，家庭的影响作用会逐渐减弱，而同伴的影响作用会越来越强。个体会经常把自身所持有的态度与同伴的态度做比较，并可能会以同伴的态度为依据来调整自己原有的态度，使自己与同伴保持一致。

（4）群体。个体所在群体对其态度的形成也有影响。每个群体都有自己的行为规范和准则，并要求成员共同遵守。当个体加入某一群体之后，其一言一行就要与群体保持一致，个体所持有的态度也必须与群体态度保持一致。群体对个体的吸引力越大或个体在群体中的地位越高，其态度的形成与改变就越容易受到群体的影响。

（5）个体态度的学习。个体态度的学习主要是通过联想学习、强化学习和观察学习而实现的。

2. 态度改变的方式

态度改变的方式主要包括以下两种。

（1）一致性改变。一致性改变指的是态度的方向不变，但强度改变，如由一般性的反对变为强烈的反对。

（2）不一致性改变。不一致性改变指的是态度的方向发生了改变，如由反对变为赞成、由肯定变为否定等。

3. 态度改变的过程

根据凯尔曼的研究，态度的形成与改变过程要经历服从、同化与内化等三个阶段。

（1）服从阶段。服从是指个体在外界舆论与赏罚制度的压力下，为减轻心理压力，不得不采取表面上转变自己的观念和意愿的策略，以保持和他人一致。这一阶段，个体表现的态度缺乏自觉性，甚至仅仅是被迫、被动的，一旦压力放松或解除，刚刚改变的态度可能又会复原。

（2）同化阶段。态度主体自愿接受他人或群体的观点、信念和行为规范，并努力使自己在这些方面的认识与之一致。这一阶段，个体态度的改变不是被迫的，而是自愿的认同。个体态度改变的力量源于他人或群体的吸引力。

（3）内化阶段。态度主体发自内心地相信和接受新的观点、信念，并将之纳入自己的价值观体系中，使之成为个体态度体系中的一个有机组成部分，从而彻底地转变原有的态度。个体的态度只有达到了内化阶段才是稳定的、较为持久的。

四、态度改变的理论与方法

（一）态度改变的理论

社会心理学家对态度的改变做了大量研究，并形成了态度改变的不同理论。下面简要介绍认知失调理论和参与改变理论。

1. 认知失调理论

1957年，费斯廷格提出了认知失调理论。他提出了一个包括社会知觉和个人对自己行为知觉的广泛的认知结构，这个结构包括各种观念、观点、信念、知识和行为等因素，即认知单元。他认为每两个认知因素之间都存在着相关或不相关的关系。相关关系的两个认知因素之间存在着协调和失调两种可能。如果相关的两个认知因素之间的关系协调，则个体会努力保持；如果相关的两个认知因素之间的关系失调，则会给个体带来心理上的矛盾和冲突，个体就会设法调整或消除这种失调状态。

个体消除或调整失调状态的办法有三：一是改变某种认知因素，使其与其他因素间的不协调关系趋于协调；二是增加新的认知因素，以加强认知系统的协调；三是强调某一认知因素的重要性。

当然，并不是所有的认知失调都会被改变。个体是否会采取行动调整或消除认知失调状态受到三个方面的影响，即导致不协调的因素的重要性、个体认为这些因素对自己的影响程度和不协调可能带来的后果。如果失调的现状无足轻重，个体往往会不在乎；如果个体自认为对失调状态无能为力，比如迫于外界环境条件或上级命令、规定，个体就会减轻自己对失调所负的责任；如果失调状态能给个体带来很大的报偿或收益，可以使个体产生一种心理平衡，认知失调给个体造成的压力就会有所减轻。

案例 2.18

吃不到葡萄说葡萄酸

葡萄架上挂着一串串葡萄，紫的像玛瑙，绿的像翡翠，非常诱人。一只狐狸来到葡萄架下，望着葡萄不停地流口水。可是葡萄架太高了，狐狸够不着。怎么办？对，跳起来！

狐狸后退几步，憋足了劲儿，猛地跳起来。可惜，还是够不着！如此几番以后，狐狸非常累，可还是吃不到葡萄。于是它叹了口气，安慰自己说："那葡萄是生的，又酸又涩，肯定不好吃，否则早被别人吃光了，只有傻瓜才吃呢。"于是，狐狸饿着肚子，高高兴兴地走了。

点评：当我们无法改变自己的行为或行为结果时，可以通过改变态度来获取心理平衡。就像那只狐狸一样，吃不到葡萄的行为结果是不可改变的，于是它只好改变态度，"认为"葡萄是酸的，虽然这是一种消极心理，但确实能调整认知失调状态。

2. 参与改变理论

参与改变理论是由心理学家勒温提出的。勒温认为，个体态度的改变同群体的规范和价值观密切相关。个体在群体中的活动性质会影响其态度的形成与改变。在群体中，个体的活动可分为主动型和被动型。主动型的人会主动介入群体活动，参与规则的制定，参与权力的实施，自觉遵守群体的规范。被动型的人会被动介入群体活动，服从权威，服从别人制定的规则，遵守群体规范。实验结果显示，主动型的人的态度改变非常显著，态度改变速度也较快；被动型的人的态度通常难以改变。也就是说，个体态度的改变取决于其参与群体活动的方式和程度。

（二）改变态度的方法

改变态度的方法大致有劝说宣传法、角色扮演法、群体影响法和活动参与法。

1. 劝说宣传法

劝说宣传法是一种借助语言和各种传播媒介来传播信息，使人们改变态度的方法。这种方法在现实中极为常见，它把整个劝说过程看作一个信息的传递与沟通过程。在这个过程中，信息的传播者（劝说者）、传播过程、接收者（被劝说者）和传播情境等因素都会影响劝说效果。

（1）传播者（劝说者）。传播者自身所具备的各种特点常会对劝说效果产生极大影响，有的特点本身就是一种有效的宣传和证明，足以影响人们的态度，如宣传者的专家身份、社会地位、吸引力、可信赖性及与被劝说者的相似性等。

（2）传播过程。信息在传播过程中的呈现方式和组织方式也是影响劝说效果的重要因素。在信息传播过程中，是采用单向传播还是双向传播，是开门见山还是卒章显志，是动之以情还是晓之以理，都没有绝对的优劣之分，该采取什么样的方式传播信息须视具体情况而定。信息传播的渠道也会影响劝说效果。研究结果显示，在被劝说者理解信息的阶段，信息采用书面文字传播的方式具有较好的劝说效果；而在被劝说者根据自己对信息的理解及内心的态度、观点来决定行动的阶段，信息采用图片、录像等生动形象的视觉形式传播具有更好的劝说效果。

（3）接收者（被劝说者）。接收者本身所具有的某些特点对劝说效果也有很大的影响，如被劝说者原有态度的特点和被劝说者自身个性的特点等。一般情况下，个体自小形成并长期保持的态度难以改变；由于个体亲身经历和直接经验而形成的态度难以改变；自身协调一致，不存在自身矛盾冲突的态度难以改变；自尊心较强的人、自我评价较高的人、过于自信的人、过于保护自己的人和对社会赞许期望较低的人不易接受他人劝说和影响而改变态度。

（4）传播情境。信息繁多、令人分心或信息重复的情境都会对信息的传播产生影响，从而推动或阻碍被劝说者态度发生改变。

2. 角色扮演法、群体影响法和活动参与法

角色扮演法以角色理论为依据，其核心原则是：个体的行为应与其所承担的角色一致，应该符合这一角色身份的要求。个体充当某一角色就意味着要使个体本身的内涵与角色的内涵相吻合，意味着个体的变化和发展，也意味着个体被约束和制约。角色扮演法是通过个体对所扮演的角色的体会来影响和改变其态度的。

个体的态度通常都会受到所属群体的影响和制约。群体的规范、舆论、人际关系等往往会形成一种无形的压力，影响和改变个体原有的态度。

活动参与法是指通过引导人们参加与态度改变有关的活动来改变人们的态度的方法。

本 章 小 结

本章主要介绍了个体心理与行为的相关内容与理论。第一节主要介绍了个性的概念与特征、个性的形成与发展及一些典型的个性理论与运用。第二节主要介绍了气质的概念、类型和特征，气质类型与管理的关系。第三节主要介绍了性格的概念、特征和类型，性格与气质的关系，性格与管理的关系。第四节主要介绍了能力的概念、类型，能力的差异，能力与管理的关系。第五节主要介绍了感觉、知觉的概念及两者的关系，知觉的特性及影响知觉的各种因素，社会知觉的特性和偏差。第六节主要介绍了情绪、情感的概念，情绪与情感的区别与联系；价值观的概念，价值观对行为的影响等。第七节主要介绍了态度的概念与特征，态度的形成与改变的影响因素，态度改变的理论与方法。

综合练习题

一、名词解释

个性　气质　性格　能力　感觉　知觉　社会知觉　首因效应　情绪和情感
价值观　态度　工作满意度　组织承诺

二、单项选择题

1．"活泼好动"是（　　）的表现。

　　A．能力　　　　　　　　B．气质　　　　　　C．性格　　　　　　D．态度

2．下列各项中反映了刻板效应的是（　　）。

　　A．爱屋及乌　　　　　　　　　　　　B．情人眼里出西施

　　C．一朝被蛇咬，十年怕井绳　　　　　D．嘴上没毛，办事不牢

3．某车间工人小李上班迟到了5分钟，恰好厂长在该车间检查工作，然后厂长就严厉批评该车间主任平常对生产纪律抓得不严，对规章制度执行和贯彻得不认真。试问厂长犯了什么样的知觉错误？（　　）

　　A．首因效应　　　　　　　　　　　　B．晕轮效应

　　C．近因效应　　　　　　　　　　　　D．投射效应

4．"外行看热闹，内行看门道"反映的是知觉特性中的（　　）。

　　A．选择性　　　　　　　　　　　　　B．理解性

　　C．恒常性　　　　　　　　　　　　　D．整体性

三、多项选择题

1．下列关于情绪和情感的说法，正确的是（　　）。

　　A．人的情绪和情感是同时产生的

　　B．情绪是人和动物共有的心理体验

　　C．情绪会影响人的身心健康

　　D．情绪具有较强的生理性，情感具有较强的社会性

2．价值观（　　）。

　　A．是以人的需要为基础的　　　　　　B．是个性心理结构的核心因素

　　C．有一部分来自遗传　　　　　　　　D．是教育的结果

3．关于态度的构成要素，说法不正确的是（　　）。

　　A．包括认知、情感和行为成分　　　　B．各个成分之间的关联度相同

　　C．情感成分的地位和作用最重要　　　D．认知成分的独立性最弱

四、简答题

1．个性有哪些特征？

2．气质有哪些类型？其特征分别是什么？

3．气质类型与管理有什么样的关系？

4．性格的特征有哪些？

5．能力的差异有哪些？

6．影响知觉的因素有哪些？

7．影响情绪的因素有哪些？

8. 情绪对组织行为有哪些影响?

9. 价值观对行为有哪些影响?

10. 工作态度对工作绩效有哪些影响?

五、案例分析题

扫描二维码,阅读案例并回答后面的问题。

六、课外拓展训练

扫描二维码,完成相关训练。

第三章　激励理论与应用

【学习目标】

掌握激励的概念、过程与作用；了解激励理论的分类；了解双因素理论、成就需要理论、期望理论、公平理论、强化理论等具体理论；掌握马斯洛的需求层次理论、奥尔德弗的 ERG 理论、挫折理论、波特-劳勒综合激励模式的基本内容，并且会运用这些理论来解决管理中的实际问题。

【导入案例】

"高薪资"为何换不来"高效率"？

F 公司是一家生产电信产品的公司。在创业初期，大家不怕苦不怕累，从早到晚拼命干，公司发展迅速。几年之后，员工就由原来的十几人发展到几百人，业务收入由原来的每月十几万元发展到每月上千万元。企业大了，人也多了，但公司领导张总明显感觉到，大家的工作积极性却越来越低。

张总想，公司发展了，确实应该考虑提高员工的待遇，一方面是对老员工为公司辛勤工作的回报，另一方面也是出于吸引高素质人才加盟公司的需要。为此，F 公司重新制定了薪酬制度，大幅度提高了员工的工资，并且对办公楼重新进行了装修。

高薪资的效果可谓立竿见影，F 公司很快就聚集了一大批有才华、有能力的人。所有的员工都很满意，大家的热情很高，工作十分卖力，精神面貌也焕然一新。但是，好景不长，这种好势头维持了不到两个月，大家又慢慢恢复到懒洋洋、慢吞吞的状态了。

张总陷入两难的困惑境地，既苦恼又彷徨。

启发与思考：F 公司的高工资没有换来员工工作的高效率，症结到底在哪儿呢？

古人云："水不激不跃，人不激不奋。"激励问题历来是一个既复杂又敏感的问题。在管理实践中我们经常发现，其他企业运用得很成功的激励方案，被套用到自己的企业时往往变得很难奏效，而曾经运用起来还很见效的激励措施，现在实施起来却不能达到理想的效果。管理者到底要如何进行激励才能真正调动员工的积极性呢？

第一节　激励概述

一、激励的概念、过程与作用

1. 激励的概念

"激励"一词译自英文单词"motivation"，它含有激发、鼓励、动力之义。"激励"在《辞海》中的解释是"激动鼓励使振作"，也就是通过精神的或物质的手段对个体的行为产生影响，旨在高效地达到某些目的。

我们认为，激励是指管理者运用各种管理手段，利用人的需要的客观性和满足需要的规律性，激励、刺激被管理者的需要，激发其动机，使其向所期望的目标前进的心理过程。管理手段的运用赋予了管理活动主动性的特征。可见，激励是激发人的内在动力，使人的行为与其愿望相联系的一种手段。这样，人的行为就不再是一种外在的强制行为，而成为一种自觉自愿的行为。因此，激励最显著的特点是内在驱动性和自觉自愿性。

2. 激励的过程

激励在本质上是激发、鼓励和努力调动人的积极性，以使被激励者始终保持高昂的工作热情的过程。而激励的过程就是以被激励者未满足的需要为基础，利用各种目标、外部诱因去激发被激励者的行为动机，从而使其积极主动地采取行动，促进其实现目标，提高其需要满足程度的连续心理和行为的过程。

由此可见，激励过程是从个体需要出发，通过外界刺激（外因）使个体的内在动机（内因）发生强化作用，从而增强个体的内驱力。激励的过程模式如图 3.1 所示。

图 3.1　激励的过程模式

3. 激励的作用

法国有一句古老的谚语："一个人累了也能再走完一段很长的道路。"当然，这需要调动人本身的动力或依靠外界的鼓励。激励的作用就是鼓励人们在这条道路上走下去，直到实现目标。

（1）激励有助于激发和调动员工的工作积极性。激励的主要作用是通过动机的激发，调动员工工作的积极性和创造性，使其自觉自愿地为实现组织目标而努力，其核心作用是调动人的积极性。哈佛大学的威廉·詹姆斯（William James）教授就曾发现，部门员工一般仅需发挥 20%～30%的个人能力就足以保住饭碗而不被解雇；如果受到充分的激励，其工作能力就能发挥 80%～90%，其中 50%～60%的差距是激励的作用所致。激励的目的就是调动员工的积极性和创造性，并使其保持和发挥下去。

（2）激励有助于将员工的个人目标导向实现组织目标的轨道。绝大多数人总是把自己努力的过程看作获得某种报酬的过程。如果他的努力得到了相应的报酬，那么就有利于巩固和强化他的这种努力，最后达到员工和管理者都"满意"的成效。而这种双赢的"满意"效果会进入下一个绩效循环，诱发良性互动的激励效应。因此，如果管理者把注意力集中在运用激励手段激发员工的内在动力上，就能有效地将员工的个人目标导向实现组织目标的轨道。

（3）激励有助于增强组织的凝聚力，促进组织内部各组成部分的协调统一。行为学家的研究表明，对一种个体行为的激励会导致或消除某种群体行为的产生。也就是说，激励不仅仅直接作用于一个人，而且还能直接、间接地影响周围所有的人。组织是由若干员工个体、工作群体组成的。为保证企业作为一个整体协调运行，除了用严密的组织结构和严格的规章制度进行规范外，还需通过运用激励方法满足员工的多种心理需求，调动员工的工作积极性，协调人际关系，进而促进内部各组成部分的协调统一，增强组织的凝聚力和向心力。

案例 3.1

华为的员工激励机制

华为的成功，我们是有目共睹的。但大家可能没有想到，任正非作为华为的创始人，2023年居然只持有华为公司 0.73%的股份。华为公司的员工待遇，在业界是被羡慕的，毫不夸张地说，在华为拿 500 万元的年薪一点也不奇怪。是什么让华为的员工可以得到如此丰厚的收入，又是什么让员工甘愿为华为付出呢？

其实这在华为的发展历程中是可以看到一些端倪的。以苹果公司为例，刚开始的时候，乔布斯拥有苹果公司 45%的股份，不过，到了乔布斯离开公司的时候，其拥有的股份却不足 1%。而任正非和乔布斯一样，在华为刚刚创办的时候，他拥有八成股份，但随着华为的不断发展，他拥有的八成股份到 2023 年降到了 0.73%。我们不禁要问：任正非的股份去哪儿了？为什么任正非会将股份分出去？

一家科技公司的发展离不开创新，更离不开技术，这一切都需要大量的人力投入和资金投入。越大的公司就越需要考虑人才的发展。华为在这一点上确实做得比较好。当初和任正非一起创业的老员工已经得到了丰厚的回报，这是一个非常棒的做法。任正非将自己的股份分给员工，不仅是老员工，满足一定条件的年轻员工也能拥有华为的股份，这体现了华为重视人才，也是其能留住人才的主要原因。

点评：对于华为的员工来说，他们不是在为华为打工，而是在为自己打工！华为的员工激励机制促使员工自觉自愿地为实现组织目标而努力。

二、激励的要素

构成激励的要素包括动机、需要、目标和行为，其中激励的核心要素是动机，需要是激励的起点和基础，目标是一种外在的诱因，而行为则是激励的目的。这四个要素相互组合与作用，构成了对人的激励。

从心理学的角度看，人的行为是由动机所支配的，动机是由需要引起的，人的需要是人积极行动的源泉。行为则是在激励状态下，人被动机驱使所采取的实现目标的一系列活动，行为的方向是寻求目标、满足需要。一般来说，当人产生需要而未得到满足时，会出现一种紧张不安的心理状态，而在遇到能够满足需要的目标时，这种紧张不安的心理状态就会转化为动机，让人在动机的推动下向目标前进。当目标实现后，人的需要也得到满足，紧张不安的心理状态就会消除。随后，人又会产生新的需要，引起新的动机和行为。这里揭示出的需要、动机、目标、行为之间的关系和发展规律，其实也就是人的行为的基本心理模式。

案例 3.2

红烧肉的故事

老板接到一项业务：有一批货物需要被搬到码头上去，客户要求必须在半天内完成。任务相当重，老板的手下就那么十几个伙计。这天一早，老板亲自下厨做饭。开饭时，老板给伙计们一一盛好，还亲自将碗送到他们每个人的手里。伙计小王接过饭碗，拿起筷子，正要往嘴里扒，一股诱人的红烧肉的浓香味扑鼻而来。他急忙用筷子在米饭上扒开一个小洞，只见三块油光发亮的红烧肉捂在米饭当中。他立即扭过身，一声不响地蹲在屋角，狼吞虎咽地吃起来。这顿饭，小王吃得特别香。他边吃边想：老板看得起我，今天我要多出点力。于是他把货装得满满的，一趟又一趟，来回飞奔着，干得汗流如雨……整个上午，其他伙计也都像他一样卖力，个个干得汗流浃背，一上午就把活干完了。中午，小王不解地偷偷问小张："你今天咋这么卖力？"小张反问他："你不也干得起劲吗？"小王说："不瞒你说，早上老板在我碗里塞了三块红烧肉啊！我总要对得起他对我的关照嘛！""哦！"小张惊讶地瞪大了眼睛，说："我的碗底也有红烧肉哩！"两人又问了别的伙计，原来，老板在大家的碗里都放了红烧肉。众伙计恍然大悟，难怪吃早饭时大家都不声不响，闷头吃得那么香。

点评：上面的故事中，"红烧肉"只是一种象征。对于管理人员来说，"怎样让大家吃红烧肉吃得有劲头"是个永恒且常新的话题——对不同的人使用的激励方法应不同，对同一个人不同时期使用的激励方法也应不同。要学会"因人、因时、因事激励"。每个人都渴望被激励，在获得有效激励的时候，每个人都会因为获得这种激励而产生自豪感、成就感。好的激励形式需要结合有针对性的激励内容才能起到最佳的作用！

因此，我们研究需要、动机、行为、目标之间的关系，就是为了更好地解决个体行为的激励问题。也可以说，对于激励过程中主要要素的研究是学习激励理论的基础。

1. 需要

需要是行为产生的原动力或内驱力。具体来说，需要是指个体在某种对于自己很重要或者想得到且必不可少的事物匮乏、丧失或被剥夺时内心的一种主观感受。

个体的需要一部分是先天性的，但大多数是后天习得的，因此具有明显的社会制约性。人的需要是多样性的、分层次的，不同的人在不同时期的需要是不一样的。此外，需要还具有无限扩展性，只要人活着，需要永远也不会被全部满足。

2. 动机

动机的原意是"引起动作"。从心理学的角度看，动机是指引起个体行为、维持此行为，并将此行为导向满足某种需要的心理因素。

人的行为是受动机影响的，而动机则是由需要引起的。动机可以说是由需要产生和推动、促使人们达到一定目标的行为动力。因此，动机与需要的不同之处在于，需要是行为产生的原动力，而动机是行为产生的直接推动力。

需要转化成动机的条件有两个：一是需要的程度必须达到一定的强度，以致萌生出该需要必须被满足的强烈愿望；二是需要对象（目标）的确定。换言之，只有需要指向一定的目标，并具有达到该目标的可能性，才能形成动机。因此，动机的产生既需要内在的主观条件（如人的欲望、愿望等），也需要外在的客观条件（即外在刺激、诱因等）。例如，一个人很想在职业上有所发展，这时只能说他有晋升方面的需要。而直到有一天，这种需要转变为强烈的愿望，同时单位恰好在较高级别的具体职位有空缺，这时需要才会转化成动机。可见，动机是在内在需要与外部诱因建立心理联系时产生的。

案例 3.3

杨木匠的房子

杨木匠在 58 岁时觉得自己年老体弱而准备退休，他告诉他的老板，说要离开建筑行业，回家与妻子儿女享受天伦之乐。

老板舍不得跟了他多年的好工人走，问他是否能帮忙在郊区再建一座房子。杨木匠说可以。但是，杨木匠的心已不在工作上，该用三颗钉子的地方他用一颗钉子，本来要花三天时间才能干完的活，他一天就干完了。房子建好的时候，老板把大门的钥匙递给了他。

"这是你的房子，"老板说，"是我送给你的礼物。"

杨木匠目瞪口呆。

杨木匠现在就住在他自己建的房子里。每看到自己建造的偷工减料的房子，他都觉得羞愧无比。

点评：正如上面案例所揭示的那样，一个人的动机决定了他的工作态度和工作质量。显然，如何激发个人的动机、充分有效地调动其积极性，如何朝着组织目标有效地引导员工的动机，是管理者的重要任务。

3. 行为

人的行为是由两种因素决定的，即外界刺激和内在因素。而人的内在因素才是起着决定性作用的核心因素。

一个人可能同时有多种需要和动机，但一般情况下，人的行为总是在优势动机的影响下产生的。所谓优势动机，是指那种最强烈而又稳定的动机；其他方面的动机叫辅助动机。例如，一个到外地旅游返回的人，刚下火车，他可能既饿又累还很渴，接下来他会选择何种具体行为，主要取决于这三种动机的强弱。

动机除了具有诱导和维持行为的功能以外，它与行为之间还存在以下几种关系。

（1）同一种动机可以引起多种不同的行为。例如，几个人同样都想购房，但表现出来的行为却很不相同。有的人拼命赚钱、攒钱买房；有的人通过贷款买房；而有的人却通过行骗、贪污或挪用公款来买房。

（2）同一行为可以来自不同的动机。例如，几个人同样都努力工作，但究其原因，有的人是为了获得工作成就感，有的人是为了多拿奖金，有的人也许只是为了得到某人的垂青或重视。

（3）一种行为可以同时为多种不同的动机所推动。例如，有的同学学习很刻苦，分析一下他的动机，既可能有想多拿奖学金的动机，也可能有想获得荣誉称号的动机。

（4）合理的动机可能引起不合理或错误的行为。例如，在经典的"海因茨偷药救妻"的伦理困境故事中，海因茨想要挽救妻子生命的动机是合理的，却引起了不合理的偷药行为。

（5）错误的动机可能被表面上积极的行为所掩盖。例如，在现实中，很多犯罪分子在作案之前大都表现得很积极，甚至很热心于别人的事情。原来，其"积极"的行为恰恰是为了掩盖其犯罪动机。

案例 3.4

嗟来之食

齐大饥，黔敖为食于路，以待饿者而食之。有饿者，蒙袂辑屦（用袖子遮着脸，趿拉着鞋），贸贸然来。黔敖左奉食，右执饮，曰："嗟，来食！"扬其目而视之，曰："予唯不食嗟来之食，以至于斯也。"从而谢焉（黔敖向他道了歉），终不食而死。（《礼记·檀弓》）

点评：在上面的案例中，显然不是普通人认为的优势动机决定了行为，而是在多数人看来属于劣势动机的"维护自尊"起了决定行为的主导作用。由此可见，在同样的情况下，不同的个体对动机重要程度的认定会因为价值观的不同而存在差异。

4. 目标

行为的目标就是人们期望达到的成就或结果。俗话说："目标就是你蹦起来才能够到的果子。"从本质上看，目标是刺激人的行为的一种外部诱因。个体需要达到的目标是激励时可以利用的刺激点。行为科学把为达到目标所采取的行为分为两种，即目标导向行为和目标行为。

目标导向行为是指为实现目标而做准备的行为。比如人们在参加演讲之前所做的各种准备工作，包括找资料、写演讲稿、准备合适的服装等具体行为。而目标行为则是指直接实现目标的行为，是达成目标本身的直接行为。比如演讲时，从站在讲台上开始，直到整个演讲活动结束的过程。

在目标导向行为阶段和目标行为阶段，动机强度的变化是不同的。对目标导向行为而言，动机强度会随着这种行为的进行而增强；而且越接近目标，动机强度就越强。而对目标行为而言，当目标行为开始后，动机强度则有减弱的趋势。

行为的基本心理模式是一个激励过程。遵循这一规律，管理者便可以通过有意识地设置适当的外部刺激，使员工得到激励并产生强烈的内在动机，进而引起其行为，满足其需要。这样既能促其实现个人目标，同时也能实现组织目标。

三、激励理论的分类

激励理论是指专门研究激发员工积极性的理论。现代西方激励理论是从 20 世纪初西方发达国家的管理实践中逐步发展起来的。根据研究者们研究激励角度的不同，激励理论可以被分为内容型激励理论、过程型激励理论、行为改造型激励理论和综合激励理论。

（1）内容型激励理论。内容型激励理论是专门研究人的需要的理论。此理论认为，需要是行为的原动力，同时也是激励的起点和终点。也就是说，人受激励的程度，关键取决于人的需要的满足程度。这一类型的理论主要包括马斯洛的"需求层次理论"，赫茨伯格的"双因素理论"，奥尔德弗的"ERG 理论"以及麦克利兰的"成就需要理论"。

（2）过程型激励理论。过程型激励理论是专门研究动机的形成与行为目标选择的理论，即研究激励过程的理论。此类理论着重研究从行为动机的产生到行为的产生与发展过程中人的心理活动规律。这一类型的理论主要包括弗鲁姆的"期望理论"，亚当斯的"公平理论"。

（3）行为改造型激励理论。行为改造型激励理论是专门研究激励目的（即改造、修正行为）的理论。这一类型的理论主要包括斯金纳的"强化理论"以及"挫折理论"。

（4）综合激励理论。综合激励理论是企图通过一个模式将上述几个方面的理论都涵盖的理论，主要包括波特和劳勒的"综合激励模式"以及迪尔的"综合激励模型"等。

第二节　内容型激励理论

内容型激励理论研究的侧重点是由什么因素激发或引起行为，探究激发、引导、维持和阻止人的行为的因素，即激励人的因素。此类理论认为，需要是行为的原动力，也是激励的起点和终点。典型的内容型激励理论主要有需求层次理论、ERG 理论、双因素理论以及成就需要理论。

一、需求层次理论

（一）需求层次理论的内容

美国心理学家马斯洛（Maslow）在 1943 年出版的《人类动机理论》*A Theory of Human Motivation Psychological Review* 一书中首次提出了"需求层次理论"。马斯洛认为，人的需求是多样化的、分层次的，具体可以归纳为五大类，即生理需求、安全需求、社交需求、尊重的需求和自我实现的需求，如图 3.2 所示。1954 年、1969 年，他分别对需求层次理论做了

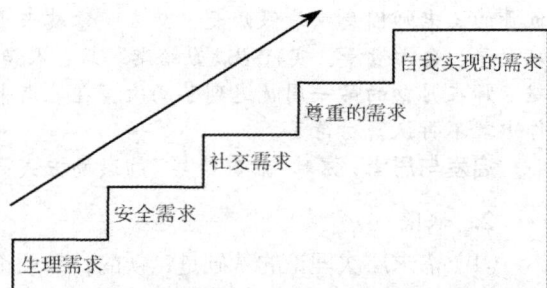

图 3.2　需求层次示意图

进一步的发展和完善，增加了认知需求、审美需求、超越需求。不过在世界各国广为流传的仍为五级需求层次理论。

（二）需求层次理论的主要观点

马斯洛的需求层次理论主要包括以下四个观点。

（1）五类需求是按次序逐级上升的。马斯洛认为，上述五类需求是按次序逐级上升的，当低一级的需求获得基本满足以后，追求高一级的需求就成了驱动行为的动力。

（2）最迫切的需求是优势需求。马斯洛认为，在同一时期，人的多种需求会同时存在。在不同的时期，有些需求对行为的积极性产生很强的影响，而有些需求的影响则很微弱。那些处于人的需求结构的主导地位、对人的行为积极性影响最大的需求，被称作优势需求。人在某一时期的行为往往是由其优势需求决定和主导的。

（3）只有未被满足的需求才能起激励作用。马斯洛认为，那些已基本得到满足的需求，以后就不再起激励作用了，只有那些未被满足的需求才影响行为，已经满足的需求不再是动因。

（4）每一时期都只有一种需求占主导地位。对多数人来说，在每一时期都只有一种需求发挥主导作用，而其他需求则处于从属地位。

（三）对需求层次理论的评价

马斯洛的需求层次理论是最早对人的需求问题进行具体研究和阐述的，这一理论的提出引起了人们对需求的高度关注。因而，需求层次理论在西方以至于后来在世界许多国家，都产生了很大的影响。但是，马斯洛的需求层次理论并不是关于人们需求的完备的理论体系，它在学术界也遭到了许多非议。下面简要论述该理论的贡献及缺陷。

1. 贡献

需求层次理论指出人的需求是一个由低到高的发展过程，这符合需求发展的基本规律。一个人从出生到成年，其需求的发展过程基本上是按照马斯洛提出的需求层次进行的。需求层次理论提出人的需求具有分层次和主导性特征，这对管理者有启发作用。马斯洛认为，人的需求是分层次的、多样化的，并且在每一时期都只有一种需求占主导地位。在管理工作中，管理者应首先深入了解被管理者的需求结构，然后才能有的放矢地实施激励措施。

🔨 案例 3.5

满勤给奖

某校决定对教师实行"满勤给奖"的制度来加强管理，每月给满勤的教师发奖金200元，而当月上课、教研组活动、政治学习一次缺席、两次迟到者，该月就没有这笔奖金。这种制度实行后的第一个月效果很好，无人缺席、迟到，教学秩序趋于正常。两个月后，工作一直认真负责的王老师因患病请假两天，病未痊愈就来上班了，却被扣发了当月的奖金；李老师经常小病大养、自由散漫，实行"满勤给奖"后，人是来了，课也上了，但教学效果差，奖金却照拿；赵老师在月初的第一周就迟到了两次，在他看来，一个月的奖金已经没了，于是在后几周的工作中就不再认真对待了。

启发与思考：你对"满勤给奖"的激励方式有何看法？你认为怎样才能调动教师的积极性？

2. 缺陷

（1）需求层次理论的基础是错误的，其理论基础是人本主义心理学，它认为人的本质是超越社会历史的、抽象的"自然人"。马斯洛是离开社会条件、人的历史发展以及人的社会实践来考察人的需求及其结构的，因而其得出的一些观点就难以适应其他国家的情况。

（2）需求层次理论带有一定的机械主义色彩。这一理论总结了人类需求发展的一般趋势；然而，它把这种需求层次看成固定的次序，看成一种机械的上升运动，在一定程度上忽视了人的主观能动性。

（3）需求层次理论忽视了个人多种需求的同时并存及其相互之间的冲突。

马斯洛的需求层次理论最早对人的需求进行了比较细致和全面的分类，阐述了人的需求的多样性和复杂性的特征，这对后来的需求理论研究产生了积极的影响，对于做好管理工作也有一定的借鉴意义。

二、ERG 理论

1．ERG 理论的基本内容

ERG 理论是耶鲁大学教授奥尔德弗根据已有的实验和研究于 1969 年提出来的，它系统地阐述了一个需求类型的新模式，是对马斯洛需求层次理论的修正。他认为人有三种核心需求，即生存（existence）需求、关系（relatedness）需求、成长（growth）需求，因此该理论被称为"ERG 理论"。ERG 理论与马斯洛的需求层次理论的关系如图 3.3 所示。

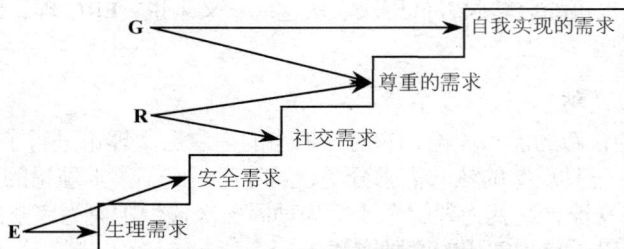

图 3.3　ERG 理论与马斯洛的需求层次理论的关系

案例 3.6

爱因斯坦的故事

当爱因斯坦来到普林斯顿的高等科学研究所工作时，当局给了他相当高的薪水——年薪 1.6 万美元，可他却说："是否可以少给我一点？给我 3 000 美元就够了。"爱因斯坦对自己的外表也是不在意的，他的头发留得长长的，从来不加修饰。这对当年号称"贵族学府"的普林斯顿大学的学生来说是件很不可思议的事。

爱因斯坦曾说过："安逸和幸福对我来说从来不是目的。我称这些伦理基础为猪栏的理想。"他甚至拒绝被归入上流社会而居于与众不同的地位，并对社会上给予他的特殊照顾感到愤怒。

爱因斯坦是一个很珍惜时间的人，他不喜欢参加社交活动与宴会。他曾讽刺地说："这是把时间喂给动物。"他集中精力专心钻研，不希望把宝贵的时间消耗在无意义的社交活动上。他也不想听那些奉承和赞扬的话。他认为，一个以伟大的创造性观念造福全世界的人不需要后人来赞扬。1929 年 3 月，为了躲避 50 寿辰的庆祝活动，他在生日前几天就偷偷跑到柏林近郊的一个花匠的农舍里躲了起来。

点评：不同的人可能有不同的需求优先级，也可以同时有多种需求。因此应采取个性化的激励管理策略。了解个体的具体需求，制定有针对性的激励措施，将更有效地激发个体的潜能和创造力。

2. ERG 理论的主要观点

ERG 理论主要包括以下三个观点：①各个层次的需求被满足程度越低，越为人们所渴望；②对低层次需求的满足程度越高，对高层次需求的期望也越高；③对高层次需求的满足程度越低，对低层次需求的期望就会越高。

该理论认为，生存需求、关系需求与成长需求共处于同一连续体，其中生存需求最具体，而成长需求则最抽象，当较抽象的需求未被满足时，人们就会转而寻求较具体需求的满足。

3. ERG 理论与需求层次理论的区别

（1）ERG 理论认为，人的需求并不一定严格按照需求层次理论指出的次序出现，而是可以越级的。

（2）ERG 理论认为，个体可以同时追求多种需求，或几种需求同时起作用。而马斯洛的需求层次理论则认为，在一个时期内，个体主要追求一种需求的满足。

（3）ERG 理论不认为"剥夺"是激发需求的唯一手段，而认为某种需求被相对满足后，个体对其期望强度并不一定减弱。

（4）ERG 理论中包含"受挫—倒退"过程成分，即在高层次需求没有相应满足或受挫折的情况下，需求的重点也可能会转向较低层次。从这一意义来说，ERG 理论比需求层次理论更为完整和严密。

4. ERG 理论的贡献

ERG 理论是一种较新的需求理论，它对马斯洛的需求层次理论进行了有力的补充和修正。ERG 理论不仅提出了三种现实的核心需求分类，同时还明确了需求理论的三个过程，即需求满足、期望强度和需求受挫，这就为理解个人行为动因层次提供了更为完整的理论框架。当代大多数理论家认为它提供了更为实用的激励方法。

三、双因素理论

双因素理论是美国心理学家赫茨伯格（Herzberg）在 20 世纪 50 年代后期提出来的一种需求理论。双因素理论认为，激励人的积极性主要是由内在因素，即工作本身起作用的。

（一）双因素理论的内容

1. 双因素理论把满足人们需求的因素分为保健因素和激励因素

20 世纪 50 年代后期，赫茨伯格和他的助手们在美国匹兹堡地区对 203 名工程师、会计师进行了调查访问。访问主要围绕两个问题进行：在工作中，哪些事项是让他们感到满意的，并让他们估计这种积极情绪持续了多长时间；哪些事项是让他们感到不满意的，也让他们估计这种消极情绪持续了多长时间。结果发现，使员工感到满意的都是属于工作本身或工作内容方面的事项；使员工感到不满的，都是属于工作环境或工作关系方面的事项。他们把前者叫作激励因素，把后者叫作保健因素。

保健因素是指与工作环境或条件相关的因素。赫茨伯格认为，这类因素若处理得当，就有助于防止员工产生不满情绪。由于这类因素带有预防性质，所以被称作"保健因素"。这类因素主要包括：①行政管理政策；②技术监督系统；③工作环境与条件；④人际关系状况；⑤工作安全性；⑥工资和福利。

激励因素是指与工作内容本身紧紧联系在一起的因素。这类因素的改善往往能给员工以很大程度的激励，激励因素主要有：①工作上的成就感；②对其工作的认可和赞扬；③工作表现机会和工作本身给其带来的快乐；④工作职务上的责任感；⑤自身发展的空间。

2. 两种因素以不同的方式影响着人们的行为

双因素理论认为，传统的"满意-不满意"的观点是错误的，满意与不满意状态并不构成同一连续体。满意的对立面应是没有满意，而不满意的对立面应是没有不满意，如图3.4所示。

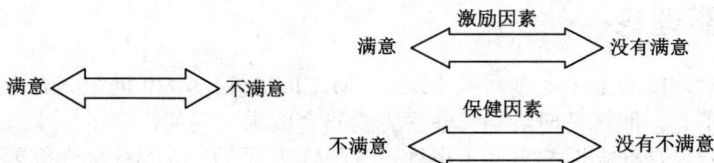

图3.4　传统观点和赫茨伯格观点的比较

保健因素与员工对于工作的负面感觉以及工作环境相关，是影响人们工作的外因。保健因素只能消除员工的不满意，但不能起激励作用。

激励因素与工作内容本身以及员工对工作的正面感觉相关，它源于员工本身并直接与工作相关，是影响人们工作的内因。与保健因素相比，激励因素具有较长时间的激励效能。

（二）对双因素理论的简要评价

赫茨伯格的双因素理论是对马斯洛的需求层次理论的发展。它结合具体管理实践对各层次的需求进行了细分，更有针对性，并提醒管理者要区别对待。赫茨伯格提出的保健因素相当于马斯洛提出的生理需求、安全需求、社交需求这三种较低级的需求；而他提出的激励因素则相当于尊重的需求、自我实现的需求这两种较高级的需求。

由此可见，双因素理论是在调查研究的基础上提出的需求理论，具有一定的科学性。它提出的保健因素用于提醒管理者防止员工的不满情绪削弱其积极性。更重要的是，它提出的激励因素强调管理者要注意工作内容方面因素的重要性，特别是它们与工作丰富化和工作满足程度的关系，因此是有积极意义的。

然而，也有学者对赫茨伯格的研究方法表示怀疑，指责他使用"关键事件法"进行调查访问有损于他得出的理论的科学性。事实上，人们习惯于将满意的结果归功于自己的努力和取得的成就，而把不满意的结果归因于环境。还有学者认为，赫茨伯格进行的研究缺乏典型意义，因为赫茨伯格调查的对象是工程师、会计师等专业人员，所以它很难代表普通工人的情况。此外，该理论与马斯洛的需求层次理论一样，都没有把"个人需求的满足"和"组织目标的达到"这两点联系起来。

尽管如此，由于双因素理论在工作制度设计领域以及在内在激励方面的巨大贡献，很少有学者对赫茨伯格及其双因素理论在需求研究和激励研究中的贡献提出过怀疑。20世纪60年代以来，双因素理论在世界各国广为流传。

📌 案例 3.7

欧莱雅的激励机制

在欧莱雅总部，对刚生育完的女性员工，除支付政府规定的4.5个月的薪水外，欧莱雅还会给她们多支付1个月的薪水，让她们可以在2年之内的任何时候领取。欧莱雅的8 000名经理中，有2 000名已购买了公司的股份。如此优厚的员工福利使欧莱雅的人才流失率一直保持在很低的水平，欧莱雅的员工平均在公司工作14年。欧莱雅负责人力资源管理的副总裁说："员工的忠诚度对于公司来说非常重要。他们来了，加入了我们，然后留了下来。"

点评：欧莱雅建立了由薪资、福利、奖金、利润分享、股权、培训机会等众多激励方式组成的激励体系，这种大大超出市场平均水平的优厚的薪资福利，灵活机动的晋升机制，全球内部员工股份认购、年终分红、利润共享的激励策略，符合内容型激励理论的基本要义，所以才能吸引全球的人才带着热情和智慧投入欧莱雅的怀抱。

四、成就需要理论

美国哈佛大学教授戴维·麦克利兰（David McClelland）从20世纪四五十年代开始对人的需要和动机进行研究，他将马斯洛和其他学者的研究成果又向前推进了一步。他认为人的许多需要是非生理性的，是社会性的需要（也称"学习性需要"）。人的社会性需要不是先天的，而是来自后天的环境、经历和教育等。

1. 人的社会性需要的主要内容

（1）成就需要（need for achievement）。成就需要是指人们追求卓越、争取成功，希望做得更好的需要。

（2）权力需要（need for power）。权力需要是指人们对于影响或控制他人且不受他人控制的需要。

（3）合群需要（need for affiliation）。合群需要是指人们建立友好和亲密的人际关系的需要。

麦克利兰认为，一个组织拥有的具有成就需要的人越多，它的发展就越快，获利也就越多；一个国家拥有的具有成就需要的人越多，国家就越兴旺发达。每个人都有成就需要，但其中成就需要强烈者仅占少数（在美国约占人口的10%）。个体成就需要的强烈程度与其童年经历、职业经历及其所在组织的风格相关。组织可以通过教育与培训激发员工的成就需要，比如可以举办训练班、宣传高成就需要者的事迹、交流经验等。

2. 高成就需要者的主要特点

（1）高成就需要者喜欢设立自己的目标。他们往往愿意为自己设立目标，极少随波逐流，总是力求有所建树。在行动中，尤其当目标由自己设定时，他们更能够做到自我控制。

（2）高成就需要者在选择目标时会回避过高的难度。他们一般不会选择高难度的目标，而宁愿选择中等难度的目标。

（3）高成就需要者喜欢被授予能立即给予反馈的任务。目标对于高成就需要者而言十分重要，他们喜欢知道自己做得如何。

麦克利兰认为，具有高成就需要的人在组织中起着导向作用，能导致高成就组织的产生。然而，高成就需要的人不一定是好的管理者，因为他们更关心自己做得如何，而不是影响其他的人。权力需要和合群需要与管理者的成功有密切的关系。

案例 3.8

小苗的成长

某羊绒公司的科技人员苗晓光是公司先进人物中的典型代表。他从学校毕业后就来到公司，他有一个愿望，就是用他在学校里面所学到的知识，结合"生产的需要"，结合"中国是个羊绒大国，不仅是资源大国，也是一个生产大国"的实际情况，发明创造出最好的分梳技术。经过近6年的时间，在研制小组的领导下，苗晓光发挥自己的特长，终于取得了突破性的进展，其研究成果通过了专家鉴定。

苗晓光曾说："作为一名知识分子，我在企业里想干一些事。事实上，一个人要想干成一件事，没有企业领导的支持，没有周围人创造的环境条件，是很难的。"

苗晓光激动地对人们说："公司奖励给我的一套住房是公司所有员工的住房中最好的，我是非常满足的。在这个项目做好之前，公司曾两次给我调整住房，从原来的 8 平方米到 16 平方米，后来又给了我一套两居室。公司认为贡献与报酬应该是相对应的，所以就奖励了我这套住房。这套住房的建筑面积大约有 90 平方米，这也是对我工作的一种认可。领导不仅用住房奖励我，而且在工作的其他方面，如晋级、职称以及工资待遇上也给了我相应的提升。我不能辜负领导对我的奖励，在工作上应该更加努力，为企业做出新的贡献。"

启发与思考：试用成就激励理论分析苗晓光的成长过程。

第三节 过程型激励理论

与内容型激励理论不同，过程型激励理论着重研究从动机的产生到采取具体行动的心理过程。过程型激励理论主要包括期望理论、公平理论等。

一、期望理论

美国心理学家弗鲁姆（Vroom）于 1964 年在《工作与激励》一书中系统地阐述了期望理论。

1. 期望理论模型

期望理论认为，当人们有需求同时又有满足这个需求的可能性时，人们的积极性就会较高。也就是说，一个人受激励的程度取决于目标效价和期望概率的乘积，即弗鲁姆公式：

$$M = V \cdot E$$

式中，M 是激励程度，这里是指调动一个人的积极性、激发人的潜力的强度；V 是目标效价，这里是指预期成果在个人心目中的相对价值；E 是期望概率，这里是指根据以往的经验主观判断达成目标并能导致某种预期结果的概率。这个概率由两部分构成，即成功概率和兑现概率，前者主要靠员工的个人努力，而后者则靠管理者的努力。

案例 3.9

不能兑现承诺带来的失望

有一家企业的董事长想任命技术部长为总工程师，以改善企业形象和技术部长的个人形象。这位技术部长很高兴地问："薪水能提高到什么水准？"董事长随口答道："参照副总经理的级别。"没想到，从此埋下祸根。

这位技术部长听到这个好消息后非常高兴，并马上向朋友们宣布了这一消息。朋友们告诉他，根据市场行情，副总经理的工资比他现在的高一倍！但是当工资发下来的时候，技术部长不仅不高兴，反而非常愤怒。因为他的工资仅增加了 1 000 元，大大低于自己的期望值，他在朋友面前也丢了面子。一种被老板欺骗的感觉油然而生，于是他一气之下就辞职了。

点评：管理者一定要兑现承诺，否则就会使员工的积极性大受影响。

期望理论在现实生活中具有很高的实用价值。在管理实践中，期望理论对于管理者行为的指导意义更大。

2. 期望理论的应用

期望理论告诉我们，管理者在进行激励时应处理好三个关系，即努力与绩效的关系、绩效与奖励的关系，以及奖励与满足个人需要的关系，如图 3.5 所示。

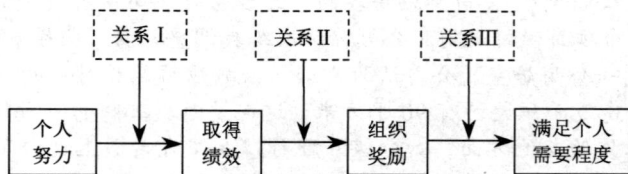

图 3.5　期望理论的三个关系

（1）处理好努力与绩效之间的关系（关系Ⅰ）。管理者应帮助员工提高获得高绩效的能力，增强其成功的信心，即努力提高员工成功的概率。员工在确立目标的时候要适宜，目标不能定得太高，也不能定得太低。

（2）处理好绩效和奖励之间的关系（关系Ⅱ）。员工总是希望在达到绩效标准后能得到及时的奖励。这种奖励可以是期望中的报酬和奖金，也可以是上级主管的认可或同事的赞许。因此，作为管理者应努力提高兑现奖励的概率，要讲诚信，说到就要做到，建立"因绩效设奖励"的制度。只有这样，才能在组织中形成一种良性循环。

（3）处理好奖励和满足个人需要之间的关系（关系Ⅲ）。个人总是希望获得的奖励能够满足自己某一方面的需要。同一种奖励手段对人们需要的满足程度是不同的。管理人员应了解每一位员工的主导需要，并在此基础上设立奖励，这样才能有针对性地提高目标效价。

可见，期望理论是一种通过考察人们的努力行为与其所获得的最终奖励之间的因果关系来说明激励过程，并据此选择合适的行为以达到最终的奖励目标的理论。期望理论的基础就是努力、绩效和从绩效中得到的奖励这三者之间所形成的关系。

二、公平理论

公平理论又称社会比较理论，它是美国心理学家亚当斯（Adams）于 20 世纪 60 年代中期提出的一种激励理论。该理论侧重于研究薪酬分配的合理性、公平性及其对员工产生积极性的影响。

1. 公平理论的基本观点

亚当斯是从社会比较角度研究激励的心理过程的。他认为，当一个人做出了成绩并取得了报酬以后，他不仅关心自己所得报酬的绝对量，还关心自己所得报酬的相对量，而这一比较的结果则会直接影响他今后的工作积极性。这一横向比较的结果有以下三种可能：

$$O_p/I_p = O_x/I_x \quad 或 \quad O_p/I_p > O_x/I_x \quad 或 \quad O_p/I_p < O_x/I_x$$

其中，O_p 为自己对自己所获报酬的评价；O_x 为自己对他人所获报酬的评价；I_p 为自己对个人投入多少的评价；I_x 为自己对他人投入多少的评价。

（1）$O_p/I_p = O_x/I_x$。在这种情况下，他可能会觉得公平，心理平衡，对目前的状况感到满意，觉得自己的投入应当得到那么高的待遇，于是他可能会保持工作积极性和努力程度。

（2）$O_p/I_p > O_x/I_x$。在这种情况下，他可能会因为报酬过高而感到不安。一开始他可能会要求减少自己的报酬或自动多做些工作，但久而久之，他会重新估计自己的技术和工作情况，最后可能会觉得他确实应当得到那么高的待遇，于是工作又回到过去的水平了。

（3）$O_p/I_p < O_x/I_x$。在这种情况下，他可能会因为报酬过低而感到不公平。他可能通过要求

增加报酬或自动减少投入以达到心理上的平衡。此外，他还可能另外找其他人作为比较对象，以便达到心理上的平衡。

2. 对公平理论的简要评价

（1）贡献。公平理论对我们有着重要的启示。因为影响激励效果的不仅有报酬的绝对值，还有报酬的相对值。管理者在激励时应力求公平地对待每一位员工，使上面的等式在客观上成立，这样才不致造成严重的不公平感。管理者应实行"按劳分配"的原则，打破平均主义，在激励过程中注意对被激励者公平心理的引导，使其树立正确的公平观。

（2）缺陷。公平理论表明，公平与否源于个人的主观感受，主要取决于当事人的个性、需要、动机、价值观等个人因素。个人的主观判断（"公平与否"）对工作积极性有很大的影响，这种主观判断往往是有偏差的。因此，管理者应注意引导员工纠正主观感受上的认识偏差，教育员工选择恰当的比较对象并正确理解公平的意义。

案例 3.10

该不该加薪

一家在同行业居于领先地位、注重高素质人才培养的高技术产品制造公司，不久前有两名精明能干的年轻财务管理人员辞职，他们到了提供更高薪资的竞争对手公司里任职。其实，财务主管早在数月前就曾要求公司给这两个年轻人加薪，因为他们的工作表现十分出色。但人力资源部门的主管认为，这两名年轻的财务管理人员的薪资水平按同行业平均水平来说，已经相当高了，而且这种加薪要求与公司现行的建立在职位、年龄和资历基础上的薪资制度不符，因此拒绝给他们加薪。

启发与思考：薪资分配的合理性、公平性会影响员工的工作积极性。公司虽然制定了明确的薪资制度，但它是否与公司聘用和保留优秀人才的需要相适应呢？公司是应当制定特殊的制度来吸引优秀的人才，还是应该让那些破坏现行制度的人离开呢？

第四节　行为改造型激励理论

行为改造型激励理论是专门研究激励目的的激励理论。换句话说，此类理论主要研究人的行为如何转化和改造，如何使人的心理和行为变消极为积极，主要包括斯金纳的强化理论及挫折理论等。

一、强化理论

强化理论是美国心理学家和行为学家斯金纳（Skinner）等人于1953年提出的一种激励理论。

（一）强化理论的内容

斯金纳认为，人的行为是其所获刺激的函数，如果这种刺激对他有利，这种行为就会重复出现；如果对他不利，这种行为就会减少发生，直至不再出现。斯金纳将强化又分为正强化、负强化、惩罚和自然消退等四类。

经典实验

斯金纳箱实验

斯金纳箱是由斯金纳在 1938 年发明的，装置是这样的：在一个箱子的一侧有一个可以按压的杠杆，一般是金属板，在杠杆旁边有一个放着食物的小盒子且它紧挨着箱子上的小孔。小白鼠只要在箱子里面按压杠杆，就会有食物从小孔掉入。将一只很饿的小白鼠放置在箱子里面，最开始它会比较随意地摸索，不经意间按压到了杠杆，发现有食物掉入，然后逐渐发现规律，它就会找到获得食物的途径。斯金纳箱实验验证了操作性条件反射的原理。

实验 1：将一只很饿的小白鼠放入一个有按钮的箱中，每次按下按钮则掉落食物。结果是小白鼠学会了一饿就去按按钮。这体现了正强化。

实验 2：将一只小白鼠放入一个有按钮的箱中。如果每次小白鼠不按下按钮，则给箱子通电。结果是小白鼠学会了按按钮。这体现了惩罚的作用。但是一旦惩罚消失，该行为模式也会迅速消失。

实验 3：将一只很饿的小白鼠放入斯金纳箱中，开始它每次按按钮都会掉落食物，后来每一分钟后按下按钮才掉落食物。结果是小白鼠一开始不停地按按钮，一段时间后小白鼠学会了每间隔一分钟按一次按钮。这体现了固定时间间隔强化。

实验 4：将一只很饿的小白鼠放入斯金纳箱中，多次按下按钮，有概率掉落食物。结果是小白鼠学会了不停地按按钮，且这种行为消失得很缓慢。这体现了变时强化的作用。

（1）正强化也称积极强化，就是奖励那些符合组织目标的行为，以使那些积极行为得到进一步加强，从而有利于组织目标的实现。正强化的刺激物不仅包括奖金等物质奖励，还包括表扬、升职、改善工作关系等精神激励。

（2）负强化也称消极强化，是指为了使某种行为不断重复，努力减少或消除施于员工的某种不愉快的刺激。换言之，对组织所希望发生的行为不是直接去鼓励，而是从对员工行为约束方面去采取"负强化"。

（3）惩罚是指处罚那些不符合组织目标的行为，以使组织不希望发生的一些行为减少发生甚至消失，从而保证组织目标的实现不受干扰。惩罚包括罚款、批评、降级、开除等。

（4）自然消退也称冷处理，就是对于组织不希望发生的行为，除采取直接的惩罚性措施外，还可以采取"冷处理"或"冷漠"的方式或态度，使这种行为自然消退。例如，管理者对某些员工的不合理要求不加理睬，此种行为因得不到正强化自然就会减少甚至消失。又如，撤销原先的奖励也是一种冷处理的做法。

案例 3.11

孩子们为谁而玩？

一群孩子在一位老人的家门前嬉闹，叫声连天。几天过去了，老人难以忍受，于是他出来给了每个孩子 25 美分，并对他们说："你们让这儿变得很热闹，我觉得自己年轻了不少，用这点钱表示谢意。"孩子们很高兴，第二天仍然来了，一如既往地嬉闹。老人再出来，给了每个孩子 15 美分。他解释说，自己没有收入，只能少给一些。15 美分也还可以吧，孩子们仍然兴高采烈地走了。第三天，老人只给了每个孩子 5 美分。孩子们不高兴了："一天才 5 美分，知不知道我们多辛苦！"他们向老人发誓，他们再也不会为他玩了！

点评：老人通过刺激物数量的变化让孩子们的行为发生了变化。首先他通过给孩子们钱，让孩子们觉得通过嬉闹、玩耍还能赚钱，孩子们的热情被调动了起来。他又通过连续三天持续减少付出，让孩子们以为自己的"工作"贬值了，于是孩子们便主动结束了这样的行为。

（二）强化理论的应用

强化理论在管理中的应用越来越广泛。管理者在应用强化理论时应注意以下几点。

1. 奖惩相结合，以正强化为主

管理者对积极的行为进行奖励，可以使这种行为持续发生，同时还对周围的人起到一种示范作用。同时，对于不良的、不符合组织要求的行为，管理者应给予惩罚，使这种行为与不良的回报联系起来，使之逐渐被消除。在管理实践中，奖励和惩罚并用是十分必要的，它可以帮助人们知道什么是受鼓励的，什么是不允许的。

强调奖励与惩罚相结合，并不等于奖励与惩罚并重。事实上，惩罚造成的效应往往是负面的。因此，正确的做法应该是以正强化为主，以惩罚为辅。

案例 3.12

阿里巴巴的一些奖励制度

"如果不认同你的下属，让他们长期处于失败之中，其实是留不住人的，所以奖励非常重要。"阿里巴巴前首席人力官邓康明说。

阿里巴巴有一些奖励制度，比如申请"卡通"技术专利可以获得奖励 1 000 元，团队获得专利会赢取季度的"金管家"奖，针对个人的则有由首席执行官颁发的特别荣誉奖。另外，还有"芝麻开门奖""一千零一夜奖"（用来奖励虚拟团队）。首席执行官颁发的特别荣誉奖分年度奖和季度奖。每到评奖时刻，就像被奥斯卡金像奖提名一样，每个被提名的候选人都会非常紧张、压力很大，都被要求业务发展是清晰、成熟、有前景的。

同时，每个部门的业绩与培训挂钩，根据业绩多少可以获得相应的培训机会。阿里巴巴还建立了"管理夜校"，员工必须完成相应的课程才能获得升迁。此外，公司的培训中心一年还提供两次非专业的课程培训。马云在公司有公开的信箱。公司每周都有圆桌会议，员工可以在会议上直接与马云或公司高层沟通。

点评：阿里巴巴的这些奖励制度与做法是对员工积极行为进行的奖励，也告诉员工什么行为是受鼓励的，从而进一步促使有利于组织发展的员工行为持续产生。

2. 及时强化

及时强化指的是管理者及时对员工的行为按其结果的好坏或工作的进展给予相应的奖励或惩罚。斯金纳认为，反应和强化物的出现之间如果有延迟，则反应概率较低。随着两者间隔的延长，相倚性联系就会弱化，强化的效果也会打折扣。

强化的频率也不能太高。连续强化程序容易导致员工过早产生满足感。间断强化程序则不容易导致员工过早产生满足感，这种强化方式适用于促进稳定的或高频率的反应。

3. 强化因素应因人而异，形式多样

管理者应根据不同的对象采取不同的强化手段，不能搞"一刀切"。此外，强化的内容也要丰富化，可以采用多种形式的表扬或批评来实现激励的目的。

案例 3.13

自助餐厅如何减少浪费？

有个老板开了一家自助餐厅，由于物美价廉，很受大家的欢迎。但是由于利润微薄，顾客

多拿食物而吃不完的现象也造成了很大的成本浪费，这让老板很苦恼。为此，他咨询了专业人士，并得到三个建议：①不置可否，这是自助餐不可避免的；②制定规则——吃不完罚款；③奖励措施——吃完了可以领取代金券一张。这三个建议分别使用了强化理论中的自然消退、惩罚与正强化的方法。

启发与思考：想想这三个建议各有什么优劣。如果你是老板，你会选择哪一个建议？为什么？

二、挫折理论

有关挫折行为研究的激励理论叫作挫折理论。这类理论着重研究人受挫之后的心理状态和行为表现，目的是改造个体行为，使之有利于组织目标的实现。

案例 3.14

第一个被录取的人

某大公司招聘人才，应聘者云集，其中多为高学历、多证书、有相关工作经验的人。经过三轮淘汰，还剩下 11 位应聘者，该公司最终需要录用 6 位。第四轮，总裁要亲自面试，并将会出现十分"残酷"的场面。

奇怪的是，面试现场出现了 12 位应聘者。总裁问："谁不是本轮的应聘者？"坐在最右边的一个男子站起来说："先生，我第一轮就被淘汰了，但我想参加一下面试。"在场的人都笑了，包括一位站在门口的老人。总裁饶有兴趣地问："你第一关都过不了，来这儿又有什么意义呢？"这个男子说："我有 11 年的工作经验，曾在 18 家公司任过职……"总裁打断他说："工作 11 年倒不错，但先后跳槽 18 家公司，太令人吃惊了，我不欣赏。"男子回答："先生，我没有跳槽，而是那 18 家公司都倒闭了。"在场的人又一次笑了。一位应聘者说："你真是个倒霉蛋！"这个男子也笑了："相反，我认为这是成功的财富！我不倒霉，我只有 31 岁。"

这时，站在门口的老人走进来，给总裁倒茶。男子继续说："我很了解那 18 家公司，我曾和大伙努力挽救那些公司，虽然不成功，但我从那些公司的错误和失败中学到了许多东西。很多人只是追求成功的经验，而我有更多经验避免错误和失败！"男子离开座位，一边转身一边说："我深知成功的经验大抵相似，而失败的原因各有不同。这 11 年我经历的 18 家公司培养与锻炼了我对人、对事、对未来的敏锐洞察力。举个小例子吧，真正的考官不是您，而是这位倒茶的老人。"

全场应聘者哗然，惊讶地盯着倒茶的老人。那位老人笑了："我是董事长，很好！你第一个被录用了，因为我急于知道我的表演为何失败。"

点评：人在追求社会目标和实现个人抱负的过程中，由于主客观条件的种种限制，不可避免地会遇到各种挫折，从而引起各种大大小小的心理冲突。然而，对待挫折的态度、方法不同，就会产生不同的结果。一个人如果能够正确地对待挫折，理智地分析造成挫折的原因，找到合理的心理适应方式，就可以转危为安，始终保持稳定而平衡的心理状态。管理者掌握挫折的规律及适应挫折的机制，对于使员工保持稳定而平衡的心理状态、维持正常的工作有着重要意义。

从心理学角度讲，挫折就是指一个人在动机的推动下，在实现目标的过程中，由于受到妨碍或干扰，致使目标不能实现时所产生的消极心理体验和情绪状态。也就是说，挫折是人的一种情绪状态、主观的心理感受。而一个人是否感受到挫折，与许多因素有关。

（一）遭受挫折后的行为表现

人们在遭受挫折之后会做出不同的反应。受挫后的行为表现大致可归纳为积极的行为表现和消极的行为表现这两种类型。

1. 积极的行为表现

对于一些人而言，挫折可以使人猛醒，会使人从挫折中汲取教训，改变目标或策略，从逆境中重新奋起。这样的行为表现我们认为是较为积极的、可取的。积极的行为表现主要有以下五种形式。

（1）升华。升华是指个体在受到挫折后，将自己不为社会所认同的动机转变为符合社会要求的动机，从而将不良情绪和不为社会所认同的动机导向比较崇高的方面，以保持情绪稳定和心理平衡。历史上有很多著名的科学家、艺术家和领袖人物都是通过对挫折的升华取得辉煌成就的。

（2）补偿。补偿是指由于自身的某种缺陷而达不到既定目标时，以其他可能达到成功的活动或自己的特长来代替，通过新欲望的满足来弥补原有欲望得不到满足所带来的痛苦。如有些学生的理论学习能力不强，但可以通过加强某方面的技能来弥补，同样能得到一种心理上的满足感。

（3）认同。认同是指个体在受挫之后，效仿他人获得成功的经验和方法，使自己的思想、目标和言行更适应环境的要求，或者学习别人具有的、使自己感到羡慕的品质，或者将自己与所崇拜的人视为一体，以提高自己的信心、声望、地位，从而减轻挫折感。

（4）幽默。当个体受到挫折、处境尴尬时，可用幽默的方式来摆脱困境，保持心理平衡。这也是一种乐观、豁达的人生态度。

（5）抵消。抵消是指个体以某种象征性的活动或事情来抵消已经发生的不愉快的事情，并以此取代心理上的不舒畅。

2. 消极的行为表现

对于一些人来说，挫折会使他们处于不良的心理状态中，并出现负面情绪反应，采取消极的心理防卫方式来对待挫折。消极的行为表现主要有以下九种。

（1）文饰（合理化解释）。文饰是指个体行为未达到目标，为了减少或免除因挫折而产生的焦虑和痛苦，寻找种种理由或值得原谅的借口替自己辩护。文饰是人们在日常生活中使用最多的一种挫折防卫机制，通常的表现方式是"找借口""酸葡萄心理"以及"甜柠檬心理"。

（2）压抑。压抑是指人在受到挫折后，把主观意识所不能接受的、使人感到困扰或痛苦的思想、欲望或体验压抑到潜意识中，不再想起，不去回忆，主动遗忘，以保持内心的安宁，使自己避免感到痛苦。

（3）投射。投射是指个人把自己的不当行为、失误或内心存在的不良动机和思想观念、欲望转移到别人身上，说别人也是如此，以此来减轻自己的内疚和焦虑。

（4）反向。反向是指个人为了防止自认为不好的动机外露，而采取与动机方向相反的行为，以掩盖内心的紧张不安。

（5）幻想。幻想是指当一个人的动机或欲望受到阻碍无法实现时，以想象的方式使自己从现实中脱离出来，在空想中获得内心动机或欲望的满足。

（6）否定。否定是指对已发生的令人痛苦的事实加以"否定"，视其根本没有发生过，以减轻或逃避心理上的痛苦。

（7）退化。退化是指一个人在受到挫折后，采取倒退到类似于童年的行为或低于现实水平的行为来取得别人的同情和关怀。如有的人遭遇挫折之后，或蒙头大睡，或大哭大闹，等等。

（8）移位。移位是指一个人把在一种情境下的危险的情感或行为，不自觉地转移到另一种较为安全的情境下释放出来，如有些人白天在单位受到了领导的批评，晚上回到家就冲着孩子发火。

视野拓展

"无名火"的移位

世人常会有无名火。老板不高兴就对员工发无名火，员工回到家对老婆发无名火，老婆对孩子发无名火，孩子对家里的猫发无名火；猫遇到老鼠便疯狂追赶，即使它并不见得要吃掉老鼠。上述例子中，除了老鼠之外都是在泄愤，泄愤必然会找一个发泄对象，发泄对象都是无辜的。

（9）固执。固执是指一个人顽固地坚持某种意见或态度，重复某种无效的动作，不能像正常情况下那样正确合理地做出判断，通常表现为心胸狭窄、意志薄弱、性格不开朗。这会直接影响人们对具体事物的分析判断，导致行动失误。

在上述各种行为表现中，升华是最具有积极性和建设性的行为，补偿、认同、幽默、抵消等行为在不同程度上也具有积极意义。文饰、反向等行为具有掩饰性，压抑、幻想、否定、退化等行为具有逃避性，投射、移位等行为则具有攻击性。此外，固执在某种程度上不利于提高人们对挫折的适应能力。不论人们采用哪一种防卫机制，都不可能从根本上消除挫折，但是了解受挫之后可能出现的这些行为表现，可以帮助管理者有效地预测员工受挫后的行为，从而进一步采取相应的预防措施。

（二）管理者帮助受挫者战胜挫折的方法

组织的管理者可以采取以下几种方法帮助受挫者战胜挫折。

（1）帮助受挫者树立科学的挫折观。首先，管理者要让受挫者懂得挫折总是难免的，对遭受挫折要有心理准备，能够坦然地正视现实；其次，要帮助其分析受挫的原因以及挫折对其的影响。人如果能积极主动地面对挫折，挫折就可能成为一个人提高解决问题能力的机会，使人在战胜挫折的过程中积累经验、吸取教训，找到解决问题的良策。管理者要善于引导员工在身处逆境时趋利避害，化消极心态为积极心态。

（2）对待受挫者应采取宽容的态度。一位年薪百万的职业经理人曾有一句名言："世界上极易扼杀一个人雄心的就是上司的批评。"对于身处逆境的员工来说，上司的批评往往更会使他们产生深深的挫折感，甚至背上沉重的精神负担，进一步影响他们的工作和生活。因此，管理者应像对待病人一样对待受挫者，应对身处逆境的员工多关心、安慰、鼓励、开导，尽可能为他们提供帮助。

（3）改变挫折情境。受到挫折以后，管理者应帮助受挫者认真分析挫折情境，如果引起挫折的原因和挫折情境是可以改变的，则受挫者应通过努力设法将其改变，消除挫折带来的不利影响。改变挫折情境的另一种方法就是安排受挫者暂时离开当时的挫折情境，到一个新的环境里去。此外，挫折情境若一时无法改变，就应改变环境气氛，尝试帮助受挫者理顺人际关系，给予同情、支持。

（4）精神发泄法。心理学的研究指出，人在受挫之后，其心理会失去平衡，常常以紧张的情绪反应代替理智行为，而将怨恨的情绪和攻击性的冲动予以遏制，这对人的身心健康是十分不利的。这时只有让受挫者把紧张的情绪发泄出来，才能使其恢复理智状态，达到心理平衡。从这个意义上讲，员工受挫之后产生说怪话、发牢骚、怨恨领导等行为都是正常的。对此，管理者应加以疏导，让员工学会以社会认可的方式去宣泄自己的紧张情绪，以合理的方法、积极的态度去认真地解决问题，克服受挫心理。

（5）采用心理咨询法。心理咨询法要求心理咨询师应用心理学方面的专业知识耐心倾听受挫者的倾诉，给予受挫者必要的心理支持，排解其消极情绪，减轻其心理压力，提高其挫折适应能力，恢复其心理平衡，使其心情愉悦地投入新的生活。近年来，我国不少企业开始在企业内部设置心理咨询室，高薪聘请心理咨询师，为企业员工提供心理咨询服务。

第五节　综合激励理论

激励并不是简单的因果关系，员工的工作行为实际上是受多种因素综合激励的。基于此，有学者希望通过一个模式将上述几个方面的理论都涵盖进去，我们将此类理论称为综合激励理论，主要包括波特和劳勒的"综合激励模式"以及迪尔的"综合激励模型"等。本节主要探讨波特和劳勒的综合激励模式。

一、综合激励模式

波特－劳勒（Porter & Lawler）综合激励模式是波特和劳勒在 1968 年于《管理态度和成绩》一书中提出的。该模式比较全面地说明了多种激励理论的内容，如图 3.6 所示。

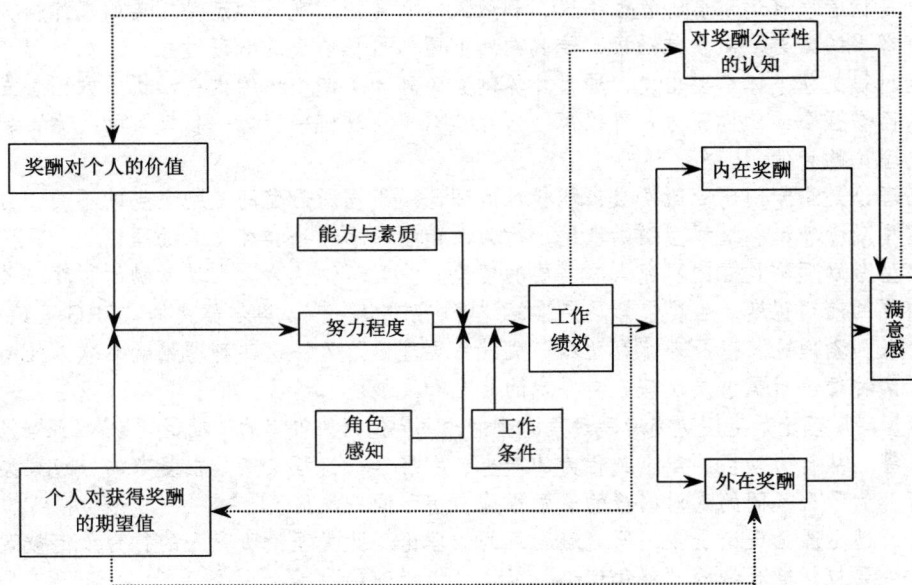

图 3.6　波特－劳勒综合激励模式

波特和劳勒提出的综合激励模式以期望理论为主要框架，以"工作绩效"为核心，以"努力程度—工作绩效—满意感"为主线，明确了"工作绩效"导致"满意感"的因果关系。该模式认为，一个人受激励的程度及其引发的努力程度主要取决于奖酬对个人的价值、个人努力后达到绩效标准的期望值以及个人对获得奖酬的期望值。

综合激励模式引入了赫茨伯格双因素理论中的"内在激励"和"外在激励"概念，而这里的内在激励（如成就感）更能给员工带来真正的满足。

综合激励模式还引入了公平理论中"对奖酬公平性的认知"因素。一个人会把自己所得到的奖酬同自己认为应该得到的奖酬相比较，如果他认为两者相符，他就会感到满足，并能激励他以后更加努力地工作。

综合激励模式在努力程度与工作绩效之间还新增了三个因素。模型中的工作绩效不仅依赖于个体的努力程度，还依赖于个体的能力与素质、工作条件以及个体对自己工作角色的感知。该模式还增加了一些反馈箭头（图3.6中用虚线标注），体现了各因素之间的相互影响。

二、综合激励模式对管理者的启示

波特-劳勒综合激励模式即使在今天看来仍具有重要的现实意义。综合激励模式对管理者的启示如下：①管理者应在组织中形成激励—努力—绩效—奖励—满意感并从满意感中回馈努力这样的一种良性循环；②激励的效果取决于奖励内容、奖惩制度、组织分工、目标导向行动的设置、管理水平、考核的公正性、领导作风及员工个人心理期望等多种综合性因素；③现实问题往往更复杂，管理者应学会因人制宜，利用不同的激励理论，从不同的角度来解决现实中复杂的管理问题，并在此过程中不断创新，不断发展新的激励理论。

本 章 小 结

激励是指管理者运用各种管理手段，利用人的需要的客观性和满足需要的规律性，激励、刺激被管理者的需要，激发其动机，使其向所期望的目标前进的心理过程。

激励过程是从个体需要出发，通过外界刺激（外因）使个体的内在动机（内因）发生强化作用，从而增强个体的内驱力。可以说，研究"需要—动机—行为—目标"的关系，就是我们学习激励理论的目的。

激励理论是指专门研究激发员工积极性的理论。根据所研究的激励重点的不同，可以将其分为内容型激励理论、过程型激励理论、行为改造型激励理论和综合激励理论。

内容型激励理论是专门研究人的需要的理论。此类理论认为，人受激励的程度，关键取决于人的需要的满足程度，主要包括马斯洛的"需求层次理论"、奥尔德弗的"ERG理论"、赫茨伯格的"双因素理论"以及麦克利兰的"成就需要理论"等。这四种理论既有联系又有区别，尤其是后两种理论对需求层次理论有一定的补充和发展。

过程型激励理论是专门研究激励过程的理论，主要包括弗鲁姆的"期望理论"、亚当斯的"公平理论"等。从行为动机的产生到行为的产生、发展这一过程其实是很复杂的，过程型激励理论尝试解释为什么不同的人对同样的激励措施会有不同的反应。

行为改造型激励理论是专门研究激励目的的理论。此类理论研究人的行为如何被改造为积极行为，主要包括斯金纳的"强化理论"以及"挫折理论"等。

综合激励理论是企图通过一个模式将上述几个方面的理论都涵盖的理论，主要包括波特和劳勒的"综合激励模式"等。

管理者应学会因人制宜，利用不同的激励理论，从不同的角度来解决现实中复杂的管理问题，并在此过程中不断创新，不断发展新的激励理论。

综合练习题

一、名词解释

激励　优势动机　目标导向行为　需求层次理论　成就需要理论　目标效价
公平理论　挫折理论　综合激励模式

二、单项选择题

1. 总的来说，人的行为是由（　　）所支配的。
   A. 需要　　　　　　　　　　　　　　　B. 优势动机
   C. 目标　　　　　　　　　　　　　　　D. 期望

2. 下列关于目标导向行为和目标行为的描述，不正确的说法是（　　）。
   A. 在这两个阶段，动机强度的变化是相同的
   B. 对目标导向行为而言，动机强度会随着这种行为的进行而增强
   C. 对目标导向行为而言，越接近目标，动机强度就越强
   D. 当目标行为开始后，动机强度则有减弱的趋势

3. 从人的需要出发，对激励问题加以研究的激励理论是（　　）。
   A. 内容型激励理论　　　　　　　　　　B. 过程型激励理论
   C. 行为改造型激励理论　　　　　　　　D. 目标设置理论

4. 一个组织拥有（　　）越多，它的发展越快，获利越多。
   A. 高权力需要的人　　　　　　　　　　B. 高合群需要的人
   C. 高成就需要的人　　　　　　　　　　D. 高生存需要的人

三、多项选择题

1. 根据赫茨伯格的双因素理论，下列因素中属于激励因素的是（　　）。
   A. 工作上的成就感　　　　　　　　　　B. 工作本身具有挑战性
   C. 工作职务上的责任感　　　　　　　　D. 公司行政管理政策

2. 属于行为改造型激励理论的是（　　）。
   A. 双因素理论　　　　　　　　　　　　B. 挫折理论
   C. 期望理论　　　　　　　　　　　　　D. 强化理论

3. 下列受挫后的行为表现中，消极的是（　　）。
   A. 压抑　　　　　　　　　　　　　　　B. 反向
   C. 升华　　　　　　　　　　　　　　　D. 退化

四、简答题

1. 什么是激励？激励对管理工作有什么意义？
2. 什么是需要、动机和行为？这三者之间有什么关系？
3. 如何理解马斯洛的需求层次理论？ERG 理论对需求层次理论有什么补充与发展？
4. 简述双因素理论的要点。赫茨伯格对满意、不满意的解释是什么？
5. 四种内容型激励理论之间有哪些联系？
6. 管理者运用期望理论激励员工时应注意哪些问题？
7. 管理者如何运用公平理论来消除员工的不公平感？
8. 谈谈人们受挫后可能采取的行为反应以及战胜挫折的方法。

9．什么是波特–劳勒的综合激励模式？请简要评价这一模式。

五、案例分析题

扫描二维码，阅读案例并回答后面的问题。

六、课外拓展训练

扫描二维码，完成相关训练。

第四章　群体与群体行为基础

【学习目标】

了解群体的基本概念与特征；掌握群体动力理论以及群体行为对工作绩效的影响机制，能够运用群体结构、群体动力理论对群体做出相关分析。

【导入案例】

"饭圈"

据《重庆日报》2023 年 12 月 20 日报道，"打 call""pick""C 位"……不知你是否注意到，这些本属于"饭圈"的小众词汇，现在成了媒体和社会生活中的常用语。可见，"饭圈"文化已经深刻影响了公众的话语体系。事实上，"饭圈"并不是新概念。"饭"即英文"fan"的音译；"圈"是"圈子"的简称，是以情感、利益、兴趣等维系的具有特定关系模式的人群聚合。"饭圈文化"可以被看作"粉丝文化"在互联网时代的新型演绎形态。中国人民大学新闻学院教授彭兰在其著作《新媒体用户研究》中指出，"饭圈"是指某个（或某几个）偶像的粉丝们组成的共同体圈子，以不同偶像为中心会形成不同的"饭圈"，彼此之间界限清晰。

"饭圈"作为新兴文化现象，为产业和文化发展注入了一股活水。值得警惕的是，在万物皆可"饭圈"的大潮之下，"饭圈"文化也正在走向异化和失范的危险边缘。

启发与思考：流量经济时代，"饭圈"会给粉丝与社会带来怎样的影响？

"饭圈"中的粉丝们有共同的追逐对象，有共同的组织目标和严格的组织秩序。"饭圈"在我国蓬勃发展，对我国的市场和经济产生了巨大的影响。"饭圈"已然成为粉丝群体价值实现的网络共同体。作为自发形成的新兴网络群体，"饭圈"影响着粉丝（个体）的心理与行为，同时也会受到个体心理与行为的影响，需要社会多方加强监管和引导，才能更好地促进"饭圈"健康发展。群体作为个体与组织之间的桥梁，是组织行为学的重点研究对象。

第一节　群体概述

一、群体的特征与功能

（一）群体的特征

不同的研究者在给出群体的定义时，都各自强调不同的侧面。有些研究者认为，群体成员彼此相互依存是群体的本质特征；有些研究者则更加强调群体成员相互依存的另一个方面，即相互作用；有些研究者分析了群体的心理特征；有些研究者认为，群体要具有某些共同的规范，这些共同的规范至少应符合群体成员的共同利益；还有一些研究者则侧重于对群体社会功能的研究。

案例 4.1

合作的力量

一位父亲和他7岁的儿子在整理后花园时，发现了一块埋在土中的大石头。父亲觉得这是一个教育儿子的好机会，于是他要求儿子将大石头移开。孩子用力推了半天，石头纹丝不动，于是他就在石头旁边挖了个洞，找来一根木棍插进洞中，把另一块小石头垫在底下，使劲儿地往上撬，但大石头依然不动。显而易见，以他的力气还不足以撬动大石头。

孩子告诉父亲他撬不动，父亲在一旁看得很清楚，但仍平静地说："你要尽全力。"这一次，孩子用尽了全身的力气，小脸儿都憋得通红，最后他将整个身体的重量都压在木棍上，但大石头还是纹丝不动。

孩子大口喘着气，颓然坐下。父亲走到他身边，和蔼地问道："你确定你真的用尽全力了吗？"孩子说："我当然用尽全力了。"这时父亲温柔地拉起孩子的小手说："不，儿子，你还没有用尽全力。我就在你旁边，可你并没有向我求助。"

点评： 时代发展到今天，走向成功最快速的办法就是寻求成功者的帮助，并与对方齐心协力、共同努力。完美的互助与合作永远不能被忽视。

综上所述，这些学者们所提出的群体定义有一个共同的缺点，它们都忽略了宏观环境的影响，孤立地考察群体的特征。

我们对组织中的群体的描述如下：<u>群体是两人或两人以上的集合体，他们遵守共同的行为规范，在心理上相互作用，在情感上相互依赖，在思想上相互影响，在利益上相互联系、相互依存，而且有着共同的奋斗目标。</u>也就是说，群体具有以下特征。

（1）心理上的认知性。在心理感受上，群体中的每个成员都认为他们是本群体中的一员，群体外的其他人也认为他们属于同一群体。

（2）行为上的联系性。群体成员彼此之间在情感、思想等方面有频繁的相互影响、相互作用。这就要求群体成员应遵守共同的行为规范，从而协调统一群体成员的行动。

（3）利益上的依存性。一般来说，群体的人数不多，其成员之间会经常面对面地接触，彼此在行动和利益上相互影响、相互依存。任何一个群体都有其共同的利益，个人利益存在于群体利益之中，个人利益的实现是建立在群体利益得以实现的基础上的。

（4）目标的共同性。群体都有一个为大多数成员共同接受的目标，这个目标要依靠群体成员的共同努力才能实现。这是维系群体存在的基本保障条件。

（5）组织上的结构性。群体的存在是为了对付外界环境的挑战，从某种意义上来说，群体就是一个组织，是组织就有一定的结构，群体的每个成员在其中都充当一定的角色，执行一定的任务，为完成群体共同的目标而分工协作，贡献自己的力量。

案例 4.2

天鹅、狗鱼和虾

农夫养了三只动物，分别是天鹅、狗鱼和虾。有一天，天鹅、狗鱼和虾想一起拉动一辆主人装了东西的货车。三个家伙套上绳索，拼命地拉，可车子还是拉不动。车上装的东西不算重，只是天鹅拼命地向天上冲，虾使劲向后倒拖，狗鱼则用力向水里拉，而车子还是停留在老地方。

此时，农夫来了，问天鹅、狗鱼和虾："你们要把车拉到哪里去？在拉车前，你们相互了解对方的特点吗？"天鹅、狗鱼和虾便卸下绳索，来到圆桌前商量起来，不一会儿它们又套上绳索，开始了第二次拉车。虾掉转身来，天鹅沿着与大地平行的方向飞行，狗鱼也不往水里钻了，很快车就被拉动了，虽然还不是很稳定。

一会儿工夫，它们来到了一个小土坡前，车被迫停下了。对于如何通过这个土坡，它们各抒己见，发展到最后，天鹅、狗鱼和虾开始争吵，车又不动了！农夫过来，问天鹅、狗鱼和虾："你们是不同的动物，有没有站在对方的角度去看问题？你们是否觉得只有自己才是对的？除了争吵，还有没有其他的行动是对你们拉车有帮助的？"天鹅、狗鱼和虾便又卸下绳索，根据农夫提出的问题来到圆桌前商量起来，不一会儿它们再一次套上绳索，开始了第三次拉车。车稳稳地被拉过了这个土坡，并且越跑越快。它们分工明确，天鹅观察远处的情况，虾关注后方的情况，狗鱼关注地面近距离的情况，而且它们不停地沟通，相互信任。

点评：天鹅、狗鱼和虾之间一开始不协调，在工作中就配合不好，只会把事情弄糟。农夫的智慧在于能启发它们如何妥善分配工作，并协调合作。所以，在一个群体中的每个成员都应充当一定的角色，为完成共同的目标而分工协作，贡献自己的力量。

（二）群体的功能

1. 完成组织的目标

群体是组织与个体发生联系的桥梁与纽带。组织由群体组成，组织的任务目标要靠它所拥有的群体来完成。一个组织要实现其目标，必须遵循分工协作的组织原则，把总目标层层分解为若干个子目标，并分派给下属的群体去完成。完成组织交给的任务是群体的主要作用与功能。

2. 满足组织成员个体的心理需要

对个人来说，不同的群体为其提供了不同的利益，能够满足其不同的需要。具体来说，群体可满足人们以下心理需要。

（1）安全的需要。一个人生存在社会上，总会遇到包括自然的和社会的各种困难与危险。只有加入一个群体中，大家相互依赖、相互帮助，个体才能减少独处时的孤立与恐惧，让自己感到更安全，从而增强信心和力量。

（2）归属的需要。归属的需要是指每个人都希望被自己期望的一个群体所接纳，成为该群体中的一员，并以成为该群体中的一员而感到自豪。这是人的一种基本需要。群体可以满足成员的归属需要，成员在群体中形成了一定的人际关系；在满足了社交需要的同时，群体成员也有了依靠与"着落"，会产生被别人承认的满足感。

（3）尊重的需要。尊重的需要包括自尊与受他人尊重的需要。群体成员的身份除了能够使群体之外的人认识到群体成员的地位以外，还能使群体成员感受到自己的价值。也只有在群体中，个体才能感受到被群体内或群体外的人尊重的程度。

（4）成就的需要。成就的需要是人的最高级需要。一般来说，个人成就仅靠自己的力量是难以实现的，总是需要更多人的鼓励与帮助，集合众人的智慧和力量才能实现。同时，个人成就也需要别人的认可才具有现实价值。在群体中，通过成员们的共同努力，个体可以得到成就需要的满足。

3. 规范群体成员的行为，协调人际关系

群体是为了实现组织目标而产生的。为了实现组织目标，任何群体都要用一定的规范来协调成员的行为与相互关系，以形成具有"战斗力"的群体。只有把群体建设好了，其对组织以及社会才会产生积极的作用。

二、群体的类型

1. 按群体是否真实存在分类

按群体是否真实存在，可分为假设群体和实际群体。假设群体是指名义上存在而实际上并不存在的群体，是人们为了研究和分析的需要而划分出来的群体，也叫统计群体。这些群体中的人可能并不生活、工作在一起，彼此可能不认识，也没有往来，只是由于他们在某些方面有着共同的特征，如年龄、性别、职业等，才把他们划分为一个群体。实际群体是真实存在的群体。

2. 按群体规模的大小分类

按群体规模的大小，可分为大型群体和小型群体。社会心理学家提出其划分的标准是看群体成员彼此之间是否有直接的、面对面的接触和联系。凡是群体成员彼此之间有直接的、面对面的接触和联系的群体称为小型群体。一般来说，小型群体少于 30 人，是组织行为学的群体研究范畴。若群体成员之间是以间接的方式联系在一起的，比如是通过群体目标和各级组织机构产生联系的，这类群体称为大型群体，如大型企业、民族群体等。

3. 按群体在人们心目中的形象和群体之间的相互作用分类

按群体在人们心目中的形象和群体之间的相互作用，可分为一般群体和榜样群体。榜样群体又称参照群体或标准群体，它的行为、目标等可成为其他群体学习和模仿的标准与对象。一般群体则是不具有榜样群体上述功能的群体。

4. 按群体成员间相互关系的密切程度或群体发展的水平分类

按群体成员间相互关系的密切程度或群体发展的水平，可分为松散群体和紧密群体。松散群体是指群体成员之间的关系不密切，来往不多，没有太多的共同目标和共同活动的群体，在群体内也没有形成约束力很强的行为规范。一般刚组建的群体、临时性的群体都属于这类群体。紧密群体是指群体成员间关系密切，目标与行动协调一致，具有鲜明的组织性和心理上的统一性的群体。这是一种发展水平较高的群体。

5. 按群体的作用分类

按群体的作用，可分为工作群体和社会交往群体。工作群体是指以工作为核心的群体。社会交往群体是指人们为了满足社交娱乐活动的需要而组成的群体。工作群体与工作团队有着本质上的差异。工作群体中的成员通过相互作用、相互影响来共享信息、做出决策，帮助每个成员更好地承担起自己的责任，工作群体的绩效仅仅是每个成员个人贡献的总和。而工作团队通过其成员的共同努力能够产生积极的协同作用，其团队成员努力的结果使团队的绩效高于个体成员绩效的总和。因此，在实际工作中，许多组织围绕工作团队重新组织工作过程，目的就是通过发挥团队积极的协同作用提高组织的绩效。

6. 按群体构成的原则与方式分类

按群体构成的原则与方式，可分为正式群体与非正式群体。正式群体是指由组织正式设立并有正式文件规定的一种有固定编制、有完善的规章制度和明确的职责权限的群体。正式群体中的成员有固定的编制和组织形式，有明确的职责分工，有规定的权利和义务。人们加入正式群体时更多关注自己的职位，领导人物往往是群体的管理代表，享有群体规定的权威并承担相应的责任。在正式群体中，成员的行为受到群体正式的、书面的明文规定的准则的约束，并且正式群体会采取相应的报酬激励与惩罚方式来管理成员。工厂的车间、班组、科室，学校的班级、教研室以及党团组织、行政组织等都是正式群体。非正式群体是从 1924—1932 年的霍桑实验开始引人注目的。非正式群体是指人们在相互交往中，由于心理相容而自然形成的、没有组织程序和明文规定的群体。因此，人们自愿加入或组成非正式群体，主要是源于共同的利益或情感交流的需要。

正式群体与非正式群体在组织中同时存在着，两者既有差异（如表 4.1 所示），又有着密不可分的相互作用与联系。非正式群体对正式群体的作用有以下几个方面。

表 4.1 正式群体与非正式群体的差异

维　度	正式群体	非正式群体
一般性质	官方的	非官方的
主要概念	权威与责任	权力与政治
初始关注	职位	个人
领导权力来源	管理代表	群体给予
行为指南	准则	规范
控制来源	报酬与惩罚	约束

（1）非正式群体为正式群体的产生创造了条件。人与人之间非正式接触形成的心理习惯、行为方式等，有助于正式群体中的沟通和理解，为正式群体的正常运作创造了条件。

（2）非正式群体赋予正式群体以活力。正式群体是由制度、职能、程序及目标等构成的，是理性的、机械性的行为系统。非正式群体中人们相互之间的感情交流、认同、接触等无意识的心理与行为活动使得正式群体有血有肉、有活力，从而影响着正式群体活动的有效性。

（3）非正式群体促进了正式群体中的信息沟通。仅通过正式的信息沟通来传递信息，信息量毕竟是有限的。非正式群体由于没有正式的层级结构，因而信息的沟通快速、灵活。同时，这类群体的成员散布在组织的各个层级，接触到的信息是多样的，组合起来是很全面的，从而大大提高了成员之间信息沟通的效率。

（4）非正式群体增强了正式群体的内聚力。非正式群体为其成员提供了感情交流、心理认同、沟通理解等方面的心理满足，有助于强化成员的协作意愿，提高成员对组织的忠诚度，增强正式群体的内聚力。

（5）非正式群体使得成员的人格更加完善。正式群体强调个人的社会化层面，突出群体共同目标对成员的非人格支配，在一定程度上导致了人格缺失。而非正式群体有牢固的感情纽带，具有排外性和自卫性，维持了成员的自尊心和人格的整体性，能给予群体成员自主选择的可能。

7. 按群体成员的组成成分分类

按群体成员的组成成分，可分为同质性群体与异质性群体。同质性群体的成员在年龄结构、能力结构、知识结构、专业结构、性格结构以及观点、信念结构等方面相差不大，比较接近。异质性群体的成员在上述各方面截然不同。

如何判断群体究竟是同质性群体还是异质性群体呢？这要依工作的性质及完成的任务而定。通常在下述三种情况下，同质性群体可能会达到更高的工作效率：①工作比较单纯，不需要复杂的知识和技能；②当完成一项工作需要大家紧密配合时；③工作群体的成员从事的是连锁性的工作，如流水线作业。

一般来说，组织中的基层群体应为同质性群体。

在下述三种情况下，异质性群体可能会达到更高的工作效率：①对于较为复杂的工作，需要有具备各种能力、知识和见解的人，才能集思广益，完成群体任务；②当做出决策太快，可能产生不利后果时；③需要创造力的工作。

一般来说，各类组织的领导班子应为异质性群体。

第二节　群体行为的特性

群体行为是指群体成员受到组织既定目标的影响而产生的行为。群体行为效率的高低直接影响着组织目标的实现。

心理学家经过研究认为，影响群体行为的因素众多，如群体规模、群体规范、群体领导者、群体的任务类型、群体结构、群体环境等。所以，群体行为实质上是上述众多因素的函数，即群体行为=f（群体规模、群体领导者、群体的任务类型、群体结构、群体环境……）。

视野拓展

在纷繁的社会生活中，个体的行为是无法预知的。但是，当个体数量达到一定规模时，群体的行为总会有章可循，于杂乱中显现秩序和稳定。这是因为人类行为中至少有一部分是可以预测的。即使个体的倾向只出现微小的变化，群体行为也可能自动地转轨变向。

群体行为的模型如图4.1所示。由于群体面临的外部环境、群体成员的能力、群体规模、冲突水平、群体规范以及群体在完成任务过程中所承受的压力和成员间的相互作用等变量的影响，某些群体比另一些群体更容易获得成功。图4.1中给出了决定群体绩效和群体成员满意度的几个重要因素。我们可以通过对群体外部环境因素、群体成员因素、群体结构因素、群体任务因素、群体过程因素以及群体绩效因素的讨论分析，来比较全面地认识与理解群体行为的一般特性。

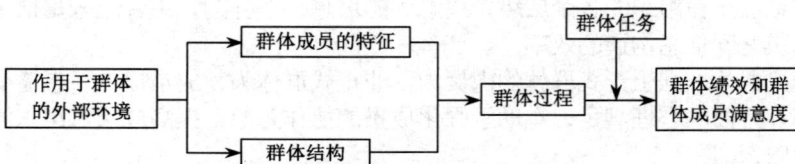

图4.1　群体行为的模型

一、群体的外部环境条件

群体作为组织这个大系统中的一个子系统，必须遵守组织制定的规章制度。组织中的群体都要受到来自群体外部各种因素的影响。一般来说，影响群体行为的外部因素包括组织战略、职权结构、正式规范、组织资源、员工的甄选、绩效评估和奖酬体系、物理工作环境以及组织文化等方面，如图4.2所示。

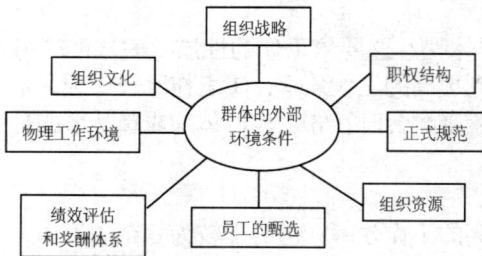

图4.2　影响群体行为的外部因素

组织战略是指未来一定时期内组织发展的行动方针及资源的配置，即组织的目标以及实现这些目标的手段。不同的组织战略会引导组织朝着不同的方向发展，组织战略一般由组织的最高管理层制定。组织战略的制定与实施都会影响组织中各种工作群体的行为，不同的组织战略决定了如何给工作群体分配相应的资源。例如，一家企业由于受外部经营环境的影响，实施收缩战略，对入不敷出的业务进行出售或终止，这样一来，分配给这些业务的相应资源（人、财、物等）就会大幅减少甚至取消，由此会增加相应群体成员的焦虑感以及引发群体内部冲突的可能性。

组织的职权结构规定着谁向谁汇报工作，谁有权做出什么决策，哪些决策权可以进行下放。这种结构通常决定着一个工作群体在组织权力结构中的地位，规定着群体的正式领导者和群体成员之间的关系态势。由于组织中的正式领导者是由组织管理层经过正式程序任命的，具有组织赋予的权力，这是群体内其他成员所不具备的一种权力，因此组织中最高管理层对职权结构设置得合理与否，极大地影响着工作群体及其成员的行为。

组织通常会以一定的方式来规范员工的行为，如程序、规则、政策、职务说明书或其他形式的规章制度。组织对所有员工施加的正式规范越多，群体成员的行为就越一致，也就越容易进行预测。

一个组织的资源是有限的，这就决定了它的工作群体所能拥有资源的多少。资源条件匮乏的工作群体能够做好事情的程度也是非常有限的。资金、时间、原材料和设备等可分配给工作群体的资源的充足程度对组织中工作群体的行为有着巨大影响。

组织在员工聘用过程中所使用的标准，决定了该组织工作群体中成员的类型。任何工作群体中的成员首先是这个组织的成员，所以，员工的甄选过程就是要聘用与组织的价值观念一致的员工。例如，迪士尼乐园是孩子们的乐园，在迪士尼乐园工作的员工要能在第一时间得到孩子们的喜欢与信任。所以，在甄选员工时，迪士尼乐园的聘用标准是：是否有迷人的微笑，是否能引人注目。

组织的绩效评估和奖酬体系会影响组织中的所有员工。例如，组织是否给员工制定了富有挑战性的、具体的绩效目标？组织绩效评估的标准、内容、程序、周期等是否合理？组织对于成功完成任务的个体或群体是否给予奖励？组织的奖酬体系设置得是否合理？组织的绩效评估和奖酬体系引导着工作群体及其成员的努力方向。

群体所在的物理工作环境也对群体行为有着重要影响。工作场所的外观与规模、设备的安排、照明的水平以及是否有隔音设施降低噪声干扰等，都会影响群体及其成员的工作效率。同时，这些因素对于群体互动也有影响。如果员工的办公空间距离较近，中间没有间隔物，那员工之间进行相互对话或传播流言就容易多了。这虽然拉近了成员间的关系，似乎使群体变得更融洽，但也会影响群体的工作效率。

每个组织都有自己的组织文化，组织的规章制度、成员的言谈举止、高管的做事风格等都会体现出组织的主导文化，其向所有的组织成员传递着这样的信息：组织所重视的价值观是什么？如果群体成员想维持其在群体当中的地位，就必须接受组织的主导文化中所蕴含的价值标准。组织当中的工作群体更是如此。

二、群体成员资源

群体成员资源是指群体成员的特点、个人能力、个性特征、需求与期望等个体素质和特征变量。由于群体中每个成员给群体带来的资源在很大程度上决定了一个群体可能达到的绩效水平，所以群体成员资源直接或间接地影响了群体行为和绩效水平。通常，群体成员所具有的知识、技能与能力及其个性特征是最值得我们研究的两类资源，如图 4.3 所示。

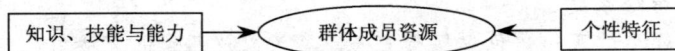

图 4.3　群体成员资源

一般来说，通过评估群体成员的知识、技能与能力，就可以大致预测出群体绩效。事实证明，一个人如果拥有完成群体任务所需的重要能力，他通常更愿意参加群体活动，对群体的贡献会更多，在群体中地位的上升空间也更大，对工作的满意度会更高。通过对群体成员的知识、技能与能力的分析，可以帮助我们预测他们在群体中能够做什么，以及他们的工作效果如何。当然，成员的个人能力与群体绩效之间的关系还会受到诸如群体规模、工作任务类型、群体领导的行为方式、群体内部的冲突水平等因素的影响。因此，群体绩效并不仅仅是其成员个人能力的总和。事实证明，在高绩效的工作群体中，成员的人际交往技能也很重要，体现在冲突的解决与管理、人际沟通等方面。

个性特征通过影响群体成员在群体内部的互动方式来影响群体绩效。具有积极意义的个性特征，如善于社交、自我依赖、独立性强等，对群体的生产效率、凝聚力和士气有积极影响；对群体的生产效率、凝聚力和士气具有消极影响的个性特征有独断、统治欲强、反传统等。群体成员某方面的个性特征能否成为群体行为的预测指标呢？答案是否定的。单一个体的个性特征对群体的影响力通常都很小。但如果把所有群体成员的个性特征综合起来考察，其对群体行为的影响就很大了。

三、群体结构

任何工作群体都有其内在结构。群体结构是指群体成员的相互关系以及保证群体有序运行的特征。群体结构塑造着群体成员的行为，使我们有可能解释与预测群体本身的绩效和群体内大部分成员的个体行为。群体结构变量主要有角色、群体规范、地位、凝聚力、群体规模等。本章第三节将详细阐述群体规范、凝聚力等内容，本节主要讨论角色、地位与群体规模等内容。

（一）角色

莎士比亚说："世界是个大舞台，所有的人不过是舞台上的演员。"所有的群体成员都是演员，每个成员在群体中都扮演着一定的角色。组织或群体中的角色是指人们对在某个社会单位中占有一定职位的人所期望的一系列行为模式。群体成员在群体中承担着不同角色，会影响群体的运作过程及其产出。通常在不同的情况下，我们都需要扮演多个不同的角色，个人的行为会随着其所扮演角色的不同而变化。要理解一个人的行为，关键在于弄清他当时扮演的角色。不同的群体对个体的角色要求不同，个体在同一个群体扮演不同角色时的行为模式也不同，所以在群体运作中侧重于影响或改变群体成员的角色行为似乎更有用。理解和影响群体成员的角色行为，需要了解角色认同、角色知觉、角色期待、角色冲突等相关概念。

案例4.3

李生的角色行为

李生是一家饲料生产公司的副总经理，在工作中他要扮演多个角色，比如饲料生产公司的员工、公司的高层管理人员、高级经济师，他还是公司对外联络的主要发言人之一。工作之余，他要扮演的角色就更多了：丈夫、父亲、儿子、乒乓球选手等。其中的许多角色是相互兼容的，但也有一些角色会相互冲突。比如，作为高管，他工作繁忙，可是家人却非常希望他能把更多时间留给家庭。

启发与思考：李生的工作角色如何与丈夫、父亲以及儿子的生活角色相协调呢？

与案例4.3中的李生一样，我们每个人都需要扮演多个不同的角色，我们的行为随着自己扮演角色的不同而不同，不同的群体对个体的角色要求也是不同的。李生在办公室的行为与他在自己父母家的行为就是不同的。

角色认同是指个体对一种角色的态度应与该角色的实际角色行为模式保持一致。也就是说，当人们清楚地意识到环境条件需要自己做出重大变化时，能够迅速改变自己所扮演的角色的行为。例如，一名销售员晋升为销售主管后的几个月中，人们会发现他的态度发生了变化：从原来的凡事站在员工的立场转向凡事站在公司的立场。若后来形势再发生变化，如他又被降职而回到原来的职位上，那么他的态度也会变回来，即凡事会站在员工的立场。

角色知觉是指个体对于自己在特定情境中应该如何表现的认识和了解。人们的角色知觉及其所做出的相应行为反应，是以个体对群体或他人对自己所扮演角色的期望行为模式为样板，以自己对于外界希望自己怎样做的感知和解释为基础的。在许多组织中，设立学徒制、导师制等制度，目的就是让初学者通过观察"专家"的行为，来学会按照组织或他人的期望模式采取恰当的角色行动。

角色期待是指在某个特定情境下别人认为你应该表现出什么样的行为。角色期待与上述角色知觉的主、客体恰好相反，个体的行为方式在很大程度上由其做出行为的背景所决定。例如，法官的角色被视为地位优越、举止庄重，而排球队的教练则被视为富有进取精神、灵活机动以及善于激励自己的球员。又如，当听说北京大学毕业的高才生去卖猪肉时，人们一片哗然，这是因为人们对北京大学学生的角色期待有别于一般高校的毕业生。

在工作场所中，心理契约的概念有助于我们更好地理解角色期待。美国著名管理心理学家沙因教授提出了"心理契约"。他认为，心理契约是在管理层和员工之间存在的一种不成文的约定，它以双方的相互期待为出发点，即管理层对员工的期待以及员工对管理层的期待。实际上，正是心理契约界定了每个角色的行为期待。例如，员工期待管理层公平对待他们，给他们提供可以接受的工作条件，向他们清晰传达每天的工作任务等。而管理层则期待员工工作态度认真、听从指挥以及对组织忠诚。若任何一方违背了心理契约，即没有做到对方所期待的行为，那另一方的行为就会受到影响，产生一定的变化。如果管理层没能满足员工的角色期待，这将会对员工的绩效和工作满意度产生消极影响；如果员工没能满足管理层的角色期待，结果可能会受到某种形式的处罚，甚至会被解雇。

角色冲突是在个体面对相互之间存在分歧的多种角色期待时产生的冲突。任何组织或群体中的个体都不得不扮演多个不同的生活角色和工作角色，不得不应对多种角色期待。当个体面临多种角色期待时，如果个体只服从于某一种角色的期待或要求，却很难满足另一种角色的期待或要求时，便发生了角色冲突。更为复杂的情况是，个体有时候不得不去面对两种或两种以上相互矛盾的角色期待。例如，案例 4.3 中的李生作为公司的高层管理人员，应该运筹帷幄，坚守工作岗位；但作为儿子和丈夫，他也应当抽出更多时间回到家里，孝敬父母，照顾妻子和子女。

组织或群体内部的不同角色期待会给个体带来角色冲突，角色冲突又会增加个体内心的紧张感和挫折感，使个体既有可能做出积极的行为反应，也有可能做出消极的行为反应。因此，角色冲突会影响个体行为、群体行为和组织行为。

🔨 案例 4.4

津巴多的监狱模拟实验

一项相当有说服力的角色实验是由美国斯坦福大学心理学家菲利普·津巴多和他的同事完成的。他们在斯坦福大学心理学系办公楼的地下室里建起了一座"监狱"，以每天 15 美元的价格雇用了 24 名大学生参加这个实验。这些学生情绪稳定、身体健康、遵纪守法，在各项人格测验中的得分均属"正常"。实验者给这些学生随机分配了角色，一部分人为"看守"，另一部分人为"罪犯"，并制定了一些基本规则。

模拟实验原定两周时间。刚开始时，被分配做"看守"的学生与被分配做"罪犯"的学生之间没有多大差别。而且，做"看守"的学生也没有受过如何当监狱看守员的专门训练。实验者只是告知他们要"维持监狱的法律和秩序"，不要理会"罪犯"诸如"禁止使用暴力"等类似的胡言乱语。为了更真实地模拟监狱生活，"罪犯"可以像在真正的监狱中那样接受亲戚和朋友的"探视"。"看守"可以每8小时换一次岗，而"罪犯"除了出来吃饭、锻炼、上厕所以及办些必要的事情之外，必须整天待在"牢房"里。

"罪犯"没用多长时间就承认了"看守"的权威地位。特别是在实验的第二天，看守们"镇压"了"罪犯"试图进行的反抗之后，"罪犯"的反应变得更为消极了。"看守"吩咐什么，"罪犯"都唯命是从。"罪犯"们开始相信，他们就是低人一等、无力改变现状。而且，在模拟实验的过程中，每一名"看守"都做过虐待"罪犯"的事情。一位"看守"说："我觉得自己不可思议……我让他们相互谩骂，还让他们擦洗厕所。我一直在想，我必须看住他们，以防止他们做坏事。"另一位"看守"补充说："我一到'罪犯'的'牢房'就心烦，他们穿着脏衣服，'牢房'里臭气熏天。在我们的命令下，他们相互撕扯打斗。我觉得这不是一次实验，好像一切都是真的，尽管他们还在尽力保持自己原来的身份，但我们总想向他们灌输我们才是'老板'的观念。"

由于参加实验的学生在实验中表现出了病态反应，研究人员不得不在实验进行了6天之后终止了实验。

点评：个体适应新角色很迅速。人格正常、未经新角色训练的人，在特定情境中也会表现出与自己扮演的角色相一致的极端行为。

成员在群体活动中的角色对群体效率很重要。人们在群体中扮演着不同的角色，有些是自觉扮演的，有些是迫于环境不得不扮演的。正是这些角色的不同使人们的行为和对其他人的影响方式也有所不同。根据成员在群体中扮演的角色及其所起作用的不同，我们一般把群体角色分为自我中心角色、任务角色与维护角色等三种，如图4.4所示。

自我中心角色是指为满足个人需要，不惜以牺牲群体的利益与和谐为代价的成员，包括阻碍者（和群体对着干的）、寻求认可者（努力表现以引起别人注意自己的成绩）、支配者（试图操纵群体的事务）和逃避者（对群体漠不关心）。

任务角色是指关心群体任务的完成及其问题解决的成员，包括建议者（为群体出谋划策）、信息寻求者（为群体搜集有用的信息）、总结者（整理、综合有关信息）和评价者（检验相关方案，筛选最佳决策）。

维护角色是指加强群体团结和忠诚的成员，包括鼓励者（赞美与鼓励别人）、协调者（调和群体内部冲突）、折中者（协调不同意见并帮助制定中庸的决策）和监督者（保证群体公平、公正地对待成员，压制支配者）。

可见，自我中心角色对群体绩效起到的是消极作用，而任务角色和维护角色对提升群体绩效起着积极作用。

群体中成员角色数量的不同构成了不同的群体类型，如图4.5所示。

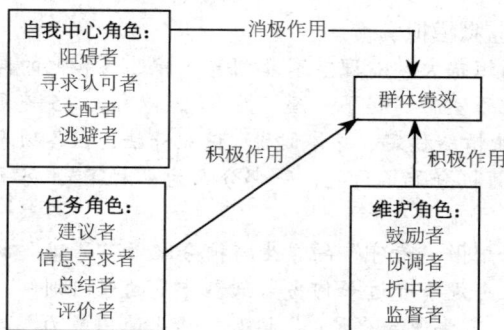

图 4.4　群体角色分类

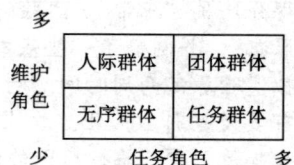

	多		
维护角色		人际群体	团体群体
	少	无序群体	任务群体
		少　任务角色　多	

图 4.5　群体类型模型

（二）地位

地位指的是他人对于群体或群体成员在组织中的位置及层次、等级进行的一种社会界定，也可以说是个体在群体中的相对社会职位或等级。地位渗透在社会的各个角落。在一个群体中，地位高的人常常拥有更大的权力和影响力，也能获得参与更多、更好活动的机会，而且高地位还能为其带来更多在组织中担任重要角色的机会。所以，在理解人类行为方面，地位是一项重要因素，因为它是影响人们行为的一个重要激励因素。当个体对自己地位的认知与别人对他的地位的认知不一致时，就会促使其做出相应的行为反应。

1. 地位与规范

研究表明，地位对群体规范和从众压力会产生一些影响。比如，地位较高的群体成员往往具有更大的自由度，他们可能会出现偏离群体规范的行为，也可能比地位低的成员更能抵制群体规范的从众压力。这种现象在多个领域都有体现，比如在某些情况下，知名运动员、演员或学者可能会表现出对社会规范的质疑或挑战。然而，这种自由度通常建立在他们的行为不会严重妨碍群体目标实现的基础上。值得注意的是，地位较高者的行为选择并不总是与社会规范相悖，许多人也积极遵守并倡导社会规范，甚至利用自身影响力推动社会进步。因此，地位与行为规范之间的关系是复杂且多面的，不能简单地一概而论。

2. 地位符号

一个人的地位高低可以通过地位符号来判断，如工作头衔、办公场所、室内装饰、办公设备的质量、拥有的特权、财务自主程度等。地位符号时刻提醒群体成员目前的处境，它是一把双刃剑，既可能激励地位低的成员努力奋斗，也可能会让人产生挫折感，特别是当组织的晋升政策不公平时。一般来说，员工都期望自己拥有的权利与自己的地位一致。由于不同群体的地位评价标准不同，人们在协调和保持地位方面就可能会产生冲突。

3. 文化差异对地位的影响

个人在群体中地位的高低是由多种因素决定的，不同文化的差异会影响人们所处的地位。群体中的地位可分为正式地位和非正式地位。正式地位是工作群体正式给予的地位，主要与给予个体的某种头衔、丰厚的收入、宽敞的办公室、灵活的工作安排等相关。非正式地位并非群体正式给予的，主要与个体的受教育程度、年龄、性别、技能、经验等相关。

不同的文化背景下，地位的来源与地位的重要性也各不相同。例如，法国人有着高度的地位敏感性。另外，不同国家中确立地位的标准也不同。在拉丁美洲和亚洲国家中，人们的地位更可能来自其在家族中的位置，以及个体在组织中担任的角色。不同的是，在美国和澳大利亚等国家中，人们所处地位的来源更倾向于其取得的成就，而不是头衔或家庭背景。

（三）群体规模

群体规模是指群体成员人数的多少。群体规模会影响整个群体的行为。研究表明，就完成生产任务而言，小群体要比大群体的效率更高。但是，就解决复杂和困难的任务而言，大群体总是比小群体的解决效果更好。大群体（一般是指成员超过 12 人的群体）有利于获取各种渠道的信息。因此，如果群体的目标是搜寻和发现事实，则规模较大的群体更有效率；较小群体在利用这些信息从事生产方面效果更好。一般来说，7 人左右的群体在采取行动时效率最高。

1. 社会惰化

当群体规模太小时，群体成员由于缺乏协同作用，可能会影响整个群体的工作积极性；当群体规模太大时，群体成员就可能会出现乘"免费车"的现象，群体成员个体的生产效率就可能会降低。这就是瑞格尔曼效应，也称社会惰化现象。

社会惰化是指一种倾向，即一个人在群体中工作不如其单独工作时更努力。究其原因，一是群体成员往往认为群体中的其他人没有尽到应尽的职责，对自己是不公平的，所以降低了自己的努力程度；二是群体责任的扩散让成员个体认为自己对群体绩效的贡献无法有效衡量，大家都差不多，所以都或多或少地降低了自己的努力程度，进而使得群体绩效降低。

一般而言，个人主义文化中社会惰化更普遍一些，而集体主义文化通过群体压力和责任感部分抑制了社会惰化。当然也有例外，如成员对群体认同感低，在集体主义文化中惰化可能更严重。

群体规模对社会惰化程度有明显的影响，过大的群体社会惰化会比较明显，所以一般建议基层组织的群体规模应保持在中等水平，但这个"中等水平"却无一定之规，受任务性质、文化背景、管理者领导能力等多种因素的影响。

一般来说，消除社会惰化的途径有：明确每个人的贡献、增强任务的重要性和趣味性、按个体对群体的贡献提供报酬、利用惩罚和威胁等。

视野拓展

瑞格尔曼效应

20 世纪 20 年代末，德国心理学家马克斯·瑞格尔曼比较了拔河实验中的个人绩效和群体绩效。他本来预期的结论是，群体绩效等于个人绩效之和。也就是说，3 个人一起拔河的拉力是一个人单独拔河时的 3 倍，8 个人一起拔河的拉力是一个人单独拔河时的 8 倍。但是，研究结果证实，3 人组成的群体一起拔河时产生的拉力只是单人的 2.5 倍，8 人群体一起拔河产生的拉力不足单人的 4 倍。

2. 群体成员的奇数和偶数问题

相关研究表明：①成员人数为奇数的群体似乎比成员人数为偶数的群体表现更好；②5人或 7 人组成的群体在执行任务时，比人数更多一些或更少一些的群体更有效率。当成员人数为奇数时，会降低投票时出现僵局的可能性。由 5 人或 7 人组成的群体足以代表多数人的意见，同时又可以获得不同渠道的信息和资源；另外，它还可以避免大群体中的一些弊端，如少数人占据统治地位、限制某些成员参与决策以及在决策时拖延时间等。

第三节　群体行为与工作绩效

一、群体动力理论

群体动力理论是心理学家勒温于 1932 年在美国斯坦福大学一系列研究的基础上创立的。勒温在 1938 年提出可以把人的行为看成其自身特点与所处环境的函数。群体是处于均衡状态的各种力的一种"力场"。这些力既涉及群体成员在其中活动的环境，还涉及群体成员的个性、感情及其相互间的看法。人的心理和行为取决于内在需要和周围环境的相互作用。当人的需要没有得到满足时，会产生内部力场的张力，而周围环境起着导火线的作用。人和群体的行为方向取决于内部力场和情境力场（环境因素）的相互作用。群体中各种"力"处于相对均衡的状态。

群体动力理论试图通过对群体现象的动态分析发现其一般规律。它以群体的性质、群体发展的规律、群体和个人的关系，以及群体之间的关系等作为研究对象。这一理论对社会心理学、组织管理心理学的形成和发展有很大影响，特别是对群体行为的研究做出了重要贡献。

群体动力理论就是论述群体中的各种力量对个体的作用和影响的理论。勒温及其后来者通过实验研究发现了以下群体动力的存在和作用。

（1）群体领导方式动力。群体的领导方式不同，其成员的行为表现也不同。根据群体的领导方式不同，又可以将群体划分为专制型群体、民主型群体、自由放任型群体。对若干名 10 岁左右的男孩所做的实验表明：在专制型群体中，其成员的攻击性言行、引人注目的出风头行为，使用"我"而不是"我们"的频率，推卸责任、做给领导看的行为，对群体活动缺乏满足感，都显得很突出；而这些成员在民主型群体中的表现则相反，而且同一个成员一旦从专制型群体转入民主型群体后，其行为就会立即发生变化。

（2）群体组织形式动力。勒温及其追随者发现，在欧洲战场上被德国俘虏的美国士兵，反抗情绪和逃跑率都很高；而在朝鲜战场上被中国俘虏的美国士兵，反抗情绪和逃跑率都很低。心理学家沙因（Schein）于 1956 年对此进行了研究，他认为这种行为反差是由群体组织形式的不同所造成的。在中国战俘营中，看守人员与战俘的伙食、医疗条件平等，战俘经常调动而组成新的战俘群，有意识地让被俘军官管理被俘士兵，战俘被提审后不再回原来的战俘群。而在德国的战俘营中，其管理方法与中国战俘营恰好相反，因此导致了战俘行为的不同。

（3）群体结构性质动力。威尔逊等人将 36 名大学生分成甲、乙两组进行实验，甲组成员都是以安全需要为优势需要而自尊需要较低的学生，乙组成员则都是注重自尊需要而安全需要较低的学生。实验结果表明，甲组在平等型群体中的生产效率较低，而在层次型群体中的生产效率较高；乙组生产效率的高低则正好与甲组相反。可见，成员个人需要的类型和群体领导方式的搭配对群体成员的行为影响较大。

（4）群体公约动力。勒温在 20 世纪 40 年代曾就公约改变人们行为态度的有效性做过一系列的实验，如怎样改变美国家庭主妇不喜欢用动物内脏做菜的习惯。实验结果表明，群体的公约规则比一般性的宣传说服更能改变群体成员的行为。

（5）群体多数动力。社会心理学家所罗门·阿希（Solomon Asch）于 20 世纪 50 年代通过多次实验证明：对于用来做实验的问题，如果群体中只有一个成员故意给出错误答案，就会产生群体压力，被试接受错误答案的比率达 13.6%；若有 3 个成员故意答错，则被试接受错误答案的比率就上升为 31.8%。一些行为学家在此基础上还就群体凝聚力和生产效率的关系进行了研究。他们指出，群体凝聚力与生产效率受控于群体目标与组织目标是否一致。如果群体目标与组织目标一致，群体凝聚力高固然会使生产效率有极大的提高，但即使群体凝聚力低，也能提高生产效率；如果群体目标与组织目标不一致，则群体凝聚力高反而会使生产效率下降，群体凝聚力低则对生产效率不会产生明显的影响。

二、群体规范

1. 群体规范的概念

群体规范是指群体成员所共同接受并遵守的行为标准与行为准则，它是一个群体能保持一致的重要因素，它是由于群体成员的价值观、心理、行为方面相互接近或达成一致而形成的。群体规范具有强迫成员接受的规定形式，它常常是"标准"或"规则"的同义词。

所有的群体都有自己的规范。群体规范让成员意识到在一定的环境条件下应该做什么，不应该做什么。从个体角度看，群体规范意味着在某种情景下对其行为方式的期望。

群体规范一般包括两个部分：一是正式的明文规定的要求，一般是由组织正式制定的，用条文加以明确，具有强制性，所有成员必须遵守，比如法律、法令、政策、规章制度等；二是非正式的、在群体社会生活中自然形成的、约定俗成的不成文的行为规范，这些不成文的行为规范不带有强制性，但群体的舆论压力迫使成员必须遵守，比如风俗习惯等。从规范的内容上来划分，可以将群体规范分为：①与群体绩效方面有关的规范；②与群体成员形象方面有关的规范；③非正式的社交约定；④与资源分配有关的规范。

研究者们为探寻群体规范的形成进行了很多实验，例如暗室光点实验就是美国心理学家谢里夫（Sherif）使用游动现象研究群体规范形成过程的一个实验。

经典实验

暗室光点实验

美国心理学家谢里夫用"暗室光点"实验证明了群体规范的形成过程。这个实验在一个暗室内进行：先让每一个被试单独坐在暗室里面，分别在他们面前的一段距离内出现一个光点，几分钟后光点就消失了；然后，再让被试判断刚才的光点移动了没有、向哪个方向移动、移动了多远，但实际上光点根本没有移动。由于被试在暗室里会产生视错觉现象，所以他们会感到光点似乎移动了。这样的实验反复进行了多次，结果被试很快就建立了自己的反应模式，即建立了个人的反应标准。他们有的认为光点向上移动，有的认为光点向下移动，还有的认为光点向左或向右移动。谢里夫根据这些不同的反应标准，又多次让所有被试同时在暗室里观察光点，结果所有被试的反应标准逐渐趋于一致，最后形成了共同的反应标准，这就是群体规范的形成。

这一实验说明，群体规范取代了个人的反应标准或模式，而这种规范的形成显然是因为群体成员受到了模仿、暗示等心理因素的影响。后来，谢里夫又把这些人分开单独进行实验，结果所有被试都没有再回到自己原来的反应模式上，仍然一致地保持着群体的反应标准。这说明已经形成的群体规范具有一种无形的压力，约束着人们的行为表现，甚至这种压力并没有被人们意识到。因此，群体规范一旦形成就会成为群体成员的行为准则，他们会自觉或被迫地遵守。

从谢里夫的实验可以看出，群体规范的形成是受模仿、暗示、顺从等心理因素影响的。因为群体在讨论时，一个人会受到其他人意见的暗示，从而影响自己的判断；或者少数人在大多数人意见的影响下，为了避免自己被孤立而受到其他成员的排斥，会产生顺从心理，模仿他人，再现他人的行为和意见，从而形成统一的看法。正是这种一致性的意见保障着群体活动的共同性。

2. 群体规范的形成

群体规范是与群体的价值观联系在一起的，是建立在价值观基础上的。任何群体规范都是在拒绝或接受某种有社会意义的现象的条件下产生的，这种拒绝或接受就包含群体的价值观。群体价值观是由群体在社会中的地位及其活动经验所决定的。在此基础上形成的群体规范自然也就形形色色。在这些形形色色的群体规范中，有的与当时的社会价值观是一致的，从而表现出与社会要求的一致性；也有的是与当时的社会价值观相背离的，从而表现出违反社会要求的倾向。

群体规范与意识形态规范不同。意识形态规范是指社会中的法律观念、道德标准、宗教信仰、政治观点等。意识形态规范虽然也可以调节人们的相互关系，但是就个人行为而言，其影响作用都是间接的，需要通过具体的群体才能发挥出来。而群体规范则是直接制约着成员行为的要求，对成员的影响是直接的。

一方面，人们在共同活动中，在其心理上存在一种社会标准化的倾向，即人们在对外界事物的共同认知和判断上会发生类化过程，它们彼此接近，趋于一致，从而导致人们行为活动的模式化、固定化，以便在遇到同类事物时可以尽快做出正确的反应。另一方面，在群体成员的相互作用下，又会产生模仿、暗示、顺从等心理，这样就形成了群体意见的统一。群体规范正是在这两方面因素的作用下形成的。为了保障群体目标的实现和群体活动的一致性，就需要一定的行为准则来统一成员的信念、价值观和行为。这时，群体规范就出现了。

群体规范的形成大致要经历以下三个阶段。

（1）探索阶段。群体成员按照自己的标准去看待和了解群体中其他成员的行为准则或业已存在的群体规范，彼此之间产生双向的接近和同化，努力寻找其中共同的内容，并以此作为建立新的群体规范的起点。

（2）形成阶段。不同的行为、价值观体系在群体中互相融合，群体成员通过心理和行为的互动，逐步形成群体成员公认的、接受的、规范其行为的准则。

（3）定型阶段。通过群体和个人之间、个人和个人之间行为观念的交换、归属和服从过程，最终形成对群体所有成员具有共同约束力的行为规范。

群体规范的形成方式主要有四种：①沿用已有规范，一些组织早已具有定型的规范，新群体会沿袭旧群体原有的规范；②首次活动形成的规范，如群体成立之初的会议，当时的座次、个人的讲话方式、发言顺序、个人的活跃程度等都有可能被固定下来；③重要事件会形成规范；④故意决策也可以形成规范，比如硬性地制定一些规定、制度等。

3．群体规范的功能

群体规范形成以后，具有以下四个功能。

（1）群体支柱功能。群体规范是群体得以维持、巩固和发展的支柱。群体规范越能被成员一致接受，则群体成员之间的关系越密切。

（2）评价准则功能。群体规范是群体成员的行为准则，群体成员常以群体规范来评价自己和其他成员的行为。

（3）对群体成员的约束功能。群体规范的约束功能主要表现在群体舆论中，个体若想得到群体中他人的认可或获得良好的人际关系，就会约束自己的行为使其符合群体规范。

（4）行为矫正功能。群体成员若违反了群体规范，就会感受到群体舆论带来的压力，会被迫改变行为，遵守群体规范的要求。

已经形成的群体规范只有在以下几种情况下才能得到强化：①有效性强化，群体规范只有明显给群体绩效带来好处时，才会得到强化；②预测性强化，群体规范可以更好地给模糊情境中的群体行为指明方向时，才会得到强化；③强加性强化，群体规范由群体任务本身的特点决定时，强度才会增加；④调节性强化，当群体规范只有可以避免复杂的人际冲突时，才会得到强化。

群体规范一旦形成，在经历不断的强化之后，是具有一定的稳定性的，但是群体成员也可以通过一些方法对群体规范进行改变，使群体规范更有助于提高群体的绩效。20世纪60年代后期，美国管理学家皮尔尼克（Pilnick）分析了群体规范与企业利益之间的关系，提出了使用"规范分析法"作为改进群体工作效率的工具。这种方法包括以下三项内容。

（1）明确群体规范的内容。调查、了解群体业已形成的群体规范的内容，特别要了解起消极作用的群体规范是什么，并听取对这些规范进行改变的意见。

（2）制定群体规范剖面图。将群体规范进行分类，例如可以分为"组织荣誉""业务成绩"等，制定群体规范剖面图，并给每类规范定出理想的评分标准。这种理想的评分标准与实际评分的差距称为规范差距。

（3）进行变革。变革应从最上层的群体开始，逐级向下进行。在确定优先变革的规范内容时，主要应考虑这些群体规范对企业生产效率影响的大小，不能把规范差距大的项目列为需要优先变革的项目。

4. 影响群体规范遵守程度的因素

群体成员对群体规范的遵守程度受以下几个方面因素的影响。

（1）个体特点。研究表明，智力越高的人和权力越大的人越不爱遵守规范。比如一些研究者发现，成年人往往不如儿童更能遵守规范，知识多的人不如知识少的人更能遵守规范。还有些研究表明，在美国文化的价值观体系下，女人比男人更能遵守规范。

（2）群体规模。研究表明，随着群体规模的扩大，遵守规范的趋向会有所增强。这是因为如果有更多的人同意某一意见，就会在增强群体规范中减弱个体的自信、动摇个体的判断。

（3）刺激因素。刺激性越模糊，成员对群体规范的遵守程度就越强。这与上文提到的预测性强化是一致的。

（4）群体内部的关系。群体内部的关系包括施加群体压力的种类和范围、完成目标过程中群体取得的成功和成员全心投入工作的程度等。有研究表明，如果群体的其他成员都同意某项决策，剩下的人通常也会选择服从；如果群体内某人与他人意见不一致，但得到群体中的另一人的支持，那么这个人就会增加勇气，就有可能出现不再遵守规范的行为。

三、群体压力与从众行为

（一）群体压力

群体压力是指由于群体规范的形成而对成员心理产生的压力。群体对个体行为的影响主要是通过群体规范所形成的群体压力起作用的。当群体成员的思想或行为与群体意见或规范发生冲突时，成员为了保持与群体的关系就会感受到一种无形的心理压力，它使成员倾向于做出为群体所接受或认可的行为。

在20世纪30年代和50年代，两个非常著名的心理学实验为群体压力与趋同心理的研究做出了重要的贡献，一个是上文提到的社会心理学家谢里夫所做的暗室光点实验，另一个是社会心理学家所罗门·阿希所做的"三垂线实验"。两个实验都证明：有些人情愿追随群体的意见，即使这种意见与他们从自身感觉得来的信息相抵触。群体（哪怕是以前人们从未彼此见过的偶然群体）压力导致了明显的趋同行为。

🧑‍🏫 经典实验

阿希实验

为了研究从众心理，心理学家阿希在20世纪50年代设计了经典的三垂线实验。该实验在斯沃斯莫尔学院的实验室进行，被试7人一组，其中6人是实验助手（即假被试），第7个人是真正的被试。被试的任务是，在每呈现一套卡片时，判断A、B、C三条线段中哪一条与标准线段X等长（参见图4.6）。

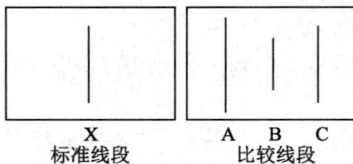

图 4.6 阿希实验

在实验刚开始的前几次判断中，大家都一致做出了正确的选择。从第7次开始，假被试（实验助手）故意做出错误的选择，实验者开始观察被试的选择是独立的还是从众的。面对这一实验情境，真被试在做出反应前需要考虑以下三个问题：是自己的眼睛有问题，还是别人的眼睛有问题？是相信多数人的判断，还是相信自己的判断？在确信多数人的判断是错误的时，能否坚持自己的独立性？阿希后来又多次重复了这项实验，结果发现：①大约有1/4～1/3的被试始终保持独立性，无从众行为；②约有15%的被试平均做了占总数3/4次的从众行为；③所有被试平均做了占总数1/3次的从众行为。

实验结束后，阿希对被试进行了单独的采访。很多被试解释说：明知自己是正确的，但还是跟从了其他人的回答，因为不想被嘲笑或被当成"奇怪的人"；有个别被试甚至认为实验助手们的错误答案是正确的。

群体是人生存不可缺少的社会空间，主要有以下三种群体心理导致了群体压力的产生。

首先，人天生就有一种对被社会孤立的恐惧感。当个人被其所在的群体排斥时，他通常会感受到莫大的痛苦，他会面临强大的群体压力甚至受到严厉的制裁，这种恐惧感使群体中的个体产生合群的倾向，只有与群体保持一致才能消除个体的不安全感。

其次，群体为人们的个体行为提供了参照。人们倾向于相信多数人，认为群体是信息的来源，从而怀疑自己的判断，因为人们觉得，多数人的意见正确的机会多。在模棱两可的情况下，尤其如此。

最后，群体给予个体的归属感和自我同一性使个体会产生维护群体形象的心理。因此，个体的行为表现通常会与其归属的群体规范保持一致。

群体为改变个体行为所施加的压力一般有以下四种类型。

（1）理智压力。采取摆事实、讲道理的方式进行耐心的教育与引导，使群体成员明辨是非。

（2）舆论压力。通过正面的表扬、树立先进典型、奖励或反面的批评等舆论，对群体成员形成一种压力。

（3）感情压力。对群体成员动之以情，用深厚真挚的情感打动人心，促使其顺从群体。

（4）强制压力。采取强制的办法，如处分、惩罚、经济制裁等方式，以使群体成员顺从群体。

以上几种群体压力都会影响个体行为，但影响成员行为的决定性因素是成员自身的理想、世界观、人生观和价值观。因此，一个有效的群体应该经常对其成员进行理想、纪律和人生观教育。

群体对个体施加压力一般要经过以下几个阶段。

（1）合理辩论阶段。群体中的多数人与持有不同意见的个体进行自由讨论，对其施加理智压力，希望个体能够放弃自己的意见。这个阶段对个体造成的压力不大。

（2）劝诱阶段。群体中的多数人对持有不同意见的个体阐明利害、好言相劝，希望其改变想法。这个阶段，群体对个体施加的既有理智压力，也有情感压力。

（3）攻击阶段。在多次劝诱无果、个体仍坚持自己的意见并一意孤行时，群体中的多数人便开始攻击，制造舆论，当面批评或采取其他方式，使压力升级。

（4）隔离阶段。经过前三个阶段的工作后，个体仍坚持个人意见并与群体公开对立时，群体中的多数人就会对其失去信心，从而孤立该个体，不与其沟通交流。

群体压力可能在某些时候会产生消极的后果，但也不能忽略它所具有的积极意义。从群体角度讲，群体压力可以使个人保持与群体的联系，从而维护群体的完整性，维持群体的生存和发展；还可以保证群体行为与目标一致，有利于群体目标的实现。从个人角度看，一方面，一个人只有在更多的方面与社会的主导倾向取得一致，才能够适应其赖以生存的社会，否则就可能面临重重困难；另一方面，个人的知识和感知的范围是有限的，因此个人需要屈从于群体压力，以在最大程度上使自己迅速适应未知的世界。

🔨 案例4.5

只是家里穷，没钱去玩

古代，太平盛世下的官员大多喜欢吃喝玩乐。据《宋史·晏殊传》记载，北宋名臣晏殊（991—1055）则不同，他拼命地读书。晏殊的行为传到了皇帝耳中，宋真宗说道："像这样自律自爱的臣子不多啊！"于是，他把晏殊提拔为陪太子读书的舍人。有大臣不服气，宋真宗说："你们游玩时，晏殊在拼命读书；你们通宵狂欢时，晏殊在拼命读书。你们自己说说，朕提拔得有没有道理？"晏殊连忙站出来说："皇上，其实我也爱玩，只是家里穷，没钱去玩。要是我有钱，也早跑出去游山玩水了。"

启发与思考：晏殊为什么会说"我只是家里穷，没钱去玩"？这反映了晏殊的什么心理？

（二）从众行为

作为群体的一员，个体渴望被群体接受，从而倾向于按照群体规范做事。大量事实表明，群体能够给予其成员压力，使其调整自己的态度和行为，以与群体规范保持一致。因此，从众行为指的就是个体在群体的压力下改变个人意见而与多数人取得一致认识的行为倾向，其通俗地解释就是"人云亦云""随大流"。

人们为什么会从众？社会心理学家主要从两个方面研究了影响人们从众的因素：一是信息性影响过程，人们希望获得准确无误的信息，想了解给定情境下正确的反应方式；二是规范性影响过程，人们希望被别人喜欢、接受、支持。具体来说，个体在群体压力下或者表现从众，或者保持独立见解，这与个体的特征和其所处的情境有关。

个体的特征影响从众行为主要表现在以下几个方面：①智力水平。一般来讲，智力水平低的人较易从众。②情绪的稳定性。易焦虑、情绪不稳定者较易从众。③自我映像。有悲观情绪、缺乏自信的人较易从众。④人际关系。过于重视并依赖他人者易于接受别人的暗示而放弃己见。⑤态度与价值观。重视权威、墨守成规的人易于屈从于群体压力。

情境因素影响从众行为主要表现在以下几个方面：①群体的性质。一个能够满足个体愿望的群体，易使个体顺从。②群体组成。若群体内多数成员的地位或能力高于自己，则个体容易从众。③群体的气氛。群体不容忍成员坚持己见，而对从众者予以奖励，则个体的从众行为会受到强化影响。④群体的凝聚力。凝聚力强、成员意见一致的群体，易使其成员从众。⑤问题的性质。若问题本身复杂、模糊、没有标准，则个体易于从众。

对从众的类型也要具体分析。从众一般有以下几种表现形式。

（1）口服心服，即不但表面服从，内心也接受，这是表里一致的从众。这类情况多半是个体在事物的性质不大明朗、不易辨认时，由于别人的暗示而使自己产生错觉或依据经验认为多数人的行为能够提供可靠信息而造成的。

（2）口服心不服，即出于无奈只得表面服从，但内心拒绝，这是一种权宜的从众行为。个人有自己的看法，但迫于群体的压力，怕标新立异而遭嘲笑、攻击、孤立时，常常会出现这类违心的表面从众行为。

（3）内心接纳，表面不从众，这是表里不一的假从众。这类情况大多是在个人内心赞同群体意见或支持群体的行动，而碍于自己的身份、地位或有某些顾虑时发生的。

（4）内心拒绝，表面也不从众，这是一种表里一致的反从众。这多半发生在一个人具有某种信念或倔强的个性，或者另有其他群体成员支持而"有恃无恐"，不怕在所属群体中被孤立时。

人们对从众行为有褒有贬，其性质因人因事而异。当一个人能够接受别人的正确想法，在集体中与别人保持一致时，是一种积极的从众反应；反之，一个人不加分辨地服从别人不正确的言行，盲目地言听计从，则是一种消极的从众行为。

从众行为在一定程度上具有积极的促进作用，有利于从众者学习他人的经验，拓宽视野，克服固执己见和盲目自信的缺点，修正自己的思维方式。一个人要想发展得好，就要善于观察周边环境：在环境良好、机制健全时要从善如流、见贤思齐；在机制欠缺、环境不佳的情况下要做到入乡不随俗，做一个有原则的人，而不是盲目的追随者。从众行为也有着不容忽视的消极作用，它在很大程度上压抑了个体的个性，束缚了人们的思维，扼杀了人们的创造力，甚至可能成为谣言的温床。

（三）凝聚力

群体凝聚力又称群体内聚力，是指由群体对成员的吸引力和成员对群体的向心力以及成员之间人际关系的紧密程度综合形成的，使群体成员团结在一个群体内的内聚力量。

研究表明，凝聚力强的群体具有以下四个特征：①成员间意见沟通快，信息交流频繁，互相了解较深，民主气氛好，关系和谐；②群体对每一个成员都有较强的吸引力，成员都愿意参加群体活动，无论是生产还是其他活动，成员参加活动的比率都较高；③群体成员愿意承担更多的推动群体工作的责任，时时关心群体，维护群体的利益和荣誉；④群体中每个成员都有较强的归属感、尊严感、自豪感。

群体的凝聚力具有重要的意义，它不仅是提高群体绩效、实现群体目标的重要条件，而且是群体存在的必要条件。

案例 4.6

成功的创业团队

俗话说"一个好汉三个帮"，如今的时代，单打独斗的创业很难成功，因此就诞生了很多团队，我们下面盘点一些著名的创业团队。

（1）阿里十八罗汉。1999 年的正月初五，在杭州的湖畔花园，18 个人聚集在了一起。他们刚刚从北京创业失败回来，当时他们的核心成员马云正在饶有兴致地跟他们讲三年内要上市的计划。马云要带领这 17 个人创办一家叫阿里巴巴的公司，去打开创富的大门。这 17 个人中有马云的学生、朋友、慕名跟着他的人。他们总共凑了 50 万元，用了半年的时间创建了阿里巴巴这个 B2B 网站，然后他们用了十几年的时间，把这家公司变成了世界 500 强公司。

（2）腾讯五虎将。1998 年，马化腾跟大学好友张志东、陈一丹、曾李青、许晨晔一起创办了腾讯公司。腾讯五虎将中，马化腾擅长产品和技术，张志东是个技术天才，陈一丹是"大管家"和法律专家，曾李青是投资专家，许晨晔是一个全才。

（3）百度七剑客。百度最早创业的七大创始人分别为李彦宏、徐勇、刘建国、雷鸣、郭眈、崔珊珊和王啸，被业内称为"百度七剑客"。因为李彦宏有美国留学和工作的背景，百度这七位合伙人的构成和阿里巴巴、腾讯的合伙人有很大的不同，"百度七剑客"中有校友关系的只有三位，且他们并不是直接的校友关系，而是通过亲属或行业交流认识的，还有三位是通过公开招聘渠道加入的。

（4）携程四君子。1999 年春节后的一天，梁建章与季琦、沈南鹏等上海交通大学的校友一起聚会，几个年轻人就互联网话题热烈地讨论了一夜。他们最后的讨论结果是：一起做一个向大众提供旅游服务的电子商务网站，携程由此而诞生。

点评：以上是几个著名的创业团队，尽管在创业途中有人提早"下车"，但不可否认的是，群体凝聚力在创业的光辉岁月中是至关重要的。

1. 群体凝聚力的类型

群体凝聚力在表现形式上可以划分为以下几种类型。

（1）自然凝聚力。群体凝聚力首先来自人们归属的需要。一般来说，人都有归属的需要，如果一个人单独生活，就会萌生一种怅然若失的感觉；而如果一个人处于群体中，就会充满信心和力量。这就是说，群体自然而然会对个人产生一种吸引力，人们生活在一定的社会关系中，就必然会与社会发生各种各样的相互关系，人们需要交际，也需要友谊和爱，还需要归属和尊重。但是一个人对于社会而言确实太渺小了，力量也太薄弱了，他需要依赖一定的群体才能更好地生活。简而言之，人有社会属性，不能脱离群体而单独生活，每个人都需要群体，这就是群体的自然凝聚力。

（2）工作凝聚力。人需要依赖工作而生存，每个人都有获得好工作的愿望，都希望在工作中发挥自己的特长；同时，在现阶段，劳动还是人们谋生的重要手段，人们依赖工作而求得生存、发展，这就是群体的工作凝聚力。

（3）领导凝聚力。成功而有威望的领导者本身就有一种吸引力。在一个群体里，领导者经常和群体成员发生各种各样的关系。群体所承担的任务需要领导者去组织、指挥，需要成员去执行、完成。因此，领导者的行为会直接影响群体凝聚力，从而形成领导凝聚力。一个民主型的领导者能使群体内部的意见得到良好的沟通，使群体内的人际关系和谐、成员心情舒畅，因而群体凝聚力就强。一个专制型的领导者会使群体内部不易沟通，让群体成员感到压抑，对工作也感到乏味和无聊，因而群体凝聚力也弱。一个放任型的领导者对群体成员无所约束，因而群体凝聚力也弱。一个仁慈而专断的领导者事无巨细必定躬亲，结果就是领导者在时凝聚力强，领导者一旦离开，这个群体就会陷入瘫痪，凝聚力大大减弱。

（4）情感凝聚力。一个群体的成员长期在一起工作和学习，朝夕相处，群体内各个成员之间、成员与领导者之间、领导者与领导者之间彼此了解，群体成员之间就可能建立融洽的人际关系，群体对其成员就有一种吸引力。显然，这种吸引力是以情感为基础产生的，属于情感凝聚力，群体内和谐融洽的人际关系不仅满足了人们的各种心理需要，而且减轻了人们的紧张感。

2. 影响群体凝聚力的因素

研究表明，群体凝聚力的强弱受多种因素的影响，概括起来主要有以下几种。

（1）群体的领导方式。勒温等人的经典实验比较了在"民主""专制""放任"这三种领导方式下各实验小组的群体凝聚力，结果发现，采用民主型领导方式的小组成员之间比其他小组成员之间更友爱，成员之间的情感更积极，思想更活跃，群体凝聚力更强。

（2）外部的影响。一般来说，外来的威胁会使群体成员间共同的价值观更加一致，从而增强群体凝聚力，如来自本群体与其他群体间的竞争就会使本群体凝聚力增强。但这种现象并不是无条件的，当全体成员认为他们的群体无力应对外部威胁时，群体作为安全之源的重要性就会下降，群体凝聚力就很难得到增强。另外，如果群体成员认为外部威胁仅仅是因为群体的存在而引起的，只要群体放弃或解体就能终止外部威胁，那么群体凝聚力也有可能减弱。

（3）成员间的共同性。如果群体成员具有共同的目标、利益、兴趣和爱好以及愿望等，则群体凝聚力就更强。群体成员彼此之间的吸引力越强，则群体对成员的吸引力也就越强，群体凝聚力就越强。

（4）成员对群体的依赖。任何一个人加入一个群体，总希望群体能满足其一定的需要，既包括物质上的需要，也包括精神上的需要。成员在满足需要上对群体的依赖性越强，则群体对其吸引力也就越强。

（5）群体成员在一起的时间。如果成员在一起的时间较长，他们就会自然而然地相互交谈，相互打招呼，并进行其他交往活动，而这些交往活动通常又会使他们找到共同的兴趣，增强相互之间的吸引力。

（6）群体内部的奖励方式和目标结构。不同的奖励方式对群体成员的情感和期望的影响也不同。只强调个人成功，只对个人进行奖励，势必会造成群体成员之间的矛盾。个人与群体相结合的奖励方式有利于增强群体凝聚力；将群体成员的任务和目标有机地结合，可以增强集体观念和群体凝聚力。

（7）群体规模。群体规模的大小也是影响群体凝聚力的一个重要因素。群体规模过大，成员之间相互接触的机会就会相应减少，彼此之间的关系也会比较淡薄，易造成意见分歧，从而减弱群体凝聚力。若群体规模过小，群体力量不足，就会影响群体任务的完成。因此，群体的规模应既能保证群体的工作机能，又能维持群体凝聚力。

（8）其他因素。信息的沟通方式不同，对群体成员的满意感、士气和群体凝聚力的影响也不同。群体成员的个性特征、兴趣和思想水平也会影响群体凝聚力。还有研究表明，女性群体的凝聚力要强于男性群体。另外，如果群体一贯有成功的表现，它就容易形成很强的凝聚力。而加入一个群体越困难的话，这个群体的凝聚力可能就越强。

3. 群体凝聚力的测量

研究者主要通过以下四个维度来测量群体凝聚力：①群体成员之间的相互吸引力；②群体对个人的吸引力；③群体成员间接近和认同的程度；④群体成员愿意留在群体内的意向和程度。

群体凝聚力的测量指标主要集中在群体成员之间以及个体对群体的选择数量、频率和强度几个方面，心理学家多伊奇给出了群体凝聚力的计算公式：

$$群体凝聚力 = \frac{成员之间相互选择的数目}{群体中可能相互选择的总数}$$

在群体凝聚力的构成中，群体成员之间的相互吸引力是基础，因此很多研究者从人际关系的角度入手来对群体凝聚力进行测量。

美国心理学家莫雷诺于 1934 年提出了一种人际关系的社会测量方法，或称为社交计量分析法。他认为人与人之间的情感性联系是最基本的社会关系，情感性联系的基本类型有吸引（喜欢）、拒斥（反感）和中性（漠视）。通过对人们之间的情感性联系的测量，就可以了解到社会中的各种人际关系。测量时，向一个群体中的成员提出一些问题，要求他们按照一定的标准选择自己的朋友，再根据他们的选择结果来分析这个群体的人际关系。社会测量方法所得结果，通常用图示法、矩阵法、指数法和统计法来表示。该测量方法的优点是简便易行，能直观地以数量化的形式表明群体的内部结构和人际间的吸引和拒斥关系；该测量方法的缺点是其信度和效度有时较低，难以查明人际关系互相吸引或拒斥的原因。

另一种使用比较多的测量方法是美国社会心理学家布加达斯于 1925 年创立的社会距离尺度法。这种测量方法是由研究者设计出一组能反映不同社会关系距离的陈述意见，让被测对象根据自己的实际看法在相应的陈述上做记号，然后将一个群体的所有成员的意见加以统计，制成曲线图，用以反映一个群体对某个对象所持态度的距离分布；不同的群体对同一事物的态度的距离分布可以用作比较，同一群体对几个事物的态度的距离分布也可以用作比较。由于该方法简便易行，后来得到了普遍应用。这种测量方法可以被用来测量民族间的社会距离，为外交和民族政策提供一定的理论依据，也可以用来测量社团之间、企业之间、群体之间的各种社会态度反应，为管理者提供分析各种人群关系的依据。

4. 群体凝聚力对行为的影响

研究表明，群体凝聚力与生产率之间并不存在正相关的关系。凝聚力强，可能会提高生产率，也可能会降低生产率，其关键在于群体规范的性质和水平，即群体共同制定的生产指标的性质和数量。在一个凝聚力强的群体里，成员的行为高度一致，个人有较强的服从群体规范的倾向。如果这个群体的规范水平高，群体目标与组织目标一致，则生产率水平就高；如果这个群体的规范水平低，目标与组织目标不一致，则凝聚力与生产率之间呈负相关关系，将会产生较低的生产率。反过来，对于一个凝聚力水平低的群体，在群体规范水平高的情况下，能够产生中等的生产率；如果群体规范水平低，那该群体的生产率水平可能会更低。

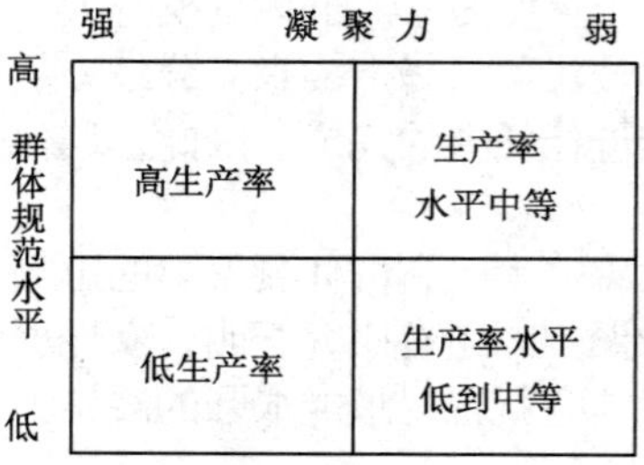

图 4.7　凝聚力、群体规范与生产率的关系

凝聚力、群体规范水平与生产率的关系如图 4.7 所示。

社会心理学家沙赫特通过实验研究了群体凝聚力对生产率的影响情况。沙赫特在有严格控制条件的情况下，检验了群体凝聚力和对群体成员的诱导（思想教育和指导）对于生产率的影响。实验中的自变量是凝聚力和诱导力，因变量是生产率。假设 1 个对照组、4 个实验组，分别给予四种不同的条件，即强、弱凝聚力和积极、消极的诱导四种不同的组合。

这个实验表明：第一，无论凝聚力强弱，积极诱导都提高了生产率，而且凝聚力强的群体生产率更高；消极诱导明显地降低了生产率，而且凝聚力强的群体生产率最低。第二，凝聚力强的群体，若群体规范规定的生产标准很低，则会降低生产率。第三，对群体的教育和引导是关键的一环，不能只靠加强成员间感情联系来增强群体的凝聚力。因此，管理者必须在增强群体凝聚力的同时，提高群体的生产指标的规范水平，加强对群体成员的思想教育和指导，克服群体中的消极因素，以使群体的凝聚力真正成为促进生产力发展的因素。

四、群体决策

群体决策是指由群体成员共同参与做出决定。一个群体决策问题包含两大要素：一个是供选择的对象，称为供选方案；另一个是参与决策的成员，即决策者或称决策个体。一个群体决策问题应有不少于两个供选方案和不少于两个决策个体。群体决策研究的是如何将一群个体中每一个成员对某类事物的偏好汇集成群体偏好，以使该群体对此类事物中的所有事物做出优劣排序或从中选优。群体决策是处理重大定性决策问题的有力方式。

群体决策可以采用多种方法来开展，比如头脑风暴法、名义群体法、特尔菲法和电子会议法等，每种方法都有各自适合的情境。群体决策过程大致可分为三个阶段：①确认群体在现阶段所面临的问题的性质和问题产生的原因，给出解决这些问题的标准；②找出可供选择的解决方法；③分析可供选择的解决方法，通过群体讨论比较并权衡各种解决方法的利弊，做出最有可能获得最佳结果的决策。

（一）群体决策的优缺点

1. 群体决策的优点

尽管人们并不一致认为群体决策是最佳的决策方式，但群体决策之所以广泛流行，正是因为群体决策具有以下几个明显的优点。

（1）有利于集中不同领域专家的智慧，应对日益复杂的决策问题。

（2）能够利用更多的知识优势，借助更多的信息形成更多的可行性方案。

（3）有利于充分利用其成员不同的受教育程度、经验和背景，提高决策时考虑问题的全面性，提高决策的科学性。

（4）群体决策容易得到普遍的认同，有助于决策的顺利实施，并在很大程度上保证实施的质量。

（5）群体决策有利于使人们勇于承担风险。有关学者研究表明，在群体决策的情况下，许多人都比个人决策时更敢于承担更大的风险。

2. 群体决策的缺点

群体决策虽然具有上述明显的优点，但也有一些缺点，如果不加以妥善处理，就会影响决策的质量。群体决策的缺点主要表现在以下三个方面。

（1）群体决策的速度和效率可能低下。群体决策鼓励广泛参与，以民主的方式拟定最满意的行动方案，但是若处理不当，就会陷入盲目讨论的误区之中，既浪费时间，又会降低决策速度和决策效率。

（2）有可能为个人或子群体所左右。在实际决策中，群体成员并不容易形成平等的地位，很可能出现以个人或子群体为主发表意见、进行决策的情况。

（3）很可能更关心个人目标。在实践中，不同部门的管理者更倾向于对与其部门相关的问题非常敏感，因此如果处理不当，很可能发生决策目标偏离组织目标，从而偏向个人目标的情况。

（二）小集团思想与冒险性转移现象

1. 小集团思想

小集团思想指的是群体中成员的一种思想作风，认为追求思想一致比现实地评价各种行动方案更为重要，因此也称作小群体意识。它是指群体决策中，在压力和从众倾向较强的情况下，不合理地追求表面一致，而忽视决策的质量和正确性的现象。

当群体决策过程中出现小集团思想时，其主要表现在以下几个方面。

（1）观点和意见趋同。当决策出现不同意见时，群体中的某些人会坚持自己的观点，对持怀疑态度的成员施加压力，持不同意见者为了与多数人一致而保持沉默，避免意见交锋。

（2）决策的完美感。群体成员过于自信和盲目乐观，不认为自己有潜在的危险。

（3）决策的合理化趋向。群体倾向于把已经做出的决策合理化，忽视外来的挑战，不对它重新进行审核和评估。

（4）无异议的错觉判断。如果某个人保持沉默或弃权，大家认为那是表示赞成和同意，以致给人造成决策获得成员一致通过的错觉。

案例 4.7

猪湾事件

"群体思维"最典型的案例当数肯尼迪政府在 1961 年入侵古巴的"猪湾事件"，如果了解了当时的情况，你就会发现，原来即使是睿智的领袖也会犯致命的错误，更何况普通的领导者或者管理者。

那么，当时究竟发生了什么呢？

1961 年，美国总统肯尼迪批准了对古巴的偷袭计划，而这份计划当然是经过高级顾问团漫长的考虑和策划的，并非心血来潮和突发奇想。

可是，当 1 400 多名入侵者到达猪湾后，他们发现情况远不是他们事前想象的那么乐观。结果这 1 400 人寡不敌众，加之没有空中支援、必备的弹药补给和撤退路线，最终将近 1 200 人投降、被俘，其余的全部阵亡。

很难想象，对吗？

在后人看来如此考虑不周的计划怎么就能够得到批准呢？难道总统的那些智囊都是"吃干饭"的吗？肯定不是。可是，就是这样一群高智商的精英们却做出了如此错误的决定。

事后，作为总统顾问的阿瑟·施莱辛格非常懊悔，因为当初在一片赞成声中他曾经向总统提出了一份措辞非常严厉的反对偷袭的计划书，但是在大家一起开会的时候他却压制了自己的顾虑，保持了沉默，因为他不想在众多赞成声中成为那个"不一样的声音"。而且，在领袖激情高涨的情况下，似乎所有人都在顺着领袖的思路走，如果自己坚持反对，似乎并不会有什么好的结果。

就这样，"群体思维"在肯尼迪的高级顾问团中悄然出现了，看似前景一片大好……

点评：该案例反映了"群体思维"（group thinking）的危害，即在追求一致性和避免冲突的情况下，智囊团或领导层可能会犯下严重的错误决策。

由于小集团思想会给群体和组织带来危害，研究者也提出了一些克服小集团思想的办法，包括以下几个方面。

（1）创造群体内部充分沟通的氛围。在群体决策时，鼓励参加决策的成员提出自己的不同观点，并认真听取他人的意见，在群体内部创造一个欢迎不同意见和观点、鼓励成员畅所欲言的群体环境，使群体能够在广泛收集有用信息的基础上做出决策。

（2）群体领导要做到公正无私、心胸开阔。群体领导在成员中享有较高的威望，领导的言行对成员会产生重要的影响，群体领导要心胸开阔，能够容纳不同的意见和看法，并鼓励群体成员进行讨论，不搞"一言堂"。

（3）群体领导在讨论初期应避免表现出对某个方案的偏爱。领导如果在讨论之初就表达出自己对某方案的偏爱，会限制成员对这个方案提出批评性的意见，使群体很可能把这个方案选为最终方案。

（4）采用一定的群体决策技术避免小集团思想的发生。比如在决策之前先以小组的形式进行讨论，充分酝酿后再把不同的意见提交给大组。或者先把问题告诉成员，让成员先独立地思考和提出看法，再采用匿名或书面的方式提出意见。

2. 冒险性转移

冒险性转移，又称极端性转移，是指群体决策比个人决策更容易出现冒险倾向。后来的研究表明，群体决策还可能走向另一个极端，即在某些情况下群体决策比个人决策更保守。相对而言，冒险性转移的情况出现得更多一些。

究其原因，研究者们尝试给出了各种解释，总的来看，大概有以下几个方面。

（1）个人责任的分散。个体决策时，个人会对自己的决策有着强烈的责任感，因为此时他的行为代表着其个人利益。群体决策时，个人不能完全左右群体行为，并且最终的决策责任是由整个群体承担的，此时群体成员会用一种比独自承担决策责任时更极端的方式来表达自己。特别是受到外部一些短期的、眼前的利益诱惑时，群体成员的责任感会降得更低，一种更加激进或者更加保守的主张就会充斥于整个群体中并乘势而上。

（2）决策过程中的个人主导。在一个群体中，如果成员间素质差别非常明显，则素质、能力凸显的那个人必然会占主导性地位，群体成员在决策时会对主导者产生依赖心理。同时，由于素质能力悬殊，主导者只会在很小程度上采纳群体成员的意见。这时，群体决策就会在一定意义上转化为个人决策。当主导者下意识地偏向于冒进或保守一端时，由于群体成员的拥护，便会加剧其向某一端发展的心理。

（3）苛求统一，要求个人与组织保持高度一致。这种团体一致性表现在群体决策中正是上文提到的小集团思想，群体成员对群体的认同度比较高，对于与组织共识相左的信息或证据都加以抨击，并对提出异议的成员进行谴责、孤立，甚至驱逐。于是，为了不成为组织的"背叛者"，每个成员在表达意见前会先审度此意见是否符合组织共识，从而形成"自我筛检"的效果，组织因此会形成一种"一致同意"的假象。

（4）群体中的人际关系因素。当群体内部成员相处融洽时，成员在对待同一件事上具有高度一致性；当群体内部矛盾重重时，成员基于立场、利益上的分歧会出现决策方式不一致。所以，在群体人际关系状况良好的情况下容易出现极端的决策。

（5）情绪情感因素。群体决策时，如果气氛和谐融洽、热烈而有序，人们会受到鼓励，情绪高涨，愿意提出自己的看法，而且容易激发灵感。相反，如果决策时陷入争吵、互相责难的境地，人们或隐忍自己的想法，或固执己见，不愿听取别人的意见，这样就会严重影响决策工作的进行。

冒险性转移现象会影响正常的群体决策，使群体成员忽视可能存在的危险或错过可能存在的机会，因此在管理工作中要注意防止这种现象的产生。

（三）有效群体决策的原则

群体决策的效率取决于三个方面的因素：群体成员在决策中做出努力的总和；群体成员在相互作用时所产生的集合效应；群体活动中固有的过程损失。集合效应是正效应，是过程获得，是群体决策的积极作用。过程损失是群体决策中的负向因素，包括群体决策时所耗费的附加时间，以及在决策过程中某些成员不负责任的态度和其他一些影响因素。

在群体决策中，管理者应遵循以下原则，避免消极因素的影响，使群体决策的集合效应和优势发挥到最佳。

（1）努力形成一个以能够促进创造性思考过程的决策者为领导、有与问题相关的不同种类的人才广泛参与的群体结构，以使组织能够获得所有相关领域的知识。必要时，还可以邀请那些不受组织制约的外部专家参与。

（2）促使群体中的每个成员扮演和其他人一起探索的群体角色。

（3）使群体决策的过程具有以下特征：不是倾向于与领导交流，而是主动地与群体中的所有其他成员进行沟通；每个群体成员都能够全身心地投入；把形成思想与评价思想合理分开，把识别问题与制定行动方案合理分开；恰当地转移角色，增强成员间的理解和合作气氛，进而有利于提出更多、更好的行动方案；不急于做出判断，避免过早地思考行动方案，使决策重点能够保持在分析和探索层面。

（4）创造轻松的、没有压力的群体环境，应从问题出发而不是从短期收益出发，培育成员之间相互鼓励的群体文化。

（5）追求一致，但不排除在难以达成共识的情况下接受大多数人意见的原则。

本 章 小 结

本章主要介绍了群体心理与行为中的基础性知识与相关理论，包括群体的基本概念与群体行为的特性、群体行为与工作绩效等。

群体是两人或两人以上的集合体，群体成员遵守共同的行为规范，在心理上相互作用，在情感上相互依赖，在思想上相互影响，在利益上相互联系、相互依存，而且有着共同的奋斗目标。群体行为是指群体成员受到组织既定目标的影响而产生的行为。群体行为效率的高低直接影响着组织目标的实现。我们可通过对群体外部环境因素、群体成员因素、群体结构因素、群体任务因素、群体过程因素以及群体绩效的讨论分析，来比较全面地认识和理解群体行为的一般特性。

群体动力理论论述的是群体中的各种力量对个体的作用和影响，该理论试图通过对群体现象的动态分析发现其一般规律。它以群体的性质、群体发展的规律、群体和个人的关系，以及群体之间的关系等作为研究对象。这一理论对社会心理学、管理心理学的形成和发展有很大影响，特别是对群体行为的研究做出了重要贡献。

综合练习题

一、名词解释

群体　正式群体　非正式群体　群体结构　角色　地位　社会惰化　群体动力
群体规范　群体压力　从众行为　群体决策　小集团思想　冒险性转移

二、单项选择题

1．当群体目标和组织目标协调一致时，凝聚力与生产率就会出现如下关系（　　）。
　　A．强凝聚力、高生产率　　　　　　　　B．强凝聚力、低生产率
　　C．弱凝聚力、高生产率　　　　　　　　D．弱凝聚力、低生产率

2．一个人在群体中工作不如单独工作时更努力，这种现象称为（　　）。
　　A．群体凝聚效应　　　　　　　　　　　B．群体吸引效应
　　C．社会助长效应　　　　　　　　　　　D．社会惰化效应

3．任务角色和维护角色都多的群体属于（　　）。
　　A．人际群体　　　　B．团队群体　　　　C．无序群体　　　　D．任务群体

4．社会心理学家沙赫特对群体凝聚力与工作效率的关系的研究告诉我们（　　）。
　　A．强凝聚力一定带来高效率
　　B．弱凝聚力必然带来低效率
　　C．凝聚力是影响生产效率的唯一因素
　　D．强凝聚力不一定带来高效率，必须做好思想教育宣传工作

5．在组织中，通过满足成员的社会需要而发挥重要作用的群体是（　　）。
　　A．正式群体　　　　B．任务群体　　　　C．命令群体　　　　D．非正式群体

6．从个体的角度看，群体规范意味着在某种情况下群体对一个人的行为方式的（　　）。
　　A．规定　　　　　　B．看法　　　　　　C．期望　　　　　　D．依赖

三、多项选择题

1．下列情况中，个体较易产生与群体保持一致的从众行为倾向的有（　　）。
　　A．群体领导者作风独断　　　　　　　　B．群体成员的共同性较少
　　C．群体凝聚力较强　　　　　　　　　　D．群体目标明确一致
　　E．高度自信者

2．以自我为中心的角色包括（　　）。
　　A．阻碍者　　　　B．寻求认可者　　　　C．建议者
　　D．支配者　　　　E．逃避者

3．冒险性转移现象产生的原因有（　　）。
　　A．责任分散　　　　　　　　　　　　　B．存在个人主导
　　C．群体追求高度一致　　　　　　　　　D．群体氛围融洽

　　E．群体成员分歧严重

四、简答题

　　1．简述群体的概念与特征。

　　2．群体的基本类型有哪些？

　　3．简述正式群体与非正式群体的不同以及非正式群体的作用。

　　4．群体行为的一般特性是什么？

　　5．群体结构的概念及其内容是什么？

　　6．群体规模对群体绩效的影响是什么？如何克服社会惰性？

　　7．什么是群体动力？其内容有哪些？

　　8．什么是群体凝聚力？其影响因素有哪些？

　　9．什么是群体规范？什么是群体压力？

　　10．如何进行有效的群体决策？

五、案例分析题

　　扫描二维码，阅读案例并回答后面的问题。

六、课外拓展训练

　　扫描二维码，完成相关训练。

第五章　群体行为

【学习目标】

了解群体沟通、群体冲突的相关内容；了解人际关系的重要性、人际关系的形成和发展、改善人际关系的理论和方法，掌握人际吸引的影响因素，了解人际交往的原则；掌握工作团队的概念，了解工作团队与工作群体的区别、工作团队的类型、影响工作团队绩效的因素，掌握建设高效团队的途径。

【导入案例】

数字时代的人际关系

自 20 世纪 90 年代互联网开始普及，社交媒体平台如雨后春笋般出现，从早期的 BBS 论坛，再到微信、QQ 和抖音，每一个平台都带来了新的交流模式和社交规则。这些平台极大地降低了人们分享信息、建立联系和维持关系的门槛。互联网时代，人际连接的常见模式主要有以下三类。

（1）跨越时间和空间的连接。在社交媒体的影响下，人际关系的维系已经不再受到地理距离和时间差的限制。我们可以即时或延时看到远方朋友的新动态，庆祝他们的生活里程碑，还可视频聊天，好似距离不复存在。社交网络像是一张巨网，将世界各地的人紧密地连接在一起。

（2）点赞和转发的表层互动。社交媒体上的"点赞"和"转发"功能如同经济交流中的货币，一键操作让每个用户都能够轻松地参与到他人的生活之中，发送支持和认可的信号。

（3）社交网络和真实关系的界限。社交媒体为人们提供了一种独特的自我展示方式。通过精选照片、简练的文案和策略性的个人品牌建设，每个人都可以在网上塑造出一个理想化的自我形象。

社交媒体革新了传统的沟通模式，为人际互动带来前所未有的便捷性。这种新兴的互动方式也带来了人们对人际关系质量的重新审视。在这个数字时代，我们必须认识到社交媒体的双刃剑效应。我们需要在享受其便利的同时，设定合理的界限，尽量减少信息过载和隐私风险，同时积极寻求面对面的深度互动。

（摘编自中国网 2024 年 5 月 28 日赵锦阳《数字时代的人际关系：社交媒体对人与人之间连接的影响》一文）

启发与思考：社交媒体的兴起不仅改变了人与人之间的连接方式，极大地增强了人们沟通的便捷性，也对个体、群体、组织及社会中的人际关系产生了深远的影响。

群体内外的交互行为影响着组织目标的实现。这些群体行为有哪些？怎样引导这些群体行为，从而使之有利于实现组织绩效？

在组织目标达成的过程中，群体内或群体间的群体行为也很重要，如群体沟通、群体冲突、人际互动等，工作群体通过沟通来分享观点、交换信息、化解矛盾，这些群体行为影响着群体绩效。本章将对群体沟通、群体冲突、人际关系及工作团队等群体行为进行分析与讨论，并针对不同的群体行为问题提出解决途径。

第一节　群体沟通

一、群体沟通的特征

所谓群体沟通，指的是群体中两个或两个以上相互作用、相互依赖的主体，为了达到特定目的，进行信息、思想、情感交流，并且彼此相互理解的过程。

群体沟通的优缺点如表 5.1 所示。日常生活中所说的"集思广益"和"群策群力"就充分体现了群体沟通的优点。但是，群体决策如果缺乏科学的组织也可能出现"众说纷纭，莫衷一是"的局面；也有的群体会出现多数人对少数人合理意见的压制，正如法国思想家托克维尔所说的"多数人的暴政"；还有的群体则是少数权威掌控了话语权，影响了大多数成员的发声，出现了"沉默的多数"。

沟通的过程不仅包含口头语言和书面语言，也包含形体语言、个人习惯、物质环境、被赋予信息含义的任何东西，其要点如下：①沟通是信息（语言、思想、感情、观点等）的传递；②信息不仅要被接收，还要被充分理解；③沟通是一个双向、连续、互动的传递、反馈和理解过程。

表 5.1　群体沟通的优缺点

优点	缺点
可提供更多可利用的信息；	时间长、效率低；
可以产生更多更好的决策；	存在群体压力；
可以增进成员之间的理解；	易产生专家或领导压力；
能够产生更高的生产率——发挥"社会效应"；	责任不明，说而不做
可以产生更大胆的方案——实现"风险转移"	

🔨 案例 5.1

沟通中的误会

日本企业家本田宗一郎被誉为 20 世纪最杰出的管理者之一。在他的经历中，有一件事让他终生难忘。有一次，来自美国的技术骨干罗伯特来找本田，当时本田正在自己的办公室里休息。罗伯特高兴地把花费了一年心血设计出来的新车型拿来给本田看："总经理您看，这个车型太棒了，上市后绝对会受到消费者的青睐！"罗伯特看了看本田，话还没说完，就收起了图纸。此时正在闭目养神的本田觉得不对劲，急忙抬起头叫了声罗伯特，可是罗伯特头也不回地走出了总经理办公室。

第二天，本田为了弄清事情原委，邀请罗伯特喝茶。罗伯特见到本田后的第一句话就是："尊敬的总经理阁下，我已经买了返回美国的机票，谢谢您这两年对我的照顾。""啊？这是为什么？"罗伯特看本田满脸真诚，便坦言相告："我离开您的原因是您自始至终没有听我讲话。就在我拿出我的设计图纸时，我提到这个车型的设计很棒，而且还提到了车型的上市前景。我是以它为荣的，但是您当时却没有任何反应，而且还在低着头闭目养神，于是我就改变主意了！"后来，罗伯特拿着自己的设计找到了福特公司，福特公司决定投产这个新车型。新车上市后给本田公司带来了不小的冲击。

点评：罗伯特设计出新的车型，希望得到本田的认可，而本田由于正在休息，没有及时给予罗伯特回应，因而造成了误会。可见，沟通不仅是信息的传递过程，也是一个双向、连续、互动的传递、反馈和理解过程。

二、沟通的要素

沟通是沟通主体对沟通客体进行的有目的的思想和信息交流过程（如图 5.1 所示），沟通一般包括八个要素：①信息发送者；②信息接收者；③要沟通的信息（信息的传递）；④沟通渠道；⑤沟通障碍（噪声）；⑥信息反馈；⑦信息发送者与信息接收者的关系；⑧沟通环境。

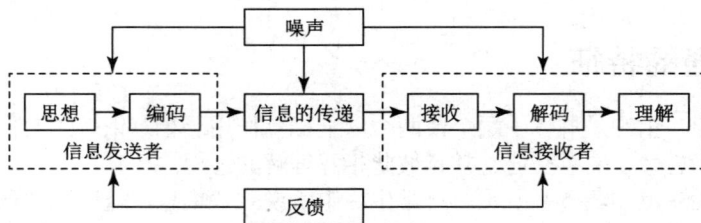

图 5.1　沟通的过程

三、沟通的类型

根据不同的分类标准，我们可以把沟通分为以下几类。

1. 单向沟通和双向沟通

从发送者与接收者的地位是否互变的角度来看，可以将沟通分为单向沟通和双向沟通。前者的发送者只发出信息，接收者只接收信息而不发出反馈信息；后者的双方互为发送者和接收者，即沟通双方在沟通中的角色会相互交换。

经典实验

莱维特的沟通实验

美国心理学家莱维特曾进行了单向沟通和双向沟通效率的比较研究。实验者用两种指示方式要求被试在纸上画出一系列的长方形，各长方形的连接要有一定规律，如接触点必须是长方形的一角或中点，且连接角度应为 90° 或 45°。实验的第一种指示方式是单向沟通，即被试背向实验者，不准提问。实验的第二种指示方式是双向沟通，即被试面对实验者，可以提问。实验结果证明：①单向沟通的速度比双向沟通的速度快；②双向沟通比单向沟通准确；③双向沟通可以增强接收者的自信心；④双向沟通中，由于接收者可以向发出信息的人提出不同意见而使发出信息的人感到有心理压力；⑤双向沟通容易受干扰，并缺少条理性。

2. 口头沟通和书面沟通

语言是最常用的信息载体。按语言的不同形式，人际沟通可以分为口头沟通和书面沟通。借助于口头言语进行的沟通称为口头沟通，如演讲、讨论、会谈、电话联系等。口头沟通的优点是简便易行、灵活迅速，尤其可伴有手势、体态和表情，能增强传递信息的效果；其缺点是信息保留的时间较短，而且其使用也会受到一些条件的限制。借助于书面语言进行的沟通称为书面沟通，如发布公告、通知、书信等。书面沟通的特点是信息对语言文字的依赖性强，沟通效果受沟通双方文化水平的影响很大，对情况变化的适应性较差。

美国的组织行为学家戴尔曾对口头沟通和书面沟通的效果进行了比较研究。他对某大公司员工从口头沟通、书面沟通、口头与书面混合沟通等三种方式中获得的信息进行了测试，分别得到的平均分数如表 5.2 所示。从中我们可以看出口头与书面混合沟通的效果最好，口头沟通次之，书面沟通的效果最差。

表 5.2　各种沟通方式效果

沟通方式	测试人数	测试平均分数
书面沟通	109	4.91
口头沟通	94	6.17
口头与书面混合沟通	102	7.70

3．正式沟通和非正式沟通

按沟通渠道、方式的不同，可以把沟通分为正式沟通和非正式沟通。

正式沟通是指在一定的组织系统中，通过明文规定的渠道进行信息的传递与交流。例如，上级向下级下达指示、发送通知，下级向上级呈送材料、汇报工作，以及定期的会议制度等。正式沟通受到组织的监督和管理，发出信息的人谨慎行事，接收信息的人严肃认真，所以沟通的信息真实、准确，缺点是沟通速度较慢，因为这种沟通往往必须逐级进行，有可能延误时机。

非正式沟通是指在正式组织系统以外进行的信息传递与交流，例如人们私下交换意见，议论某人某事，传播小道消息。非正式沟通的优点是不受组织系统的监督和限制，沟通灵活方便、速度快，它可以提供正式沟通难以获得的某些消息，人们的真实思想和意见也往往能在非正式沟通中表露出来，其缺点是信息的可靠性稍差。

案例 5.2

正式沟通和非正式沟通

天讯公司是一家生产电子类产品的高科技民营企业。近几年，公司发展迅猛，然而，最近公司出现了一些传闻。公司总经理邓强为了提高公司的竞争力，在以人为本、创新变革的战略思想指导下，制定了两个战略方案：一是引人换血计划，计划年底从公司外部引进一批高素质的专业技术人才和管理人才，给公司输入新鲜血液；二是内部人员大洗牌计划，计划年底通过绩效考核调整现有人员配置，在内部选拔人才。邓强向秘书小杨谈了自己的想法后，让他拟文并打印。中午在公司附近的餐厅吃饭时，小杨碰到了副总经理张建波，小杨对他低声说道："最新消息，公司内部人员将有一次大的变动，老员工可能要下岗，我们要有所准备啊。"

这些话恰好被财务处的会计小刘听到了。他又立即把这个消息告诉了他的主管老王。老王听后，愤愤说道："我真不敢相信公司会做这样的事情，辞旧人，换新人。"这个消息传来传去，两天后又传回邓强的耳朵里。公司的员工都处于十分紧张的状态，唯恐自己被裁，无心工作，并对这样的裁员计划表示了极大的不满。

邓强经过全面了解，终于弄清了事情的真相。为了澄清事实，他通过各部门的负责人先把两个方案的内容发给全体员工，而后把全体员工召集在一起讨论这两个方案，员工们各抒己见，一半以上的员工赞同第二个方案。最后，邓强说："由于我的工作失误，引起了大家的担心和恐慌，很抱歉，希望大家能原谅我。我制定这两个方案的目的就是想让大家来参与决策，一起为公司的人才战略出谋划策，其实前几天大家所说的裁员之类的消息完全是无稽之谈。大家的决心就是我的信心，我相信公司今后会发展得更好，谢谢！关于此次方案的具体内容，欢迎大家向我提问。"

通过民主决议，该公司最终采取了第二个方案。公司的人员配置率得到了大幅度的提高，公司的运作效率和经营效益也得到了大幅度的提高。

点评：在这个案例中，涉及了一个事件和多个人物，看起来关系很复杂。其实，拨云见日就会发现：邓强将自己对战略方案的想法告诉了秘书小杨，下令拟文并打印，以及邓强召集全体员工来讨论战略方案都属于组织中正常的正式沟通方式，采用命令或协调的方式，效果也比较明显。秘书小杨在餐厅吃饭时，私下把总经理的战略方案秘密告诉了副总经理张建波，会计小刘把消息告诉了主管老王，消息最终又被传到邓强的耳朵里。这一过程和正式沟通不同，属于非正式沟通。正是这种不恰当的沟通方式，才导致了风波的出现。

4. 上行沟通、下行沟通和平行沟通

上行沟通又称向上沟通，是指群体中地位较低者主动与地位较高者进行的沟通，其沟通的信息常是向上级"诉苦"、报告工作情况、汇报某个成员的问题、向上级提出要求等。

下行沟通又称向下沟通，是指群体中地位较高的成员主动与地位较低的成员进行的沟通。一般是前者将工作指示、工作信息、工作程序、工作方法、工作评价和工作目标等信息传递给后者。

平行沟通是群体中身份和地位相仿者之间的沟通。平行沟通可以协调人际关系，增进成员间的友谊，增强团体的内聚力。

美国学者凯利等人研究了一个群体的人际沟通，发现地位较低的成员主动与地位较高的成员沟通得更多，这说明在该群体中上行沟通多于下行沟通。卡兹研究了一个由黑人和白人组成的群体，发现黑人主动与白人沟通多于白人主动与黑人沟通，这个现象可解释为在美国社会中，黑人的社会地位低于白人的社会地位。

5. 星型沟通、Y型沟通、链型沟通、圆型沟通和全通道式沟通

20世纪50年代，巴维拉斯提出了小群体沟通网络的概念。所谓沟通网络，是指一个小群体内成员之间较固定的沟通模式。后来莱维特以5人小群体为研究对象，发现沟通网络有五种形态：星型沟通网络、Y型沟通网络、链型沟通网络、圆型沟通网络和全通道式沟通网络，如图5.2所示。

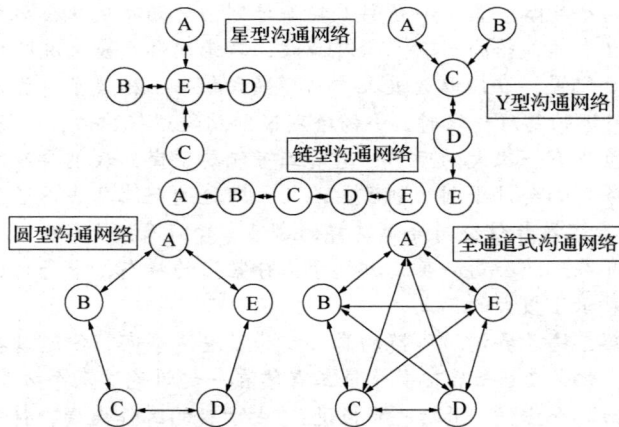

图5.2 沟通网络示意图

从信息传递速度来看，星型沟通网络的传递速度最快，圆型沟通网络次之，而链型沟通网络的传递速度最慢。在星型沟通网络中，E居于中心位置，因而推测E是该小群体的核心人物或领导者。在Y型沟通网络中，C处于特殊的位置，A和B的信息需要经过C才能到达D和E，D和E的信息也需要经过C才能传递给A和B，因而C可能是秘书身份。全通道式沟通网络是一个开放式、非等级式的沟通网络系统，沟通网络中的成员满意度高、信息失真度低，但这种沟通网络规模受限、信息传递费时，影响工作效率。

6. 语言沟通和非语言沟通

人际沟通以通信载体、渠道的不同来划分，可以分为语言沟通和非语言沟通两大类。

语言是沟通的重要工具，语言沟通是人类最普遍的沟通形式。实现语言沟通的基本条件是

沟通双方需要使用共同的语言。如果沟通的一方使用一种语言（如英语），另一方使用另一种语言（如汉语），则沟通的通道就不畅通，沟通可能会无法进行。但是，随着社会的发展和交流的频繁，一个群体的成员可以用两种或更多种语言进行交流。

在某些场合，沟通也可能不是通过语言来实现的，这种沟通称为非语言沟通。也就是说，非语言沟通的通信载体是非语言符号。常用的非语言符号有三类：动态无声的、静态无声的和有声的。动态无声的非语言符号主要是指点头、微笑、皱眉、抚摸、拥抱、摇摆以及触摸等无声动作，这是非语言沟通中最重要的一类方式。静态无声的非语言符号是指在沟通中个人身体站、坐、蹲或倚等姿势，人与人之间保持的距离，个人的呼吸，身体的气味，等等，这也是非语言沟通的常见形式。有声的非语言符号亦称为类语言，是指有声的但非言语性的各种动作，如沟通者用笑声、叹气、呻吟或其他声音变调的方法向对方传递某种信息。有时非语言符号是一种比语言符号更具有效果的沟通方式。非语言沟通多与口头语言沟通同时出现。

视野拓展

　　理解表 5.3 中的体态语言及其暗示的意义。

四、有效沟通的障碍

　　任何信息在沟通过程中都可能被有意或无意地扭曲、遗漏，从而使其准确性、完整性和及时性受到影响，出现信息失真的现象。显然，这种沟通障碍不利于沟通的有效进行。因此，研究沟通障碍及克服沟通障碍的方法，对于促进组织和群体内部的信息沟通具有十分重要的作用。

案例 5.3

小雄与小雨的约会

　　小雄和小雨相约一起去逛街。

　　小雄对小雨说："我去拿一下包，你先走，一会儿我们在电梯门口见。"

　　两人在电梯门口左等右等不见对方，只好互相打电话。结果，小雄是在楼上的电梯门口等，而小雨却是在楼下的电梯门口等。

　　点评：沟通障碍无处不在，管理者需仔细研究。

表 5.3　体态语言及其暗示的意义

体态语言	暗示的意义
说话时捂上嘴	说话没把握或撒谎
摇晃一只脚	厌烦
咬笔头	需要更多信息或焦虑
避免眼神交流	试图隐瞒、心虚
脚置于朝门的方向	急着离开
擦鼻子	反对别人说的话
揉眼睛或捏耳朵	疑惑
紧握拳头	意志坚定、愤怒
手指指着别人	谴责、惩戒
坐在椅子边沿	随时准备行动或离开
坐在椅子上往前移动	表示关注、赞同
背部靠在椅背上	支配感、优越感
小腿在椅子上晃动	放松或不在乎
跷二郎腿	舒适、轻松
双臂交叉置于胸前	拒绝、敌视
背着双手	优越感
搓手	有所期待

　　信息发送者希望接收者能够准确无误地接收信息，进而实现有效的沟通，但实际沟通过程中有许多因素会影响沟通的有效性。造成沟通障碍的因素主要包括以下几个方面。

（一）个人因素

　　沟通障碍中的个人因素主要包括以下四个方面。

　　（1）沟通主体的过滤。沟通主体的过滤是指信息发送者有意操纵信息，使信息显得对接收者更为有利。比如，一名管理者告诉上级的信息都是上级想听到的内容。这名管理者就是在过滤信息。这种现象在组织中经常发生，当信息向上传递给上级时，下属常常压缩或整合这些信息，以使上级不会接收到大量的无效信息。在进行信息整合时，发送者个人的兴趣、需要及其对重要内容的认识也被加入进去，因而导致了信息的过滤。

案例5.4

上校的命令

一个上校向他的执行官发布命令："明晚8点左右，我们会在这个地区看见哈雷彗星。这种现象大约每75年才出现一次。让所有人集合，我将向他们解释这种罕见的现象。如果下雨，我们什么都看不见，那就把大家集合在礼堂里，我给他们放映有关的影片。"

执行官对连长说："上校命令，明晚8点哈雷彗星将在营地上空出现，如果下雨，全体集合，然后列队去大礼堂，在那儿，这种75年才发生一次的罕见现象将会出现。"

连长对排长说："按上校的命令，明晚8点着装，哈雷彗星将在礼堂出现，如果营地下雨，上校将发布另一个命令，75年才会发生一次。"

排长对班长说："明晚8点上校将同75年才出现一次的哈雷彗星一起在礼堂出现，如果下雨，上校将命令彗星进入营地。"

班长对士兵说："明晚8点下雨时，少见的75岁的哈雷将军将由上校陪同，驾驶他的彗星汽车穿过礼堂营地。"

点评：口头传达信息，沟通主体对信息的过滤相对更为严重，如果层级过多很容易造成信息严重失真。

（2）有选择地接受。有选择地接受是指在沟通过程中，接收者会根据自己的需要、动机、经验、背景及其他个人特点有选择地去看或去听信息。解码信息的时候，接收者还会把自己的兴趣和期望带进对信息的理解之中。例如某管理者曾许诺给某员工加薪而没有兑现承诺，那么以后他不管何时与该员工谈论工资问题，都可能会存在沟通障碍。

（3）个人沟通技巧。运用沟通技巧的能力也会影响沟通的有效性，如有的人不能口头上完美地表述，却能够用文字清晰而简洁地写出来；另一些人的口头表达能力很强，但不善于听取意见；还有一些人阅读速度较慢，并且理解问题比较困难。所有这些问题都会妨碍有效的沟通。

（4）沟通者的情绪。发送者、接收者的情绪都会影响接收者对信息的理解。不同的情绪感受会使接收者对同一信息的解释截然不同。极端的情绪状态，如狂喜或悲痛，都可能阻碍有效的沟通。这种情绪状态常常使我们无法进行客观而理性的思维活动，而代之以情绪性的判断。

（二）人际因素

人际因素主要包括沟通双方的相互信任、信息发送者的可信程度和沟通双方的相似程度。人际因素也是沟通的主要障碍之一。

（1）沟通双方的相互信任。沟通是发送者与接收者之间"发"与"收"的过程。信息传递是单方面的，而沟通是双方的事情。因此，沟通双方的诚意和相互信任至关重要。如上下级之间的猜疑只会增加抵触情绪，减少坦率交谈的机会，双方也就很难进行有效的沟通。

（2）信息发送者的可信度。信息发送者的可信度由下列五个因素决定：一是身份地位；二是专业知识；三是外表形象；四是良好愿望；五是价值观。有时，信息发送者可能并不同时具有这些因素，但只要信息接收者认为发送者具有即可。可以说，信息发送者的可信度实际上是由接收者主观决定的。例如，当面对同一问题有几个来源不同的信息时，员工最可能会相信来自他们认为可信度最高的那个发送者的信息。

（3）沟通双方的相似性。沟通的准确性与沟通双方的相似性有着直接的关系。沟通双方的特征（如性别、年龄、智力、社会地位、兴趣、价值观、能力等）的相似性，影响着沟通的难易程度和坦率程度。沟通一方如果认为对方与自己很相近，那么他将比较容易接受对方的意见并且与对方达成共识。相反，如果沟通一方视对方为异己，那么信息的传递将很难进行下去。例如，年龄差距所导致的"代沟"在沟通中就是一种常见的障碍。

（三）结构因素

造成沟通障碍的结构因素主要包括以下三个方面。

（1）地位差别。许多研究表明，地位的高低对沟通的方向和频率有很大的影响。例如，人们一般愿意与地位较高的人沟通；地位较高的人之间则更愿意相互沟通；地位越悬殊，信息越趋向于从地位高的人流向地位低的人；在谈话中，地位高的人常常居于沟通的中心地位，地位低的人常常通过表示尊敬、赞扬和同意来获得地位高的人的认可。可见，地位是沟通中的一种重要障碍。但是，多数员工却非常喜欢与地位高的人进行沟通。其原因有两个：一是这种接触是获得同伴承认和尊重的一种方法；二是与对自己未来有重大影响的上级交往可以增加成功的机会。

（2）信息传递链。一般来说，信息通过的等级越多，它到达目的地的时间则越长，信息失真率也越高。这种信息连续地从一个等级到另一个等级所发生的变化称为信息传递链现象。一项研究表明，企业董事会的决定经过五个等级的传递后，信息损失率在80%左右。其中总裁这一级的信息保真率约为63%，部门主管的约为56%，企业经理的约为40%，第一线工长的约为30%，基层员工的约为20%。

（3）空间障碍。企业组织庞大、地理位置分散、沟通双方相距较远或地形复杂都会导致沟通障碍，虽然有网络、电话和文件联系，但缺乏面对面沟通会影响沟通效果。

（四）其他因素

其他因素造成的沟通障碍主要包括语言障碍、非语言暗示、媒介的有效性和信息过载等。

1. 语言障碍

沟通的准确性依赖于沟通者赋予的字和词的含义。年龄、受教育程度、经历和文化背景影响着一个人的语言风格以及他对字和词的界定，因此，语言和文字有时对发送者和接收者双方不一定都具有相同的含义。语言的不准确性常会引起各种各样的感受，这些感受可能会进一步歪曲信息的含义。如当高层管理人员谈及进行"激励"的必要性时，低层管理人员常常会产生反感，并有一种身不由己被支配的感觉。所以，同样的字词对不同的群体和个体来说，可能会导致完全不同的感情和不同的理解。

2. 忽略非语言暗示

当人们进行交谈时，常常伴随着一系列有含义的动作，这些动作包括身体姿势、头的偏向、手势、面部表情、移动、触摸和眼神等。这些信号强化了信息发送者希望表达的含义。例如，沟通双方的眼神交流可能会表明相互感兴趣、喜爱或者攻击。沟通者的面部表情会表露出惊讶、恐惧、兴奋、悲伤、愤怒或憎恨等情绪。沟通者的身体动作也能传递渴望、愤恨等感情。遗憾的是，人们往往会偏重书面文字的沟通，而忽略面对面的交往，即使在面对面交谈中，有时也会低估非语言暗示的作用。

3. 沟通媒介的局限性

通信技术的迅速发展极大地丰富了人们的沟通工具。新型的沟通技术手段有图文传真机、网上会议、电子邮件、移动电话等。电子沟通从根本上解决了信息在即时发送和即时接收方面的不足。但电子沟通不能像面对面的会议那样全面提供非语言沟通线索，电子邮件也不能像电话交谈那样在传递语言意义的同时传递细腻的情感差别。

选择何种沟通工具，在很大程度上取决于传递信息的种类和目的，还与外界环境和沟通双方的特征有关。如果沟通工具选择不当，则可能造成信息失真或信息延误。

案例 5.5

良好的沟通比效率更重要

研发部梁经理才进公司不到一年，工作表现颇受主管欣赏，不管是他的专业能力还是管理绩效，都获得了大家的肯定。在他的缜密规划之下，研发部一些延宕已久的项目都在积极推行当中。公司李副总发现，梁经理到研发部任职以来，几乎每天加班。他经常看到梁经理在前一天晚上 10 点多发送的电子邮件，接着又看到当天早上 7 点多发送的另一封电子邮件。这个部门下班时，梁经理总是最晚离开，上班时却是第一个到。但是，即使在工作最吃紧的时候，其他同事似乎都准时下班，很少跟着他留下来加班。平常也难得见到梁经理和他的下属或是同级主管进行沟通。

李副总对梁经理怎么和同事、下属沟通觉得好奇，就开始观察他的沟通方式。原来，梁经理总是以电子邮件来交代工作。除非必要，他的下属也都是以电子邮件回复工作进度及提出问题，很少找他当面报告或讨论。他对其他同事也是如此。电子邮件似乎被梁经理当作和同事们合作的最佳沟通工具了。

但是，最近大家似乎开始对梁经理这样的沟通方式反应不佳。李副总发现，梁经理的下属逐渐没了向心力，除了不配合加班，只执行交办的工作以外，都不太主动关心部门的发展现状、问题与未来规划，也不愿意就其进行沟通。而其他部门的主管也不像梁经理刚到研发部时，主动到他办公室聊聊，大家见了面，就只客气地点个头。大家开会时的讨论也都是公事公办的味道居多。

这天，李副总刚好经过梁经理办公室门口，听到他在打电话，讨论的内容似乎和陈经理的业务范围有关。等李副总再走几步到陈经理办公室门口的时候，陈经理也在打电话。李副总听他的谈话内容，确定这两位经理在通话。之后，他找了陈经理，问他是怎么回事：明明梁经理的办公室就在隔壁，为什么不直接走过去说说，却用电话沟通？

陈经理笑答，这个电话是梁经理打来的，梁经理似乎比较喜欢用电话讨论工作，而不是当面沟通。陈经理曾试着要在梁经理办公室谈话，梁经理不是以最短的时间结束谈话，就是眼睛一直盯着计算机屏幕，让他不得不赶紧离开。陈经理说，几次以后，他也宁愿用电话的方式沟通，免得让对方觉得自己过于热情。

了解这些情形后，李副总找梁经理聊了聊。梁经理告诉他，效率应该是最需要追求的目标，所以他希望用最节省时间的方式去沟通。李副总以过来人的经验告诉梁经理，工作效率虽然很重要，但良好的沟通会让工作顺畅许多。

点评：沟通媒介的选择不能一味地强调工作效率，不同的沟通方式所能达到的沟通效果大为不同。

4. 信息过载

我们生活在一个信息爆炸的时代，面临着"信息过载"的问题。例如，管理人员只能利用他们所获得信息的 1/1 000～1/100 进行决策。信息过载不仅使管理人员没有时间去处理大量的信息，也使他们难于向同事提供有效的、必要的信息，这也给沟通带来了很大的困难。

五、有效沟通的途径

案例 5.6

真诚沟通

春秋战国时期，耕柱子是一代宗师墨子的得意门生，不过，他老是受到墨子的责骂。有一次，墨子又责备了耕柱子，耕柱子觉得自己非常委屈，因为在众多门生之中，耕柱子被公认为最优秀的一个，但偏偏耕柱子又常遭到墨子的责骂，这让他面子上很过不去。

一天，耕柱子愤愤不平地问墨子："老师，难道在这么多学生当中，我竟如此差劲，以至于要时常遭您老人家责骂吗？"墨子听后，平静地说："假设我现在要上太行山，依你看，我应该要用良马来拉车，还是用老牛来拖车呢？"耕柱子回答说："再笨的人也知道要用良马来拉车。"墨子又问："那么，为什么不用老牛来拖车呢？"耕柱子回答说："理由非常简单，因为良马足以担负重任，值得驱遣。"墨子说："你答得一点也没有错。我之所以时常责骂你，也是因为你能够担负重任，值得我一再地教导与匡正。"

点评：这个案例对当今的管理者来说也有一定的借鉴作用。作为管理者，应该有主动与下属沟通的胸怀；作为下属，也应该积极与管理者进行沟通，说出自己心中的想法。只有双方真诚地沟通、密切地配合，组织才可能发展得更好更快。

为了有效地克服沟通障碍，我们需要做到以下几点。

（1）明确目的。信息发送者首先要对信息的内容有正确、清晰的理解。重要的沟通最好事先征求他人的意见。对于每次沟通要解决什么问题，达到什么目的，发送者不仅要清楚，还要尽量使接收者也清楚。此外，沟通不仅是下达命令、宣布政策和规定，更是为了统一思想、协调行动，所以沟通之前发送者应对问题的背景、解决问题的方案及其依据、决策的理由和对组织成员的要求等做到心中有数。

（2）提倡平行沟通。平行沟通可以加强横向的协调和合作，如定期召开由各部门负责人参加的工作会议，允许他们汇报工作，提出对其他部门的要求，以便加强横向合作。

（3）提倡直接的、双向的口头沟通。曾有人对经理们进行了一次调查，请他们选择有效的沟通方式，约55%的经理认为直接听口头汇报效果好，约37%的经理喜欢下去检查，约18%的经理喜欢定期召开会议，约25%的经理喜欢看下属的汇报材料。大部分管理者都倾向于面对面沟通、口头沟通和双向沟通。坦诚、开放、面对面的沟通会使员工觉得管理者理解和关注自己的需要。

（4）设计固定的沟通网络，形成沟通常规。固定沟通网络的形式有很多，如定期召开线上或线下会议、定期进行情况报告、定期相互交换信息等。固定的沟通网络可以保证沟通的常态化、规范化，有助于促进工作协同、改善人际关系。

（5）缩短信息传递链，保证信息传递的畅通和完整性。信息传递链过长会使沟通速度变慢，并可能造成信息失真。要保证信息传递的速度和完整性，一方面可以进行结构调整，减少管理层次；另一方面可以建立高级管理者与基层管理者的直接沟通渠道，以便于重要信息的及时传递。

六、沟通技巧

由于中国在短短的几十年间走过了西方发达国家数百年所走过的历程，农业社会、工业社会和信息社会几种形态叠加。在信息技术进步背景下，发生在开放社会的非正式社会沟通成为社会沟通的重要内容，这包括微信、微博等，沟通工具也从信函、电报、电话发展到手机，日新月异。不论沟通平台与工具如何变化，为了提高沟通质量和速度，我们都需要研究沟通的技巧和方法。常用的沟通技巧有以下几个。

（1）使用简洁、明确、易懂的语言。简洁而明确的语言使接收者更容易理解发送者的内容和思想，避免歧义的产生以及由于语言的逻辑层次不清楚而产生沟通障碍。沟通的文字要力求准确、精练、符合逻辑。在跨文化背景下，沟通者更要注意语言和文化之间的相互依存关系。

🔨 案例 5.7

简单沟通

有一个秀才去买柴，他对卖柴的人说："荷薪者过来！"卖柴的人听不懂"荷薪者"（担柴的人）三个字，但是听得懂"过来"两个字，于是把柴担到了秀才面前。

秀才问他："其价如何？"卖柴的人听不太懂这句话，但是听得懂"价"这个字，于是就告诉秀才价钱。秀才接着说："外实而内虚，烟多而焰少，请损之。（你的木材外表看似密实，而里面却是空的，燃烧起来，会浓烟多而火焰小，请减些价钱吧。）"卖柴的人听不懂秀才的话，于是就担着柴走了。

点评：借鉴以上案例，管理者平时应该用简单、易懂的语言来传达信息，而且对于沟通的对象、时机要有所把握，有时过分地修饰反而达不到目的。

（2）控制情绪，保持冷静和理智。沟通者应保持平和的心态，冷静而理智地表达自己的意思，使对方容易接受。如果沟通者情绪激动、怒气冲天，即使是合理的要求、建议，也可能不被对方所接受。

🔨 案例 5.8

面对发脾气的同事

周天和陈颖正在讨论如何应对胡先生。

周天："你看过胡先生发来的电子邮件吗？"

陈颖："我看过了，我从来没有见过他发那么大的火。你发现了吗，他讲的话前后矛盾。我现在真不知道他到底要我们做什么。"

周天："我也是，真想去问问清楚，否则还是会很疑惑。可是，我又怕他正在气头上，我讲什么他都听不进去。"

点评：案例中的胡先生属于情绪控制不当，他太生气了，以至于前后表达不一致，使同事们无所适从。如果沟通者的情绪控制不当或者情绪失控，沟通就可能无法顺利进行，所以我们必须在沟通中驾驭自己的情绪，把握好情绪表露的程度。

（3）注意倾听。倾听对方的意见是一种修养和艺术，特别是在口头沟通时，一定要让对方把话讲完，不能中途打断对方的讲话。积极地倾听有助于了解对方要传递的全部信息、改善人际关系、解决问题。尤其是管理者更需要积极倾听下属的意见。倾听时要注意克服心不在焉，要注意对方的情绪和情感，尊重对方。与人讨论问题时，要注意态度平和宽容，让对方无拘无束。在开始倾听前，不能先入为主。没有听完对方的全部意见时，不要轻易下结论；在别人的讲话未结束前，不要轻易打断；更不能只听了部分内容就急急忙忙进行反驳或提出问题。

案例 5.9

听的艺术

美国知名主持人林克莱特有一次访问了一名小朋友，问他："你长大后想要做什么呀？"小朋友天真地回答："嗯……我要当飞行员！"林克莱特接着问："如果有一天，你的飞机飞到太平洋上空时，所有的引擎都熄火了，你会怎么办？"小朋友想了想："我会先告诉坐在飞机上的人绑好安全带，然后我挂上我的降落伞跳出去。"当现场的观众笑得东倒西歪时，林克莱特继续注视着这个孩子，想看他是不是一个自作聪明的家伙。没想到，孩子的两行热泪夺眶而出，这使得林克莱特发觉这个孩子的悲悯之情远非笔墨所能形容。于是林克莱特接着问他："为什么要这么做？"小朋友回答："我要去拿燃料，我还要回来！"

点评：在听别人说话时，你真听懂他说的意思了吗？如果没有听懂，就请听别人说完吧，这就是"听的艺术"：一是听话不要听一半；二是不要曲解别人所说的话。

（4）巧妙使用非语言符号。我们应在沟通中巧妙地使用声调、语气、目光、动作、表情等非语言符号。注意不要做分散注意力的动作，如东张西望、不断地看手表、心不在焉地翻看文件、拿着笔乱写乱画、不断地打电话等。这些动作不仅是对对方的不尊重，也是傲慢和不礼貌的行为，会引起对方的反感和厌恶，使沟通不能继续或达不到应有的效果。

（5）运用有效的反馈技能。反馈是对信息接收情况的核实、检验和补充的重要环节。要使反馈有效，反馈的内容就要强调具体行为和表现，而不是一些抽象的东西。

视野拓展

管理者的反馈需要一定的技巧

（1）反馈应强调具体行为。管理者的反馈不能是一般性的泛泛而谈，而应当针对具体行为，例如告诉下属因为什么受到表扬，因为什么遭到批评，表扬和批评都应当有充分的依据，同时要提出建设性意见，告诉下属在哪些方面能够改进。

（2）反馈对事不对人。反馈应当与工作行为相关，不要涉及他人的品质，应多采用描述性的语言，避免采用判断、评价性的言辞，切忌进行人身攻击，例如当面说某人"愚蠢""无能"等。

（3）反馈应有的放矢。管理者的反馈信息必须明确沟通的目标到底是什么，是为了帮助下属改变行为，还是为了激励下属。尤其当反馈的信息中包含严厉的批评时，管理者必须确定反馈是有利于组织和下属本人的。

（4）掌握好反馈时机。管理者必须及时反馈信息，不要因为过去很久的错误而批评下属。下属的行为发生与管理者反馈之间间隔时间越长，反馈的效果就越差，反馈对下属的行为纠正作用越弱，反馈引起下属不满的可能性也就越大。

（5）确保下属理解。管理者尤其要注意反馈的信息是否能被下属清楚、完整地理解。必要时，管理者应当要求下属复述其反馈的内容，以此来判断对方是否彻底领会了自己的意思。

（6）将批评指向下属能够改进的工作。仅仅让下属记住自己的失误或缺点是毫无意义的，反馈的最终落脚点应当在于让下属明确知道如何改进自己的工作，这样不仅能减弱批评可能对下属造成的心理伤害，还能给那些已经知道自己存在问题，但又不知道如何解决这些问题的下属提供指导。

（6）注重自身形象。沟通者整洁、得体的衣着打扮是对他人的尊重，会使自己和他人感到舒服，会使对方感到沟通者对此次沟通的重视，并会提高对方对此次沟通的重视程度。一些重要的谈判和会面，参与各方都应穿戴整齐。有一个例子很能说明问题，两家公司谈判合作开发一个大项目，在谈判桌前，甲方人员头发凌乱、衣着随意，而乙方人员却仪容整洁、穿着正式。结果谈判草草收场，原因是乙方认为甲方没有诚意，对于这么重要的投资，谈判人员都随意对待，以后在长期合作中还不知道会发生什么问题。

（7）注重彼此之间的空间位置关系。人与人之间的空间位置关系会影响彼此的沟通过程。不同的空间位置对沟通者具有不同的沟通影响力。在沟通场所的布置和座位安排上，要参照国际惯例和当地的风俗习惯。比如，一些重要的谈判和会见应实行双方对等原则，沟通双方应分别在会议桌的两边依照职务进行排列。人们谈话时的距离远近对沟通的效果也有影响，座位距离太远或太近都不利于沟通。

（8）正确选择沟通媒介。根据沟通的重要程度和需要，沟通者应分别选择面谈、电话、微信、电子邮件等沟通媒介。如果沟通者希望信息能够很快得到反馈并且能够及时交流，那么恰当的方式就是面谈；如果沟通双方距离较远，那么恰当的方式就是电话、微信沟通等。书信、微信聊天记录、文件、传真和电子邮件都可以作为法定的凭据。如果需要保留沟通中的书面证据，那么可以选择这些沟通媒介。

（9）选择合适的沟通时机和沟通场合。时机和场合也是沟通时需要考虑的重要因素。重要的沟通需要沟通双方约定时间，选定在会议室、办公室等正式场所进行；一些非正式的沟通可以选择在餐厅、酒吧、茶室等场所进行。当然，也可以在这些场所通过线上方式来进行沟通，比如使用微信沟通。

案例 5.10

说话应注意场合

鲁迅先生的一篇散文《立论》非常生动地揭示了说话应注意场合的道理。

某户人家生了一个男孩，全家高兴极了。孩子满月的时候，家人将孩子抱出来给客人看——自然是想讨点好彩头。一个人说"这孩子将来是要发财的"，于是他得到一番感谢；另一个人说"这孩子将来是要做官的"，于是他收到了几句恭维话；还有一个人说"这孩子将来是要死的"，于是他被大家合力痛打了一顿。

点评：孩子满月是喜事，主人这时愿意听赞美之词，尽管这些往往只是他人的信口之言。说孩子将来必死虽是有据之言，却使主人产生反感。因为在轻松的场合言语也要轻松，在热烈的场合言语也要热烈，在喜庆的场合言语也要喜庆，在悲哀的场合言语也要悲哀。所以说话要看场合，到什么场合说什么话。

（10）重视自我沟通。一个人在学习与他人沟通之前先要学会与自己沟通，能够对自己的地位、能力、个性、特点、价值观、形象等方面进行客观的评价。沟通者要自信、自尊、自重，保持良好的心态，不能把个人的情感过多地带到沟通过程中。"要想说服别人，首先要说服自己"是一个简单的道理，但是在现实生活中，人们往往会忽略这一道理。

第二节　群体冲突

一、冲突的概念与类型

为了使群体有效地完成组织目标和满足个人需要，必须建立起群体成员和群体之间的良好和谐关系，彼此间应相互支持，行动应协调一致。但是，现实的情况是，冲突在组织或群体内是客观存在的。冲突可以被定义为<u>个人与个人之间、个人与群体之间、群体与群体之间互不相容的目标、认识或感情，引起的对立或不一致的相互作用的状态</u>。该定义强调了以下三个方面的内容。

（1）组织中的冲突是普遍现象，它可能发生于个人与个人之间、个人与群体之间、群体与群体之间。

（2）冲突有以下三种类型：一是目标性冲突，即冲突双方具有不同的目标导向时发生的冲突；二是认识性冲突，即不同群体或个人在对待某些问题上由于认识、看法、理念之间的差异而引发的冲突；三是感情性冲突，即人们之间由于存在情绪与情感上的对立所引发的冲突。

（3）冲突是双方意见的对立或不一致以及一定程度的相互作用，它有各种各样的表现形式，如暴力、破坏、挑衅性的身体攻击、语言攻击或争论等。

组织中的冲突从不同的角度可以划分为不同的类型。

根据冲突产生和变化的过程可以将其划分为以下几类。

（1）目标冲突。目标冲突是指冲突双方因具有不同的目标或预期而导致的冲突。如企业的目标与员工的愿望相反，就会激起员工的对抗；企业为了增加利润而延长劳动时间、降低员工工资、减少员工福利等就会引起员工的不满。

（2）认知冲突。认知冲突是指冲突双方的看法或观念不相容而引发的冲突。如企业内部改革中，在涉及大多数人利益时会形成不同的观点，少数人由于获得较多实惠而表示赞成，而多数人由于利益受到损害而表示不赞成，从而使双方之间形成对立、对抗和冲突。

（3）意向冲突。意向冲突是指冲突双方的态度和情感不一致而引发的冲突。这类冲突通常不会引发严重的后果，但是会令人们不愉快或丧失工作热情。当冲突双方的态度和情感取得一致后，这种冲突就会消失。

（4）行为冲突。行为冲突是指一方或双方的行为不被对方所接受而引发的冲突。个体或群体对某种行为的强烈不满常会导致行为冲突，甚至会造成严重的后果。如一方不尊重、不友好的行为就会激起对方的反感和对抗。

根据冲突产生效果的不同可以将其划分为建设性冲突和破坏性冲突。

（1）建设性冲突，也称积极冲突，这种冲突会给其主体带来积极的效果或利益。其特点是：①冲突双方目标一致，共同关心目标的实现；②冲突双方彼此愿意了解和听取对方的观点和意见，交换意见以讨论为主，不伤感情；③冲突双方以争论的问题为中心来交流意见，对事不对人。例如针对某一方案的不同意见的争论，或关于某一问题解决方法的不同意见的对立，双方经过争论和协调，会使工作做得更好。

（2）破坏性冲突，又称消极冲突。这种冲突对其主体会产生消极的效果或带来损失。例如由于冲突没有得到很好处理，结果发生暴力事件，毁坏了组织财物或造成重大伤亡；或者员工不满，消极怠工，对工作放弃责任，造成组织的重大损失。

视野拓展

参考表 5.4，想一想：组织中的冲突有什么作用？是不是组织中产生的冲突都是不好的？

根据冲突发生规模的不同可以将其划分为局部冲突和全局冲突。

（1）局部冲突。局部冲突是指小范围内的

表 5.4　冲突的作用

正面作用	负面作用
产生新的观点	耗费工作精力
刺激创造性	损害心理健康
激励变革	浪费资源
提升组织的活力	产生消极的工作氛围
帮助个体和群体建立认同感	破坏群体的凝聚力
作为暴露问题的安全阀	增加敌意和导致攻击行为

部分冲突，不影响全局。但是，局部冲突如果不能及时得到解决，可能就会引起全局冲突。

（2）全局冲突。全局冲突是指大范围的全局性的冲突。全局冲突影响很大，后果严重，组织的管理者必须高度重视，全力以赴地尽快合理解决。

根据冲突发展阶段的不同可以将其划分为隐性冲突和显性冲突。

（1）隐性冲突。隐性冲突是指潜在的、尚未明显表现出来的冲突。明智的管理者要见微知著，做到防微杜渐、未雨绸缪，对潜在的冲突千万不可掉以轻心。

（2）显性冲突。显性冲突是指表现明显、可知觉、可观察到的冲突。显性冲突表明冲突已经发生，应引起重视和警惕，组织需要及时采取措施予以解决，不能坐视不管。

根据冲突主体的层次不同还可将其划分为：①个人的内心冲突；②个人与个人之间的冲突；③个人与群体之间的冲突；④群体与群体之间的冲突；⑤群体与组织之间的冲突；⑥组织与组织之间的冲突。

从以上不同类型的冲突可以看出，冲突的类型很多，发生冲突的原因也很复杂。根据哲学原理，矛盾无处不在，各种各样的冲突随时都可能发生。组织的管理者需要增强冲突意识，具有处理冲突的智慧和技巧，根据不同的冲突特点，采取积极的措施有效地处理，使冲突对组织的危害降到最低程度。对于一些看似不严重、危害不大的冲突，组织的管理者也不能掉以轻心、采取漠视的态度，即使很小的矛盾也可能会引发大的危机。一个管理者必须学会处理各种冲突，这样才有可能带领全体员工实现组织的目标。

二、冲突的过程

国外学者对组织中的冲突进行了大量研究，对各种冲突的模式分别进行了研究和论述。行为学家杜布林、庞迪、斯达克、罗宾斯等人都分别提出了自己研究的冲突模式，他们将冲突的来源作为冲突产生的先决条件，将冲突解决方法的选择作为导致冲突结果的关键因素，从冲突的积极方面和消极方面分别分析了冲突可能产生的结果。

组织中的冲突有其发生和发展的过程，不论冲突的原因是什么，冲突都会经历以下几个发展阶段，如图5.3所示。

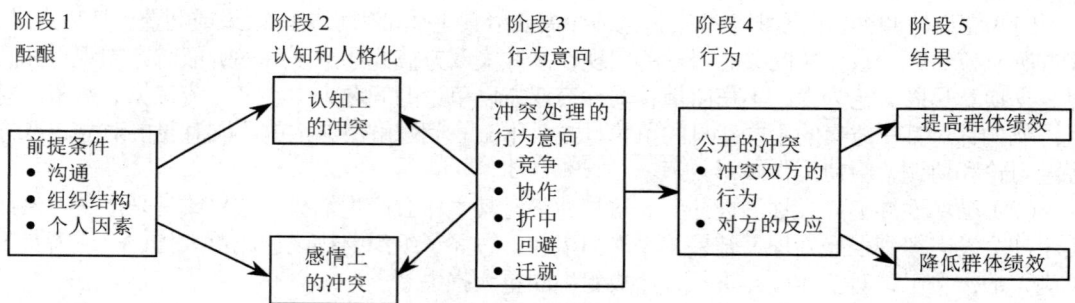

图 5.3　冲突的过程

（1）冲突的酝酿阶段。冲突的第一阶段是冲突的来源或形成阶段。组织所处的环境和冲突双方的行为本身提供了冲突产生的条件（沟通、组织结构、个人因素等），其中的某一个或几个条件会诱发冲突。这一阶段属于冲突的酝酿阶段，通常会显露出一些苗头。如果组织的管理者能够在这一阶段及时发现和解决问题，就能避免激烈的冲突发生。

（2）冲突的认知和人格化阶段。如果冲突的前提条件影响了冲突双方主体，并为双方主体所认知，那么这些条件就会导致冲突。当人们认识到冲突的另一方对自己利益有威胁而感到紧张和不安时，冲突就会表现出来。冲突双方的知觉和感受是相互作用的，这种感受一旦形成，就容易产生冲突的行为，由知觉的冲突变为公开的行为冲突。

（3）冲突的行为意向阶段。冲突的行为意向是指在冲突情境中采取某种特定行为的决策。只有判断对方的行为意向之后，才能知道对方将采取什么行为。很多冲突不断升级的主要原因就是冲突双方都对对方进行了错误的判断。行为意向为冲突双方提供了总体的行为指南，界定了行为目标。

（4）冲突的行为阶段。这一阶段已经使冲突双方的观念、心理的冲突表面化，行为意见逐步发展为冲突双方的行为。由于上级组织的出面或他人的介入，冲突处理行为也就开始出现了。

（5）冲突的结果阶段。冲突的最后阶段即冲突结果出现的阶段。公开的冲突和冲突处理的行为相互作用，最后形成冲突的结果。一种冲突的结果是积极的、建设性的，能够促进组织绩效的提升；另一种冲突的结果是消极的、破坏性的，会降低组织的绩效。若冲突表现为公开争斗或激烈攻击，或失去控制并产生暴力，比如打架斗殴，其冲突结果通常都不是积极性的，而且这种冲突极具破坏性。预防和控制消极的冲突是管理者需要特别关注和投入精力处理的工作。

三、解决冲突的策略

过去，社会心理学家用一维空间来描述人们在冲突中的行为。该一维空间是从竞争到合作，认为有的人倾向于强制，有的人倾向于合作，有的人介于这两者之间。美国行为学家托马斯和他的同事克尔曼提出了一种二维冲突模型，这种模型以沟通者的潜在意向为基础，他们认为冲突发生后，有两种可能的策略可供冲突的参与者选择：关心自己和关心他人。其中，"关心自己"表示在追求个人利益过程中的武断程度，为纵坐标；"关心他人"表示在追求个人利益过程中与他人合作的程度，为横坐标，图 5.4 即为托马斯二维冲突模型。于是，就出现了五种不同的冲突处理策略：强迫（竞争）、合作、折中、迁就和回避。

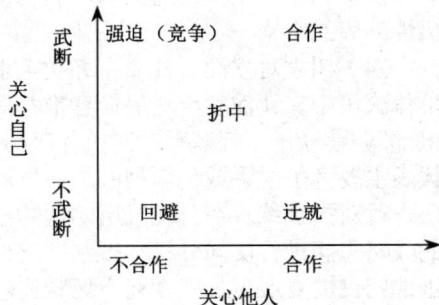
图 5.4　托马斯二维冲突模型

（1）强迫（竞争）策略，是指高度武断且不合作的策略。它代表了一种"赢、输"的结果，即为自己的利益牺牲他人的利益。一般来说，此时一方在冲突中具有绝对优势，认为另一方必然会以失败而告终。它适用于紧急又重要的事情，能够节省时间和决策的成本，尽快形成结论，以保证优先处理重要且紧急的工作。例如，一个部门领导说："明天就要与其他公司签署一份重要合同了，你们部门如果不管这件事，我们部门就要管了。"

（2）合作策略，是指在高度的合作精神和武断的情况下采取的策略。冲突双方既考虑和维护自己的要求和利益，又充分考虑和维护对方的要求和利益，并通过努力去开诚布公地沟通，最终达成共识。这是一种理想的解决冲突的策略，最后的结果是达到双赢，但这种策略的难度也最大。例如，公司将进行整体的品牌推广，这不只是企划部的事情，它还涉及产品开发、市场定位、销售、企业文化等，也就是说，还需要听取发展部、市场部、销售部、人力资源部的意见，这就需要运用合作策略。

（3）折中策略，是指合作性和武断程度均处于中间状态的策略。冲突双方认为，解决方案的质量高低并不重要，关键是被双方认可，最后通过冲突双方互做让步而形成妥协。这是职业经理与其他部门打交道时常用的方式。例如，销售部的报表需要财务部花很大的力气来修改，这时如果销售部经理承诺以后不再发生此类问题，财务部可以采取折中的策略："好，这次就算了，下不为例。"

（4）迁就策略，是指一种高度合作而且武断程度较低的策略。紧急而不重要的冲突宜采取迁就策略解决。一些职能部门就是给其他的部门提供服务的，很多情况下采取迁就策略其实是一种变通，这并不是对原则的违反，也许有些规定本身就不适用于所有的情况，采取迁就策略比较容易化解冲突。

（5）回避策略，是指既不合作又不武断的策略。在处理不重要也不紧急的冲突的时候，回避策略的效果是最好的。例如，一个员工说："我关心的是涨工资，而今天是评先进，我并不感兴趣，所以我不关心自己能否评上，也就没有劲头去跟他们争论了。"

四、激发建设性冲突的策略

管理者要使用一定的方法激发建设性的冲突，促使组织保持旺盛的生命力和不断创新的精神。

管理者激发建设性冲突的方法主要有以下几种。

（1）重新构建组织机构。通过增加或削减部门、改革规章制度、增加部门间的相互依赖性等，利用结构变革来打破现状，引发积极性的冲突。

（2）引进组织外的人才。在组织中引进一些在背景、价值观和管理风格等方面有积极作用的组织外的人才。

（3）利用非正式沟通渠道。利用模棱两可或具有威胁性的信息激起员工的焦虑感，提高积极性冲突的水平。

（4）树立对立面。任命一名吹毛求疵者，要求他对组织中的任何行为提出不同意见；或在群体决策中，让他参与对决策者推荐的行动方案进行质疑的工作。例如，华为成立了"蓝军参谋部"，建立了"红蓝军"对抗体制与运作平台，"红军"代表着现行的战略发展模式，"蓝军"代表主要竞争对手或创新型的战略发展模式。通过模拟假想敌，让"蓝军"和"红军"两支队伍进行对抗训练。在公司高层团队的组织下，采用辩论、模拟实践、战术推演等方式，对当前的战略思想进行反向分析和批判性辩论，在技术层面寻求差异化的颠覆性技术和产品，从而促进部门良性发展，加强企业市场紧迫感，增强危机意识。

众所周知，激发建设性冲突是一项很难的工作。一名企业顾问曾说："高层管理者中有很大一部分人是冲突的回避者，他们不喜欢听反面意见，也不喜欢从相反的方面谈论或思考问题。他们之所以能升到高层位置，正是由他们常常不去激怒上级的做法导致的。"这种抑制冲突的方法在过去还行得通，但在今天激烈的全球竞争中却是绝对不可行的，那些不支持、不鼓励不同意见的组织将无法生存下去。

成功地激发建设性冲突的组织有一个共同的特点，即奖励持异议者而惩罚冲突的回避者。对管理者来说，真正的挑战是当他们听到了自己不想听到的信息的时候。管理者需要学会以平常心来对待坏消息，不激烈指责，不讽刺挖苦，不爱理不理，不咬牙切齿，而是心平气和地问"你能详细谈谈所发生的事吗？"或"你认为我们该怎么办？"，对持异议者真诚地表达"感谢你让我注意到这一点"，这样将会降低今后再出现类似问题的可能性。

视野拓展

小道消息的经典研究

研究者曾分别对一家小型工厂和小型政府办公室进行了研究。

首先，研究者对一家小型工厂67名管理人员的沟通模式进行了调查。调查使用的基本方式是这样的：从每名信息接收者那里了解他们是怎样获得某一信息的，并追踪信息源。调查结果发现，尽管小道消息是信息来源的一种重要途径，但仅有10%左右的管理人员担任联络员的角色（将信息传递给其他人）。比如，当一名经营人员决定辞职时，约81%的经营人员知道此事，但只有约11%的人会将该信息传递给其他人。

研究者以小型政府办公室的工作人员为对象，重复了这一研究，研究包括的人员范围非常广泛，不仅有管理者，还有普通职员。研究同样发现，只有很小比例的人（约10%）充当联络员角色，并且政府办公室的信息是在功能群体内部流动的，而不是在群体之间流动的。

这一研究得出以下两个结论：第一，人们普遍感兴趣的信息倾向于在主要的功能群体内部流动，而不是在功能群体之间流动；第二，没有证据表明任何成员一直在群体中充当联络员角色，不同的人会传递不同类型的信息。

第三节　人际关系

一、人际关系概述

人是社会性动物，有需要寻求他人作伴的倾向，实验结果显示，人的 3/4 的非睡眠时间都是与别人共同度过的。人们在与他人保持社会关系的过程中，除了可以获得依恋、社会融合、价值确定、稳定联盟感、指引等好处外，还会因照顾他人而感受到被需要和认为自己很重要的感觉。因此，在社会生活中，人与人之间总是存在着这样或那样的关系。人际关系是个体从出生到死亡的整个生命过程及人生经验中最核心的部分。人际关系会影响个体、群体和组织的状况、行为等各个方面，因此人际关系问题是组织行为学研究的重要内容。

（一）人际关系的概念

所谓人际关系，是指人们在相互交往中，心理上相互联系、相互影响、相互制约的关系。对这一概念的理解有以下几个方面的内容。

（1）人际关系的实质是一种社会关系。人际关系是某种社会关系、生产关系、经济关系等的具体体现。社会关系、生产关系、经济关系会影响人与人之间的心理距离，制约着人们之间相互竞争、合作或对立的关系。

（2）人际关系是在人际交往的基础上逐步形成和变化的。在人际交往过程中，人与人之间彼此借由思想、感情、行为形成吸引、排斥、合作、竞争、领导、服从等互动关系，人际关系是人际交往的必然结果。

（3）人际关系表现为人与人之间心理距离的远近，由此会引发不同的情绪体验。人与人之间心理上的距离越近，彼此的吸引力就越强，人际交往会使双方感到心情愉快，情绪处于积极状态；彼此间的心理距离越远，相互间的排斥力就越强，人际交往会使双方感到紧张、压抑、痛苦和忧愤，人们的情绪就会处于消极、冷漠甚至对立的状态。

（4）人际关系反映了个人或群体寻求满足其社会需要的心理状态，因此人际关系的状况取决于双方需要获得满足的程度。如果人际交往可以使双方的需要都得到满足，则相互之间发生并保持着相互吸引、相互接近的心理关系；如果任何一方不能满足对方的需要，则会增加相互之间的心理距离，人际关系就趋于疏淡；如果人际交往双方不仅不能满足对方需要，还可能对对方需要的满足起到阻碍和干扰的作用，那么，彼此的关系就可能趋于对立。

视野拓展

不容侵犯的个人空间

心理学实验发现，如果会场中有 10 个依次排列的座位，在 6 号和 10 号位子上已经分别坐了人，走进会场的第三个陌生人一般会选择 8 号位子，而走进会场的第四个陌生人一般会选择 3 号或 4 号位子。陌生人之间在自由选择位子时一般遵循这样的法则：既不会紧挨着一个陌生人坐下，而任由其他许多空位子空着，同时也不会坐得离那个陌生人太远。紧紧地挨着陌生人坐下会使对方变得十分不安，他有可能把身子移向另一边，甚至很有可能换一个位子坐，而自己也会觉得很不自在。反过来，远离陌生人又有可能会无声地伤害对方，给人以遭到嫌弃的感觉。所以，我们通常选择既能给人留有一定空间，又不会给别人造成无声伤害的位子。这就是"尊重个人空间的适当疏远的原则"。在生活中，我们每个人都需要一个个人空间，这是不容侵犯的。

一般情况下，人们越亲密、越友好，就离得越近；而陌生人有可能离得远一些。但如果一个人想和你交朋友，他也会在谈话时离你近一些，而如果你讨厌他，就很有可能会无意识地向后挪。所以我们可以通过离得远近来判断两个人的关系亲密程度或双方对彼此是否感兴趣。

尽管有时候我们会靠得很近，但大多数时候还是喜欢有一定的空间。同样，人们在心理上也是有一定距离的。就像两只住在一起的刺猬，在寒冷的冬夜为了取暖而需要靠得近一些，但是彼此又不能靠得太近，否则自己的刺会刺伤对方。我们在生活中，无论是身体还是心理都需要有一定的个人空间。当可用的个人空间低于要求，或者自己所能容忍的最小个人空间遭到侵犯的时候，我们就会觉得不安，就会通过反抗来保卫自己的个人空间。

有心理学家认为，人类对个人空间的需要是一种本能。在身体上，个体不需要别人离自己太近，因为这样会觉得不安全。同样，一个人心理上的个人空间也是不容侵犯的，每个人的心里都藏着一些秘密，我们不希望他人了解自己的隐私。留有心理上的个人空间同样也是一种自我保护。

（二）人际关系的重要性

人际关系的重要性主要表现在以下三个方面。

（1）人际关系会影响群体凝聚力和士气。人际关系是群体形成和发展的基础，人际关系状况是群体凝聚力和士气的基本特征，人际关系的协调与否会直接影响群体凝聚力和士气。群体内成员之间、成员与群体领导之间的人际关系好，群体凝聚力就强。如果群体内成员之间、成员与群体领导之间关系紧张、矛盾重重、摩擦不断，势必会削弱群体凝聚力，使群体士气低落，甚至会导致群体涣散。

（2）人际关系会影响工作效率。良好的人际关系会使群体成员感情融洽、心情舒畅，有助于发挥员工的工作积极性、主动性和创造性，从而大大提高其工作效率；反之，消极的人际关系会降低员工的工作热情，让员工彼此猜疑、戒备，从而降低工作效率。苏联心理学家曾对一个工厂内的装配小组进行过调查研究。研究结果显示，先进小组内成员之间及成员与领导之间有着融洽的人际关系，而落后小组内的人际关系状况十分糟糕，小组成员之间在感情上相互排斥，成员与领导之间关系紧张。

（3）人际关系状况会影响身心健康。人际交往是人类社会中不可缺少的组成部分，人的许多需要都是在人际交往中得到满足的。如果人际关系和谐，人们就会得到心理上的满足；如果人际关系不和谐，则意味着人们的心理需要没有被满足，或满足心理需要的愿望受挫，因而会产生孤立无援或被社会抛弃的感觉。研究结果显示，健康、协调而亲密的人际关系有利于人们的身心健康，而失调的人际关系往往与一些疾病，如神经衰弱、高血压、偏头痛等有着密切关系，也会导致一些心理疾病的产生。

（三）人际关系的形成和发展

良好的人际关系是在人际交往的过程中形成和发展起来的。它的形成和发展一般要经过定向、情感探索、感情交流和稳定交往四个阶段。

1. 定向阶段

定向阶段包含人们对交往对象的注意、选择和初步沟通等多方面的心理活动，它实际上是对交往对象的选择过程。在人际关系的初期，人们通常依据自己的意愿、审美观、价值观等，将那些具有某种特征、能引起自己兴趣的人作为注意对象。注意也是选择，它本身反映着人们对某种需要的倾向。比如我们在选择恋人时，某些与我们观念中理想的恋人形象接近的异性，尤其会引起我们的注意。

人们注意的选择是自发的、非理性的，引起人们注意的对象不一定就是交往对象。通过注意的选择，人们进一步选择把某人作为交往对象，并与之保持良好的人际关系。只有那些在人们的价值观念中具有重要意义的人，才会被选作交往和建立人际关系的对象。

选定交往对象后，人们开始初步沟通，并采取与这一对象建立某种联系的实际行动。其目的是对选定的对象获得一个最初步的了解，使自己知道是否可以与对方有更进一步的交往，从而使彼此之间人际关系的发展获得一个明确的定向。同时，选择者也要适当地介绍和展示自己，以求给对方留下良好的初步印象，为双方人际关系的进一步发展做好铺垫。

这一阶段的时间跨度因情况不同而异。邂逅而相见恨晚的人，定向阶段会在第一次见面时就完成，而对于可能经常有接触机会而彼此又都有较强的自我防卫倾向的人，这一阶段要经过长时间多次沟通才可能完成。

2. 情感探索阶段

在情感探索阶段，彼此会探索双方在哪些方面可以建立真实的情感联系，而不是仅仅停留在一般的正式交往模式上。在这一阶段，随着双方对共同情感领域的发现，各自会进一步向对方表露自己的思想情感倾向，或扩展新的领域、增加新的内容，以探寻对方的情感倾向。但双方的话题仍要避免触及彼此私密的信息，自我暴露也不应涉及自己隐私的方面。尽管在这一阶段各自在双方关系上已开始有一定程度的情感卷入，但双方的交往模式仍与定向阶段类似，具有突出的正式交往特征，彼此之间仍然会注意自己表现的规范性。

3. 感情交流阶段

感情交流阶段是人际关系建立的关键阶段。此时双方的人际关系安全感已经确立，因而谈话也开始广泛涉及各自的许多方面，并有较深的情感卷入。如果双方的人际关系在这一阶段破裂，将会给双方带来相当大的心理压力。在这一阶段，双方的表现已经超出正式交往的范围，正式交往模式的压力趋于消失。此时，彼此会相互提供真实的、评价性的反馈信息，提供建议，进行真诚的赞赏和批评。

4. 稳定交往阶段

在稳定交往阶段，双方在心理上的相容性会进一步增强，自我暴露也更广泛而深刻。此时，彼此已经可以允许对方进入自己高度私密的个人领域，分享自己的生活空间和财产。但在实际生活中，很少有能达到这一情感层次的友谊。许多人同别人的关系并没有在第三阶段的基础上进一步发展，而是一直停留在第三阶段的水平上。

（四）人际关系的类型

社会活动的复杂性和人们交往行为的多样性使人际关系也千姿百态。心理学家雷维奇根据调查研究结果把人际关系归纳为以下八种类型。

（1）主从型人际关系。一方处于主导地位，而另一方则处于被支配或服从的地位。这是一种最基本的人际关系类型，几乎在所有的人际关系中都有主从型的因素。同时，主从型人际关系也是最牢固的一种人际关系。

（2）合作型人际关系。双方有共同的目标，为了达到既定的目标，他们能配合默契、相互让步和忍耐；在双方发生分歧时，往往能够互相谦让。一般来说，人们都希望与他人结成这种类型的人际关系。但是，大量的研究表明，合作型关系的双方更适宜做好朋友，而并不十分适宜做夫妻。因为尽管这样的夫妻能够和睦相处，但是他们往往会感到单调乏味，容易相互产生厌烦的情绪。

（3）竞争型人际关系是一种既令人兴奋，又使人精疲力竭的不稳定的人际关系。竞争的双方为了达到各自的目的，常常会竭尽全力争取胜利。这种人际关系的主要优点是有生气、有活力；缺点是如果竞争时间过久，就会令竞争双方感到精疲力尽。

（4）主从-竞争型人际关系是一种难以相处的人际关系。双方在相互作用时，有时呈现为主从型人际关系，有时则呈现为竞争型人际关系。这种不断变化的人际关系使双方难以把握、无所适从。而且，在这种混合型人际关系中，常常包含了主从型人际关系和竞争型人际关系中最不好的特点。这种人际关系的结局常常是在双方忍无可忍时不得不中断彼此的联系。

（5）主从-合作型人际关系是一种互补和对称的混合型人际关系。此种人际关系较为理想，在这种关系中双方能够和谐共处，即使有些摩擦也没有多大危害性。如果在这种关系中合作因素超过主从因素，那么双方会感到更加融洽。

（6）竞争-合作型人际关系是一种自相矛盾的混合型人际关系。此种人际关系的双方时而呈现出竞争关系，时而呈现出合作关系，如此反复变化。这种人际关系类型最适合朋友之间，而对夫妻关系来说则不甚适合，这是因为要维持这种关系需要保持一定的距离，以避免双方过于频繁地互动。

（7）主从-合作-竞争型人际关系也是一种混合型人际关系。属于这种关系的双方，往往会陷入困境，因为在他们的相互关系中，同时具有主从、合作、竞争三类人际关系的特点，所以他们生活中的矛盾冲突比其他类型的人际关系要多。

（8）无规则型人际关系在八种人际关系中所占比例最小。属于这种人际关系类型的双方毫无组织能力，往往连他们自己也弄不清自己在干什么，他们的相互关系显得毫无规则，只要受到外力的影响，双方的关系就会转变成其他类型的人际关系。

（五）改善人际关系的理论和方法

1. 改善人际关系的理论

海德曾提出平衡理论，通过"P-O-X"模式来讨论P、O两个态度主体之间的人际关系状况与他们对X（即态度对象）的态度之间的关系。他将P、O、X三者之间肯定的正关系用"＋"表示，否定的负关系用"－"表示，如果三者的关系状况（即＋、－）的乘积是正，说明他们之间的关系是平衡的，如果三者的关系状况（即＋、－）的乘积是负，则说明他们之间的关系是不平衡的。若这三者处于不平衡状况，则P、O主体会感到紧张和压力，从而产生恢复平衡的动力。恢复平衡的途径之一就是改变对态度对象的态度。这一理论显示，人际关系改善的动力在于人们恢复态度平衡的需求。这一理论常被用来解释人际关系的变化情况。

社会心理学家纽科姆将海德的理论推广到人际沟通领域,明确讨论了人际关系的改善问题。他提出了"A-B-X"模式,其中的 A 和 B 代表两个关系主体,X 代表与 A、B 都有关系的客体。他认为,人与人之间的关系不仅取决于彼此之间的交往,而且有时还取决于第三者。当 A 和 B 与 X 的关系相似或相同时,A 和 B 之间将产生依恋性。相反,A 和 B 与 X 的关系的差别将使 A 和 B 之间产生不睦。同样,A 和 B 之间沟通的发展也将导致他们与 X 的关系的相似性。如果在对待 X 的态度上两者之间产生了差别,并且他们本来处于相互肯定的关系之中,则在 A、B、X 之间就出现了不协调。为了实现协调,可能的方法要么是 A 或 B 改变自己对 X 的态度,以与对方保持相似或相同的态度,要么是 A 或 B 改变对对方的态度。当然,他们会不会改变、怎样改变会受到以下几个因素的影响:A 与 B 的亲密程度,X 对 A 和 B 的重要程度,A、B 因 X 发生的相关关系状况,A、B 对 X 的分歧程度,A 或 B 对自己态度的自信程度,等等。

2. 改善人际关系的方法

改善人际关系需要人们有较强的人际交往能力,也就是对他人交往需要、动机的体察能力和使自己的行为与外界环境更加吻合的能力,这些能力可以通过训练来培养。国外学者曾提出过一些有一定效果的训练方法,主要包括角色扮演法、敏感性训练法和会谈训练法。

(1)角色扮演法,就是模拟某些现实的情景,让一个人扮演各种不同的角色,站在不同的立场处理事情,以使其了解别人的需求和感受,从而改变待人的态度。这是一种增强人的理解力、同情心的训练方法。在现实生活中,由于受到客观条件限制,人们不能经常或广泛地进行这种训练,但可以通过观念上的"心理换位"训练达到同样的效果。

(2)敏感性训练法,又称为感受性训练法、实验室训练法、T 小组训练法,其主要目的是让受训者学会怎样有效地交流、细心地倾听、了解自己和别人的感情以改变自己的态度。其训练方法是把十几名受训者集中到远离日常工作场所的地方。在这个受训者集体里,成员没有要解决任何特殊问题的意图,也不想控制任何人,大家坦诚相见,自由交流有关此时此地所发生的事情。通过训练,人们逐渐发现了自己的内心世界,又因认真倾听了别人的交谈,也能够逐渐学会设身处地体察、理解别人。实践证明,这种训练方法是一种有效改善人际关系的方法。

(3)会谈训练法,是指受训者模拟会谈者和被接谈者面对面地进行意见沟通,对被接谈者的语言、行为、态度、反应等问题进行了解和把握,从而提升受训者协调人际关系能力的一种方法。

二、人际吸引和人际交往

(一)人际反应特质

人际反应特质是指一个人对待人际关系的基本倾向。良好的人际反应特质是指与他人交往时拥有良好的态度和适当的方法;反之,就是不好的人际反应特质。

个人具有何种人际反应特质,与其自身的性格、从事的职业、社会地位以及个人的经历、人生观、世界观有关。要想与他人建立良好的人际关系,必须具有良好的人际反应特质。利己、竞争、控制、索取、分离倾向强烈者,不利于与他人建立良好的人际关系,而利他、包容、合作、亲密倾向强烈者,易于与他人建立良好的人际关系。

根据舒茨的研究,人际反应特质产生的动机可以分为以下三类。

(1)包容的需求。人们表现出愿意与人交往、愿意与别人建立与维持和谐关系的动机,出于这种动机产生的人际反应特质是沟通、融合、参与、随同等;与此动机相反而产生的人际反应特质则是排斥、对立、疏远、退缩等。

（2）控制的需求。人们表现出在权力或权威基础上建立与维持良好关系愿望的动机，其人际反应特质为使用权力、权威、威信去影响、支配、控制、领导他人等；与此动机相反而产生的则是服从权威、追随他人、模仿他人、受人支配等人际反应特质。

（3）感情的需求。人们在感情上愿意与他人建立与维持良好的关系，出于这种动机产生的人际反应特质是同情、热情、喜爱、亲密等；与此动机相反而产生的人际反应特质是冷淡、厌恶、憎恨等。

上述三种需求又分为主动型和被动型，从而形成六种基本的人际关系倾向，如表5.5所示。

表 5.5　舒茨的人际关系倾向

需求种类	包容的需求	控制的需求	感情的需求
主动型	主动与别人交往	支配别人	对别人表示亲热
被动型	期待别人接纳自己	期待别人支配自己	期待别人对自己表示亲热

（二）人际吸引

人际吸引是指人们用肯定或否定的方式去评价别人的倾向，也就是人与人之间情感上的亲疏远近。人们相互间的吸引程度是人际关系的主要特征。

人际吸引的状况除受社会、经济、政治等因素的影响之外，还受以下一些因素的影响。

1. 相似性

人们彼此之间的某些相似特征是导致相互喜欢与吸引的重要因素，所谓的"物以类聚，人以群分"即缘于此。这种相似是人们感知到的相似，而不是客观上的相似，尽管这两者有着密切的联系，但并不是完全对应的。相似性的因素包括年龄、性别、社会地位、受教育水平、经济收入、职业、籍贯、兴趣、价值观、信念、态度、个性品质等。研究表明，他人越是与自己相似，自己便越是喜欢这个人。

相似性之所以能起到增强人际吸引的作用，可以用强化理论和认知理论来解释。强化理论认为，他人表现出与自己相似的特征，对自己是一种社会性支持，具有很大的正强化作用。用认知理论来解释，则是因为人们往往将类似的事物作为同一个认知单元来感知，人们一般是喜欢自己的，故而对同一认知单元的相似的人也会怀有好感。

人们在早期交往中，信念、价值观和个性品质的相似性往往显示不出来，此时年龄、社会地位、外貌吸引力等常起到重要作用。随着人们交往的加深，信念、价值观、个性品质等因素的作用便会凸显出来，甚至会超过其他因素的影响。

2. 互补性

当交往双方在某些方面看起来互补时，彼此的喜欢程度也会提高，主要表现在交往双方在需要、社会角色和人格的某些特征方面的互补。这三种互补关系会提高交往双方的吸引和喜欢程度。实际上，上述三种互补都是需要的互补，它之所以导致交往双方互相喜欢是由于一种报答作用。人们可以从这种相互报答中建立感情，也就是说，交往双方的特点正好满足对方的需要，从而能各得其所。例如，独立性较强的人往往喜欢和依赖性较强的人在一起。

研究表明，互补因素可增进人际吸引，经常发生在感情深厚的朋友（特别是异性朋友）或夫妻之间。

3. 接近性

接近性主要包括时间的接近性和空间的接近性两个方面，即交往频率的高低和空间距离的远近会影响人际吸引。

交往频率越高，人们越可能提高喜欢的程度。扎永茨的实验证明了这一点。他让被试看一些人的面部照片，有些照片看 25 次，有些只看一两次，然后问被试对照片的喜欢程度。结果表明，被试对看的次数越多的照片越喜欢。这一效应在心理学中被称为曝光效应。

人们常说"远亲不如近邻"，这就是由于在地理位置上的接近，人与人之间更可能发生人际交互关系，提高交往频率，容易形成共同的经验、话题和感受，增强彼此之间的相互吸引力。

研究表明，接近性因素能增强人际吸引可能是出于熟悉的原因。首先，多次接触通常都能提高再认识，这对开始喜欢上某人是有帮助的一步；其次，当人们变得越来越熟悉彼此时，他们同时也更能预测对方的行为，这样，对方在场时自己就会越来越感到舒适。

当然，接近性因素作用的发挥是有前提的。只有双方处于积极的或中性的关系的前提下，它才能起到积极的促进作用；如果双方的关系是消极的，空间距离越近、接触越频繁，反而使得双方关系越消极。接近性因素在人际吸引中的作用会随着时间的推移而越来越小。

4. 才能

才能出众的人一般具有较强的吸引力，他人会对其产生钦佩之情并欣赏其才能，往往更愿意与之接近。但是，如果这种才能让人产生社会比较的压力，使他人感到自己的无能和失败，人们就会对其敬而远之，这时候，才能对人际吸引反而会起到反作用。研究结果显示，有才能又偶有失误的人更具吸引力，这就是"犯错误效应"。但犯错误效应对两类人不起作用：一是能力差而缺乏自尊心的人，二是能力强且自尊心也强的人。前者不能容忍其崇拜对象有任何缺陷，后者则会对那些连小缺点都不能克服的人感到失望。

5. 仪表

容貌、体态、服饰、举止、风度等个人外在因素在人际吸引中的作用也是很大的，尤其是在人们初次交往或早期交往中的影响力很强。因为美好的仪表能够满足人们审美的需求，同时美好的仪表还能产生晕轮效应，让人以为仪表美的人也具有其他优良品质。

但是，随着交往的深入，其他信息的增多，仪表的影响力会越来越小，吸引力将会从外在的仪表逐渐转到内在的人格魅力上。所以说，人不是因为美丽而可爱，而是因为可爱才美丽。

6. 人格品质

人格品质是影响吸引力最稳定的因素，也是影响个体吸引力最重要的因素之一。美国学者安德森曾经研究过影响人际吸引的人格品质。根据他的研究，人们喜爱程度最高的六个人格品质是真诚、诚实、理解、忠诚、真实、可信，它们或多或少、或直接或间接地同真诚有关；受喜爱水平最低的几个品质，如说谎、伪装、不老实等也都与真诚有关。安德森认为：真诚受人欢迎，不真诚则令人厌恶。

（三）人际交往及其功能

人际交往是指人们在社会活动中，运用语言符号系统或非语言符号系统在相互交往中交流信息、沟通情感的过程，也就是信息交流的过程。人际交往可以促进人们自我认识的深化和个体的社会化进程，是人们实现人生价值的桥梁。

根据有关学者的研究，人际交往的功能具体体现在以下几个方面。

（1）沟通信息。据估计，人们除了睡眠以外，约有 70% 的时间都花在了相互交往和信息沟通上。由此可知，人际交往的沟通作用非常重要。正是这种相互沟通丰富了人的思想，发展了人的思维。现代心理学证明，人的素质只有在交往的过程中才能得到改善，人的智力只有在交往的过程中才能得到健康的发展，人的种种愚昧也往往是缺乏人际交往造成的。经验和事实告诉我们，个人能力的高低，在很大程度上取决于他获得信息的多少，以及他获得信息的好坏，而信息的获得则取决于人们的人际交往能力。

（2）协调功能。现实生活中的每个人大都希望自己与他人、与自己的群体保持一致，而有效的人际交往可以帮助人们实现这一目的。实际上，人们通过人际交往建立了各种联系，形成了一定的社会关系。为了协调共同活动的需要，使社会成员有秩序地生活，避免各种矛盾和冲突，人们制定了一系列群体规范和社会行为准则。这些群体规范和社会行为准则作用的发挥，必须通过人际交往来实现，人们需要把这些信息传递给社会中的每个成员，促使每个成员的行为保持一致。人们对这些规范和准则的认识和理解也要通过人际交往来实现。同时，通过人际交往还能够传播健康的社会思想，促使人们社会行为规范化，形成良好的社会氛围，使社会保持和谐、稳定、有序的状态。

（3）心理保健功能。人际交往是人类最基本的社会需要之一，也是人们赖以同外界保持联系的重要途径。通过人际交往，人们可以减少恐惧感和孤独感，满足个人的安全需要。实验结果显示，当人们的心理产生恐惧时，更需要与他人在一起。人都有归属的需要，通过相互交往，可以诉说个人的喜怒哀乐，这样就能增进成员之间的思想、情感的交流，使成员之间产生依恋之情。"交往剥夺"给人的心理造成的损害是极其严重的。一个人长期与世隔绝、离群索居，精神就会崩溃。长期孤独的人精神会变得忧郁，心理会发生变态，甚至会损害其生命和健康。通过交往，人们可以获得情感上的共鸣，有利于保持心理平衡。人际交往还可以帮助人们转移和宣泄不良情绪，减少人们的心理压力，使人们保持身心健康。

（4）提供心理发展动力功能。人与人之间的不断交往为个体提供了大量的社会性刺激，从而保证了个体社会性意识的形成与发展。通过人际交往，从婴儿开始，个体逐渐完成了各个年龄段的人生发展，个体的社会意识也由低级向高级迈进，逐步形成健全的人格特征以适应复杂的社会生活。在人际交往的环境下，人们相互学习、相互竞争，个体可在与他人的相互比较中发现自己的不足，从而获得自我发展的动力。

（四）人际交往的原则

在人际交往中，我们都希望建立和保持良好的人际关系。要想达到这一目的，我们必须了解人们在交往过程中的心理动机，尽管这样的动机纷繁复杂，但仍然有一些普遍性的原则可以遵循。以下是人际交往中的几个主要原则。

1. 交互原则

每个人都有寻求自我价值被肯定和获得情绪安全感的心理倾向。在人际交往中，人们总是期望对方首先肯定自己、接纳自己、喜欢自己、支持自己，而对方的肯定、接纳、喜欢和支持不是无缘无故的、单方面的，而是有前提的和交互的。研究结果显示，人际关系的基础是人与人之间相互重视、相互支持。也就是说，人际交往当中的喜欢与厌恶、接近与疏远是相互的。在一般情况下，喜欢我们的人，我们才会喜欢他们；愿意接近我们的人，我们才会愿意接近他们。而对于疏远我们、厌恶我们的人，我们的反应也是相同的，也会疏远或厌恶他们。

案例 5.11

萧伯纳与小姑娘

萧伯纳是英国著名的戏剧家。有一次，萧伯纳在苏联访问时遇到一个小姑娘。小姑娘长得白白胖胖，长着一对有神的大眼睛，头上扎着一个大红蝴蝶结，真是可爱极了。萧伯纳非常喜欢这个孩子，竟同她玩了许久。临别时，萧伯纳对小姑娘说："别忘了回去告诉你妈妈，就说今天同你玩的是世界有名的萧伯纳。"说完，萧伯纳暗想："当小姑娘的妈妈知道女儿今天是与一位世界大文豪一起玩时，一定会惊喜万分。"

"您就是萧伯纳伯伯？"小姑娘问。"怎么，难道我不像吗？""可是，您怎么会说自己有多么了不起呢？请您回去后也告诉您的妈妈，就说今天同您玩的是一位苏联小姑娘。"萧伯纳听了，不觉为之一振。他马上意识到自己刚才太自以为是了，不禁一时语塞。

之后，萧伯纳深有感触地说："一个人不论取得多大成就，都不能自夸。对任何人，都应平等相待，永远谦虚。这就是那位小姑娘给我的教育，她也是我的老师。"

点评： 在人际交往中，要把自己摆在同对方平等的位置上，要公正平等、尊重他人。

2. 功利原则

人际交往的本质就是社会交换，这种交换既有物质方面的内容，也有非物质（如情感、信息和服务等）方面的内容。人际交往不仅要求双方交往倾向的一致性，更要求双方能在交往过程中"投之以桃，报之以李"，并且这种交换是对等的。这种交换所遵循的原则和商品交换一样，只有当双方觉得交换是值得的时候，交往行为才会出现或持续，人际关系才能建立和维持。至于如何判定是否值得，又与人们的得失观念密切相关。人们的得失观念是由其需要和价值观派生而来的。要想建立并维持良好的人际关系，人们必须了解对方在人际关系方面的价值倾向，使对方在与自己的交往中始终处于得大于失或得等于失的状态，这样才能让对方感觉与自己的交往是值得的。当然，这种功利原则同样适用于对方。

在人际交往中，由于价值观的不同而存在着不同的社会交换机制。重情谊轻物质的人在人际交往中会卷入更多的个人情感，在交往回报中会让对方得大于失且超过对方的预期，这样循环往复，就形成了增值交换的状况，即双方都会觉得得大于失。相反，对于重物质轻情谊的人来说，在人际关系中纯粹的物质利益交换意识多于个人情感的卷入，因而他们倾向于用物质价值来衡量自己在人际关系当中的得失，总觉得在人际交往中吃了亏，所以在回报时总是低于对方预期，双方都觉得这样的交往不值得。这就是减值交换过程。

3. 自我价值保护原则

自我价值就是个体对自身价值的意识和判断。自我价值保护指的是人们为了保持自我价值的确立，在心理活动的各个方面都有一种防止自我价值遭到否定的自我支持倾向。

这种倾向广泛地存在于知觉信息的选择、内部信息的加工、对行为的解释和人际交往等方面。在人际交往方面，我们从人际交往中接纳和拒绝的相互性就可以看出这种倾向。自我价值的否定是痛苦的，人们在面临自我价值威胁时的优先反应不是否定自身，而是尽可能维护自己。在人际交往过程中，如果一方的态度和行为与对方的期望相反，使对方面临自我价值威胁，那么就必然会出现人际关系的障碍。

4. 人际吸引水平的增减原则

心理学家阿伦森与林德曾做过一个著名的实验，揭示了人际交往中人际吸引水平的增减原则。该实验让被试听到四种不同实验情境下合作伙伴对自己的评价，即肯定（被试始终得到好评）、否定（被试始终被否定）、提高（评价由否定逐渐转向肯定）和降低（评价由肯定转为否定）。最后，被试要对合作伙伴做出喜欢水平的评价。结果显示，人们对"提高"情境下的交往对象喜欢的程度最高，明显高于一直肯定自己的交往对象；而对于"降低"情境下的交往对象的喜欢程度最低，大大低于一直否定自己的交往对象。这一实验反映了在人际交往中，我们对别人的喜欢不仅仅取决于别人喜欢我们的程度，而且还取决于别人喜欢我们的水平的变化与性质。我们最喜欢的是对我们的喜欢水平不断提高的人，而最厌恶的是喜欢我们的水平不断降低的人。

视野拓展

人际关系是快乐的源泉

研究发现，人际关系是人们快乐的重要来源。人们快乐的来源主要是与人际关系相联系的，如表 5.6 所示，除最后两项与人际关系的联系不明显以外，其他各项都与人际关系有着密切的联系。

表 5.6 快乐的来源（满分 100 分） 　　　　　　　　　　　　单位：分

快乐来源	男性		女性	
	21 岁以下	21 岁以上（含）	21 岁以下	21 岁以上（含）
结婚或订婚	47.0	72.5	71.3	71.4
恋爱	75.7	72.9	87.0	73.1
生子	41.4	57.8	60.5	70.1
交到新朋友	60.3	58.3	75.6	73.4
朋友来访或和朋友在一起	52.1	54.7	68.9	65.2
和同胞或近亲在一起	52.9	48.2	65.7	68.3
度假	64.0	72.0	74.2	71.0
获得学位	61.6	58.5	80.2	72.9
大病初愈	82.1	60.4	66.6	77.3

第四节　工作团队

一、工作团队概述

自 20 世纪 80 年代以来，工作团队作为一种新的工作方式，凭借其对内能凝聚智慧、对外能快速响应市场变化的优势迅速得到企业的认同，并在全球范围内得到广泛运用。

（一）工作团队的概念

20 世纪 80 年代，沃尔沃集团、丰田汽车公司等大型组织就引入了团队的概念。所谓团队，是指这样一个共同体，该共同体能合理利用每一个成员的知识和技能，各成员之间能协同工作、解决问题，达到共同目标。团队成员努力的结果是团队的绩效高于个体绩效的总和。当工作是围绕小组而不是个人来进行设计时，就形成了工作团队。

可以认为，工作团队是指由一些技能互补的成员组成的正式群体，团队成员致力于实现共同目标、提高工作绩效，并且共同承担责任。

工作团队是高级发展形式的群体，所有的工作团队都是工作群体，所有关于工作群体的一般理论对工作团队同样适用。然而，它们之间有根本性的区别，斯蒂芬·罗宾斯对于这两者的区别曾做过深入研究，并得出了四个结论，如图 5.5 所示。一是工作群体强调信息共享，而工作团队则强调集体绩效，工作团队的绩效往往高于个人绩效之和，这是两者最本质的区别；二是工作群体的作用是中性的（有时是消极的），而工作团队的作用往往是积极的；三是工作群体的责任是个体化的，而工作团队的责任既可能是个体化的，也可能是工作团体整体化的；四是工作群体成员的技能可以是随机的或不同的，而工作团队成员的技能必须是相互补充的。

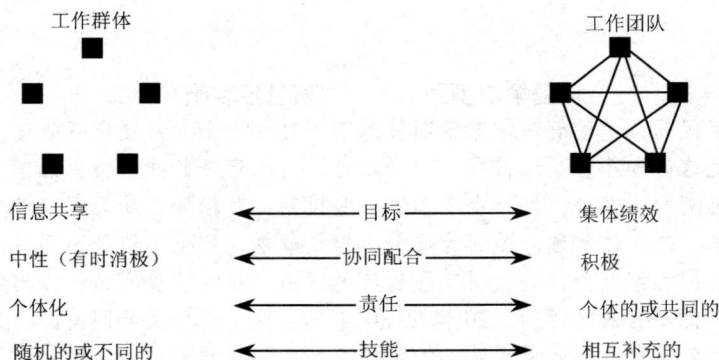

图 5.5　工作群体与工作团队的区别

案例 5.12

合作共赢

在小米，雷军和林斌领导着一个高度协作的团队，共同追求提供高品质、价格实惠的智能手机和智能设备。雷军注重市场策略和产品创新，而林斌负责技术开发和供应链管理。尽管他们在角色和职责上有所不同，但他们的合作是小米成功的关键因素之一。

团队成员共享信息、想法和资源，鼓励创新，快速响应市场需求。小米的独特之处在于，他们采用了直销和社区参与的模式，建立了强大的客户关系，这也要归功于团队的合作努力。

点评：这个案例表明，通过合作和共享资源，小米能够在竞争激烈的市场中蓬勃发展。雷军和林斌的领导能力以及团队成员之间的互补合作是小米成功的关键因素。这个案例强调了组织行为学原则，即通过合作和共享资源，团队成员可以实现共同的目标，取得商业成功。同时，它也提醒我们，领导者的角色在团队合作中起着至关重要的作用，可以激发团队的创造力和潜力。

（二）工作团队的类型

斯蒂芬·罗宾斯根据工作团队成员的来源、拥有自主权的大小以及工作团队存在目的的不同，将工作团队大致分为三种类型：问题解决型团队、自我管理型团队、多功能型团队。

1. 问题解决型团队

当工作团队刚刚兴起时，采用的就是问题解决型团队（problem-solving team）的形式。这种团队一般由来自同一部门的5～12名员工组成，他们每周有几个小时碰头，着重讨论如何改进质量，他们可以对传统的程序和方法提出质疑。比如，20世纪80年代的"质量控制圈"，"质量控制圈"中对"问题的确认"这一部分是由管理层来最终实施的，工作团队的成员没有权力来确定问题出在哪里，只能提出建议。"质量控制圈"中的权力其实是分散的，并不是所有的成员都有权力或能力完成"质量控制圈"中的任务。这种工作团队的权力一般较小，只有建议权，而没有权力采取行动。

问题解决型团队建立的核心目的是提高产品质量和生产效率、改善员工工作环境等。在这样的工作团队中，成员可以就如何改变工作程序和工作方法相互交流，提出一些改进建议。

视野拓展

问题解决型团队——"质量控制圈"

20 世纪 50 年代初，美国管理学家戴明被邀请到日本为企业讲授质量管理。戴明提出一个观点，如果我们更信任和尊重员工，那么他们就可以负起责任，并且将更加努力地从事自己的工作。作为这一思潮的一部分，许多企业形成一些机制，鼓励雇员就公司经营方面的问题提出改进建议。在日本，这一体制逐渐演变为质量小组。最初，质量小组是由同一单位的雇员及主管人员组成的，他们定期开会，讨论研究在生产过程中出现的质量问题，提出解决问题的改进建议，并自主采取行之有效的行动。20 世纪 80 年代，这一概念又传回美国，并在全世界推广开来。例如，惠普公司引入"质量团队"的工作方式后，在 6 个月内，这些团队就使整个公司的效率提高了 50%。惠普公司曾对其主管人员进行了长达 40 小时的培训，然后让他们自己找到在其员工中实施这一做法的恰当方式。团队成员迅速在他们的工作中参与了这一改革，并且变得更加负责任，工作效率更高。

由此可见，问题解决型团队是一种临时性团队，是为解决组织面临的某些特殊问题而设立的。这些团队的成员一般是来自同一个部门的员工，他们定期聚集在一起，讨论如何提高产品质量、生产效率和改善工作环境。例如，我们常见的企业质量小组、攻关小组，高校中的课题组，等等，都属于这种类型的工作团队。

2. 自我管理型团队

问题解决型团队对提高企业的效率和产品质量行之有效，但这种类型的团队的成员在参与决策方面的积极性显得不够，因此，企业希望能够创建独立自主、自我管理的工作团队——自我管理型团队（self-managed team）。此类团队通常由 10~15 个人组成，他们能够独立自主、自行做出工作安排和决策，在任务分配、成员组织和绩效评估时均突出成员的自我管理。但创建这种团队并不意味着就容易成功，因为其成员的缺勤率和流动率都偏高。

案例 5.13

复仇者联盟

复仇者联盟是美国漫威漫画作品中的超级英雄团队，漫威影业后来推出了同名系列动作科幻电影。这个团队的成员构成非常多元化，有美国队长、钢铁侠、绿巨人、黑寡妇、鹰眼和雷神等。这些成员之间风格迥异，所以经常会有内部纷争，但在关键时刻总能团结起来，共同对抗强大的威胁势力。

就组织形式而言，复仇者联盟是一个自我管理型团队——它没有官方任命的队长。即便是组建了复仇者联盟的神盾局局长，也仅负责指定角色（复仇者联盟核心成员）、偶尔发个任务卡，复仇者联盟自主决定怎么组团、执行什么任务、怎么打怪，成员相互之间没有上下级关系，通过交流沟通达成一致，共同做出决策。

美国队长和钢铁侠在打怪过程中逐渐成为非正式联合领导者，但他们不会命令谁做什么或不做什么，而是给予团队成员各种支持，如美国队长的精神凝聚力、钢铁侠提供的各种酷炫道具和装备，包括复仇者联盟大厦和蜘蛛侠的超级战衣。

点评：自我管理型团队的最大优势是团队本身就是一种激励，因为自我管理型团队的本质是源于自主权和决策权的"主人翁身份"。

自我管理型团队承担的是责任，而不只是任务。自我管理型团队在解决问题和达成目标方面拥有更大的自主权，因此这种类型的团队的成员会更积极主动、更具创新性。

3. 多功能型团队

多功能型团队（cross-functional team）一般是指跨部门和工作领域的横向工作团队，通常是为了完成复杂任务而创建的，这种类型的团队通过加强信息交换激发所有成员的新观点、新思维，从而解决复杂的任务或问题。国际商业机器公司（IBM）在20世纪60年代的任务攻坚团队就是一种早期的多功能型团队。

多功能型团队是一种有效的团队管理形式，它能使组织内（甚至组织之间）不同领域的成员之间交换信息，激发产生新的观点，协调复杂的项目。但是多功能型团队在创建的早期阶段需要耗费大量的时间，因为团队成员需要学会处理复杂多样的工作任务。在团队成员之间，尤其是那些背景、经历和观点不同的成员之间，建立起信任并能真正地合作也需要一定的时间，同时还要求团队成员具有很强的合作意识和很高的个人素质。

⚖ 案例 5.14

麦当劳的危机管理团队

麦当劳有一个危机管理团队，其责任就是应对重大的危机，这个团队由来自麦当劳营运部、训练部、采购部、政府关系部等部门的一些资深人员组成，他们平时共同接受关于危机管理的训练，甚至模拟当危机到来时应怎样快速应对，比如广告牌被风吹倒，砸伤了行人，这时该怎么处理。一些人员要考虑是否把被砸伤的人送到医院，如何接受新闻媒体的采访，当家属询问或提出质疑时如何对待；另一些人要考虑的是如何对这个受伤者负责，赔付费用谁来出，怎样确定赔付费用。所有这些都要求团队成员能够在复杂问题面前快速采取行动，并进行一些专业化的处理。

点评：虽然这种危机管理团队在一年当中有多少机会能用得上还是个问题，但对于跨国公司来说是"养兵千日，用兵一时"，因为一旦问题发生，通常就不是一个小问题。在面临危机时，只有做出快速而且专业的反应，危机才有可能变成生机，问题也才会得到妥善解决，而且还会给顾客及公众留下很专业的印象。

（三）影响工作团队绩效的因素

研究表明，影响工作团队绩效的因素主要有团队凝聚力、团队成员的熟悉程度、团队的领导、团队的绩效目标、团队的激励、团队成员的多样化等。此外，团队成员的素质、团队成员在团队中的反馈和沟通方式等因素都对团队绩效有一定的影响。

⚖ 案例 5.15

团队合作精神

一家外企招聘职员，吸引了不少人前去应聘。应聘者中有本科生，也有研究生，他们个个头脑聪明、博学多才，是同龄人中的佼佼者。聪明的董事长知道，这些学生有渊博的知识做后盾，书本上的知识是难不倒他们的，于是就让公司人事部策划了一次别开生面的招聘活动。

招聘开始了，董事长让前六名应聘者一起进来，然后给了他们25元钱让他们去街上吃饭，并且要求必须保证每个人都要吃到饭，不能有一个人挨饿。

六个人从公司里出来，来到大街拐角处的一家餐厅。服务员告诉他们，虽然这里的米饭、面条的价格不高，但是每份最低也得5元。他们一合计，照这样的价格，六个人一共需要30元，可是现在手里只有25元，无法保证每人一份。于是，他们垂头丧气地出了餐厅。

回到公司，董事长问明情况后摇了摇头，说："真对不起，你们虽然都很有学问，但是都不适合在我们公司工作。"

其中一人不服气地问道："25元钱怎么能保证六个人全都吃上饭？"

董事长笑了笑说："我已经去过那家餐厅了，如果五个或五个以上的人去吃饭，餐厅就会免费加送一份。而你们是六个人，如果一起去吃的话，可以得到一份免费的午餐，可是你们每个人只想到自己，从没有想到凝聚起来成为一个团队。这只能说明一个问题：你们都是以自我为中心、没有一点团队合作精神的人，而缺少团队合作精神的公司又有什么发展前途呢？"

听闻此话，六名应聘者顿时哑口无言。

点评：美国管理学家约翰·麦克斯韦尔在《所向披靡》一书中曾提到，足球世界杯中好看的进球大都是团队配合的结果，无论多么厉害的球星都需要队友的配合。在一个团队里面，只有大家不断地分享自己的长处和优点，不断吸取其他成员的长处和优点，遇到问题及时交流，才能让团队的力量发挥得淋漓尽致。

二、高效团队的建设

（一）高效团队建设的意义

对于企业而言，团队建设比其他建设显得更加重要。团队建设是企业人力资源管理的重要内容之一，团队管理的目的在于建设一支高效的团队。高效团队建设的意义主要表现在以下四个方面。

（1）团队能够促进成员参与决策的过程，有助于管理人员增强组织的民主气氛。团队能够促进员工参与决策，使员工对工作更加投入，它还有助于增强组织的民主气氛，提高员工的积极性。

（2）团队可以根据工作任务的需要及时地组建、部署、重组和解散，能适应多变的环境。在复杂多变的环境中，团队比传统的部门结构或其他类型的群体更灵活，反应更迅速。团队的优点是可快速组建、部署、重组、解散。

（3）团队有助于组织充分利用不同成员的知识、经验和技能，做到优势互补。如果完成企业的各种工作任务需要多种技能、经验，那么由团队完成这些工作任务的效果通常优于个人。团队是组织提高运行效率的有效方式，有助于组织更好地利用员工的才能。

（4）团队的整体绩效高于成员的个体绩效之和。团队比一般群体具有更好的协同作用，能够使团队的整体绩效高于成员的个人绩效之和。团队成员互相依赖，共同为团队的绩效目标负责，团队能把成员的力量有机地融合起来。

案例 5.16

日本的团队教育从幼儿园开始

在日本，幼儿园通常会设计很多游戏，用来对小朋友进行入园测试。例如，老师在一个房间里喊号码，每次进来10个小朋友，然后要求他们把一个小圆桌抬到隔壁去。一次测试时，有9个小朋友一起动手，只有1个小朋友呆呆地在旁边看，他的号码是6号。老师说："6号小朋友是哪一家的？带出去，不录取。"这时，6号小朋友的妈妈走进来，她一走进来，老师就讲了一句更难听的话："从小就没有团队精神，缺乏相应的教育。"这位妈妈的脸变得通红。日本的幼儿园为了训练和考核小朋友的团队精神，发明了100多种方法，旨在将团队精神融入小朋友的思想和行为中，让团队精神变成其自知自觉的行动，变成其生活的一部分。

启发与思考：你怎样看待在日本的幼儿园实行的团队教育？

（二）高效团队的特征

通常，高效团队具有清晰的目标、优秀的领导者、和谐的人际关系以及内部和外部的支持等特征。

（1）清晰的目标。高效的团队要对达到的目标有清楚的理解，并坚信这一目标包含重大的意义和价值。而且，这种目标的重要性还激励着团队成员把个人目标融入团队目标。在高效的团队中，成员愿意为团队目标做出承诺，清楚地知道团队希望他们做什么工作，以及他们应怎样共同工作并实现团队目标。

（2）相互信任。团队成员间相互信任是高效团队的显著特征，也就是说，每个团队成员对其他人的品行和能力都深信不疑。要维持团队内的相互信任，还需要引起管理层足够的重视。

（3）相关的技能。高效的团队是由一群有能力的成员组成的，他们具备实现团队目标所必需的技术和能力，而且这些团队成员相互之间会进行合作，从而能出色完成任务。

（4）一致的承诺。高效的团队成员对团队表现出高度的忠诚和一致的承诺。为了能使团队获得成功，他们愿意去做任何事情，我们把这种忠诚和奉献称为一致的承诺。

（5）良好的沟通。高效团队的成员能通过畅通的渠道交流信息，包括各种言语和非言语信息交流。此外，管理层与团队成员之间及时的信息反馈也是良好沟通的重要特征，它有助于管理者指导团队成员的行动，消除误解。

（6）谈判技能。对高效的团队来说，其成员的角色具有灵活多变性，总是在不断地进行调整和变化。由于团队中的问题和关系时常在发生变化，其成员必须能面对和应付各种情况。这就需要其成员具备较强的谈判技能。

（7）优秀的领导者。优秀的领导者能够让团队跟随自己共同度过最艰难的时期，因为他能为团队指明前进的方向，向成员阐明变革的可能性，鼓舞团队成员的自信心，帮助他们更充分地认识自己的潜力。优秀的领导者不一定非得指示或控制，高效团队的领导者往往担任的是教练和后盾的角色，他对团队提供指导和支持，但并不试图去控制它。

（8）内部和外部的支持。从内部条件来看，团队应具有一个合理的基础结构，这包括适当的培训、一套易于理解并用以评估员工总体绩效的测量系统，以及一套起支持作用的人力资源管理系统。从外部条件来看，管理层应给团队提供完成工作所必需的各种资源。

🔨 案例 5.17

在"玩"中带着团队成长

2000 年开业的"茴香酒馆"很快闻名全国，它的老板当时是一个 20 多岁的小伙子，叫李鑫蔚。很快，他就把企业经营得像他本人一样朝气蓬勃，茴香也逐步发展成为一家多品牌、多业态的综合产业集团，其中餐饮品牌有味彩系列、七步香、庖丁鲜切牛肉铺、春庄、南强大碗、蜀将火锅……

探究他的成功之道，我们仅能找到一个字来概括——"玩"。在他的企业里找不到像其他企业那些繁缛的管理制度和企业文化，他所倡导的是一种"玩"文化，这是一种不可复制的团队的心智文化。在他的心智文化里，你找不到那些大而空的战略规划和华丽的辞藻，也没有卖弄年轻资本的点点痕迹，更没有老总威严的假面孔，只有年轻岁月在他身上驻足的玩性和智慧。

进入他的团队，他会告诉你两件事：第一件是在他的企业里没有老板和打工者之分，只有团队成员的新老之分；第二件是怎样"玩"得尽兴，才能工作得更好。当然，他的"玩"文化是随性的、健康的、积极的和时尚的。看看他的个性着装——身上永远穿着质地上乘的个性休闲服；他的兴趣爱好——手边永远带着国内外最新时尚读本；他的职业素养——从不放弃接受大师级的工商管理培训；他的工作状态——在聊天中完成一个团队最高指挥者应该完成的事情……

在他看来，生活是一种玩，学习是一种玩，着装是一种玩，创业是一种玩，经营企业同样也是一种玩。也许最简单的反而是最深刻的：玩，不需要繁文缛节；玩，不需要条条框框。当"玩"能成为一种生产力的时候，这样的境界不是谁都能达到的。李鑫蔚用"玩"经营着企业，在"玩"中带着他的团队成长。

启发与思考："玩"为什么能够带动团队成长？"玩"的深层含义是什么？

（三）建设高效团队的途径

团队建设的途径是由团队的目标、任务、人员对象决定的，高效团队的建设途径主要有以下四个。

1. 角色界定

管理学家梅雷迪恩·贝尔宾博士指出，一支结构合理的团队中必须包括担任不同角色的人，即应包括实干家、协调员、推进者、智多星、外交家、监督员、凝聚者和完美主义者等八种角色。贝尔宾是通过一系列模拟实验得出上述结论的，而且这八种角色缺一不可。在此基础上，贝尔宾提出了团队建设的五个原则：①每个团队成员既承担一项功能，又承担一个团队角色；②一个团队需要在功能及团队角色之间找到一种令人满意的平衡，这取决于团队的任务；③团队的效能取决于团队成员的各种相关力量以及团队按照各种力量进行调整的程度；④一些团队成员比另一些成员更适合某些团队角色，这取决于他们的个性和智力；⑤一个团队只有在具备了范围适当、平衡的团队角色时，才能充分发挥其技术资源优势。

2. 价值观

许多人认为，团队建设的核心是在团队成员之间就共同价值观和某些原则达成共识，因此建设团队的主要任务是在成员之间达成上述共识。韦斯特提出了形成团队共识的五个方面，并以此作为指导团队建设的原则。

（1）明确：必须明确团队的目标、价值观及指导方针，而且这应是经过多次讨论后确定的。

（2）鼓动性价值观：这些观点必须是团队成员相信，并且愿意努力工作去实现的。

（3）力所能及：团队共识必须是团队确实能够实现的，确定不现实或无法达到的目标是没有用的，因为这只会使人更想放弃。

（4）共识：所有团队成员都支持这一观点是至关重要的，否则他们可能会发现各自的目标不同或者无法调和，甚至有可能形成冲突。

（5）未来潜力：团队共识必须在未来有进一步发展的潜力。拥有固定的、无法改变的团队共识是没有意义的，因为人员在变，组织在变，工作的性质也在变，这些变化需要团队成员重新审视团队共识，以确保其仍然能够适应新的情况和新的环境。

3. 任务导向

以任务为导向的团队建设途径强调团队要完成的任务。按照这一途径，团队必须清楚地认识到某项任务的挑战，然后在已有的团队资源的基础上，研究完成此项任务所需要的其他资源，并发展成具体的目标和工作程序，以保证该项任务的完成。

卡特森伯奇和史密斯强调，在表现出色的高效团队中，任务导向这一途径尤为重要。为此，他们在现实组织环境中找出了建设高效团队的八项基本原则，建议组织按照下面这八项原则建设以任务为导向的高效团队：①确定事情的轻重缓急，并确定团队行动的指导方针；②按照技能和技能潜力选拔成员，而不是按照个人性格选拔团队成员；③对第一次集会和行动予以特别关注；④确立一些明确的行为准则；⑤确定并且把握几次紧急的、以任务为导向的目标；⑥定期用一些新的事实和信息对团队成员加以考验；⑦团队成员要尽可能多地共度时光；⑧利用积极的反馈、承认和奖励所带来的力量。

4. 人际关系

人际关系途径通过使成员间形成高度的理解与尊重来推动团队的工作。这类途径主要是在心理学实验的基础上，通过开展良好的交流、沟通方面的实验与培训得以实现的。

上述四种高效团队建设的途径虽各有偏重，如价值观强调的是长期团队的培养，任务导向则适用于短期团队的培养，但它们的一个共同之处在于，它们均是孤立地对团队建设进行研究，即抛开团队环境而研究团队建设。团队运作时必然是处在一定的组织之中的，团队建设不仅仅是团队自身的事情，团队作为组织间协调的参与者，还要从组织的角度考虑其建设问题，否则，团队建设的结果未必适应组织的需要，这同样是团队建设的重大失败。

本 章 小 结

本章主要介绍了群体沟通的类型和方法，分析了有效沟通的障碍以及如何克服这些沟通障碍。重点介绍了冲突的概念、类型和过程，以及解决冲突的策略，指出管理者不应该压制冲突，而应该允许建设性冲突的存在，恰当地处理冲突。

最后还介绍了人际关系、人际吸引和人际交往、工作团队与工作群体的区别，以及工作团队的类型和高效团队的建设途径等方面的内容。

综合练习题

一、名词解释

群体沟通　双向沟通　信息过载　建设性冲突　人际关系　人际反应特质　人际吸引
人际交往　团队　工作团队　问题解决型团队　自我管理型团队　多功能型团队

二、单项选择题

1．目标很重要，但不值得和对方闹翻或当对方权力与自己相当时，处理冲突的方式是（　　）。

　　A．强制　　　　　　B．合作　　　　　　C．妥协　　　　　　D．回避

2．在达到同一目的的过程中必然损害或牺牲对方利益的行为是（　　）。

　　A．竞争　　　　　　B．冲突　　　　　　C．竞赛　　　　　　D．协作

3．对处理日常性事务的工作，最适合的沟通网络形式是（　　）。

　　A．星型网络　　　　　　　　　　　　　B．Y型网络

　　C．链型网络　　　　　　　　　　　　　D．全通道式网络

4．确定信息通道是正式的还是非正式的沟通要素是（　　）。

　　A．信息源　　　　　　B．接收者　　　　　　C．编码　　　　　　D．载体

5．沟通过程的最后一个环节是（　　）。

A．编码　　　　　　B．接收者　　　　　C．信息　　　　　D．反馈

6．依据组织的结构特征，信息沟通可分为（　　）。

A．正式沟通与非正式沟通　　　　　B．语言沟通与非语言沟通

C．纵向沟通与横向沟通　　　　　　D．口头沟通与书面沟通

三、多项选择题

1．在下列哪些情况下使用合作策略来处理冲突效果较好？（　　）

A．当发现冲突双方都十分重要并且不能进行妥协或折中时

B．当处理者的目的是学习时

C．当处理者需要融合不同人的不同观点时

D．当处理者需要把各方意见合并到一起而达到承诺时

E．当发现问题解决后带来的潜在破坏性将超过能获得的利益时

2．造成有效沟通障碍的因素有（　　）。

A．个人因素　　　　B．其他因素　　　　C．人际因素

D．结构因素　　　　E．政治因素

3．对冲突的认识不正确的有（　　）。

A．所有冲突都是不良的、消极的

B．冲突是暴乱、非理性的同义词

C．管理者应维持一种冲突的最低水平

D．冲突是与生俱来的，我们只能接纳它，使其存在合理化

四、简答题

1．如何理解人际关系？

2．哪些因素会影响人际吸引力？

3．人际交往有哪些功能？

4．人际交往应遵循哪些原则？

5．工作团队与工作群体有何区别？

6．常见的团队类型有哪几种？它们有何区别？

7．高效团队的特征是什么？如何进行高效团队的建设？

8．团队建设的途径有哪些？

9．有效沟通的障碍有哪些？联系实际谈谈如何提高沟通的有效性。

10．管理者如何激发建设性冲突？

案例分析题　　课外拓展训练

五、案例分析题

扫描二维码，阅读案例并回答后面的问题。

六、课外拓展训练

扫描二维码，完成相应训练。

第六章　领导心理与行为

【学习目标】

掌握领导的相关概念及其实质；熟悉几种典型的领导素质理论、领导行为理论和领导权变理论的主要内容，了解这三类领导理论的特点、局限性以及最新发展状况。通过对以上知识点的理解和掌握，思考如何提升领导的有效性。

【导入案例】

苹果公司的灵魂——乔布斯

2011 年 8 月 24 日，当时的苹果首席执行官史蒂夫·乔布斯（1955—2011）因病向苹果董事会递交了辞呈，他被称为苹果公司的灵魂。

乔布斯 1972 年高中毕业后，在里德学院只念了一学期的书就因为家庭财务问题而退学。1974 年，他在一家公司找到了开发和设计电脑游戏的工作，两年之后，当时 21 岁的乔布斯和 26 岁的沃兹尼亚克在乔布斯家的车库里成立了苹果公司。然而，1984 年他却戏剧性地被踢出了公司，直到 1997 年，他才重返苹果公司并担任首席执行官。似乎还没有谁能像他那样 21 次蝉联《福布斯》杂志评选的"最佳首席执行官"，而每年他只象征性地从苹果公司领取一美元工资，却凭借苹果公司给予的股票位列加利福尼亚州首席执行官年收入排行榜的榜首。

乔布斯在领导风格等方面存在争议，他的专制作风、粗暴、不近人情被广为传播，他的抠门儿也被人们津津乐道。人们还常常拿他和比尔·盖茨相比较，认为他不过是贪婪的资本家。乔布斯将所有精力放在创新和发现上，在战略上深谋远虑。对待产品，他追求细节上的完美、简单、个性化，注重用户体验。

乔布斯辞职时，强烈推荐苹果公司的前首席运营官蒂姆·库克（Tim Cook）接任苹果首席执行官一职。应该说，库克没有辜负乔布斯的厚望，之后十几年里苹果公司在商业运营和营收方面取得了极其显著的成就。但是，似乎没有人能继承乔布斯在精神上的效应，苹果公司和"激情""创新""伟大的产品"等词汇渐行渐远，甚至有人评价苹果公司在进行"黄昏之战"。

乔布斯特立独行的个性，锐意创新、领导潮流的创举，跌宕起伏的传奇人生经历，坚韧而强悍的力挽狂澜的能力，以及他无可匹敌的影响力，使他等同于苹果公司，只要提起苹果公司，恐怕还有很多人只会记起乔布斯。

启发与思考：乔布斯无疑是成功的，但是他又与其他成功的领导者有着太多的不同，那么他们有没有一些共同的素质呢？某种领导风格会一直发挥效用吗？关于这些疑问，我们将在本章的内容中给出答案。

领导是一个特殊的动态过程，在这一过程中，领导者与被领导者、领导环境共同发挥作用，以实现一定的组织目标。领导者作为个人，其行为特征本可被纳入个体行为来进行研究，而如果领导者是一个集体，也可以被纳入群体行为来进行研究，然而领导者在组织中所处的独特地位使我们有必要对领导行为进行专门的研究，它构成了组织行为学研究的重要部分。

领导理论的研究先后经历了三个阶段：第一阶段，主要是从领导者特质的角度去理解领导，即优秀的领导者有其不可比拟的天赋和个人品质，由此形成了领导素质理论；第二阶段，主要是研究领导者的哪些行为会有助于进行有效的领导，由此形成了代表性的领导行为理论；第三阶段，是从组织所处的环境角度出发来对领导活动进行研究，由此形成了领导权变理论。这三种领导理论都有其片面性，对于领导活动来说，并不存在一种永恒的、永远处于决定性地位的要素。领导既是科学，又是艺术。领导活动的成败取决于很多要素在特定状态下的有机组合。

第一节 领导与领导素质理论

一、领导的概念及其实质

在组织行为学领域，有关领导的定义尚没有统一的结论。归纳起来，学术界是从以下四个不同的角度去界定领导这一概念的。

（1）领导者中心说。领导是领导者促使其部属充满信心、满怀热情地完成任务的管理艺术。

（2）互动说。领导是关于影响别人来完成某个目标所发生的两个人或更多人之间的相互关系的过程。

（3）结构说。泰瑞认为，领导是在一定组织结构中开展的一种特殊活动。领导者是这一结构中的特殊角色，通过实施角色权力来对组织活动进行控制。有时候结构会成为领导的替代品。

（4）目标说。在斯蒂芬·罗宾斯的广义理解中，领导是影响一个群体实现一定目标的能力。

在这些不同的定义中，虽然学者们对领导的理解不尽相同，有的学者把它看作一种行为，有的学者把它看作一种艺术，也有的学者把领导看作一种活动过程，但他们的理解也有共同之处，即领导是指引和影响他人、群体或组织在一定条件下实现目标的行动过程。

（一）领导的要素

领导可以理解为由领导者、被领导者和环境三个要素组成的动态过程。领导素质理论正是对领导者这一要素本身素质的关注，领导行为理论则更多地强调了领导活动是动态的过程，而后来的领导权变理论则体现出对领导三要素中环境要素的重视，领导活动正是在这三大要素的共同作用下来完成既定目标的。

（1）领导者。领导者是领导活动中最活跃的构成要素。领导者是组织的一员，与其他组织成员有着共同的目标、利益和要求，处于平等的地位；同时，领导者又是组织的代表和带头人，与其他组织成员有着领导和被领导的分工关系，在领导活动中起着确立行动目标、进行决策和监督指导决策实施的重要作用。领导者可以是一个人，也可以是一个群体，即通常所说的领导班子，领导者应该具有良好的素质，接受过专门的严格训练，经历过实践的磨炼，应具备适应领导活动要求的业务水平和实践经验。

（2）被领导者。在组织的活动中，相对于领导者的主体地位，被领导者是领导行为的客体；而相对于组织活动的作用对象来说，被领导者又与领导者共同构成了组织活动的主体。因此，被领导者并不是处在完全的被动状态，我们不能把被领导者仅仅看作领导者影响的接受者；被领导者对领导者也有反作用，被领导者素质的高低，工作的自觉性、主动性和创造性的强弱，与领导者之间关系的融洽程度以及对组织的关心程度，在很大程度上决定着领导行为的有效性以及组织活动的整体绩效。

（3）领导环境。组织的环境即指对组织绩效产生潜在影响的内外部机构或力量。我们可以把组织的环境分为一般环境和特殊环境两个层次。一般环境指的是组织所处的宏观环境，它包括政治环境、法律环境、经济环境、科技环境、社会文化环境等。特殊环境则指的是领导直接接触的、对组织产生特殊或经常性影响的环境要素，如组织或群体、共事者、上级等。当领导者和被领导者的特性一定时，环境要素的变化对领导过程和领导效果的好坏有很大的影响。

案例 6.1

领导者与组织绩效

红光医院走下坡路已经两年多了，这是从吴向东递交辞呈开始的。

吴向东是红光医院的前任院长，他在这家医院工作了 6 年。在此期间，红光医院的保健门诊量增加了约 80%，住院床位增加了 25% 左右。在 3 年内，红光医院的床位利用率从 72% 上升到 97%。红光医院的声誉迅速提升，在本地区医疗机构的综合评价中，红光医院从五年前的第 15 位一跃进入前三名。但是，自从赵新生担任红光医院的院长之后，这一切已经成为过去式。

随着赵新生提拔的人员占据红光医院的高层管理职位开始，他的管理风格也逐渐渗透到整个组织中。红光医院的管理方式从民主参与管理方式过渡到了具有一定独裁性质的管理方式。赵新生扩大了医院的门诊范围，增加了社会服务，在增加了 15%～25% 的病人的同时，却不增加医院的员工。医护人员意识到他们被要求做越来越多的工作。同时，一些岗位的自主权也被削弱，医院员工感觉到他们不被赵新生所信任。另外，也有一部分人开始对红光医院的工作条件和环境感到失望。原有管理人员的 1/3 都辞职了，护理人员也在短期内流失了 10%。

赵新生通过调查证实了他的观点：薪金是导致离职的主要因素，因为红光医院的平均工资增长幅度为 4%，而其他医院为 9%，所以他提出再增加 5% 的工资，并被董事会采纳。但是，护理人员却似乎并不买账，他们为了维护自己的权益，开始谋求成立工会并取得成功。

红光医院的许多人相信，医院的评分极有可能落在本地区所有医院的最后，而董事会认为赵新生已经不被员工信任，并要求他辞去院长职务。

点评：上面的案例证明，领导者确实会对一个组织的绩效产生巨大的影响。这种影响包括正面的和负面的。实际上，谁也不能保证把自己的追随者引向正确的方向，这意味着，领导行为需随领导者、被领导者、领导环境等三个要素的变化进行动态调整，否则常常会事与愿违。

案例 6.2

帅与将

刘邦曾经在闲暇时与韩信讨论各位将领才能的大小。刘邦问道："像我自己，能统帅多少士兵？"韩信说："陛下您只不过能统帅十万人。"刘邦说："那对你来说，你能统帅多少士兵呢？"韩信回答道："我统帅的士兵越多越好。"刘邦笑道："统帅的士兵越多越好，那为什么反被我擒获？"韩信说："陛下不能统帅士兵，但善于带领将领，这就是我韩信之所以被陛下您擒获的原因。"

点评：这个小故事能帮助我们很好地理解何为将、何为帅。领导者是帅才，管理者是将才。帅才偏重于战略思维，将才偏重于掌控、统筹、下达和完成任务。

作为真正的领导者，要清晰定位好自己的角色，知道自己做什么才是对的。领导者要做正确的事，而执行者要正确地去做事。只有明白了这个道理，才能各行其是。

（二）领导的实质

理解领导的实质，要先掌握领导的本质特征与功能。

1. 领导的本质特征

（1）领导是一种特殊的智力劳动，这种智力劳动要尽量发挥和调动他人的积极性，使他们把工作做好。

（2）领导工作的特点在于其本身是一种投入，其产出却表现在他人的行为效率上。所以，领导工作的好坏并不反映在其自身，而是从被领导者的成绩上来判定的。

（3）领导的本质是一种人与人的关系处理。领导是管理工作的一个重要职能，它与管理工作的其他职能，如计划、组织、控制等的区别，主要体现在与人联系的特征上。领导实际上是一种人与人之间的关系。领导就是通过领导者协调这种人与人的关系，通过激发每个人的积极性和创造性，使人力资源得到充分发挥，以实现组织目标的。

（4）领导作用的相互影响。在现实的领导工作中，一位领导者总会因其职位或人品对其下属产生影响。一般，人们容易注意到领导者对下属的领导，而往往忽视下属对领导者的影响。实际上两者的影响是相互的。

2. 领导的功能

领导的功能概括起来有两个方面，即组织功能和激励功能。领导就是领导者实现组织功能与激励功能的全过程。

（1）组织功能。为了实现组织目标，领导者必须科学、合理地组织管理过程。根据组织内部和外部条件，以及需要与可能，制定出切合实际的目标并进行决策；为实现组织目标与决策，合理地组织和使用人、财、物，建立科学、有效的管理系统。

（2）激励功能。一个领导者能否激励下属，是衡量其领导水平的重要标准之一。激励功能主要表现在提高被领导者接受和执行组织目标的自觉性、激发被领导者实现组织目标的热情以及提高被领导者的行为效率等三个方面。

二、领导的有效性

领导工作是否能够顺利实现既定目标，是否有效，不仅与领导者的特点、素质和行为有密切关系，而且还与被领导者的特性和素质及其所处的环境有很大的关系。因此，要提高领导的有效性，应该从以下几个方面入手。

（一）从领导者自身入手

从领导者自身入手，即明确组织对领导工作的要求、科学配备领导班子（领导集体）、提高领导者的素质和领导艺术水平。领导者是领导活动的主体，是集权、责和服务于一体的高级管理者。领导者要用好职权，充分发挥权威的作用，需按照领导素质理论的要求，不断地提高自身的素质，争取在政治素养、知识技能和身心素质等方面都具有较高的水平。提高领导者自身的素质要注意以下四个方面的内容。

1. 明确组织对领导工作的要求

领导者应有效制定组织目标，并及时为组织成员指明组织目标，使组织成员的个人目标与组织目标协调一致，使每个组织成员都能发挥忘我的献身精神，信心十足、满腔热情、团结一致地去工作。这对提高领导工作的有效性有重要的意义。

（1）实行统一指挥。要求领导者在领导过程中所发布的命令要一致，避免前后矛盾，更不能朝令夕改，使下级部门和员工无所适从，造成工作秩序的混乱。

（2）加强直接管理。领导者同下级的直接接触越多，掌握的各种情况就越准确，则领导工作就越有效。

（3）加强组织内外信息沟通联络，保证沟通渠道的畅通。管理过程中会产生大量的信息和情报，包括组织内外的信息和情报，掌握这些信息和情报是组织有效运行的前提，领导者必须对这些信息和情报进行分析、整理，从而及时了解组织内外的动态和变化。

（4）善于使用激励措施，调动被领导者的积极性。领导者要努力了解怎样才能使员工更好地工作，只有帮助组织中的成员满足他们对诸如金钱、地位、权力、成就等方面的需要，才能使领导工作更有效。

（5）完善领导方法，包括领导者的思想方法、工作方法和领导作风。领导者科学的思想方法包括从实际出发思考问题、全面系统地分析事物、用发展的观点看待问题、在开放中求进步、注意事物的数量关系等。科学的工作方法包括理论联系实际，从群众中来、到群众中去，正确处理局部和整体的关系，等等。领导作风在实际工作和生活中的表现是多方面的，大致可以归纳为对事、对人、对己等三大方面。简言之，就是"处事求实，民主待人，严于律己"。

2. 加强领导集体结构建设，全面提升整体效能

领导集体结构是指为了实现领导的预定目标，由不同类型的领导者按照一定的程序和比例进行的有机组合。领导集体结构是否合理对一个组织的效能有很大影响，正如系统原理所指出的那样，系统的整体具有各组成要素在孤立状态下所没有的新价值。领导集体不仅要求个体成员的素质优秀，而且还要使领导集体结构达到最佳。

一个合理的领导集体应该具有以下五个特征。

（1）合理的年龄结构。领导集体的年龄结构是指各个领导成员按年龄分布和组合的状态。现代生理学和心理学研究表明，人的年龄与心智有一定的关系，就知觉能力而言，最佳年龄是10～17岁；就记忆能力而言，最佳年龄是18～29岁；就比较判断能力而言，最佳年龄是30～49岁。因此，领导集体的合理年龄结构应该是老、中、青相结合，并且逐步年轻化，使中、青年领导成员占比较大，其组合比例大体上可保持中年比例占50%～60%，老年和青年比例各占20%～30%，即两头小、中间大的纺锤形年龄结构较为合理。

（2）互补的知识结构。知识结构在领导集体结构中占有重要地位，领导集体的知识化是实现领导整体效能的重要因素。领导集体应具备一定的知识结构，应根据不同部门、不同层次的具体情况和实际需要配备具有不同知识结构的领导者，以达到各尽所能、知识互补的目的。一般来说，领导集体中既应有自然科学方面的人才，也应有社会科学方面的人才，还应有人文科学方面的人才；领导集体中既要有理论专家，也要有具有丰富实践经验的专家。领导的层次越高，知识结构也应越完善。

（3）配套的专业结构。领导集体的专业结构是指具有不同的专业知识、专业技能和专业经验的领导者的组合方式及其比例关系。领导集体应根据组织管理职能的需要，由具有不同专业特长的领导者合理组成。领导集体应由以下专业人员组成：有较高领导才能和经营管理水平的经理，有能够有力加强技术管理、推进科技进步的总工程师，有能够严格遵守财经纪律、精打细算、开辟财源的总会计师，有能够切实改善经营管理水平、提高经济效益的总经济师，等等。

（4）叠加的智能结构。领导集体叠加的智能结构是指把具有不同知识水平以及掌握和运用知识能力的领导者按一定的比例和程序组成一个有机整体。智能是由许多因素构成的，主要包括自学能力、研究能力、思维能力、表达能力、组织能力、判断能力和创造能力等。对于个人来说，要同时具备这些能力是很困难的。合理的领导集体智能结构，一般应由具有高超创造能力的思想型领导者、具有高度组织能力的组织型领导者、具有踏踏实实工作作风的实干型领导者和具有深谋远虑的智囊型领导者共同组成。在这样的领导集体中，智囊型领导者提出各种决策方案，思想型领导者做出决策，然后由实干型领导者组织实施，而组织型领导者则起到统一员工思想、合理使用人才、协调和解决各种矛盾的作用，从而保证领导的高效能。

（5）协调的气质结构。领导集体的气质结构是指领导集体要由不同脾气秉性的领导者共同组成。在考虑领导集体结构时，应注意到气质的个体差异，要把不同气质的领导者科学地组合起来，使其相互协调、扬长避短。特别是领导集体的主要负责人应当具有宽广的胸怀，善于团结不同意见、不同才智和不同性格的人共同工作。这样，不仅可以促使每个成员的性格优化，而且能够充分发挥每个成员的气质优势，各用所长、各展其能，使其相互激励、相互制约，使领导集体产生强大的凝聚力。

3. 科学运用领导艺术

现代组织要在复杂多变的环境中生存和发展，就要求组织的领导者不但要运用科学的理论和方法进行工作，还要求领导者有高超的领导艺术。所谓领导艺术，是指领导者在行使领导职能时所表现出来的技巧。它是建立在一定知识、经验基础上的非规范化、有创造性的领导技能。

（1）人际交往艺术。领导工作的核心就是协调好各方面的人际关系，充分调动各方的积极性和创造性，有效完成组织目标。对待下级，要做到知人善任，采用恰当的批评教育方式和方法，关心、爱护并且帮助下级发展。对待同级，应该正确处理好同级之间的人际关系，积极配合而不越位擅权，明辨是非而不斤斤计较，见贤思齐而不嫉贤妒能，支持帮助而不揽功推过。而在对待上级时，要找准自己的角色和位置，尽心尽责做好本职工作，出力而不越位。

（2）提高工作效率的艺术。领导者若要提高工作效率，首先必须做领导者该做的事，明确自己的工作内容和职责；其次，在任何工作开始之前都要问自己三个"能不能"：①我能不能取消它？②我能不能把它与别的工作合并？③我能不能用最简便的方法完成它？也就是说，可做可不做的工作坚决不做，可与别的工作合并的工作应该合并，这样就可以节省大量的时间和精力。

4. 不断提高领导者的素质

领导者自身的素质是影响领导工作效果的最重要因素。面对不断变化的领导环境，领导者应该随之不断提高自身的素质。提高领导者自身的素质有两个基本的途径，即理论学习和亲身实践，应该辩证地将这两个途径结合起来。

（二）从被领导者入手

被领导者是领导活动的基础。仅有高水平的领导者而没有一定水平的被领导者与之相配合，领导工作也不会达到有效的结果。领导者要采取多种形式，不断地提高被领导者的素质，使他们不断地从不成熟变为成熟，同时还应根据被领导者的个性、能力、经验、知识、价值观、对自身的要求、职业倾向、期望和士气等方面的不同，采取多种多样的措施和不同的领导方式来调动被领导者的自觉性、主动性和积极性。例如，对自身要求较高，很了解和熟悉本职工作的被领导者，希望领导者给予指导而不是指令，喜欢参与式的领导方式；而能力较差、经验较少的被领导者更喜欢指令性和示范式的领导方式。

（三）从领导环境入手

这里的领导环境主要包括任务结构和组织情境。

（1）任务结构。任务结构主要包括任务明确程度、复杂程度、工作方法、有无信息反馈、奖酬方式等。例如，在执行简单、常规性的任务时，以人为中心的领导方式更能给被领导者带来工作上的满意感，并能产生高绩效，因为这样能减轻工作本身的单调和机械；复杂的、没有先例可循的工作宜采取以任务为中心的领导方式，以便被领导者专注于任务本身，产生高绩效。

（2）组织情境。组织情境包括组织文化、正规程度、灵活性、人际关系、组织声誉、奖酬机制等。例如，有的合资企业规定大家一律不以头衔相称呼，意在创造一种平等的工作氛围。领导者要根据组织具体情况的不同采取相应的措施，形成一个和谐平等的工作环境，最大限度地调动员工的积极性，以获得领导工作的高绩效。

三、领导素质理论

领导素质理论，也称领导特质理论，主要研究的是领导者应具备的素质。早期的领导素质理论认为，领导者素质是与生俱来的。这一理论的出发点是：领导效率的高低主要取决于领导者的素质（特质），那些成功的领导者也一定有某些共同素质。乔布斯与比尔·盖茨同为 IT 界杰出领袖，都是成功的领导者，但是这两个人的个性却有天壤之别。前者有着较苛刻的审美观，偏重设计，崇尚梦想；后者则相对温和，偏重技术，崇尚标准。然而，除了共同的美国哈佛大学辍学经历之外，这两个人在领导过程中也表现出很多共同的地方，正如美国哈佛大学教授总结的那样，这两个人都有着很强的好奇心、竞争意识、创新精神，都是工作狂，也都有强烈的使命感，等等，或许这些就是领导素质的极好体现。

根据领导效果的好坏，找出好的领导者与差的领导者在特性方面有哪些差异，由此就可确定优秀的领导者应具备哪些特性。研究者认为，只要找出成功领导者应具备的特性，再考察某个组织中的领导者是否具备这些特性，就能判断他是不是一个优秀的领导者。这种归纳分析法是 20 世纪初到 20 世纪 40 年代研究领导素质理论的基本方法。

下面介绍几种具有代表性的领导素质理论。

1. 斯托格迪尔的六类领导素质理论

美国俄亥俄州立大学工商研究所的斯托格迪尔教授把领导素质归纳为以下六类。

（1）身体特性，如精力、身高、外貌等。迄今为止，身体特性与优秀领导者之间的相关性的研究结论仍是矛盾的，不足以服人。

（2）社会背景特性，如社会经济地位、学历等，这些方面与优秀领导者之间的相关性的研究结论也缺乏一致性和说服力。

（3）智力特性。研究发现，虽然成功的领导者在判断力、果断性、知识的深度和广度、口才等这些方面较突出，但这些方面与领导者取得成功的相关性还较弱，还需要进行更深入的研究。

（4）个性特征。成功的领导者通常具备适应性、进取性、自信、灵活、见解独到、正直、情绪稳定、不随波逐流、作风民主等特性。

（5）与工作有关的特性。有些特性已经被证明具有积极的作用，例如高成就需要、勇于承担责任、有毅力、首创性、工作主动、重视任务的完成等。

（6）社交特性。研究表明，成功的领导者往往具有善交际、广交友、积极参加各种活动、愿意与人合作等特性。

2. 鲍莫尔的领导素质理论

美国普林斯顿大学的鲍莫尔提出作为一个企业家应具备的以下十个条件。

（1）合作精神。善于与人合作，愿意与他人共事，对人不是压服，而是感化和说服。

（2）决策能力。具有高瞻远瞩的视野，能根据客观事物而非想象进行决策。

（3）组织能力。能发掘下级的才能，善于组织人力、物力和财力。

（4）善于授权。能大权独揽，小权分散，抓住大事，把握方向。

（5）善于应变。能随机应变，机动灵活，善于进取，而不抱残守缺、墨守成规。

（6）敢于求新。对新事物、新环境、新技术和新观念有敏锐的感受力与适应力。

（7）勇于负责。对上级、下级和客户及整个社会具有高度的责任心。

（8）敢担风险。敢于承担组织发展不顺利的风险，有创造新局面的雄心和信心。

（9）尊重他人。重视采纳别人的意见，不狂妄自大，不盛气凌人。

（10）品德高尚。其品德为社会人士和企业员工所景仰。

3. 鲍尔的领导素质理论

麦肯锡公司创始人之一鲍尔在其《领导的意志》一书中提出领导者必须具备以下 14 种品质。

（1）值得信赖。他特别指出：一个想当领导者的人应当说真话，这是赢得信任的良好途径，是成为领导者的基本要求。

（2）公正。公正和信任是联系在一起的。办事不公正对领导者来说是特别严重的问题，因为他为其他人开了坏的先例。

（3）谦逊的举止。傲慢、目中无人和自高自大对领导者来说是有害的，它容易使领导者陷入远离员工、故步自封的泥潭，而谦逊的举止则可让员工对其产生平易近人、可信可敬的心理感受。

（4）倾听意见。领导者如果在讨论时过早地发表自己的意见，就会失去学习的机会。领导者在倾听意见时不仅要注意听，也要做简短的、非引导式的提问，这种表示感兴趣和理解的态度并不一定意味着同意。只有善于倾听，领导者才能在其他人之前获悉人们尚未察觉的问题和机会。

（5）心胸宽阔。有些领导者心胸不宽阔的原因在很大程度上要归咎于命令加控制的体制。自信是一种优点，但一个人过分自信会导致自我吹嘘甚至骄傲自大，这势必会使其自以为是。如果一家公司的各级领导者都能心胸宽阔，对员工提出的建议，凡是认为有用的，都予以采纳和考虑并付诸实施，那么公司就能获得巨大的竞争优势。

（6）对人要敏锐。领导者应具备能够推测人们内心想法的能力。如果了解人们内心的想法，领导者就能够更好地说服他们。对人敏锐也意味着领导者对人们的感情是敏锐的，领导者对人要谦和、体贴、理解，对他人说的话不应令人沮丧，除非是有意的批评。

（7）对形势要敏锐。这里所说的形势不是指经济形势、政治形势等宏观形势，而是指工作中发生的各种各样的情境。领导者要善于对事实进行仔细的分析，并做出客观的评价，同时要敏锐地觉察有关人员的情感和态度。

（8）进取心。进取心是领导者应具备的重要的品质之一。

（9）卓越的判断力。领导者要能把确定的信息、可疑的信息和直观的推测结合起来，从中得出结论，而日后用事情的发展证明这种结论是正确的。行动中的判断力包括：有效地解决问题的能力、制定战略的能力、确定重点的能力以及直观和理性的判断力，而最重要的一点是，判断力也包括对合作者和对手的潜力进行评估的能力。

（10）宽宏大量。领导者要能容忍各种观点，能宽恕微小的离经叛道行为，还能不为小事所困扰，能原谅他人小的过错，平易近人。

案例 6.3

两块石头的对话

夜深人静时，寺庙里的两块石头在小声交谈。台阶中的一块石头向被雕成佛像的另一块石头抱怨说："咱俩从一座山来，瞧你现在多风光，每天都有那么多人跪在你脚下，顶礼膜拜。我怎么这么倒霉，每天被人踩来踩去。"被雕成佛像的那块石头沉思片刻后，慢悠悠地说："老兄，别忘了，进这座庙时，你只挨了四刀，我可是挨过千刀万剐呀！"

石头如人。纵观古今中外，遍阅典籍史册，那些有大成就、大功德、大名声的成功人士，哪一个不是历经千辛万苦、受尽磨难，最后才修成正果、成名成家的？《红楼梦》第八十二回里，袭人开导宝玉说："成人不自在，自在不成人。"这话可谓千古真理！大千世界，芸芸众生，谁都渴望人生辉煌，成名成家。可你得先问问自己，你做好挨"千刀万剐"的思想准备了吗？你能忍受住那剧痛的"千刀万剐"吗？

点评：这个故事告诉我们，领导者需要具备更高水平的自我意识和自我管理能力，需要进行更多的付出和奉献。

（11）灵活性和适应性。这是同心胸宽阔、能倾听意见相联系的。领导者要思想开放，清醒地看到组织运行中的不足，这样才能及时地发现需要变革的地方，实施并适应变革。

（12）稳妥而及时的决策能力。领导者要能把握好决策的速度和质量。

（13）激励人的能力。领导者要能通过公正的待遇、尊重、持股、分红等形式让员工获得满足感，从而激励员工采取行动，增强他们的信心。

（14）紧迫感。领导者要保持一种组织发展的紧迫感，这样就能为员工树立榜样。当这种紧迫感传遍整个组织时，在效果和效率上就会有很大的不同，有时也更容易加快组织发展的速度。这在市场竞争激烈的环境里对企业是很重要的。

四、领导者素质分析

对领导者素质进行分析，可以从中把握领导者的基本素质要求和成为领导者的条件。虽然领导者素质未必是决定有效领导的关键因素，但它对领导者的选拔、培训、评价等多方面的工作都具有建设性的意义。

领导者的素质要求在受不同文化影响、不同国家的企业组织中也有所不同。这是特定社会文化的产物，最富有代表性的是美国式的管理和日本式的管理。表 6.1 对比分析了日本和美国企业对领导者的素质要求，我们可以从中看出两者之间的异同。我国学者也曾对我国大中型企业的高层领导就领导者素质要求和成为领导者的条件进行了问卷调查，调查结果如表 6.2 和表 6.3 所示。

表 6.1　日本和美国企业对领导者的素质要求

顺序	日　本		美　国
	品　德	能　力	
1	使命感	思维决策能力	合作精神
2	责任感	规划能力	决策能力
3	依赖性	判断能力	组织能力
4	积极性	创造能力	授权能力
5	忠诚度	洞察能力	应变能力
6	进取心	劝说能力	勇于负责
7	忍耐性	对人的理解能力	创新能力
8	公平性	解决问题能力	敢担风险
9	热情	培养下级的能力	尊重他人
10	勇气	调动积极性的能力	品德超人

顺序	领导者的素质类别	回答的百分比（%）
	表 6.2 我国企业对领导者的素质要求	
1	组织能力和决策能力	97.5
2	责任感、事业心和进取心	90.2
3	求知欲和创新精神	68.4
4	知人善任，培养人才，合作精神	46.3
5	一定的专业知识和知识广度	39.0
6	敏锐的观察力和全局思考能力	31.7
7	大公无私，品德端正	29.3
8	应变能力和分析、解决问题的能力	27.1
9	处理人际关系的能力	19.5
10	适应环境，协调和平衡各种关系的能力	14.6

顺序	领导者的素质类别	回答的百分比（%）
	表 6.3 在我国成为领导者的条件	
1	一定的专业知识和技术（大专文化）	78.1
2	年富力强	60.9
3	一定的工作能力（领导能力、组织决策能力、应变能力）	58.6
4	善于处理人际关系，群众基础好	43.9
5	有责任心、事业心和进取心	41.4
6	符合中央提出的干部"四化"方针	29.2
7	有一定的思想觉悟和道德修养	21.9
8	熟悉本企业情况	17.1
9	按照干部成长阶梯成长起来的	12.0
10	机遇（改革的历史条件及其他）	9.8

案例 6.4

他凭什么领导我？

小王由于工作中的问题，最近心情很郁闷，他向职业指导员倾诉："我是名牌大学毕业生，又精通业务，好歹算是个人才吧，但是老板并没有给我特别好的职位来发挥我的能力。很多有能力的同事跟我有同样的感觉，一个能力一般、性格软弱、没有个人魅力，又不重视人才的人，他凭什么领导我？"职业指导员问小王："你们老板一年挣多少钱？"小王说："最少三四千万元吧。"紧接着，职业指导员又问："那你呢？"小王颇感无奈："一年也就四五万元吧。"职业指导员笑着对小王说："在你看来，一个能力一般、性格软弱、没有个人魅力，又不重视人才的人，一年能挣三四千万元，而你什么都比他好，一年只能挣到四五万元。你不觉得有什么问题吗？"小王有些语塞。职业指导员说："领导者之所以能成为领导者，肯定有超过员工的地方，或许的确在公司里有员工在某一个方面或某几个方面比领导者强一些，但领导者肯定也有很多优势，而这些优势是普通员工在短时间内难以超越的。"

点评：单纯从某一方面（比如业务能力）来衡量领导者的素质和能力是失之偏颇的，成功的领导者之所以能成功，必然具备普通员工所不具备的某些卓越素质。

五、领导者素质评价

领导者素质分析可以作为领导者素质的评价标准。问题是应用什么样的方法更能说明一个领导者是否具备相应的素质。目前主要使用以下三种方法对领导者的素质进行评价：心理测评技术、评价中心方法和功能测评方法。

1．心理测评技术

心理测评技术是传统的人格素质理论的主要技术基础，这种方法分为三个步骤：一是分析身居领导职位的人以及工作有成效的领导者的素质；二是研究出能测量领导者人格素质的工具和方法；三是用所研究的测量方法对被试进行测试，达到相应分数者将来获得相应工作成就的可能性更大。在选拔领导者的工作中，智力测验可以采用湖南医学院龚耀先修订的"韦氏成人智力测量表"，个性测验可采用刘永和或李绍农修订的"卡特尔十六种人格因素测验"（以下简称"16PF 量表"），等等。

美国心理学家卡特尔经过多年研究，运用一系列严密的科学手段制定出了 16PF 量表。他把对人类行为的 1 800 种描述称为人格的表面素质，并将这些描述通过因素分析的统计方法合并为 16 种素质，称这 16 种素质为根源素质。这 16 种素质为：乐群性（A）；聪慧性（B）；稳定性（C）；恃强性（D）；兴奋性（F）；有恒性（G）；敢为性（H）；敏感性（I）；怀疑性（L）；幻想性（M）；世故性（N）；忧虑性（Q）；实验性（Q_1）；独立性（Q_2）；自律性（Q_3）；焦虑性（Q_4）。卡特尔认为只有根源素质才是人类潜在的、稳定的人格特征，是素质测验应把握的实质性内容。

尽管心理测验方法的准确性和有效性一直受到各方面的质疑，但这种方法比较直接，能在不受他人影响的情况下，迅速、客观地掌握被试的基本个性特征。

2. 评价中心方法

到目前为止，应用范围最广泛的领导素质及行为评价方法是一种被称为"评价中心"的综合评价技术，它的特点是几乎应用了所有的心理测评手段。这种评价方法主要采用情景模拟的方法，把被试置于一个模拟的工作情境中，观察他在情境的压力下所表现出来的个性特征，然后再根据其表现出来的这些个性特征评价其是否适应所选派的工作。

评价中心从个性特征和管理实质两方面对被试进行各种测评，主要的技术手段包括心理量表、问卷调查、面谈法、模拟法、案例法、角色扮演法等。评价中心领导素质评价的基本内容包括首创精神、对压力的忍受性、精力和活力、领导能力、对他人的认知、分析能力、决策能力、创造能力、发现事实能力、口头表达能力、写作能力、控制能力、计划和组织能力、授权能力、自我表现、自信、社交能力、工作导向、情感特征、智力水平，以及对群体行为的影响作用等。所有的管理素质的测评都是围绕这些素质进行的，在进行领导素质评价时可将这些素质作为借鉴。

3. 功能测评方法

功能测评方法主要是指把经过研究后所确定的某一职务的领导者应具备的个人特征提供给被试的上级、下级和同事进行评分，再将评分代入数学模型，得出总分。它与心理测评技术和评价中心方法的最大区别是它要求被试已经在工作岗位上工作了一定时间，并且与周围各方人员有了一定程度的相互了解。所以，严格来说功能测评方法是对工作绩效进行考核。这种方法一般有以下五个步骤，其中每一个步骤都有着严格的规定。

（1）确定领导者素质的指标体系。通过对工作性质、任务、责任、工作环境进行职务分析，经由理论的推演和专家的论证，确定领导岗位所需的个人素质。

（2）确立指标体系并实施验证。对所确定的指标体系的有效性、可靠度进行数学分析与研究之后，如符合要求再进行下一步骤。

（3）确立计量方法并实施标准化，形成量表。确定评分方法，对不同指标分配权数，确定标准分数等。根据标准分数制定常模，得出理想的个性特征曲线，还可以制定出不同层次、类型人才的职业个性带。

（4）实施测评。将标准化量表交给被试自评，再交给其上下级、同事进行他评。

（5）测评结果的评价。测评的评价要求对结果进行正确的解释、应用和鉴别。注意不要忽略量表本身信度、效度的有限性，以及测评实施过程中多种因素的影响。

这三种评价方法是针对领导者的选拔和评价的借鉴。需要注意的是，虽然领导者素质对于选拔领导者非常重要，但现代管理理论对领导素质的应用更侧重于为高层决策者提供参考意见，并为培训提供一些可操作的指标。

六、对领导素质理论的评析

领导素质理论的研究主要集中在 20 世纪初到 20 世纪 40 年代。综观近半个世纪的大量研究成果，我们可以得出这样的结论：具备某些素质确实能提高领导者成功的可能性，但没有一种素质是领导者取得成功的保证。领导素质理论的研究并未取得很大成功，也有人认为它不是一种研究领导素质的好方法。首先，领导素质理论的研究结果多达数百种，但只有少数特性具有普遍意义，难以找到很一致的规律。而且这些研究大都是描述性的，并没有说明领导者应在多大程度上具备某种品质。其次，即使归纳出领导者共有的一些特性，这些特性也可能是一种更广泛的成功因素，不仅对领导是重要的，对其他的工作也是重要的，所以对领导有特定对应关系的特性难以确定。最后，领导的成功不仅与个人特性有关，而且取决于其他许多因素，如被领导者的素质、人际关系、机遇、客观限制因素。所以，领导素质理论把领导者本人的素质看成领导成败之关键是站不住脚的。

领导素质理论在解释领导行为方面没有取得预期效果主要有以下四个方面的原因：第一，它忽视了下属的需要；第二，它没有指明各种素质之间的相对重要性；第三，它没有对因与果进行区分（例如，到底是领导者的自信导致了成功，还是领导者的成功建立了自信）；第四，它忽视了情境因素。这些方面的欠缺使得研究者的注意力转向了其他方向。因此，从 20 世纪 40 年代开始，领导素质理论就已不再占据主导地位了。20 世纪 40 年代末至 20 世纪 60 年代中期，有关领导理论的研究已着重于对领导者偏爱的行为风格进行考察。

虽然应用领导素质理论不能解释领导的成功与失败，但这并不等于否定素质对领导行为的作用。人的特性影响人的行为特点，行为特点又作用于领导风格，影响领导效能。我们对领导行为的研究应采取一种综合的、相互作用的观点，而不是形而上学地、孤立地看待人的特性的作用。同时，由于这些理论系统地分析了领导者所应具有的能力、品德和为人处世的方式，对领导者提出了要求和希望，因此对培养、选择和考核领导者是有很大帮助的。

第二节　领导行为理论

由于素质理论的局限性，研究者开始把目光转向具体的领导者表现出的行为上，希望能够从领导行为中找到领导有效性的独特之处，由此便产生了众多的领导行为理论。目前，比较有代表性的领导行为理论包括领导行为连续体理论、领导行为四分图模型、管理方格理论、PM领导模型，以及从系统角度出发的利克特的领导系统模型、勒温的领导风格理论等。

案例 6.5

两任厂长的不同做法

某工厂职工人数众多，前任厂长办事果断，狠抓劳动纪律，重奖重罚，他刚上任的上半年职工就超额 15% 完成了任务。下半年他进一步加大奖惩力度：对于工作绩效高的职工进行奖励，而职工稍有失误，则被扣除当月奖金，甚至是当月全部工资。结果职工中不满的情绪越来越严重，有的职工上班磨洋工，还有的职工偷拿工厂的原材料和成品出去卖。前任厂长十分恼火，一次处分了 31 名职工，但这样却激化了矛盾，处分通告一夜之间被撕光，300 多名职工联名要求罢免厂长，工厂年终时亏损也更为严重。

新任厂长进厂后首先到车间进行视察，征求车间主任和普通工人的意见，随后宣布自己的施政方针是"让工厂充满爱"。在严格执行规章制度的同时，新厂长每天早晨上班时都和其他厂领导在门口迎接全厂职工，下班后进行家庭访问，了解职工的困难和要求。由于干部和党员带头，群策群力，不仅大大提高了生产效率，而且使私拿公物的现象也大为减少，年终时工厂不仅还清了欠款，而且还赢利 680 万元。职工收入大幅度提高，劳动积极性也更加高涨。工厂上下形成了和谐、融洽、宽松、团结的气氛。有一次，工厂革新生产线，缺 100 万元资金，职工们自动集资解了工厂的燃眉之急。结果第二年工厂的利润便突破了千万元大关，达到历史最高水平。新厂长把这种工作方法概括为"以爱为核心的第一要素工作法"。

点评：这个案例突出了两种不同的领导行为理论。前任厂长采用了强制性和惩罚导向的领导方式，导致员工不满和反抗，最终影响了工厂的绩效与和谐。而新任厂长采用了亲近和支持员工的领导方式，创造了一种和谐、团结的工作氛围，提高了员工的积极性和绩效。这个案例强调了领导者的行为和态度对组织绩效和员工士气的重要影响。

以上案例中，两任厂长的做法有着很大的不同，那么二者最突出的区别是什么呢？为什么新任厂长的做法在得到了职工拥护的同时又提高了生产效率？领导行为理论将为我们解开这些疑问。

一、领导行为连续体理论

坦南鲍姆（Tannenbaum）和沃伦·施密特（Warren Schmidt）于 1958 年提出了领导行为连续体理论。他们认为，领导者在决定何种行为（领导作风）最适合处理某一问题时常常会感到困难，不知道是应该自己做出决策还是授权给下属做决策。为了使人们从决策的角度深刻认识领导作风的意义，他们提出了领导行为连续体理论。

领导风格与领导者运用权威的程度和下属在做决策时享有的自由度有关。在管理工作中，领导者拥有的权威和下属拥有的自由度之间是一方扩大另一方缩小的关系。在高度专制和高度民主的领导风格之间，坦南鲍姆和施密特划分出七种主要的领导模式，如图 6.1 所示。

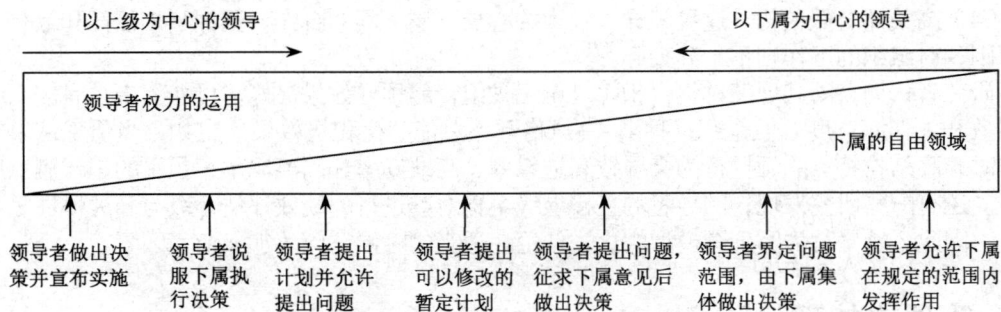

图 6.1　领导行为连续体理论模型

在上述各种模式中，坦南鲍姆和施密特认为，不能简单地认为哪一种模式一定是好的。成功的领导者应该是在一定的具体条件下，善于考虑各种因素的影响，采取最恰当行动的人。当需要果断指挥时，他应善于指挥；当需要员工参与决策时，他应能适当放权。领导者应根据具体情况，如自身的能力、下属及环境状况、工作性质、工作时间等，适当选择领导行为连续体理论模型中的某种领导模式，这样才能发挥领导行为的有效性。

这一理论的贡献在于，它不是将成功的领导者简单地归结为专制型、民主型或放任型的领导类型，而是指出成功的领导者应该能够在多数情况下评估各种影响环境的因素和条件，进而根据这些因素和条件来确定自己的领导模式并采取相应的行动。

坦南鲍姆和施密特的理论也存在一定的不足：它将影响领导模式的因素，即领导者、下属和环境看成既定的和不变的，而实际上这些因素是相互影响、相互作用的；它对组织外部的环境以及组织与社会环境之间的关系也缺乏重视。

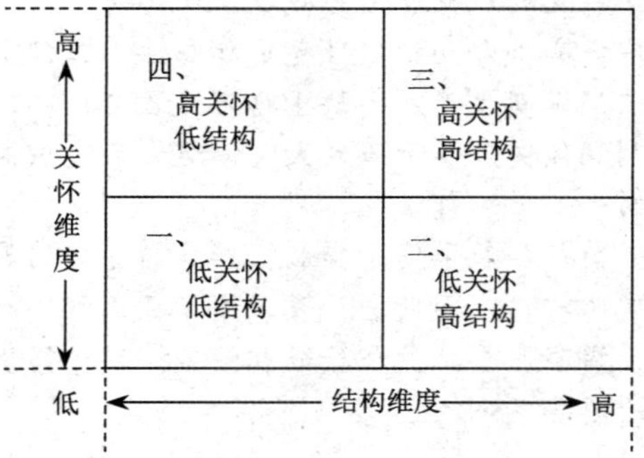

图 6.2　领导行为四分图模型

二、领导行为四分图模型

领导行为研究者们在 1945 年提出了领导行为四分图模型，如图 6.2 所示，它是研究领导行为的前期代表理论。

研究者希望能够确定领导行为的独立维度，他们收集了大量的下属对领导行为的描述，开始时列出了一千多个因素，最后归纳出两大类，称为"结构维度"和"关怀维度"，即"关心组织"和"关心人"。前者是把重点放在完成组织绩效上的领导行为，包括设立组织机构、明确职责和关系、确定工作目标、设立意见交流渠道和工作流程等；而后者是指信任、尊重下属的领导行为，包括建立相互信任的氛围、尊重下属的意见、关心下属的情感等。这两类行为虽有一定的联系，却是基本分开和独立的。

"高结构"特点的领导者向下属分派具体工作，要求下属保持一定的绩效水平，并强调完成工作的最后期限；"高关怀"特点的领导者乐于帮助下属解决个人问题，友善且平易近人、公平对待每一个下属，并对下属的生活、健康、地位和满意度等十分关心。

从上面的四分图模型可以看出，领导行为可能有以下四种典型的组合。

（1）低关怀、低结构。这种领导者对组织的工作和下属的需求都不十分关心。

（2）低关怀、高结构。这种领导者最关心的是组织的工作和任务，对下属的需要却不十分在意。

（3）高关怀、高结构。这种领导者对组织的工作和下属的需求都表现出极大的关心。

（4）高关怀、低结构。这种领导者较为关心与下属之间的合作，重视互相信任和互相尊重的氛围，对组织的工作则不十分关心。

研究者认为，同其他三种组合相比，第三种组合的领导效果最好，可使下属具有较高的工作绩效和工作满意度。但是，这种高-高风格并不总能产生积极效果。比如，当员工从事常规工作时，高结构特点的领导行为会导致高抱怨率、高缺勤率和高离职率，员工的工作满意度也较低。还有一些研究发现，领导者的直接上级主管对其进行的绩效评估等级与高关怀性呈负相关性。因此，领导行为四分图模型的这一结论在适当的时候还应该加入情境因素。

三、管理方格理论

在领导行为四分图模型的基础上，美国得克萨斯州立大学的心理学教授布莱克（Black）和莫顿（Mouton）于 1964 年提出了管理方格理论。他们对关心人和关心生产领导行为的不同组合进行了具体的分析，分别在两个坐标轴上划分了 9 个等级，从而生成 81 种不同的领导风格，其中有 5 种典型的领导者类型，如图 6.3 所示。

（1）9-1 型，即权威-服从型领导者，也称任务型领导者。这种领导者高度关心生产和效率，却很少关心人。由于不重视人的因素，领导者很少关心员工的需求；相应的，员工往往也会奉命行事，没有进取精神，不能用创造性的方法去解决问题。

（2）9-9 型，即团队型领导者。这种领导者既关心生产也关心人，通过协调和综合各种资源，能促进工作和生产的发展，使大家和谐相处并发扬集体精神。

（3）1-9 型，即乡村俱乐部型领导者。这种领导者只关心人不关心生产，他们认为只要组织内部充满轻松友好的氛围，员工精神愉快，其生产绩效自然会高。因此，不管生产绩效如何，这种类型的领导者都会首先重视员工的态度和情绪。

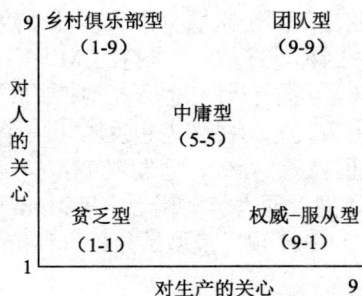

图 6.3　管理方格理论

（4）1-1 型，即贫乏型领导者。这种领导者既不关心生产也不关心人，只以最小的努力来完成必须做的工作；这种领导者可能会无所事事，往往会将企业引向灭亡。

（5）5-5 型，即中庸型领导者，或称中间型领导者。这种领导者对人的关心度和对生产的关心度比较平衡，既不过分偏重人的因素，也不过分偏重生产的因素，一旦遇到问题，总想得过且过，只图维持一般的工作效率和士气。

布莱克和莫顿根据自己的研究得出结论，9-9 型领导者工作效率最佳。每个领导者都可以用管理方格理论来分析和衡量自己的行为处于哪个管理方格中，从而认识自己的行为，自觉提高领导水平。但管理方格理论只是为领导风格的概念化提供了框架，并没能提供新的信息以澄清领导者在什么情况下应采取何种有效行为的困惑。

四、PM 领导模型

美国学者卡特莱特（Cartwright）和詹德（Zander）在《团体动力学》一书中提出了一种新的领导行为理论，即 PM 领导模型。P 是指目标达成型，M 是指团体维持型，而两者兼备的则被称为 PM 型。他们认为，所有团队的组成，其目的都可以归入前面两种之中的一种，也可以两者兼而有之。为达到第一个目的，领导行为的特征可能是：将员工的注意力引向目标、将问题明确化、拟定工作程序、运用专门知识、评定工作成果等。为达到第二个目的，领导行为的特征可能是：维持和谐的人际关系、调节员工间的纠纷、激励员工、增强员工的相互作用等。因此，领导者为达到不同目的而采取的方式可分为 P 型、M 型和 PM 型。

在卡特莱特和詹德的研究之后，日本大阪大学的教授三隅二不二在日本长崎进行了长时间的后续研究。他最初在学生中进行实验，后来又在企业中进行了研究。他将领导方式划分为四种形态，如图 6.4 所示，即 PM、P、M、pm。其中，P 指领导者为完成团体目标而做的努力，主要考察工作的效率、规划的能力等；M 指领导者为维持和强化团体所起的作用。

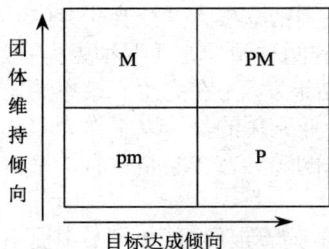

图 6.4　三隅二不二的 PM 领导模型

为了测量 P、M 的值，三隅二不二设计了八个方面的因素：工作激励、对工作待遇的满意度、企业保健条件、心理卫生、集体工作精神、会议成效等。每个方面的因素都有五个问题，每个问题的答案都采用 5 分制。根据 P、M 的分数最后进行统计分析，将统计结果标在一个两维的坐标上，从而可在 PM 矩阵中找到对应的特征点。把每个领导者的得分与该单位的平均分数加以比较，就能明确某个领导者的领导类型处于四个区域中的哪个区域。

三隅二不二的 PM 领导模型的特点在于它不像四分图那样对称地分割为四个等份，它的分割线代表被测群体中所有成员的平均值，因而具有一定的灵活性。PM 领导模型被分割线所分割出的四个区域分别代表低绩效–低维持的 pm 区，高绩效–高维持的 PM 区，高绩效–低维持的 P 区和低绩效–高维持的 M 区。这四个区域的大小并不相等，因具体情况而异。另外，该模型还采用了自评和他评相对照的方法，在一定程度上可以校正自己进行评价的偏差。从某种意义上来说，这种偏差也反映了一个领导者是否有自知之明。三隅二不二进行了大量的现场调查，通过统计分析，他发现 PM 型管理人员所在单位的生产量最高，对组织的信赖度也高；P 型、M 型管理人员则属于中等，pm 型管理人员所在单位的生产量和对组织的依赖都是最低的。

PM 领导模型是分析、评价领导行为的一种比较有效的方法。

视野拓展

胡适的无为而治

胡适在担任北京大学校长后，发现学校连一则正式校规都没有，便首先召开校务会议，通过了"校务会议组织大纲""教务会议组织大纲"和"学校章程起草委员会"等议案。

有了规章制度以后，胡适对学校事务便采取了"无为而治"的态度。他只关注学校的重要问题，具体事务则交给各位主管负责。一个名叫陈咸森的学生说："胡先生一贯主张无为而治，这在当年我们做学生时还不大了解，直到 30 年后在胡先生的一篇'无为而治'的文章中看到艾森豪威尔担任哥伦比亚大学校长和总统时的两个故事，才明白了胡先生'无为而治'的深刻道理。"

为了弄清楚所谓的"深刻道理"，我们来看看这两个故事讲了些什么。第一个故事说的是艾森豪威尔担任哥伦比亚大学校长时，各部门领导都要前来拜访，汇报各自的工作。于是他每天要接见两三位院长或部门负责人。几天以后，他问副校长像这样的人一共有多少，对方说共有 63 位。艾森豪威尔两手举过头顶高声喊道："天啊！太多了！太多了！我当盟军统帅的时候，只接见过三位将领。我完全相信这三个人。他们手下的将领，我从来不用过问。想不到我当一个大学校长，竟要接见 63 位负责人，他们谈的我不大懂，他们又说不到点子上，这对学校实在没有好处。"

另一个故事是说艾森豪威尔当总统时爱打高尔夫球，有一天白宫送来一份急件，助手替他准备了两份批示，一份"表示同意"，一份"表示不同意"。没想到他居然在两份文件上都签了字，并说："请副总统替我挑一个吧。"

在许多人眼里，这两个故事是嘲笑艾森豪威尔的，但是胡适却从中看出了一种管理的真谛。

五、利克特的领导系统模型

美国现代行为学家伦西斯·利克特（Rensis Likert）同他在美国密歇根大学社会研究中心的同事们从 1947 年就开始研究"以工作为中心"和"以人为中心"的两种领导方式哪种更为有效。他们观察了 7 家高生产效率的企业和 10 家低生产效率的企业，结果发现：在高生产效率的企业中，采用"以人为中心"的领导方式的企业有 6 家，只有 1 家企业采用的是"以工作为中心"的领导方式；而在低生产效率的企业中，采用"以工作为中心"的领导方式的企业有 7 家，只有 3 家企业采用"以人为中心"的领导方式。

更为重要的是，经过长期研究，利克特等人在 1961 年发表的《管理新模式》一书中提出了领导系统模型，将企业的领导方式归纳为以下四类。

（1）专制独裁式，主管人员非常专制，很少信任下属，采取使人恐惧与惩罚的方法，偶尔兼用奖赏来激励人们，采取的是自上而下的沟通方式，决策权也只限于最高层。

（2）温和独裁式，主管人员对下属充分信任，采取的是奖赏和惩罚并用的激励方法，允许一定程度的自下而上的沟通，经常向下属征求一些想法和意见，会授予下属一定的决策权。

（3）协商式，主管人员对下属抱有相当强的但又不充分的信任和信心，常设法采纳下属的想法和意见，采用奖赏的激励方式，偶尔采取惩罚措施，上下级之间双向沟通信息，在最高层制定主要政策和总体决策的同时，允许下属做出针对具体问题的决策，并在某些情况下进行协商。

（4）群体参与式，主管人员对下属在一切事务上都充分信任，总是积极地从下属那里获取设想和意见，并且加以采纳。对于确定目标和评价实现目标所取得的进展方面，主管人员常组织群体参与，在此基础上给予物质奖赏。主管人员积极促进上下级之间、同事之间的沟通，鼓励各级部门做出决策，或者本人作为群体成员同他们的下属一起工作。

利克特发现，采用第四种领导方式的主管人员都是取得最大成就的领导者。此外，他指出，采取群体参与式进行管理的组织或部门在设置目标和实现目标方面是最有效率的，通常也是更富有成果的。他把这种领导方式的有效性主要归因于群体参与程度和坚持鼓励并支持下属参与的实际贯彻程度。

六、勒温的领导风格理论

著名心理学家勒温和他的同事们从 20 世纪 30 年代起就进行了关于团体气氛和领导风格的研究。勒温等人发现，领导者们通常具有不同的领导风格，这些不同的领导风格对团体成员的工作绩效和工作满意度有着不同的影响。勒温等研究者力图科学地识别出最有效的领导风格，他们着眼于三种领导风格，即专制型、民主型和放任型的领导风格，见表 6.4。

表 6.4 勒温对三种领导风格的比较

比较项	专 制 型	民 主 型	放 任 型
权力分配	权力集中在领导者个人手中	权力在团体之中	权力分散在每个员工手中，领导者采取的是无为而治的管理方式
决策方式	领导者独断专行，所有的决策都由领导者自己做出，不重视下属的意见	让团队参与决策，所有的方针政策都由集体讨论做出，领导者加以指导、鼓励和协助	员工具有完全的决策自由，领导者几乎不参与决策
对待员工的方式	领导者介入具体工作任务中，对员工在工作中的组合加以干预，不让员工知道工作的全过程和最终目标	员工可自由选择与谁共同工作，任务的分工也由团队来决定；让员工了解整体的目标	为员工提供必要的信息和材料，回答其提出的问题
影响力	领导者以权力、地位等因素强制性地影响被领导者	领导者以自己的能力、个性等心理品质影响被领导者，后者愿意听从领导者的指挥和领导	领导者对被领导者缺乏影响力
对员工评价和反馈的方式	采取"个人化"的方式，根据个人的情感对员工的工作进行评价；采用惩罚性的反馈方式	根据客观事实对员工进行评价，将反馈作为对员工训练的机会	不对员工的工作进行评价和反馈

经典实验

童子军模拟实验

1939 年，勒温和利克特、怀特等人进行了一系列有关不同领导风格实施效果的童子军模拟实验。他们分别将不同的成年人训练成具有不同领导风格的领导者，然后安排这些人充当青少年课外活动兴趣小组的领导。这些青少年课外活动兴趣小组进行的是手工制作的活动，主要是制作面具。

勒温等人根据参加实验的青少年群体每个人的年龄、人格特征、智商、生理条件、家庭及社会经济地位等进行了匹配，分成了三个实验组。也就是说，几个不同的实验组之间没有显著的差异，仅在领导者的领导风格上有所区别。三位经过专门训练的成年人分别到各组担任领导者，采用专制型、民主型、放任型等三种不同的领导风格（每组固定用一种，不是交互使用），从而观察不同领导风格的实际效果。

实验结果显示：在民主型领导的小组中，生产的玩具质量最高；在专制型领导的小组中，生产的玩具数量是最多的；在放任型领导的小组中，工作效率是最低的。

勒温等人试图通过实验决定哪种领导风格是最有效的领导风格。结果发现，放任型领导者所领导的群体的绩效低于专制型和民主型领导者所领导的群体；专制型领导者所领导的群体与民主型领导者所领导的群体工作绩效大体相当；民主型领导者所领导的群体的工作质量与工作满意度更高。

基于这个结果，勒温等研究者最初认为民主型的领导风格似乎会带来良好的工作质量和效率，同时群体成员的工作满意度也较高，因此其认为民主型的领导风格可能是最有效的领导风格。但他们后来发现了更为复杂的结果：民主型的领导风格在有些情况下能比专制型的领导风格带来更好的工作绩效，而在另外一些情况下，民主型的领导风格所带来的工作绩效可能比专制型的领导风格所带来的工作绩效低或者仅仅与专制型的领导风格所带来的工作绩效相当；而关于群体成员工作满意度的研究结果则与以前的研究结果一致，即通常在民主型的领导风格下，成员的工作满意度会比在专制型的领导风格下的工作满意度高。

以苹果公司的乔布斯为例，他的领导风格更接近于专制型。《纽约时报》的乔·诺塞拉（Joe Nocera）发现，乔布斯是一个狂热的细节追求者，他不是一个成熟、圆滑的人，从不宽容对待苹果公司的员工，并且在苹果产品的外观及性能决策上，从来都只是依靠自己的本能和直觉。员工长期处于这样苛刻无情的领导之下，但是当乔布斯宣布辞职时，苹果公司的员工依然感到心碎无比。

在实际的组织与企业管理中，很少有极端型的领导者，大多数领导者都是介于专制型、民主型和放任型之间的混合型。勒温注意到领导者的风格对组织氛围和工作绩效的影响，区分出领导者的不同风格和特性并以实验的方式加以验证，这对实际管理工作和有关研究非常有意义。后续的许多领导理论都是从勒温的领导风格理论发展而来的。例如，坦南鲍姆和施密特的领导行为连续体理论，就是为解决勒温等人研究中的领导方式的有效性问题而提出的理论。

案例 6.6

三个领导三种风格

刚刚大学毕业的张兵通过学校推荐来到钢材集团总公司下属的第三分公司，给吴总经理做秘书。吴总经理可谓日理万机，因为公司的大小事情都必须由他拍板。尽管如此，张兵感到工作还是比较轻松的，因为任何事情他只需要交给吴总经理，再把吴总经理的答复转给相关责任人，就算完成任务了。可是好景不长，吴总经理因为每日太过奔波劳碌，终于病倒了。

新上任的是王总经理。王总经理对张兵每日无论大小事宜都要请示提出了批评，让他慢慢学会分清轻重缓急，有些事情可以直接转交其他副总经理处理。这样，王总经理每天就能有更多的时间去考虑公司的长远目标和发展方向了。自从王总经理上任以来，公司出台了新的发展战略和内部规章制度。公司的业绩也在短期内有了很大的提升。同时，张兵也很忙碌，有时需要跑很多部门去协调一项工作，这让他学到了很多东西，工作也充实了不少。因为业绩突出，王总经理干了一年就被调到总公司去了。

之后，又来了李总经理。相对于吴总经理的事必躬亲以及王总经理的有张有弛，李总经理就要随意得多了。他到任之后，先是了解了一下公司的总体情况，感到非常满意，就对下面的副总经理说："公司目前的运营一切顺利。我看大家都做得比较到位，总经理嘛，关键时刻把把关就可以了，不是很重要的事情，你们就看着办吧。"这样一来，张兵享受到了自工作以来从没有体会过的轻松，因为一周也没有几件事情要找总经理请示。

启发与思考：你认为上面案例中的三位领导的管理风格有区别吗？哪个领导的管理风格更可取呢？为什么？

七、对领导行为理论的评析

领导行为理论研究的真正萌芽开始于 20 世纪 40 年代，许多管理心理学家在调查研究中发现，领导者在领导过程中的领导行为与他们的领导效率之间有密切的关系。基于此，为了寻求最佳的领导行为，许多机构对此进行过大量的研究。领导行为的分类当中所提到的各种研究里，虽然对于领导方式与行为给予了各种不同的名称，如民主式、独裁式、放任式，倡导行为、关怀行为等，但是，这些不同的名称代表的是类似的概念，也就是把领导者的行为分成强调团体的需求及强调个体的需求两个方向。而这也就是行为理论和素质理论之间的不同之处。

综观领导行为理论的发展，研究者们在确定领导行为类型与群体工作绩效之间的一致性关系方面获得了一定的成功，尤其是"关心人"或"民主型"领导被普遍认为是有效的领导方式。比如在案例 6.5 中，新任厂长正是采用了这种以关心员工为导向的领导风格，员工对这样的领导者表现出了更高的认可度和信任度，并在其领导下取得了好的工作绩效。但是，也有不少学者对此提出了异议。例如，桑佛尔和海桑等人发现，独裁性格的人喜欢有指挥能力的专制型领导；斯科特发现，在军队中专制型领导带领的部队战斗力最强；一名主管在紧急情况下不可能花费长时间开会以寻求最佳解决方式，而此时采用专断的方式更加有效。

领导行为理论的研究热潮一直持续到 20 世纪 60 年代，尽管经过了几十年的研究，在实践中也取得了一定的成功，却无法得出一致的结论。传统领导行为理论失败的原因在于它试图寻求在各种情境下普遍适用的领导行为模式，欠缺的仍然是对影响领导者有效性的情境因素的考虑，没有考虑到领导的动态过程，领导工作的效率取决于领导者、被领导者和环境的相互作用。可见，脱离了环境特性去寻找一种万能的领导行为，自然与领导素质理论一样，也无法得出科学的结论。

第三节 领导权变理论

由于领导素质理论和领导行为理论的局限性，人们越来越认识到，为了预测领导成功而对领导现象进行的研究，其实远比分离出领导素质和识别不同的领导行为更加复杂。由于未能在素质和行为方面获得一致的研究结果，人们开始重视情境因素的影响，由此开始进入领导权变理论的时代。我们知道，领导的有效性依赖于情境因素，而这些情境因素是可以被分离出来的。

对影响领导效果的主要情境因素进行分离的研究很多，在权变理论发展的过程中，人们经常使用的中间变量有工作的结构化程度、上下级之间的关系、领导者的职位权力、下属角色的清晰度、群体规范、信息的可得性、下属对领导决策的认可度、下属的士气等。比较有代表性的领导权变理论有费德勒模型、途径-目标理论、不成熟-成熟理论以及领导生命周期理论等。

案例 6.7

保罗在达拉斯的挫败

保罗在 2001 年从美国中西部的一所名牌大学获得会计学专业的学士学位后，到一家大型会计师事务所的芝加哥办事处工作，由此开始了他的职业生涯。9 年后，他成了该事务所的一名最年轻的合伙人。事务所于 2013 年指派他到纽约的郊区开办了一个新的办事处。这个办事处的工作最主要的内容是审计，这要求有关人员具有较强的判断力和自控力。他主张工作人员之间要以名字直接称呼，并鼓励下属人员参与决策制定。对长期的目标和指标，每个人都很了解，但实现这些目标的办法却是相当不明确的。

这个新的办事处发展得很迅速，到 2018 年，专业人员达到了 30 名，保罗被认为是一位很成功的领导者。他在 2019 年年初被提升为达拉斯办事处的经营合伙人，他采取了帮助他在纽约工作时取得显著成效的同一种富有进取心的管理方式。他马上更换了几乎全部的 25 名专业人员，并制订了短期和长期的客户开发计划。员工人数增加得相当快，为的是确保有足够数量的员工来处理预期扩增的业务。很快，办事处有了约 40 名专业人员。

但在纽约成功的管理方式并没有在达拉斯取得成效。办事处在一年时间内就丢掉了最好的两个客户。保罗马上认识到办事处的员工太多了，因此决定解雇上一年刚招进来的 12 名员工，以减少开支。他相信挫折只是暂时的，因而仍继续执行他的策略。在此后几个月的时间里，他又增雇了 6 名专业人员，以适应预期增加的工作量。但预期中的新业务并没有接到，所以他又重新缩减了员工队伍，13 名专业人员被解雇。

伴随着这两次裁员，留下来的员工感到工作没有保障，并开始怀疑保罗的领导能力。事务所的执行委员会了解到情况后，将保罗调到新泽西的一个办事处，在那里他的领导方式显示出很好的效果。

启发与思考：保罗在其他地方成功的领导方式为什么在达拉斯却遭遇了挫败呢？这是前面学习的领导理论难以解释的，只有引入领导情境因素才能解释。

一、费德勒模型

华盛顿大学的教授费德勒（Fiedler）经过 15 年的研究，系统地阐述了一种领导权变理论，即费德勒模型。该模型是建立在工作导向和员工导向的基础之上的。费德勒模型指出，有效的群体绩效取决于以下两个因素的合理匹配：①与下属相互作用的领导者的风格；②情境对领导者的控制和影响程度。

为了评价领导者的基本领导风格，费德勒设计出诊断领导风格的独特指标——最难共事者（least preferred coworker，LPC）问卷。该问卷由 16 组对应的形容词构成。作答者要先回想一下自己共事过的所有同事，并找出一个最不喜欢的同事，在 16 组形容词中按 1~8 的等级对其进行评估。如果以相对积极的词汇描述最不喜欢的同事（最难共事者问卷得分高），说明作答者很乐于与同事形成良好的人际关系，可称之为关系取向型；相反，如果对最不喜欢的同事的看法很消极，则说明作答者可能更关注生产，可称之为任务取向型。

视野拓展

LPC 问卷

回想一下你认为最难共事的一个同事，他可以是现在与你共事的，也可以是过去与你共事的。他不一定是你最不喜欢的人，只不过是你在工作中最难相处的人。用下面的 16 组形容词来描述他，在你认为最准确描述他的等级上打"×"。不要略过任何一组形容词。

```
快  乐——  8  7  6  5  4  3  2  1 —— 不快乐
友  善——  8  7  6  5  4  3  2  1 —— 不友善
拒  绝——  8  7  6  5  4  3  2  1 —— 接  纳
```

有　益	——	8	7	6	5	4	3	2	1	——	无　益
不热情	——	8	7	6	5	4	3	2	1	——	热　情
紧　张	——	8	7	6	5	4	3	2	1	——	轻　松
疏　远	——	8	7	6	5	4	3	2	1	——	亲　密
冷　漠	——	8	7	6	5	4	3	2	1	——	热　心
合　作	——	8	7	6	5	4	3	2	1	——	不合作
助　人	——	8	7	6	5	4	3	2	1	——	敌　意
无　聊	——	8	7	6	5	4	3	2	1	——	有　趣
好　争	——	8	7	6	5	4	3	2	1	——	融　洽
自　信	——	8	7	6	5	4	3	2	1	——	犹　豫
高　效	——	8	7	6	5	4	3	2	1	——	低　效
郁　闷	——	8	7	6	5	4	3	2	1	——	开　朗
开　放	——	8	7	6	5	4	3	2	1	——	防　备

将 16 项的得分相加，得分不高于 57 分者，为任务导向型领导者；得分大于或等于 64 分者，为关系导向型领导者；得分在 57～63 分之间者，处于较为理想的状态，但也必须根据具体情境来分析自己属于哪种类型的领导者。

关于影响领导效果好坏的情境因素，费德勒认为有以下三个方面。

（1）领导者与下属的关系。这是指下属对领导者的信任、喜爱、忠诚、愿意追随的程度，以及领导者对下属的吸引力。

（2）工作任务的结构。这是指下属承担工作的明确程度，是枯燥乏味的例行公事，还是需要一定创造性的任务。

（3）领导者的职位权力。这是指与领导者职位相关联的正式职权以及领导者从上级和整个组织各个方面所取得的支持程度。这一地位权力是领导者对下属的实有权力所决定的，假如一位车间主任有权聘用或开除本车间的工人，则他在这个车间就比公司经理的地位与权力还要大，因为公司经理一般并不直接聘用或开除一个车间工人。

费德勒根据上述三个情境因素把领导者所处的情境从最有利到最不利分为八种类型（见图 6.5）。三个情境因素都齐备是最有利的情境，三者俱缺是最不利的情境，有一项或两项具备是一般情境。

高LPC得分的领导者								
低LPC得分的领导者								
领导者与下属的关系	好	好	好	好	差	差	差	差
工作任务的结构	明确		不明确		明确		不明确	
领导者的职位权力	强	弱	强	弱	强	弱	强	弱
有效的领导方式	任务取向型	任务取向型	任务取向型	关系取向型	关系取向型	无资料	未发现	任务取向型
编号	1	2	3	4	5	6	7	8
对情境、情势的控制	高度			中度			低度	

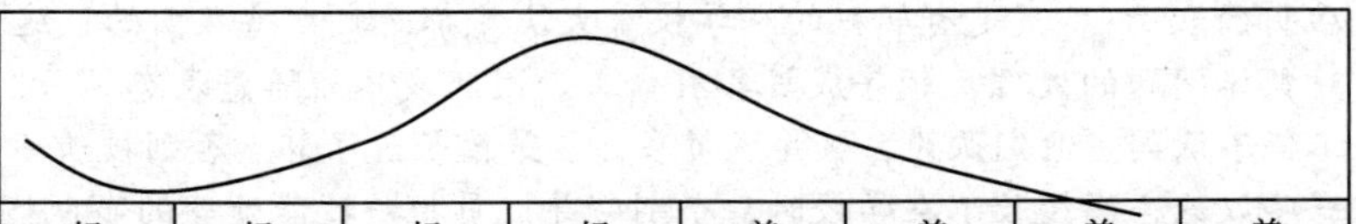

图 6.5　费德勒领导类型与情境因素间的关系

费德勒模型指出，当个体的 LPC 分数与三个情境因素的评估分数相匹配时，则会达到最佳的领导效果。费德勒将三个情境因素任意组合成八种情况，对 1 200 个团体进行了观察，将领导风格同对领导有利或不利条件的八种情况关联起来，得出在各种不同的情况下，为使领导有效所应当采取的领导方式。

费德勒模型表明，在对领导最有利和最不利的情况下（1、2、3、8 项），采用任务取向型领导方式效果比较好。在对领导者中等有利的情况下（4、5 项），采用关系取向型领导方式效果比较好。

费德勒认为，提高领导者的有效性实际上只有以下两条途径。

（1）替换领导者以适应环境。比如，如果群体所处的情境被评估为十分不利，而目前又是一个关系取向型的管理者进行领导，那么替换一个任务取向型的管理者则能提高群体绩效。

（2）改变情境以适应领导者。费德勒提出了一些改善领导者与下属的关系、领导者的职位权力和任务结构的建议。领导者与下属之间的关系可以通过改变下属的组成加以改善，使下属的经历、技术专长和文化水平与工作更加匹配；任务结构可以通过详细布置工作内容而使其更加定型化，也可以对工作只做一般性指示而使其非程序化；领导者的职位权力可以通过提升职位充分授权，或明确宣布职权而增强其权威性。

费德勒模型强调为了领导有效需要采取什么样的领导行为，不是从领导者的素质出发而强调应当采取什么样的行为，这为领导理论的研究开辟了新方向。费德勒模型表明，并不存在一种绝对的、最好的领导型态，企业领导者必须具有适应力，自行适应变化的情境，同时也提示管理层必须根据实际情况选用合适的领导者。

费德勒模型的效用已经得到大量研究的验证，虽然在该模型的应用方面仍存在一些问题，比如 LPC 问卷的分值不稳定、权变变量的确定比较困难等，但是费德勒模型在实践中的确具有重要的指导意义。

案例 6.8

应管与不应管

某学校的高校长因为要经常参加社交活动而不能每天都到学校，但学校的工作却井然有序。在校时，他经常与教师和学生接触，对他们反映的许多具体问题，他总是让各分管的副校长、教务长、总务主任解决。

一次，在教职工大会上，高校长念了一张一位教师递给他的条子："您是校长，为什么遇到问题不表态，是权不在手，还是处理不了？"念完条子，高校长首先感谢了这位老师的关心，然后明确表示："我是有职权的。学校重大决定都是我主持做出的，这就是权力！至于执行过程中对具体问题的处理，领导成员各有分工。因此我不能随意表态。"对于高校长的解释，一些教职工仍不认同。他们认为，领导成员多，应是校长说了算，否则校长不成无所作为了吗？由于这样一些议论，高校长不在学校时，个别领导成员把一些能处理的事也搁置了下来。

面对这些情况，高校长除了在领导班子内统一认识外，又在教职工中通过各种方式表达了他的看法：校长负责制不是按校长个人的意志行事，特别是有关改革的事，更不能由校长一个人决定。校长应该管他所应该管的事，而不应该管他所不应该管的事。如果学校的所有事情都由校长决定，这不是有职权，而是个人专权。这不但不能调动每个人的积极主动性，还会养成一些教职工的依赖性。高校长的看法得到了领导成员的赞同和大部分教师的理解。

点评：领导权变理论要求从领导者、被领导者和具体的环境（任务、组织性质、时间的紧迫性等）等三个方面来选择合理的领导方式，以取得最佳的领导效果。本例中的学校工作人员主要是高学历的管理人员和教师，他们有知识、素质高、自我意识强，所以高校长采用民主、放任式的分权管理，发挥了大家的积极性和主动性。

二、途径-目标理论

继费德勒模型之后，20世纪70年代初，一种新型的领导权变理论颇受重视，这就是加拿大多伦多大学教授豪斯（House）的途径-目标理论。

途径-目标理论的基本前提是：某些领导行为之所以有效，乃是因为在某种环境之中，这种行为有助于下属达成和工作有关的目标。豪斯等人认为领导是一个激励下属的过程，领导方式只有适用于相应的下属和环境时，才是有效的。

途径-目标理论的核心是：要求领导者用抓组织、关心生产的办法帮助员工扫清达到目标的通路，用体贴精神关心人，满足人的需要；帮助员工达到自己预定的目标。因此，豪斯提出了以下四种领导方式。

（1）指导型。领导者对下属提出要求、指明方向，给下属提供他们应该得到的指导和帮助，使下属能够按照工作程序去完成任务，实现自己的目标。

（2）支持型。领导者对下属友好，平易近人，平等待人，与下属关系融洽，关心下属的生活。

（3）参与型。领导者经常与下属沟通信息、探讨工作、虚心听取下属的意见，让下属参与决策、参与管理。

（4）成就导向型。领导者所做的一项重要工作就是树立具有挑战性的组织目标，激励下属想方设法去实现目标，迎接挑战。

途径-目标理论告诉我们，领导者可以而且应该根据不同的环境特点来调整领导方式和作风。领导者选择哪种领导方式，要考虑以下两个随机变化的因素。

（1）下属的特点：包括感知能力、需求和经验等方面。当下属感到他的能力很弱时，他很可能接受指导型的领导方式；当下属感到自己的能力很强时，指导型领导方式对下属的满足感和工作动机就会有消极的影响。当下属是内控型的人时，他认为自己的能力和意志能控制事物的发展，则较喜欢参与型的领导方式；否则，他会喜欢指导型的领导方式。另外，下属的特殊需求和动机也会影响他们对不同领导方式的接受程度和满意程度。

（2）工作环境的特点：包括任务结构、正式权力，群体等。当工作任务模糊不清，下属无所适从时，他们希望有高任务型的领导者为他们做出明确的规定和安排，否则就会不满意。当面对常规性的工作，目标和达到目标的途径都很明确时，下属就比较喜欢高关系型的领导。因此，根据途径-目标理论，领导者必须分析下属面对的客观环境，选择一种恰当的领导模式。

途径-目标理论模型见图6.6。

根据途径-目标理论，领导者在不同的时期也应选择不同的领导模式。比如当领导者面临一个新的工作环境时，他可以采用指导型的领导方式，指导下属建立明确的任务结构和明确每个人的工作任务。接着他可以采用支持型的领导方式，以便与下属之间形成一种协调和谐的工作氛围。当领导者对组织的情况进一步熟悉后，可以采用参与型的领导方式，积极主动地与下属沟通信息、探讨工作，让下属参与决策和管理。在此基础上，就可以采用成就导向型的领导方式，领导者与下属一起制定具有挑战性的组织目标，然后为实现组织目标而努力工作，并且运用各种有效的方法激励下属实现目标。

与费德勒模型不同，途径-目标理论认为这四种领导方式可由同一领导者在不同情况下使用，这就比费德勒的二维领导模式更进了一步。但途径-目标理论关于高效率的领导行为的预言并未完全得到一致性验证，这可能是由领导行为的测定方式及工作结构的测量尺度不完善所导致的。

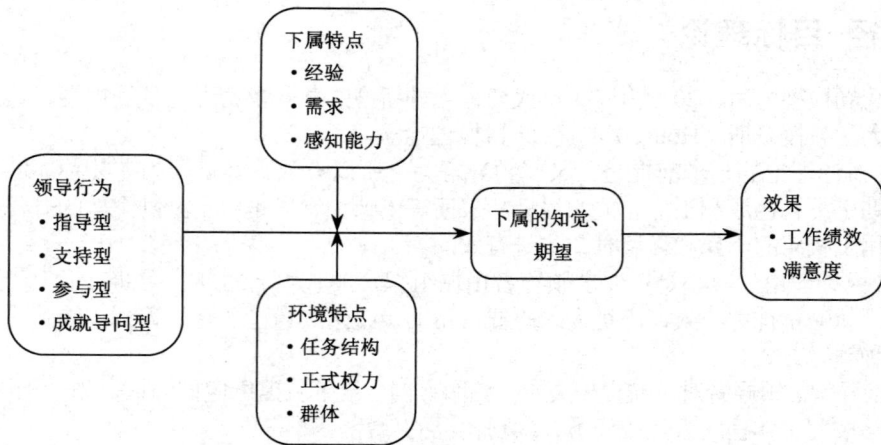

图 6.6 途径-目标理论模型

三、不成熟-成熟理论

克里斯·阿吉里斯（Chris Argyris）是美国著名的行为学家。1957 年 6 月，阿吉里斯在一篇名为《个性与组织：互相协调的几个问题》的文章中提出了不成熟-成熟理论。

不成熟-成熟理论的研究基础是个人需求与组织需求的不相容，主要集中于对个人需求与组织需求问题的研究。他主张有效的领导者应该帮助员工从不成熟状态转变到成熟状态。

不成熟-成熟理论认为：组织行为是由员工和正式组织融合而成的，组织中的员工作为一个健康的有机体，无可避免地要经历从不成熟到成熟的成长过程。员工在这个成长过程中主要有以下七个方面的变化。

（1）从被动状态发展到主动状态。

（2）从依赖他人发展为相对独立。相对独立是指员工在自立的同时又和其他人保持必要的依存关系。

（3）从有限的行为方式发展为多种多样的行为方式。

（4）从经常变化、肤浅、短暂的兴趣发展为相对持久、专一的兴趣。在这方面趋于成熟的标志是：一个人在遇到挑战时会专心地从整体上深入研究某一问题的复杂性，并在自己的行动中得到很大的满足。

（5）从只顾及当前发展到有长远的打算。

（6）从在家庭或社会上处于从属地位发展为与周围的人处于基本平等的地位甚至支配他人的地位。

（7）从缺乏自觉自制发展为自觉自制。

由此可见，在个体从不成熟到成熟的成长过程中，个体的自我世界扩大了，这样一个连续发展的过程也是一个从被动到主动，从依赖到独立，从缺乏自觉自制到自觉自制的过程。个体在经历了这样一个成长过程之后，其进取心和迎接挑战的能力都会逐渐增强，而且随着这种自我意识的觉醒，个体会将自己的目标与其所处的环境做对比。因此，个体在组织中所处的位置在一定意义上代表了个体自我实现的程度。

然而对于一个正式组织而言，其运行所遵循的传统原则是众所周知的专业化分工、等级化的层次结构、集中统一领导等完全理性的纯逻辑化的原则。这些原则希望能消除独立个人之间的性格差别给工作带来的影响，希望个人能够循规蹈矩，严格遵从组织的规章制度行事。可见，正式组织的这些原则所要求的是员工一直处于依赖、被动、从属的地位。阿吉里斯以这样的组织原则为前提，自然而然地得出结论：正式组织与成熟个体之间存在矛盾。

这种正式组织所要求的不成熟的成员特性与个体实际经历的成长过程的矛盾会导致组织中的混乱，而且这种混乱与个体发展及组织要求的不协调程度成正比。这种混乱又会导致个体的短期行为和思想矛盾。例如，个体难以自我实现，因此产生挫折感；个体不能根据自身需要确定自己的奋斗目标以及实现目标的途径，因此觉得自己无能、失败；个体无法确定自己的未来，因此只好做短期打算；个体自身并不愿意遭受这些挫折和打击，但是另外找一份工作也不会有什么根本的改变，因此个体会产生种种思想矛盾。

此外，正式组织中等级化的层次结构会使处于各个等级的人们产生压力。例如，员工为了更好地自我实现，就会为了晋升而拼命表现自己，甚至会相互仇视；组织要求下属只要做好本职工作就给予奖励，下属因此变得只注重局部而忽视整体；组织为了协调局部和整体利益的矛盾而加强控制力度，这又会进一步增强下属的依赖性和从属性。

以上矛盾在现实生活中常常表现为：员工频繁地离开组织；有些员工不择手段地往上爬；员工普遍产生对组织目标的漠视或抵触情绪，如精力不集中、侵犯他人、工作拈轻怕重、集体减产、对明显不利于组织目标实现的事件袖手旁观、极端重视物质利益等。

如何解决个体成长和组织原则之间的矛盾是领导者长期面对的挑战，领导者的任务之一就是要努力减少或者消除这种不协调。"不成熟–成熟"理论的实践意义体现在以下几个方面。

（1）在从"不成熟"到"成熟"的连续流上，每个人都有自己的发展"起点"，至于这个起点的位置是更接近"原点"还是更接近"终点"，受个体特征和能力等影响。因此要求领导者必须努力识别每个被领导者的独特的成熟程度，然后才能判断所采取的管理方式是否适当，并根据具体对象考虑如何管理。

（2）从"不成熟"到"成熟"的连续流本身并不排斥特定条件下可能出现的从"成熟"到"不成熟"的逆向成长，甚至在某些情况下，正向、逆向成长是交替出现或同时存在的。因此，领导者既要信任员工，并通过授权、参与式管理等方法让员工有充分施展个人才能的空间，又要随时准备应对突然出现的不合期望的员工行为。此外，还需要领导者善于识别"晕轮效应"，在评价员工时防止被少数的优缺点影响对一个人的整体判断；要善于运用"皮格马利翁效应"，懂得欣赏和经常表扬员工的优点，从而使其在身心愉悦的状态下全面健康地发展，最大限度地以组织目标作为员工"自我实现"的抱负。

四、领导生命周期理论

由科曼首先提出，后由保罗·赫西（Paul Hersey）和肯尼斯·布兰查德（Kenneth Blanchard）予以发展的领导生命周期理论，也称情境领导理论，这是一个重视下属的权变理论。赫西和布兰查德认为，依据下属的成熟度选择正确的领导风格，就会取得领导的成功。

赫西和布兰查德将成熟度定义为：个体对自己的直接行为负责任的能力和意愿。它包括两项要素：工作成熟度与心理成熟度。前者包括一个人的知识和技能。工作成熟度高的个体拥有足够的知识、能力和经验完成他们的工作任务而不需要他人的指导。后者指的是一个人做某事的意愿和动机。心理成熟度高的个体不需要太多的外部激励，他们主要靠内部动机激励。

领导生命周期理论使用的两个领导维度与费德勒的划分相同：工作行为和关系行为。但是，赫西和布兰查德更向前迈进了一步，他们认为每一维度都有低有高，从而组成以下四种具体的领导方式。

（1）命令型领导方式（高工作–低关系），领导者对下属进行分工，并具体指导下属应当干什么、如何干、何时干，它强调直接指挥，因为在这一阶段下属缺乏接受和承担任务的能力和愿望，既不能胜任工作，又缺乏自觉性。

（2）说服型领导方式（高工作-高关系），领导者既给下属以一定的指导，又注意保护和鼓励下属的积极性。因为在这一阶段下属愿意承担任务，但缺乏足够的能力，有积极性，但没有完成任务所需的技能。

（3）参与型领导方式（低工作-高关系），领导者与下属共同参与决策，领导者着重给下属以支持并注意内部的协调沟通。因为在这一阶段下属具有完成领导者所交付任务的能力，但没有足够的积极性。

（4）授权型领导方式（低工作-低关系），领导者几乎不加指导，由下属独立地开展工作，完成任务，因为在这一阶段下属能够而且愿意去做领导者要他们做的事。

领导生命周期理论对下属成熟度的四个阶段的定义如下。

第一阶段（不成熟阶段）：这些人对于执行某项任务既无能力又不情愿，他们既不胜任工作又不能被信任。

第二阶段（初步成熟阶段）：这些人缺乏能力，但愿意执行必要的工作任务，他们有积极性，但缺乏足够的技能。

第三阶段（比较成熟阶段）：这些人有能力，却不愿意做领导者希望他们做的工作。

第四阶段（成熟阶段）：这些人既有能力又愿意做领导者让他们做的工作。

图 6.7 概括了领导生命周期理论模型的各项要素。当下属的成熟度不断提高时，领导者不但可以不断减少对下属行为和活动的控制，还可以不断减少关系行为。在第一阶段（M1），下属需要得到具体而明确的指导，领导者需要采取命令型领导方式，高工作领导行为能够弥补下属能力的欠缺，高关系领导行为则试图使下属在心理上"领会"领导者的意图；在第二阶段（M2）中，领导者需要采取说服型领导方式；对于在第三阶段（M3）中出现的激励问题，领导者运用支持性、非领导性的参与型领导方式可获得最佳解决效果；最后，在第四阶段（M4）中，领导者不需要做太多的事，因为下属愿意且有能力承担责任。

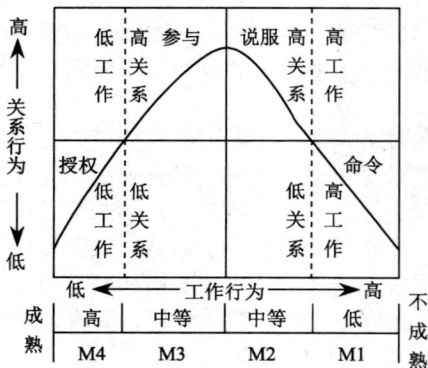

图 6.7　领导生命周期理论模型

案例 6.9

校长的管理

为了更好地促进学校人才培养和发展，某校校长对教师的管理方式分为三种情况：对青年教师，尤其是新来的教师，每月交代一次任务，并告诉他们怎样去完成工作任务；对中年教师，他很关心他们在生活上遇到的困难，在工作中喜欢主动听取他们的意见；而对于老教师，除关心他们的身体状况外，对于日常的基本工作，校长基本上一概不问。

点评：基于领导生命周期理论的应用，青年教师还处于不成熟阶段，该校长对其采取的是"命令式"领导方式，布置任务，教给方法；中年教师已进入比较成熟的阶段，校长对其采取的是"参与式"领导方式，经常听取他们的意见；老教师已进入很成熟阶段，校长对其采取的是"授权式"领导方式。

五、对领导权变理论的评析

领导权变理论在出现后即以特有的魅力而使以往的领导素质理论和领导行为理论黯然失色，其主要贡献集中体现在以下三个方面。

（1）领导权变理论统合了领导现象的复杂性。领导是极为复杂的社会现象。一种领导现象的出现，不仅是领导者本人的行为结果，而且还有赖于周围的环境。领导者素质研究和领导者行为研究皆以领导者为出发点，以领导者个人素质或行为来探究领导现象，不同程度地忽略了与领导现象相关的环境的重要作用，忽略了被领导者在领导过程中的作用。领导是一种动态的群体过程或社会关系，领导者与被领导者的交互影响是领导过程的本质。在领导过程中，领导者是发生影响作用的主体，被领导者是被影响的客体。没有被影响的客体，发生影响作用的主体也就失去了存在的基础，若忽略了对被领导者的研究，便难于了解领导现象的全貌，因而失之偏颇。领导权变理论研究把领导者个人素质、领导者行为及环境联系起来，从而创造了一套比较完善的领导理论体系。

（2）领导权变理论为人们提供了一套有效的领导方法。领导者素质研究的重点在于分析领导者应具备的各种素质，以此作为选拔领导者的依据，而没有涉猎领导方法领域。领导者行为研究虽已涉足领导方法领域，但其企图从众多的成功领导者的行为中研究、概括出一套理论的、固定不变的和放之四海皆适用的领导方式。而领导权变理论则以领导者个人素质、领导者行为及环境交互影响来解释领导现象，否认有任何固定不变、普遍适用的领导方式的存在，认为任何领导方式在与环境的适当搭配下，均可能成为最有效能的领导方式，因此它没有提出有关最佳领导方式的主张，而代之以领导方式与环境搭配模式。

（3）领导权变理论更切合实际领导者的需要。由于领导本身是一种极为复杂的社会现象，加之研究者的观点和研究方法的不同，不论是领导者素质研究还是领导者行为研究，所得的研究结果都是矛盾的，使实际领导工作者有无所适从之感。由于领导权变理论以统合方式和权变观点解释了领导现象的复杂性，吸收了前人的有益研究成果，从而为人们提供了研究领导现象的新途径和提高领导效能的新方法，这就在很大程度上拉近了领导理论与领导实际的距离，满足了实际领导者对领导理论的需要。

同时，领导权变理论也存在局限性，主要体现在以下三个方面。

（1）仅仅以简单的两维模型来描述多重复杂的管理实践，解决管理问题，尤其是忽视了人这一决定性因素，未能把人作为领导权变理论中的能动变数，从而制约了管理理论的发展与创新。

（2）把情况与普遍趋向对立起来，把具体和一般对立起来。只强调特殊性，否认普遍性；只强调个性，否认共性。它会不可避免地滑到经验主义的立场上去。

（3）排斥用科学的方法论进行概念分析，使得概念缺乏统一性，内容缺乏有机联系，从而使管理理论和管理实践缺乏相应的科学标准。

本 章 小 结

在群体中，领导者占据着核心地位，因为领导者需要为实现群体目标指明方向。本章介绍了领导的基本概念以及领导理论的变迁。领导理论的研究历经了领导素质理论、领导行为理论、领导权变理论，到当今的诸多新型领导理论的发展过程。随着环境复杂性的增强，我们解释和预测领导行为和领导有效性的能力也在不断增强。从乔布斯身上，我们看到某种单一的领导理论都不能很好地解释他和苹果公司的成功，独具魅力的人格特点、适合创造性工作情境的领导风格，以及高素质的工作团队、个性化的用户需求等结合在一起才成就了乔布斯。归根结底，领导是领导者、被领导者、环境的函数，是一个动态的过程。

综合练习题

一、名词解释

领导　　领导素质理论　　领导行为理论　　领导行为四分图模型　　管理方格理论
领导风格理论　　领导权变理论　　LPC问卷

二、单项选择题

1. 关于领导与管理的关系，以下说法正确的是（　　）。
   A. 管理与领导的功用相同
   B. 无论是内涵还是外延，领导行为都等于管理行为
   C. 领导是从管理中分化而来的
   D. 管理的对象是物，领导的对象是人

2. 管理方格理论是由（　　）提出的。
   A. 利克特　　　　　　　　　　　　　　B. 费德勒
   C. 布莱克和莫顿　　　　　　　　　　　D. 坦南鲍姆和施密特

3. 在管理方格理论中，9-1型领导者又称为（　　）。
   A. 贫乏型领导者　　　　　　　　　　　B. 乡村俱乐部型领导者
   C. 任务型领导者　　　　　　　　　　　D. 中间型领导者

4. 情境领导理论将下属的成熟度作为领导者选择正确的领导风格的重要依据。领导者定义角色，告诉下属应该如何去做的领导风格被称为（　　）领导方式。
   A. 命令型（高工作-低关系）　　　　　B. 说服型（高工作-高关系）
   C. 参与型（低工作-高关系）　　　　　D. 授权型（低工作-低关系）

5. 领导权变理论的代表人物是（　　）。
   A. 利克特　　　　　　　　　　　　　　B. 费德勒
   C. 布莱克和莫顿　　　　　　　　　　　D. 坦南鲍姆和施密特

6. 领导生命周期理论指出，有效的领导行为除了应该考虑工作行为、关系行为以外，还应考虑被领导者的（　　）。
   A. 素质　　　　　　B. 业务水平　　　　　　C. 成熟度　　　　　　D. 培训提高

7. 在领导有效性中，最重要的权变因素是（　　）。
   A. 领导者自身的特点　　　　　　　　　B. 被领导者的特点
   C. 领导的情境　　　　　　　　　　　　D. 领导者与被领导者之间的互动关系

三、多项选择题

1. 费德勒提出对一个领导者的工作起最大影响作用的是（　　）。
   A. 领导者的职位权力　B. 工作任务的结构　C. 领导者与下属的关系
   D. 个性结构　　　　　E. 环境结构

2. 领导的功能包括（　　）。
   A. 沟通协调作用　　B. 指挥引导作用　　C. 维持秩序作用

　　D．激励鼓励作用　　　E．监督控制作用

　3．领导班子的结构一般包括（　　　）。

　　A．年龄结构　　　　B．知识结构　　　C．能力结构

　　D．专业结构　　　　E．职务结构

　4．途径–目标理论将领导方式分为以下类型（　　　）。

　　A．指导型　　　　　B．咨询型　　　　C．支持型

　　D．参与型　　　　　E．成就导向型

四、简答题

　1．领导的本质特征是什么？

　2．如何提高领导的有效性？

　3．途径–目标理论的主要观点是什么？

　4．不成熟–成熟理论的主要观点是什么？

　5．请简述 PM 领导模型的主要内容。

　6．阐述领导素质理论的优点和不足。

　7．请简单评析一下领导行为理论的优缺点。

　8．四分图模型、管理方格理论、领导行为连续体理论分别是依据什么来划分领导方式的？

　9．费德勒模型、途径–目标理论和领导生命周期理论等三种领导权变理论分别提出了哪些情境因素？每种情境因素的含义是什么？

　10．请简述领导生命周期理论，并谈谈如何在管理中予以运用。

五、案例分析题

　扫描二维码，阅读案例并回答后面的问题。

六、课外拓展训练

　扫描二维码，完成领导风格测试。

案例分析题	课外拓展训练

第七章 组织结构与组织变革

【学习目标】

了解组织结构的内容和理论；掌握组织设计的原则；掌握组织结构的类型；理解组织变革的基本动因和内容；熟悉组织变革的方式、过程及推进措施。

【导入案例】

不变的雷军，变化的小米

据钛媒体 2024 年 7 月 18 日报道（饶翔宇）小米创业初期松散且以人为核心的合伙人管理制度，是这家公司能够在智能手机行业早期迅速扩张的关键。小米的创始合伙人一共有 8 人，分别来自微软、谷歌、摩托罗拉和金山等。用雷军的话说，这是一支软件、硬件、互联网都精通的团队，让小米能够在与华为、联想、中兴这样的硬件巨头竞争时活下来。

在组织结构上，小米没有采用传统公司多层级、自下而上的金字塔结构，而是将雷军的权力下放到 7 个合伙人，由每个合伙人各自能力决定其负责的业务类型，且合伙人之间互不干预，拥有较大的自主决策权。7 个合伙人中，曾任谷歌工程院副院长的林斌负责战略合作；工业设计出身的刘德负责小米手机的工业设计和小米生态链；曾任金山词霸总经理的黎万强负责市场营销和销售；摩托罗拉硬件出身的周光平负责手机硬件和供应链；原谷歌高级软件工程师洪峰负责米柚（MIUI，基于安卓的手机操作系统）；微软出身的黄江吉负责 Wi-Fi 模组、云、路由器；最后加入的多看阅读创始人王川则负责小米电视。与此同时，每个合伙人负责的业务部门在组织管理上只有三级——合伙人、总监、工程师，这让小米整个组织的灵活性和沟通效率比传统公司高很多。靠着灵活和高效的组织，再叠加高出行业的性价比，小米早期在手机市场几乎无往而不利。

但很快，小米"分地而治"的合伙人模式出现了问题。合伙人模式管理公司的好处在于可以人尽其用，将组织效率提高到极致。但如果随着公司发展，合伙人能力出现了不匹配，就会极大制约某一个业务板块的发展，甚至影响到公司整体。多重危机之下，雷军决定向合伙人动刀，负责手机硬件和供应链的周光平卸任，转为首席科学家。之后，雷军亲自负责手机部门，超过 50 人向他直接汇报。

2018 年 7 月小米在港股上市时，这家公司的员工人数接近 2 万人。若仍然沿用合伙人—总监—工程师这样的三级管理，雷军和其他合伙人将陷入"组织的深渊"，被无数的会议捆绑住手脚。于是，上市 2 个月后的小米开始了组织架构调整和新的人事任命。首先，小米新设立了集团参谋部和组织部；其次，小米原有的电视部、生态链部、米柚部和互娱部等四个业务部重组成十个新的业务部。小米在上市之后几乎是不可避免的摒弃了以人为核心的松散且扁平的管理模式，开始用流程和制度来管理人。原本横向的合伙人组织架构转变为纵向的金字塔结构，权力也进一步向雷军集中，向他直接汇报的对象至少达到了 17 人。

2020 年 8 月，小米推出新的合伙人制度，以此激励自己的高管团队。2023 年 1 月 30 日，雷军发布内部信宣布，小米将设立两个关键的集团治理委员会——集团经营管理委员会、人力资源管理委员会。2024 年 5 月 8 日，小米高管团队再次变动……

启发与思考：小米在变化，从创业时的以人为中心逐渐过渡到以制度为中心。雷军在早期始终坚持扁平化管理，希望用这种模式激发高层永葆创业激情。是哪些因素导致了小米的组织变革？我们应如何设计组织结构？

小米的组织结构变革历程充满了技术创新和管理创新，大大提高了公司内部的工作效率并优化了内部流程的协调和实施。我们应如何设计组织结构？这正是本章所要解决的问题。

第一节　组织结构设计

一、组织结构概述

美国管理学者穆尼和赖利认为：组织与管理的关系可以比作身体与心理的关系，管理是组织为达到其目标和愿望而运用的手段和工具。所以，良好的组织结构是实现高效管理的必要条件。

组织结构是指各种职位之间、各个成员之间的网络关系模式，涉及分工、沟通、权力、协调等方面的安排，表现为组织结构的横向分工关系和纵向隶属关系。

案例 7.1

本末倒置

A 队和 B 队两个划船队要进行划船比赛。两队经过一段时间的训练后，进行了正式比赛，结果 B 队落后 A 队 1 千米，输给了 A 队。B 队的领导很不服气，决心总结教训，在第二年比赛时，一定要赢回来。B 队的领导通过反复讨论分析，发现 A 队是八个人划桨，一个人掌舵；而 B 队是八个人掌舵，一个人划桨。不过，B 队的领导并没有看重这点区别，而是认为，他们的主要教训是八个人掌舵，没有中心，缺少层次，这是失败的主要原因。

于是，B 队重新组建了划船队领导班子。B 队的新领导班子结构如下：四个掌舵经理，三个区域掌舵经理，一个划船员，还专设一个勤务员，为船队领导班子服务，并具体观察、督促划船员的工作。结果第二年比赛的结果是 A 队领先了 B 队 2 千米。B 队的领导班子感到脸上无光，讨论决定：划船员表现太差，予以辞退；勤务员监督工作不力，应予以处分，但考虑到他为领导班子指挥工作的服务做得较好，将功补过，其错误不予追究；给领导班子成员每人发一个红包，以奖励他们共同发现了划船员工作不力的问题。

点评：上面的案例中，为什么 B 队会两次比赛都输给了 A 队呢？组织内部成员应有不同的分工，由此而形成其组织结构，组织结构的不同又会使其行为效果有所差异。可见，如果改变组织结构，就会改变组织内成员的态度和行为。

组织结构理论的发展主要经历了三个阶段，如图 7.1 所示。

古典组织结构理论以行政组织理论为依据，强调组织的刚性结构，着重分析组织的结构和组织管理的一般原则，研究内容主要涉及组织的目标、分工、协调、权力关系、责任、组织效率、授权、管理跨度和层次、集权和分权等。古典组织结构理论的特点在于把人看作机器的附属物，强调的是等级、命令和服从，并且用一种封闭模式的观点来对待组织，忽视了人的因素和环境的作用。

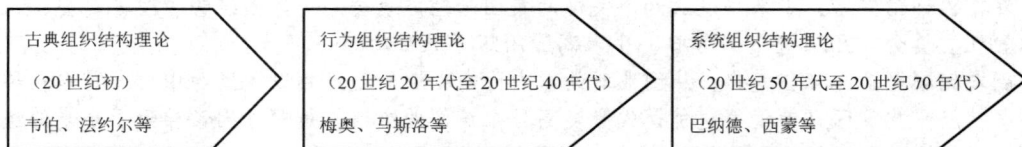

图 7.1　组织结构理论的发展

案例 7.2

低效沟通导致的巨大损失

2008 年 9 月 15 日，拥有 158 年历史的美国第四大投资银行雷曼兄弟公司向法院申请破产保护，这个消息瞬间传遍全球的各个角落。匪夷所思的是，在如此明朗的情况下，德国国家发展银行居然按照外汇掉期协议的约定，通过计算机自动付款系统，向雷曼兄弟公司即将被冻结的银行账户转入了 3 亿欧元。此事招致了德国媒体和政府官员的强烈批评与质疑，并被媒体称为"最愚蠢的银行"。

这次转账风波被曝光后，德国舆论哗然，社会各界大为震惊。财政部部长佩尔·施泰因布吕克发誓一定要查个水落石出，并严厉惩罚相关责任人。一家法律事务所受财政部的委托，进驻了该银行进行全面调查。

几天后，调查人员向国会和财政部递交了一份调查报告，这份调查报告并不复杂深奥，只是一一记载了被询问人员在事发后的 10 分钟内忙了些什么。下面我们来看看他们都忙了些什么。

首席执行官乌尔里奇·施罗德：我知道今天要按照协议预先的约定转账，至于是否撤销这笔巨额交易，应该由董事会开会讨论决定。

董事长保卢斯：我们还没有得到风险评估报告，无法及时做出正确的决策。

董事会秘书史蒂芬：我打电话给国际业务部催要风险评估报告，可那里总是占线。我想，还是等一会儿再打吧。

负责处理与雷曼兄弟公司业务的高级经理希特霍芬：我让文员上网浏览新闻，一旦有雷曼兄弟公司的消息就立即报告，现在，我要去休息室喝杯咖啡了。

文员施特鲁克：我在网上看到雷曼兄弟公司向法院申请破产保护的新闻，马上跑到希特霍芬的办公室。当时，他不在办公室，我就写了张便条放在办公桌上，他回来后会看到的。

结算部经理德尔布吕克：今天是协议规定的交易日子，我没有接到停止交易的指令，那就按照原计划转账吧。

结算部自动付款系统操作员曼斯坦因：德尔布吕克让我执行转账操作，我什么也没问就做了。

德国经济评论家哈恩说："在这家银行，上到董事长，下到操作员，没有一个人是愚蠢的，可悲的是，几乎在同一时间，每个人的思想都开了点小差，加在一起，就创造出了'德国最愚蠢的银行'。"

点评：这个"摆乌龙"事件在一定程度上就是因为这家银行太注重等级制度和信息沟通的上下级之间的流程，而忽视了横向沟通和斜向沟通的价值和意义。这个事件可以反映出等级森严的传统组织结构在沟通方面的低效与失误。

行为组织结构理论以行为科学为理论依据，着重强调人的因素，以人际关系为研究重点，从组织行为角度研究组织结构。该理论着重研究人和组织的活动过程，如群体和个体行为，人和组织的关系、沟通、参与、激励、领导艺术等内容。行为组织结构理论开拓了组织结构理论研究的新领域，弥补了传统组织结构理论的不足，使组织结构理论实现了从静态研究到动态研究的发展，从以研究组织结构为主到以研究人及其决策过程为主的变化。

系统组织结构理论是综合古典组织结构理论和行为组织结构理论的研究成果，并以系统观点来分析组织的一种组织结构理论。其特点在于把组织看成一个系统，从系统的相互作用和系统同环境的相互作用中研究考察组织的生存和发展。系统组织结构理论的研究目的是通过研究找到组织在这些系统相互作用中取得平衡的方法。

学者对组织结构的研究经历了一个从注重"事"的研究到注重"人"的研究，进而发展到人与事的研究并重的过程，在方法论上则从规范研究转向实证研究。古典组织结构理论是一种封闭式的系统理论，其强调组织内部的适应性、有效的组织控制及建立明确的职权系统，强调结构分系统和管理分系统，是主张人迎合管理的一种管理理论。行为组织结构理论强调人的心理因素对组织结构的影响，主张尊重人的主观能动性，调动人的积极性和创造性，重视社会心理系统。系统组织结构理论致力于全面研究构成组织的各个分系统及其相互关系，是一种开放式系统理论，该理论强调组织结构应与外部环境相适应。

二、组织结构设计的原则

组织结构设计是创建和调整组织结构的过程。管理者在进行组织结构设计时，应考虑表 7.1 中提出的六个关键问题及其解决途径。

在长期的企业组织变革的实践活动中，西方管理学家曾提出过以下一些组织结构设计的基本原则，如管理学家厄威克曾比较系统地归纳了古典管理学派泰勒、法约尔、韦伯等人的观点，提出了组织结构设计的八条

表 7.1　组织结构设计的关键问题

关键问题	解决途径
1. 工作应细化到什么程度？	专门化
2. 对工作进行分组的基础是什么？	部门化
3. 个人和群体向谁汇报工作？	命令链
4. 一位管理者可以有效地管理多少员工？	管理跨度
5. 决策权应放在哪一级？	集权与分权
6. 应该在多大程度上利用规章制度来指导员工和管理者的行为？	正规化

指导原则：目标原则、相符原则、职责原则、组织阶层原则、管理跨度原则、专业化原则、协调原则和明确性原则。美国管理学家孔茨等人在继承古典管理学派理论的基础上，提出了组织结构设计工作的 15 条基本原则，即目标一致原则、效率原则、管理跨度原则、分级原则、授权原则、职责的绝对性原则、职权和职责对等原则、统一指挥原则、职权等级原则、分工原则、职能明确性原则、检查职务与业务部门分设原则、平衡原则、灵活性原则和便于领导原则。结合我国企业组织结构设计实践中积累的丰富经验，本书将组织结构设计的原则归纳为传统原则和动态原则。

（一）组织结构设计的传统原则

1. 管理层次原则

管理层次又称组织层次，是指组织中建立的授权级别的数量，表现为纵向管理的等级层次，又称等级结构。组织通常分为三个管理层次，即最高管理层（决策层）、中间管理层、基层管理层（操作层）。组织管理层次的划分一般按照以下四个步骤进行：①按照组织的纵向职能进行分工，确定基本的组织管理层次；②按照组织的有效管理跨度推算具体的管理层次；③按照提高组织效率的要求，确定具体的管理层次；④按照组织的不同部分的特点对管理层次做局部调整。

2. 管理跨度原则

管理跨度是指一个上级直接且有效地管理的下级人员的数量，又称管理幅度或控制跨度。

通常，管理跨度上窄下宽。组织的管理层次越高，管理跨度往往越小；组织的管理层次越低，管理跨度往往越大。一个组织的各级管理者究竟选择多大的管理跨度应视实际情况而定。影响组织管理跨度的主要因素有：①管理者的能力；②下属的成熟程度；③工作的标准化程度；④工作条件；⑤工作环境。

视野拓展

管理跨度与管理层次的关系

美国管理学家孔茨曾经提出："如果一个有4 096名操作工人的组织将管理跨度由4扩大到8，将会减少2个管理层次，并能节省780名管理者。"（如图7.2所示）。

可见，管理跨度与管理层次是负相关关系。在其他条件不变的情况下，组织的管理跨度越大，组织的管理层次就越少；组织的管理跨度越小，组织的管理层次就越多。当前，企业的组织结构呈现扁平化的趋势。所谓管理的扁平化是指采取较少的管理层次，较大的管理跨度。

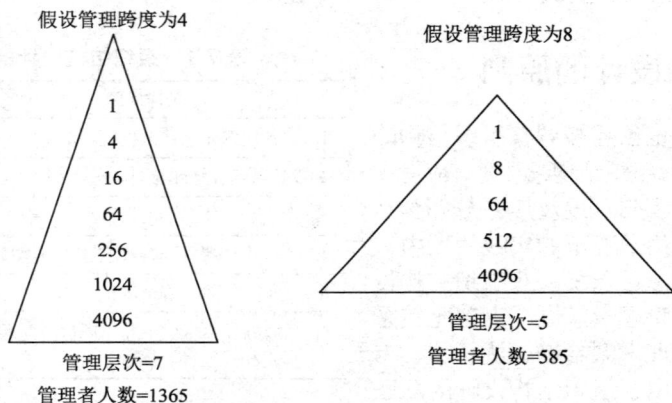

假设管理跨度为4

1
4
16
64
256
1024
4096

管理层次=7

管理者人数=1365

假设管理跨度为8

1
8
64
512
4096

管理层次=5

管理者人数=585

图7.2　管理跨度与管理层次的关系

3. 统一指挥原则

统一指挥原则最早是由法约尔提出的。法约尔认为，无论什么工作，一个下级只能接受一个上级的指挥，如果两个或者两个以上管理者同时对一个下级或一项工作行使权力，就会出现混乱局面。后人对法约尔的提法加以发展：一个人只能接受统一的命令，即需要数名管理者协商后才能下达的命令，须由领导协商一致后，再行下达。

统一指挥原则要求一个下级只接受一个领导的指挥，以防止出现多头领导。多头领导会导致目标不统一、评价不统一、回报不确定等管理风险。在这种情况下，员工就会无所适从，也不知道该如何开展工作，可能会出现不正确的工作行为。

案例 7.3

左右为难的刘明

绩效考核主管刘明早上7:30来到办公室，打扫卫生、整理办公室，准备工作。8:20，人力资源中心的罗总监来电话指示："小刘，请你把上周的述职报告写一下，10:30 前必须做完。"刘明答应了。

9:10，办公室孙主任对刘明说："小刘，请你帮我搬一下演讲会需要用的椅子。"刘明非常有礼貌地说："对不起，我得先请示一下罗总监。"

11:00，总经理梁军打电话给刘明说："小刘，述职报告写完了吗？请马上给我送过来。"小刘说："我已经送给罗总监了。"梁军说："我不管，你必须现在就给我送过来。"刘明感到左右为难。

在处理上述事项时，刘明遵循了哪些管理原则？总经理梁军和孙主任违背了哪些管理原则？

点评：要坚持统一指挥，不能多头指挥；要坚持向一个上级汇报，不能越级汇报；等等。这些原则看似简单，可是一旦违背，就会使组织的管理陷入混乱，从而影响组织绩效。

在此管理案例中，刘明时时遵循上述原则，是位具有优秀管理素质的主管。而总经理梁军和孙主任却违背了统一指挥的原则，总经理梁军随便进行越级指挥，孙主任则进行了多头指挥。

4. 责权一致原则

责权一致原则也叫权责对等原则，指在一个组织中的管理者所拥有的权力应当与其所承担的职责相适应的原则。有责无权不仅会束缚管理人员的积极性和主动性，而且会使责任制度形同虚设，甚至会导致其无法完成任务；有权无责则会助长瞎指挥、滥用权力和官僚主义等不良现象。

5. 精简高效原则

组织结构设计中应当体现因事设职、因职用人、人尽其才、物尽其用的观念。所谓精简并不是越少越好，而是相对于担负的职能任务而言，做到人员素质能力匹配，人员数量适中。这样既能避免人浮于事带来的扯皮摩擦，也能避免工作的低效或者无效，同时还能减少经费的开销，有利于提高组织绩效，实现低成本、高效率的组织目标。

案例 7.4

不拉马的士兵

一位年轻有为的炮兵军官上任伊始，到下属部队视察操练情况。他在几个部队发现了相同的情况：在一个单位的操练中，总有一名士兵自始至终站在大炮的炮管下面，纹丝不动。军官不解，问其原因，得到的答案是：操练条例就是这样要求的。

这位军官回去后反复查阅军事文献，终于发现，长期以来，炮兵的操练条例仍因循非机械化时代的规则，站在炮管下面的士兵的任务是负责拉住马的缰绳（在那个时代，大炮是由马车运载到前线的），以便在大炮发射后调整由于后坐力产生的距离偏差，减少再次瞄准所需的时间。

现在大炮的自动化机械化程度很高，已经不再需要这样一个角色，但操练条例没有及时地调整，因此就出现了"不拉马的士兵"。

点评：案例中"不拉马的士兵"这种情况存在的原因主要有两个：第一，组织结构设计之初便没有坚持"因事设岗"的基本原则，由于种种原因，设计了一些没有实际工作的岗位，以安排一些不做实际工作的员工；第二，企业所处的外部环境发生了较大变化，导致企业的工作流程和工作方式发生变化，而企业自身并没有意识到这一点，仍遵循原来的运作模式，结果就出现了"不拉马的士兵"这种情况。

（二）组织结构设计的动态原则

1. 组织结构与组织战略相结合的原则

组织结构要服从于组织战略。企业所拟定的战略决定着组织结构类型的变化。当企业确定战略之后，为了有效地实施战略，必须分析和确定实施战略所需要的组织结构。因为战略是通过组织来实施的，要有效地实施一项新的战略，就需要一个新的或者至少是被改革了的组织结构。企业应根据外界环境的要求和自身发展需要去制定战略，然后再根据新制定的战略来调整企业原有的组织结构。

战略与组织结构的主从关系具体表现在以下四个方面：①管理者的战略选择规范着组织结构的形式；②只有使组织结构与组织战略相适应，才能成功地实施企业的战略；③组织结构制约着组织战略，与组织战略不相适应的组织结构将会成为限制、阻碍组织战略发挥其应有作用的巨大力量；④一家企业如果在组织结构上没有重大的改变，则很少能在实质上改变当前的战略。

2. 集权与分权相结合的原则

集权是指决策权一定程度集中在组织系统中的较高管理层次。分权是指决策权在一定程度上分散在组织系统中的较低管理层次。分权是管理者成功的分身术。

集权有利于保证企业的统一领导和指挥，有利于人、财、物的合理分配；分权是调动下级积极性、主动性的必要组织条件。进行组织结构设计或调整时，对这两者均应加以考虑。企业在进行集权和分权设计时，一般应考虑表7.2所示的因素。

表 7.2　集权与分权的设计因素

因　素	集　权	分　权
企业规模的大小	小	大
企业产品种类的多少	少	多
企业经营单位的数量、区域分布	少、集中	多、分散
企业的产品市场范围	小	大
企业发展战略	一体化	多元化

3. 稳定性与适应性相结合的原则

稳定性与适应性相结合的原则是指既要保证组织在外部环境或企业任务发生变化时能够继续有序地正常运转，同时又要保证组织在运转过程中能够根据变化了的情况及时做出相应的调整，组织具有一定的弹性或适应性。为此，需要在组织中建立明确的指挥系统、责权关系及规章制度，同时又要求选用一些具有较好适应性的组织形式和措施，使组织在变动的环境中具有一种内在的自动调节机制。

4. 刚性与柔性相结合的原则

组织的刚性是指组织结构保持其原有自然特征的一种属性，这种属性可能会对组织战略变革产生束缚。

组织的柔性是指组织的各个部门、人员都可以根据组织内外环境的变化而进行灵活调整和变动的程度。

在实际的组织结构设计中，组织的刚性和组织的柔性这两者是相互影响、相互渗透的。组织的刚性是组织结构设计的前提和基础，没有规章制度约束的组织是无序的、混乱的，组织的柔性也会丧失其立足点。组织的柔性是组织结构设计的"润滑剂"，缺乏一定的柔性，组织的刚性亦难以深入。组织的刚性与组织的柔性这二者的有机结合才是高效率组织的源泉。

三、组织结构的类型

从不同角度可以将组织结构划分为不同的类型。例如，按组织的性质和功能划分，有企业组织、政府组织、学术组织、社团组织等；按组织的规模划分，有大、中、小组织之分；按组织行为系统的特征划分，有机械型组织和有机型组织之分。

1. 机械型组织

机械型组织是指以高度复杂化、高度正规化和高度集权化为特征的一种组织形式。这种组织的结构一般有直线制、职能制、事业部制等。其主要特征包括如下几点：①高度专业化、高度集权、等级分明；②高层管理者独享决策权，强化权力和层次结构；③采取正式的等级体系进行协调和沟通；④每个职位的角色、职责、工作内容和资格条件都有明确规定；⑤职权、控制和调配分等级、分层次实施；⑥注重纵向、上下级之间的沟通；⑦主管部门依靠制定规则、条例下达指示和命令进行管理；⑧对组织成员强调服从上级，对组织忠诚。

现代社会中的大部分组织都属于机械型组织，如政府、军队、学校、医院等。在企业组织里，大部分机械化大生产企业一般也都采用这种组织结构形式，大部分家族式企业、民营企业采取的也是这种组织结构形式。机械型组织的优点是运作简单、各负其责、领导容易、管理方便，组织行为井然有序；其缺点是信息沟通缓慢，不利于发挥员工的个人专长和主动性，容易滋生组织的保守主义和员工个人的保护主义。

2. 有机型组织

有机型组织与机械型组织截然不同，它是以复杂化、低正规化和分权化为特征的一种组织。这种组织的结构有混合型、矩阵制等。有机型组织主要有以下几个特征：①工作职责没有固定的规定和分工；②个人任务根据整个组织的总任务和目标，结合个人的知识、能力和特长来确定，可以根据任务需求不断进行岗位调换；③个人任务可以与其他人的任务进行协商调整，强调多方位、多层面的合作，包括纵向和横向层面；④注重横向沟通和交流；⑤信息共享；⑥分权决策；⑦重视组织成员完成组织布置的任务、承担相应的义务和职责。

⚖ 案例 7.5

先驱合伙公司的极端有机型组织结构

先驱合伙公司（以下简称"先驱"），是一个"管理自由区"，这是因为该公司没有老板，每个人都拥有公司的一部分，并为公司做出决定。先驱甚至没有一个正规的总部，只在明尼苏达州的圣保罗有一个邮箱。实际上，公司的雇员都是合伙人，他们一共投资了 15 000 美元组建了公司，他们的工作地点是各自家里或者客户的办公室。

这种安排或许会让一些职员失眠，但 1999 年创立先驱的斯考特·戈沃斯内克可不会。相反，他故意把公司设计成极端有机结构，让员工们可以更有效地满足客户需求，并满足自身的企业家精神的需要。"先驱合伙公司对我来说是一个完美的混合体"，格雷格说，他在加入先驱之前曾计划自己开家咨询公司，"我作为公司的所有者之一，身边围绕着咨询行家给我传授秘诀。"

斯考特选择那些既拥有高水平技能，也喜欢无组织工作环境的人为合伙人。公司鼓励每个人发挥创造力和主动精神。"这是一个独立思想家的集合体"，先驱合伙人法贝说，"但我们都是公司的所有者，所以每个人都有发言权。"

这种极端有机型组织结构不是对每家公司都适用，但它在先驱运行良好。1999 年，先驱有 9 个合伙人和 80 万美元的销售收入。四年后，许多高科技服务公司开始倒闭，先驱却拥有了 35 位合伙人，创造税收达 650 万美元。

（麦克沙恩 等，2018）

点评：这个案例展示了一种非传统的组织结构，即自主管理的"管理自由区"。公司的雇员都是合伙人，共同拥有公司，拥有高水平技能，喜欢无组织工作环境，没有严格的层级；根据特定的组织需求，可以进行组织结构的创新和调整。当然，这种组织结构不是对每家公司都适用。

有机型组织的优点是：组织成员能够根据个人专长从事适合的工作，信息沟通顺畅。其缺点是：组织内部容易出现指挥真空，责任不清，需要做的工作有时会无人去做，有些部门可能人员饱和或过剩，组织在运行过程中有时会出现紊乱。

表 7.3　有机型组织和机械型组织的设计特点

选择的领域	有机型组织	机械型组织
权威等级	低	高
集权	低	高
规定	低	高
程序	低	高
客观性	低	高
指挥链	宽	窄
控制范围	宽	窄

3. 机械型组织和有机型组织的区别

机械型组织的设计特点是：依靠规定和规章，集中决策，有严格界定的工作责任以及严格的权威等级。相反，有机型组织的设计特点是：很少或适中地使用正式的规定和规章，权力分散、共同决策，宽泛地定义工作责任，等级层次较少。表 7.3 所示为有机型组织和机械型组织的设计特点。

有机型组织重视员工的能力，并将其作为确定报酬和员工晋升的依据。这种类型的组织等级层次灵活，会授权员工去处理组织中出现的问题。

案例 7.6

是什么决定了一个组织的结构？

钢铁制造商纽柯公司认为自己的管理很成功，几乎用任何商业指标来衡量，公司都是硕果累累。它的管理实践常常在管理文献里都获得好评。纽柯一直以它从首席执行官到工厂工人之间仅有 3 个管理层级而感到骄傲。在纽柯的结构中，工厂经理直接向公司首席执行官汇报工作。但是随着该公司继续发展，公司首席执行官发现越来越难以维持这种简单的结构。因此，纽柯在 2006 年增加了另一个管理层级，即创建了一个由五位执行副总裁组成的新层级。"我需要抽身出来，以便在商场上做出相应决策"，此时的首席执行官这样说道。即便在组织结构中增加了这个新的管理层级，该公司的结构仍然是十分精干和简单的。美国钢铁公司的总部雇用了 1 200人，而纽柯公司的总部仅有 66 人。在纽柯，管理者仍然需要自己接电话和发邮件。即使是那些相对精干的公司，如丰田，在纽柯面前也显得过于臃肿和复杂。"在丰田，如果你想要晋升到总裁，至少要经过 10 个层级。"一名前丰田工程师这样说道。

启发与思考：与复杂的组织结构相比，简单的组织结构是否一定就好？是什么决定了一个组织的结构？

四、新型组织

组织的发展趋势表现在：①组织体系的发展趋势。社会组织既有独立性又有依存性，在现代社会以至未来社会中，组织已经表现出分化和一体化相统一的趋势。②组织结构的发展趋势。组织将由永久性机构变成临时性机构，权力结构将由过去的自上而下的纵向方式转向扁平化的横向方式。③组织管理的发展趋势。机械式组织管理系统向有机式组织管理系统转化。

目前，组织形态的新类型主要有以下几种。

1. 团队结构

团队结构是指为了快速适应环境的变化，根据组织的需要由不同专长的成员在短时间内组成团队并完成任务，随着不同的需求弹性组合团队，组织以松散、分散的方式进行管理（如图 7.3 所示）。团队成员是一群拥有不同背景、不同技能及不同知识的人员，是团队协调、协作、协同工作的基础，组成团队后，他们共为某一特殊的任务而工作。

团队结构的特点：①打破部门界限，并把决策权下放到团队成员，要求成员既全又专，由团队担负活动的全部责任；②团队组织适用于组织中具有特定的期限和工作绩效标准的某些重要任务，或者任务是独特、不常见的，需要跨职能界限的专门技能；③团队作为对官僚结构的补充，既提高了标准化的效率，又增强了灵活性，是一种自我管理的团队。

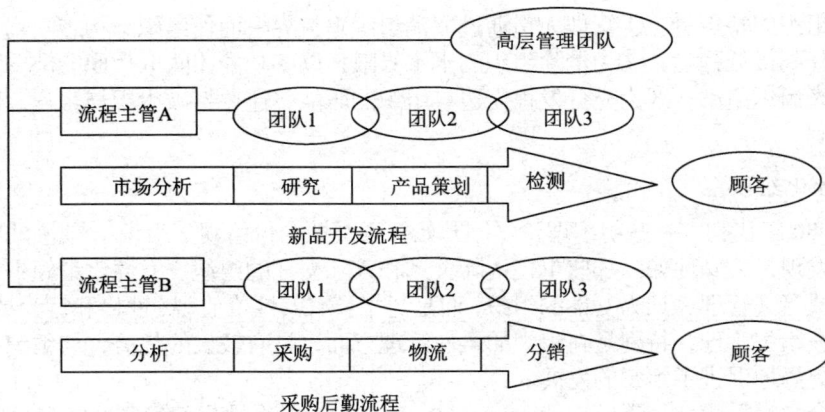

图 7.3　团队结构

2. 虚拟组织

虚拟组织是一种新的组织形式，它运用信息技术手段把人员、资产、创意等动态地联系在一起。其特征是以现代通信技术、信息存储技术、机器智能产品为依托，实现传统组织结构、职能及目标。在形式上，没有固定的地理空间，也没有时间限制。组织成员通过高度自律和高度的价值取向共同实现目标。虚拟组织结构如图 7.4 所示。

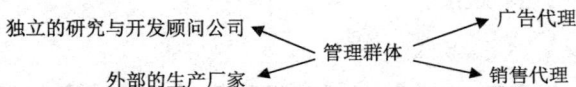

图 7.4　虚拟组织结构

3. 无边界组织

美国通用汽车公司前任董事会主席杰克·韦尔奇（Jack Welch）首先使用了无边界组织这一术语。韦尔奇力求取消公司内部的横向和纵向边界，并打破公司与客户和供应商之间存在的外部边界障碍。无边界组织是指边界不由某种预先设定的结构所限定或定义的组织结构。边界通常有横向、纵向和外部边界等三种类型。横向边界是由工作专门化和部门化形成的，纵向边界是由组织层级所产生的，外部边界是组织与其顾客、供应商等之间形成的（见图 7.5）。

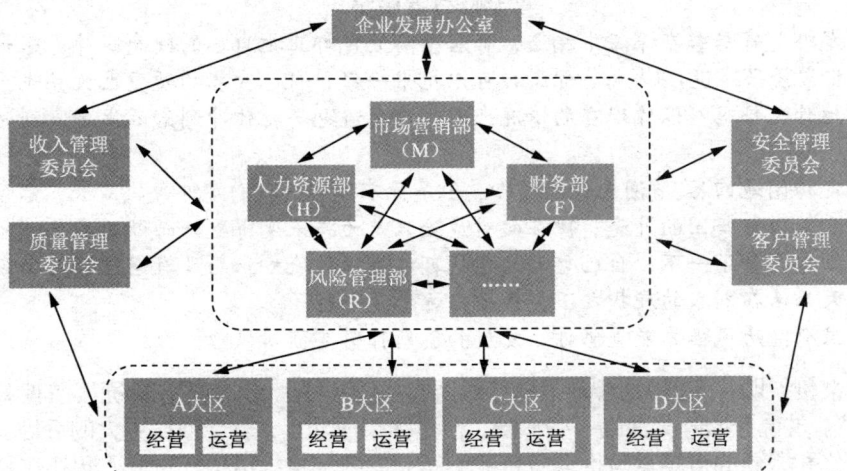

图 7.5　无边界组织结构

无边界组织的特点有：①管理人员通过取消组织垂直界限而使组织结构趋向扁平化，使等级秩序作用降到最低程度；②为消除组织的水平界限，以多功能团队取代职能部门，围绕组织的工作流程来组织活动；③为充分发挥无边界组织的职能，还要打破组织与客户之间的专业界限及心理障碍。

4. 女性化组织

20世纪80年代初，一些组织理论学家开始探索女性的价值观与组织结构之间的关系。他们最主要的发现是，女性偏爱那些重视人际关系和人际交往的组织。女性化组织不是指全由女性成员构成或者其管理者均为女性的组织，而是泛指具有女性价值观、性格和行为特征的组织。女性化素质在组织管理，特别是在组织的柔性管理方面，具有较大的优势，与组织的制度管理相辅相成，更好地促进了组织的发展。

组织社会学家乔伊斯·露丝查德（Joyce Rothschild）对女性化组织方面的有关研究进行了归纳和发展，建立了具有六个特征的女性化组织模型：①重视组织成员的个人价值，女性化组织承认成员个体有自己的价值和需要；②非投机性，组织成员之间的关系被看作成员自身价值的体现与维持，而不仅仅是实现组织目标的手段；③事业成功与否的标志是为别人提供了多少服务；④重视员工的成长，女性化组织为其成员提供广泛的个人成长的机会，重视拓展成员的技能，增强员工的多种能力；⑤创造一种相互关心的社会氛围，女性化组织成员的社区感很强，相互信任并彼此照顾；⑥分享权力，在女性化组织中，大家共享信息资源，所有可能受某项决策影响的人都有机会参与这项决策。

第二节　组织变革概述

一、组织变革的基本动因

组织变革的动力来自组织的外部环境和组织内部的推动力量。

案例 7.7

龙虾与寄居蟹

一天，龙虾与寄居蟹在深海中相遇，寄居蟹看见龙虾正把自己的硬壳脱掉，露出娇嫩的身躯。寄居蟹非常紧张地说："龙虾，你怎么可以把唯一保护自己身躯的硬壳也放弃呢？难道你不怕大鱼一口把你吃掉吗？以你现在的情况来看，连急流也会把你冲到岩石上去，到时候你不死才怪呢！"

龙虾气定神闲地回答："谢谢你的关心，但是你不了解，我们龙虾每次成长，都必须先脱掉旧壳，才能生长出更坚固的外壳。现在面对危险只是为将来变得更好而做的准备。"

寄居蟹细心思量了一下，自己整天只想找可以避居的地方，而没有想过如何令自己成长得更强壮，整天只活在别人的庇护之下，难怪永远都是老样子。

点评：只有经历风雨才能见彩虹，发展和创新都需要面对风险。

上面的案例说明，要想发展得更好，就需要先把自己那个沉重的"外壳"脱掉，去创造出新的"外壳"。虽说开始时会面临一些危险，但是如果成功了，就会取得更大的突破。世界经济发展的全球化和激烈的市场竞争推动着企业不断完善内部组织结构，企业要想在这种环境下抓住机遇、获得长足的发展，在内部管理机制上进行进一步的突破和创新是非常必要和关键的。

1. 推动组织变革的环境因素

组织的外部环境包括国家、政治、经济、科学技术、法律、人口、生态和文化等因素，以及组织所处行业市场变化对组织的影响，如表 7.4 所示。

表 7.4 推动组织变革的环境因素

推 动 力	示 例
政治、法律因素	文化多元化，世界政治格局变化，法律、政策的制定和调整
社会文化因素	家庭趋于小型化，经济体制改革，离婚率上升，产业结构调整，重视健康保健
经济冲击	金融危机，利率波动，储蓄水平增长
技术不断进步	计算机及自动化程度高，制造资源计划，柔性制造系统，信息化
竞争压力	全线竞争，企业兼并、联合，产品更新换代加速
劳动力性质变化	企业家精神的倡导，专业人员增加，新员工技术能力不足
环境保护意识的增强	环保产品，污染物排放的净化

2. 推动组织变革的内部因素

推动组织变革的内部因素有很多，我们可以根据组织成长的不同阶段来分析组织内部存在的危机和推动组织变革的力量。

所谓组织成长，是指组织规模的扩大、经营范围的拓展、生存期限的延长。组织成长具有阶段性的特征，在组织成长的不同阶段，存在着不同的管理工作重点和不同的结构特征，组织内部存在的危机也具有不同的特征。管理者必须具备预测和分析组织内部危机的能力，积极实施变革，才能推动组织不断成长。

从本质上看，只有变革才能使组织成长，这具有必然性。在企业经营中，历史价值、过去的荣誉可能是一个"永存陷阱"。如 1956 年《财富》杂志评出的英国当年最大的 500 家公司，其中只有 29 家出现在 1992 年"英国 100 强"的行列，而其中 1/3 以上的公司被更强的竞争对手挤出了 500 强。中国的巨人集团、三株集团的经历也证明了公司的伟绩不是使公司永远兴旺的资本，却可能埋下未来失败的种子。要使组织不断成长，必须不断进行组织变革。关于这方面的理论论述有很多，其中拉里·格雷纳教授提出的格雷纳模型（如图 7.6 所示）最具影响力。

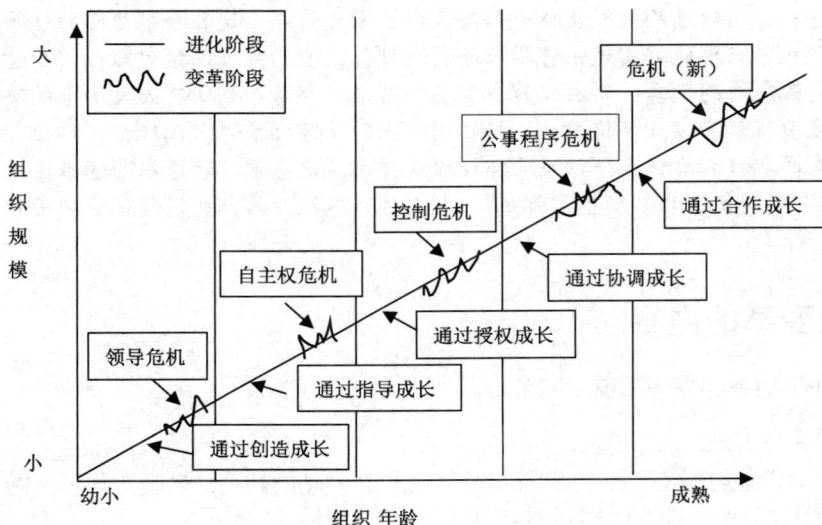

图 7.6 格雷纳模型

格雷纳模型为我们深入理解危机并推动变革提供了一条重要思路。第一，随着组织规模的扩大，组织的年龄也在不断增长，把组织划分为五个发展阶段，可以更具体地揭示组织进化与变革的进程；第二，要促进业务不断增长，就必须对组织结构、决策机制、员工行为进行变革；第三，通过确立组织在成长曲线中的位置，可以分析组织所处的成长阶段的特征、面临的危机的特征，从而决定组织应采取什么对策以应对可能出现的危机，推动组织成长。

随着组织的进一步成长，组织会遇到什么危机，格雷纳教授并未论述，只是以"未明确的危机（新）"带过。他强调成长和危机对于组织而言既是一种机遇，也是一种挑战，"危机的重要性在于危机为组织发展提供了变革的动机"。危机既意味着成长的潜力，也意味着潜在的威胁。这也正是组织进行变革时必须着重考虑的问题。

🔨 案例 7.8

微软公司的组织变革

进入 21 世纪前，用外人的眼光来看，微软公司似乎是在以闪电般的速度发展着。然而，从内部来看，对组织发展太缓慢的指责与日俱增。当时微软公司有 3 000 多名员工，生产 180 多种不同的产品，至少有 5 个管理层。公司的员工开始抱怨文案主义和决策迟缓的问题。日益明显的官僚化倾向甚至使公司失去了一些重要的人才。此外，微软公司还面临着一些新的挑战，如美国司法部对这个软件巨人的裁决，以及 2001 年美国在线公司和时代华纳合并所形成的互联网竞争强敌。

在这种情况下，公司的高层管理人员开始重建微软公司，为使公司能对软件行业中的快速变化做出更好的反应，他们建立了 8 个新事业部。其中，商用和企业事业部侧重于向企业用户提供诸如 Windows 这样的软件；家用和零售事业部负责游戏软件、家庭应用软件、儿童软件及相关业务；商界生产率事业部以知识型工人为其目标市场，为他们开发诸如文字处理方面的应用软件；销售和客户支持事业部则主要集中于服务会计律师事务所、互联网服务提供商和小企业这样的顾客群。其他的事业部还包括开发者事业部（研发供企业编程人员使用的工具）；消费者和商务事业部（使商家与企业的 MSN 网络门户相联）；消费者视窗事业部，其目标是使个人电脑更易于被消费者使用；最后一个是微软研究事业部，其目标是开展各方面的基础研究，包括语音识别和更先进的网络技术。

真正使这一新组织结构对微软公司具有革命性意义的是，这 8 个事业部的领导被授予了充分的自由和职权，只要能够实现销售收入和利润目标，他们就可以按照自己认为适当的方式经营其业务并支配各自的预算。而在以前，盖茨和鲍尔默都卷入到所有大大小小的决策中，包括 Windows 的主要性能，以及评价用户支持热线得来的反馈记录等。但现在，事业部经理被授予了以前所没有的职权和责任。一位事业部经理这样说，他感觉"就像在经营自己的小企业"。

点评："互联网使一切都发生了改变"，盖茨是这样认为的，所以他认识到微软公司必须进行组织结构变革。

二、组织变革的内容

组织变革的内容主要包括以下七个方面。

1. 转变工作任务

转变员工承担的工作任务，包括简单劳动、复杂劳动的转变。转变工作任务的基本思路是增加或减少工作岗位，或改变任务的难度和任务的可变性。

任务的难度，就是工作本身在有明确的完成任务的程序或步骤时，按照这些程序或步骤完成既定工作的难易程度。

任务的可变性，即组织内外环境发生变化，遇到要求不同的或新的工作程序或步骤时，所遇到的例外性问题的可能性。

2. 工作自主小组

将生产或者销售小组重新进行设计，使其具有生产某一产品或为某一地区的客户提供服务所需的一切资源和技能，这样的小组即为工作自主小组。

3. 目标管理

管理人员应与员工一起制定出切实可行的工作目标，在以后规定的时间内，再对员工实现这个目标的成效进行评价。

4. 改变组织结构

改变组织结构主要是指改变工作中的职位或职责的规定，改变不同职位之间的关系以及通过修改影响职位的外部力量的变量，来改变各种职位上的人们的行为，进而实现组织的改变。

案例 7.9

淘宝公司的组织结构变革

2011 年 6 月，阿里巴巴集团宣布，淘宝公司将会被分拆为三家独立的公司：沿袭原 C2C 业务的淘宝网、平台型 B2C 电子商务服务商淘宝商城和一站式购物搜索引擎—淘网。同时，集团还宣布了新的管理架构，淘宝分拆后的三家公司采用总裁加董事长的运营机制。

淘宝公司方面称，此次分拆是为了更精准和有效地服务客户，确保淘宝公司旗下业务的持续竞争力和内生性创新能力。已经成为亚洲最大的网络零售商的淘宝网迎来成立后最大规模的自发式变革，这次变革给淘宝公司的发展带来了深刻的影响。

事实上，淘宝公司此次的主动调整源于领导层对当时行业环境变化的判断。马云认为，当时客户的需求正在发生变化：一方面，网上消费购物在淘宝的引导和努力下已经从生活的补充变成了生活的必需，"我们要为消费者提供更专业和个性化的服务"；另一方面，随着内需的增长和企业的转型，越来越多的企业开始用电子商务来服务客户，他们需要的支持和服务也是今非昔比，"所以我们必须从以淘宝网为主的消费者平台升级为'无处不在'的供需双赢的消费平台"。

点评：行业环境、客户需求等的变化带来了淘宝公司的组织结构变革。只有适时变革，组织才能不断成长与发展。

改变组织结构的具体内容包括：改变组织内部的结构，改变组织成员的职责，改变组织内部的协调机制、控制幅度和组织管理等级的层次。

案例 7.10

小型超市的组织结构诊断

幸福超市位于 A 市的繁华地段，超市虽然不大，但由于占了天时地利，这几年在市内连续开了 3 家连锁店。由于幸福超市选址不错，这 3 家连锁店的客流量也在逐渐增长，但超市的日营业额却没有较大幅度的提升，营业员普遍反映工作强度大，因工作太累而跳槽者不断，导致该超市长期处于招聘状态。幸福超市共有员工 70 人，其组织结构见图 7.7。

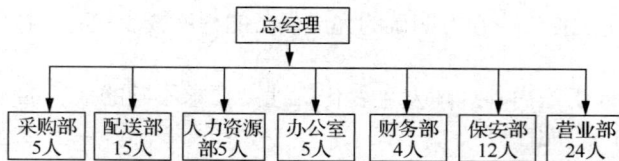
图 7.7　幸福超市诊断前的组织结构图

总体判断：超市的业务重心应该是配送和零售，故超市在人员配置上应该以此为重点，而幸福超市的组织结构烦琐，各部门的人员配置不合理。第一，超市的职能是卖商品不是抓小偷，没有必要设立保安部，且编制达到 12 人；第二，一个小规模超市没有必要设置人力资源部；第三，作为小企业，一定要尽可能避免冗员，简化管理部门，提高经营效率。

改进方案：第一，重新设计幸福超市的组织结构，将采购部和配送部合并为采购配送部，以更好地实现采购和配送的衔接；第二，将人力资源部、保安部和办公室三个部门合并为办公室，统一进行管理，财务部、营业部保持不变；第三，对各个部门的编制进行调整，调整后总人数为 60 人（见图 7.8）。

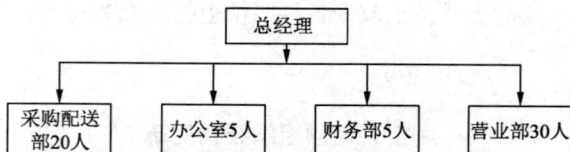
图 7.8　调整后的组织结构图

改进效果：第一，新的组织结构方案较过去减少了 10 名员工，仅工资一项，每月就减少支出 2 万元；第二，营业部增加了 6 名员工，每个超市增加了 2 名营业人员，缓解了一线营业人员的工作强度，营业员跳槽的现象也得到了抑制，同时还节省了招聘费用。

点评：该案例强调了组织结构的重要性以及如何进行结构诊断和优化。通过重新设计组织结构，幸福超市实现了人员配置的合理化，减少了冗员，降低了成本，提高了工作效率。这个案例也突出了在小型企业中，简化管理结构和合并部门可以带来明显的经济效益和员工满意度的提升。

5. 人员变革

组织内人员的变革可采用以下几种方法：①调查反馈法；②方格式组织发展法；③交往分析法；④敏感性训练。下面重点介绍敏感性训练这种方法。

敏感性训练可以使参加训练者更深入地了解自己和他人的感情和意见，并从训练中提高学习和认知的能力。敏感性训练可以帮助参加训练者更好地解决工作中出现的问题，促进他们个人价值观的树立，使他们在实际工作中取得更好的成绩。

敏感性训练的主要对象可包括基层员工、各层管理人员。在敏感性训练中，参加训练者可以自由地讨论自己感兴趣的问题，也可以自由地表达自己的意见，分析自己的行为和感情，并接受对自己行为的反馈意见（批评或者其他意见），从而提高自己对各种问题的敏感性和解决问题的能力。

通常，人们可以自由选择参加这种训练，每次一般不超过 15 个人，其中包括训练的主持人。敏感性训练的时间一般为 3～14 天，大致可以分成以下四个阶段：①不规定正式的讨论议程和领导，由参加训练者自由讨论，相互启发，增进彼此的了解；②参加训练者不加评论地、坦率地谈出自己的看法，对其他参加训练者的主要反馈来自其他参加训练者当时的行为；③着重增进参加训练者之间的人际关系，以便大家相互学习，巩固学习效果；④根据实际工作中的情境和问题巩固学习效果。

由于敏感性训练的具体方法各异，针对的问题也不同，因此对训练的评价并不一致。但是其作为组织行为学中的一种训练方法，只要在正确的思想指导下，采取这种群体讨论、畅所欲言的办法，就可以有效解决组织与群体中人际关系方面的某些问题。

6. 改变工作技术

在当今飞速发展的年代，任何一个组织要想获得持续发展，就必须进行技术的变革，即解决问题的程序和机制的变革。

7. 运用二元核心分析法解决组织结构变革问题

达夫特（Daft）认为，在组织变革过程中，应该认识到组织变革有两种不同的类型。一是管理变革，主要属于组织自身的结构变革，涉及管理环境中的各种资源组合、人力资源管理、竞争战略等方面。管理变革主要实行自上而下的变革，以适应组织外部环境的变化。二是技术变革，涉及管理环境中的客户关系管理和技术部分。技术变革主要采用的是授予员工较大自主权，进行自下而上的变革方式。

针对管理变革和技术变革的研究表明，机械型组织结构适合进行经常性的管理变革，而有机型组织结构则比较适合进行技术变革。组织变革的二元核心模式如表7.5所示。

表 7.5 组织变革的二元核心模式

变革内容	管理变革	技术变革
变革的方式	自上而下	自下而上
变革的主要内容	组织战略等	生产技术、工作流程、新产品开发
最佳组织结构	机械型组织结构	有机型组织结构

三、组织变革的阻力及对策

不管是引进新的设备，还是其他任何方面的变革，组织内都可能会出现不满的唠叨、紧张的气氛、消极怠工、抵抗或蓄意破坏。组织变革意味着改变组织的现状、改变组织成员的习惯和理念，甚至对原有的利害关系产生重大冲击。因此，组织只要进行有计划的变革，就不能忽视变革可能会遇到的阻力，而克服变革的阻力是整个组织变革过程中不可避免的挑战。

案例 7.11

一次失败的变革

丽思·卡尔顿酒店是全球知名的豪华酒店集团。某年愚人节后的一天早晨，丽思·卡尔顿酒店的员工突然接到一个通知："我们正在进行一项新的实验，需要每位员工的参与和支持，从明天开始，我们这里不再有经理，只有团队。你不再有上级。""愚人节刚过啊，不会还有恶作剧吧？"大家起初不敢相信这是真的，心中都充满了疑问。

但是，这是事实。公司已经成立了不同的团队，每个人所属的团队已经在通知里说得清清楚楚。这些五花八门的团队包括抵达前团队、抵达–离开团队、停留团队、烹饪团队、宴会团队、饭店服务团队、晚餐服务团队、操作支持团队、指导团队等。大家不知所措地忙碌开来，抵触情绪非常明显，但是变革还是被强制贯彻实行了。

失败的变革结果令人震惊。这里的每个团队成员都摸不着头脑，不知道谁应该对什么负责，各自努力的方向也各不相同。员工们私下相互打听，想知道公司这样做是要干什么。他们在不停地抱怨："团队太庞大，酒店从来都没有清晰地对团队目标做出过解释，责任问题也没有说明，没有上级，那由谁来负责？"在此后的三个月里，酒店的服务变得非常糟糕，员工显得异常烦躁，前台服务人员在不停地穿梭，虽然顾客没有增多，但员工们的工作量似乎大大增加了，员工们的微笑里带着疲倦；餐饮服务人员也好像突然失去了过去那种热情待客的态度；更严重的是，离职的员工越来越多。

公司经理认识到了错误，决定重新进行组织变革。

点评：该案例突出了组织结构变革中的挑战。尽管公司试图实行一种无经理的团队结构，但缺乏清晰的目标、责任分配和沟通机制导致了失败。员工的抵触情绪和不满在变革过程中显而易见，服务质量和员工忠诚度都受到了负面影响。这个案例表明，组织结构变革需要精心规划、明确地沟通和全员参与，否则可能导致不良后果。

从上面的案例中可以看出，缺乏明确的目标、员工的抵触情绪、准备不足等因素导致了组织变革的失败，并产生了一系列消极的后果。因此，我们必须探讨组织变革可能面临的阻力以及克服这些阻力的办法。组织变革中的阻力来自许多方面，为了便于分析，可以将组织变革的阻力分为来自个人的阻力和来自组织的阻力两个方面，但实际上，来自个人的阻力和来自组织的阻力是相互影响、相互重叠的。

1. 来自个人的阻力

来自个人的阻力出于个人内心的抵触，概括起来，主要有以下五个方面。

（1）习惯。习惯是一种很普遍的现象。人们喜欢维持现状，习惯于过去的工作和生活方式。习惯一旦形成，就可能成为一个人获得满足的根源。但是，当人们面对变革时，以习惯方式做出反应的趋向则会对变革产生巨大的阻碍。如果公司宣布，每个员工加薪20%，几乎不会有人反对。但是，如果公司突然宣布，每个员工减薪20%，那么几乎所有的人都会反对。因为如果减薪，有些员工的一些习惯，如购买名牌服饰、周末与朋友聚会等活动，会由于收入减少而不得不改变或取消。

（2）对未知的恐惧。当面临模糊的、不确定的、不可预知的情况时，大多数人会感到焦虑。组织变革存在很大的不确定性，组织中的员工会由于担心结果不明确而抵制变革。如人工智能时代到来后，人工智能可以承担的工作越来越广泛，如客服、物流运输、批改试卷等。在部署人工智能后有些岗位确实减少了员工需求量，但那些只是降低了工作强度或提升了工作效率的岗位员工通常也会对部署人工智能产生抵触情绪，因为他们会担心自己不能适应新的岗位环境。

（3）有选择的注意与保留。一个人一旦有了选择倾向，他就只听得进符合自己观念或期望的言论，而忽略那些对自己的现有观念、行为形成挑战的信息。如上述案例中的财务人员，他们可能会对财务电算化将使他们的工作变得更轻松这样的言论充耳不闻。

（4）经济的原因。金钱对每个人都很重要，如果变革意味着会使人们的收入直接或间接地下降，这种变革通常会遭到人们的抵制。如果人们担心自己不能适应新的工作任务或新的制度，尤其是当人们的收入和工作成果紧密相关时，工作任务或工作制度的改变往往会引起人们的恐慌。

（5）安全和倒退。对安全感需要较高的人更可能会抵制变革，因为变革可能会给他们带来失去工作的威胁、寻找新工作的压力，或者意味着医疗、养老等保障的丧失。他们总是想起过去安全幸福的时刻，留恋过去的行为方式。如国有企业在进行结构调整时，受到新观念、新工作制度的挑战，少数人会感到工作和生活受到了影响。

2. 来自组织的阻力

（1）结构惯性。大多数组织的结构设计是稳定的、保守的、抵制变革的。如大多数组织结构设计得分工明确、配合紧密、稳定可靠，为了确保工作质量和产品质量的可靠性和稳定性，组织通常制定严密的工作程序和规范以及严格的甄选员工的程序和标准，以系统地选择符合要求的员工进入组织。当组织面临变革时，这种结构惯性就会充当维持稳定、阻碍变革的反面力量。

（2）对权力的威胁。观念的更新、权力的重新分配都会影响组织内长期形成的职权关系。拥有权力就意味着对别人所需要的东西（如信息、金钱或工作安排等）拥有控制权，一个人的权力地位一旦在组织中确立起来，他就会对可能削弱自己的权力或者降低自己地位的变革进行抵制。事实表明，那些过去非常成功的变革推动者后来往往最热衷于反对变革，因为为了获得目前的权力和地位，他们付出了许多，而新的变革则意味着他们可能会失去现有的权力和地位。在组织中引入参与决策或自我管理的工作团队的变革，常常会被管理人员视为一种威胁。如一位大学校长所说的："要教师参加决策过程，这样做就是增加他们的权力，现在我不得不跟他们一起检查工作，然后才能做出决策，这实际上削弱了我的权威。"这段话清楚地说明了一件事情，即变革给校长的权威带来了挑战，这种挑战就成为进行变革的阻力。

（3）资源的限制。首先，资源不足是变革的一个重要障碍，如有计划地进行设备更新，进行组织环境的重新设计，为实行变革而进行的人员培训和教育，都需要充足的资源。其次，资源的重新配置也可能成为变革的阻力，组织中控制一定数量资源的部门常常会视变革为威胁，它们倾向于维持既有的资源配置。变革可能意味着预算的减少或人员的减少，那些最能从现有资源配置中获得利益的部门，常常会对影响未来资源配置的变革感到忧虑，进而抵制变革。最后，留滞成本也是变革的重大障碍。如果企业的固定资产占用了大量的资金，当企业从一个行业转向另一个行业，或从一种产品转向另一种产品时，就需要支付大量的留滞成本，如购置新的设备和产品再设计的成本，以及员工再培训的成本。如果留滞成本过高，组织就需要冒着成本过高的风险进行变革，或者也有可能停滞不前，进而放弃变革。

（4）有限的变革。组织由一系列相互联系、相互依赖的子系统组成。组织不可能只对一个子系统实施变革而不影响其他的子系统。例如，如果只变革技术工艺而不同时改变组织结构与之配套，技术变革就不大可能获得成功。所以子系统中的有限变革很可能会因为更大系统的问题而变得无效。

（5）群体惯性。即使个体想改变观念或行为，群体规范也会成为约束力。例如，某个会计人员可能对财务电算化乐于接受，但如果群体的其他成员都反对，他也可能会受此影响。

（6）组织之间的协议。组织之间的协议规定了组织的责任、权利和义务，会对组织的行为产生约束，如组织与竞争对手签订的协议，对供应商的权利和义务，对用户的承诺，为获得某种特权或履行政策规定而对管理人员所做出的保证，与员工签订的劳动合同，等等。组织变革的推动者可能会发现变革计划由于某项协议而需要推迟执行，尽管有些协议可以弃之不顾，但这样一来，组织可能要承担相应的法律责任，这对组织的信誉会有很大的影响。

3. 克服阻力的措施

组织变革是组织成长的重要手段，组织变革的推动者必须积极地创造条件，采取有效措施，消除变革的阻力，保证组织变革的顺利实施。克服组织变革阻力的措施主要有以下几点。

（1）通过教育和沟通，增进员工对变革的信心。这种措施的基本假设是，产生变革阻力的原因在于信息失真或沟通不畅。通过与员工的沟通，如采取个别交谈、小组讨论、大会动员、形势报告等方式，可以帮助员工对组织所面临的困难与机遇，即变革的理由有充分的了解，从而消除员工对变革的误解，增强变革的支持力量。

（2）提供支持性措施，减少变革的阻力。组织变革的推动者可以提供一系列支持性措施来减少变革的阻力，例如让反对变革的人参与变革决策的制定，人们很难抵制他们自己参与做出的决策，那么使他们参与变革决策的制定就可以减少变革的阻力，并且还有利于增进相互的沟通和提高变革决策的质量。当员工对未来变革感到恐惧和忧虑时，组织为员工提供培训教育，使员工树立新观念，掌握新技术，增强其适应组织变革的能力，或者通过给员工提供短期的带薪假期、提供心理咨询等活动，来调整员工的心态，提高员工的心理承受能力。

（3）通过谈判等手段排除变革的阻力。在某种程度上，组织变革是组织内的权力斗争。变革意味着对某些人权力地位的挑战，当阻力集中于少数有影响的几个人（如过去成功的变革功臣）身上时，谈判可能是必要的策略，组织可以通过谈判，商定以某些有价值的东西来换取这些人对变革的支持。如变革的推动者通过让变革的反对者在变革中承担重要角色来取得他们对变革的支持。组织变革的推动者也可以采取舆论宣传的手段来排除阻力，如通过加大正面宣传，制造舆论，使变革显得有利于员工，使员工能接受变革。

（4）强制实施。人事变革是确保组织变革成功的重要条件，把富有创新精神和有能力、有勇气的员工充实到组织的重要领导岗位，是顺利实施组织变革的组织保障。强制是指组织直接对抵制变革的人采取相应的措施，给予一定的压力，如调职、不予提拔重用、给予较差的绩效评估、进行不良的评价，等等。组织通过采取强制措施，可以消除变革的阻力，从而保证组织变革的顺利实施。

案例 7.12

光华光学仪表厂的变革

光华光学仪表厂（以下简称光华厂）是某市一家有名的国有企业，主要生产照相器材、测量仪器等产品。老厂长因年老体衰而辞职。厂里经过民意测验和上级批准后，推举李明为厂长。

李明大学毕业后就来到光华厂担任技术员，后来又被单位送到大学学习企业管理，学成后回厂担任厂长助理，很快升任为厂长。他认为光华厂要走上兴旺发达之路，就必须调整组织结构。于是在上任后，他就进行了组织结构的调整，没想到碰了大钉子。

光华厂有员工2 400多人，行政科室56个，管生产的就有生产科、生产准备科、生产计划科、生产调度科等4个科室；每个科都有科长1名、副科长2名，还有好几名科员。全厂科室干部有800多人，占全厂员工总人数的1/3。科室的人员多，工作推诿、扯皮的现象非常严重。李明决定将行政科室合并为 22 个，将精简的干部都充实到生产第一线去。这一方案在厂务会上很快获得通过，并得到了多数员工的支持，但在实施过程中却像捅了马蜂窝一样，被精简的干部挤满了厂长的办公室，要求找他谈话，还有的干部坚决不执行精简方案，说情者更是络绎不绝。结果各科室工作人员都不安心工作，文件大量积压，生产指挥不灵，产品质量也不断出问题。副厂长劝李厂长停止精简机构，以免给工厂造成更大的损失。李明感到进退两难，内心非常难过。

点评：组织变革是组织成长的重要手段，但它不是一蹴而就的，变革意味着改变组织的现状，改变组织成员的习惯和理念，甚至对组织原有的利益关系产生重大冲击。组织变革的推动者必须积极地创造条件，采取有力措施，消除变革的阻力，才能保证组织变革的顺利实施。

第三节　组织变革实施

一、组织变革的方式

组织变革的目的是让组织能在复杂多变的内外环境下生存和发展，但有一些组织却适得其反，变革导致了组织的混乱甚至崩溃。究其原因，变革方式的选择是一个很重要的因素。通常，组织变革的方式可分为改良式、激进式与渐进式三种。

（1）改良式变革，即在原有的组织结构框架内做常规的调整或改变，如增减某个部门的职能，新设或合并、撤销某个部门，任命或罢免人员，等等。这是一种局部的改革，涉及面不广，引起的阻力也较小，有利于组织的稳定发展，但这种方式具有缓慢性和不彻底性。

（2）激进式变革，即能够以较快的速度完成组织功能的突变或组织机构的重大变革，彻底打破原有框架，尽快地实现组织变革的目标。如从直线制结构改组为事业部制结构，组织部门间进行合并、分权等。这种变革通常采取强制性的行为和手段，引发的阻力和风险也较大，一旦失败，会使组织蒙受重大损失，但这种变革较为彻底和迅速，一旦取得成功，往往会使组织重新焕发生机和活力。

（3）渐进式变革，是一个渐进而漫长的过程。首先对变革方案进行系统研究，制定全面的规划，设计出理想的变革模式，然后逐步、分阶段地推进组织变革，逐步地接近变革的目标。这种方式的变革对组织的冲击较小，对组织成员造成的心理压力不大，有利于稳定组织的秩序，控制变革的局势。渐进式变革需要组织有一个长期稳定的环境，变革中的组织在较长时期内不能摆脱旧体制、旧机制的束缚。

组织变革的上述三种方式各有利弊，应当根据组织的具体情况在实践中加以综合利用。对组织而言，不要轻易进行激进式变革，否则很容易影响组织的稳定性，甚至导致组织的毁灭。当组织内外环境发生重大变化，对组织生存产生重大影响时，组织可以进行激进式变革，以尽快适应环境的变化，但必须有足够的措施确保组织的稳定。在更多的情况下，组织应当进行渐进式变革。这种方式既可克服改良式变革的缓慢性和不彻底性，又可以减少激进式变革可能带来的风险，或降低因遭遇强大阻力而带来失败的可能性，使组织保持动态平衡。

二、组织变革的过程

组织变革往往会打乱原来的群体关系、改变相应的环境、破坏原来的熟人网络，这些都会招致群体的反对和阻挠。对此，库尔特·卢因提出了组织变革的三个阶段，以应对群体阻力对变革的影响。第一阶段为"解冻"，重点解决由于变革给人们带来的迷茫、震惊、不安全感、预期损失和骚动反应，其措施以追求群体对变革的心理适应为主。第二阶段为"转变"，组织不能只下达变革指令，还需要形成变革情境，同时要尽可能保留有益的习惯和非正式关系，尤其是要做到使群体成员分享变革带来的利益，可以采用谈判方式来解决变革所带来的问题。第三阶段为"固化"，要使组织的变革成果得以巩固，推动新的群体形成，促成新的群体规范产生，并形成新的习惯，直到新的群体稳定运作。

三、组织变革的推进措施

随着时代的发展，信息技术发展、经济全球化、劳动力多元化、智力资本竞争等迫使组织不断创新、不断发展。21世纪是知识经济、信息经济、网络经济和创新经济的时代，也是知识型组织、信息型组织、网络型组织的时代。要想在复杂环境下提高组织生存与持续发展的能力，任何组织都要在平衡中寻求组织变革。变革一定会遇到不少阻力，这就要求组织根据自身情况和外部环境采取一些措施，以求顺利推动变革。

（一）激发创新

在知识经济时代，知识更新的速度越来越快，知识传播的速度、广度和得以应用的范围都大大超过以往任何一个时代。这使得经济组织乃至整个社会的变革非常迅速。"创新"在这种速变中起着核心作用，引导着组织变革的方向，左右着组织变革的步伐。

创新是指发明或者改进一种产品、一项工艺、一个流程的新想法或新思路。所有的创新都包含变革，但并非所有的变革都涉及创新。

有利于创新的组织特点：①有机型组织结构对创新有积极的影响，因为它的纵向变量少，正规化和集权化程度比较低；②充足的资源往往孕育着创新，充足的资源使组织能够负担起创新的成本；③有效的沟通、信息共享也是推动创新的重要因素。

案例 7.13

创新决定出路

浙江利达拉链有限公司是浙江省专利示范企业。据董事长吴琴英介绍，公司曾在客户信息反馈之中得到消息，一些户外帐篷厂家在采购拉链时，原有的拉链都不能任意组合，一对一地组合需要花费企业大量的时间和精力，企业急需一种能任意互拼的拉链，这样便于提高企业的生产效益和产品质量。该公司经过一年多的反复试验和实践，投资了220多万元，帮助客户解决了这个难题，同时也研究出尼龙互拼拉链创新技术，并获得了国家专利。这一技术得到了市场的强劲回应，公司当年累计产值回报就超过了3 000万元。尼龙互拼拉链创新技术不仅为公司赢得了市场，更重要的是坚定了公司创新发展的决心。

"日本吉田公司生产的YKK拉链，1米就能卖到1美元左右，而义乌生产的拉链1米只能卖到2元左右！"这就是缺乏创新的拉链行业失去品牌阵地的沉痛代价。浙江利达拉链有限公司作为义乌拉链行业的领跑者，其董事长吴琴英认识到问题的严峻和棘手，她告诉记者，拉链行业的出路在于创新。

如何创新？公司共聘请了十多名国内顶尖的技术专家从事拉链技术的研发，同时还加大了技术研发的投入，为拉链技术研发配备了先进的实验和检测设备，公司每年的技术研发费用不少于销售总收入的4%。公司积极鼓励员工参与到产品创新和制度创新中来。根据公司制定的奖励政策，参与创新的员工最高可获得5 000元奖金，同时还可获得相应的职称和更多的晋升机会。

点评：拉链是小商品，拥有大市场，进入门槛不高，想做精、做好、做出名气却十分不容易。拉链行业的出路在于创新。只有做到技术创新、管理创新、生产创新、全员创新，企业才能保持较强的生命力和不可估量的活力。

通过上面的案例，我们可以发现组织激发创新的办法有：①用领导对创新潜力的愿景、坚定不移的信念鼓励和激发员工进行创新；②积极对员工进行培训和开发，使他们跟上时代的步伐；③为参与组织创新的人员提供充足的创新资源及高额的薪酬。

（二）创建学习型组织

学习型组织是一个不断发展且具有变革能力的组织，是通过营造整个组织的学习气氛、充分发挥组织成员的思维能力而建立起来的一种有机的、高度柔性的、符合人性的、能持续发展的组织。

正如组织内个体成员要不断学习才能不断提高工作能力一样，组织也必须不断地学习，这样才能持续发展。

1. 学习型组织的特点

（1）组织成员认同共同愿景。组织的共同愿景来源于组织成员个人的愿景，而又高于组织成员个人的愿景，它是组织成员共同的愿景和理想。它能使组织内部不同个性的人聚集在一起，朝着组织的共同目标前进。人们摒弃个人、部门的利益，为实现组织的共同愿景而一起工作。

（2）组织由多个创造性团队组成。在学习型组织中，团队是组织最基本的学习单位，组织的目标都是直接或间接的，是通过团队的努力来达到的。

（3）善于不断学习是学习型组织的本质特征。一是强调"终身学习"，树立组织成员终身学习的观念，养成组织成员在工作中不断学习的习惯；二是强调"全员学习"，组织的决策层、管理层和操作层的成员都要全心投入学习；三是强调"全过程学习"，学习必须贯穿组织系统运行的整个过程；四是强调"团队学习"，强调组织成员的合作和群体智力（组织智力）的开发。

（4）组织的边界将被重新界定。学习型组织边界的界定建立在组织要素与外部要素互动关系的基础上，超越了传统的根据职能或部门划分的"法定"界限。人们可以跨越纵向和横向的界限，真诚坦率地进行沟通。

（5）自主管理。通过自主管理，组织成员可以发现工作中的问题，自己选择伙伴组成团队，自己制定要达到的目标，独立做出决策，组织实施并自查效果及自我评估。团队成员作为相互竞争系统的一部分，在"自主管理"的过程中，能形成共同愿景，以开放求实的心态互相激励，不断学习新知识，不断进行创新，从而提高组织成员快速应变、创造未来的能力。

2. 学习型组织的创建与管理

（1）确立战略。管理者要表明对变革、创新和持续进步的承诺，通过战略设计、政策规定和规章制度的建立，使组织成员了解组织的共同愿景。

（2）重新设计组织结构。正式的组织结构可能会成为制约学习型组织的严重阻碍。通过组织结构扁平化、取消或者合并部门等方法，可以强化组织成员之间的依赖关系。

（3）重塑组织文化。学习型组织以冒险、开放和成长为其文化特征。管理者不但要从战略上界定组织文化，还要通过行动证明他们鼓励冒险并允许失败，使新的方法、新的观点不断涌现，使组织具有持续适应变革的能力。

（三）强化智力资本管理

21世纪是以知识为基础的经济时代，智力资本是组织核心竞争力的源泉，智力资本管理已成为组织经营管理的核心内容。管理者须根据各类组织人力资源的特点，寻求在知识经济时代有效进行绩效管理的创新。

智力资本是一种潜在的、无形的、动态的、能够带来组织价值增值的非物质资源。这些知识元素只有在特定的组织中，经过组织策划的有效整合才能转化或放大为具体的创造财富的组织竞争力。在智力资本架构中，人力资本是智力资本的核心，智力资本既为人力资本发挥作用提供桥梁与工具，又为人力资本所创造。

智力资本管理是对不同形式的智力资本要素进行投资和管理的过程，包括知识识别、知识获取、知识开发、知识共享和扩散、知识利用和知识保留等。在智力资本管理过程中，通常以人力资本为前提和出发点，以结构资本为保障和支持，促成个人智力的创造，鼓励将个人智力转化为组织的智力资本。

在知识经济时代，组织间的竞争核心发生了根本性的转移，智力资本管理作为组织竞争优势的核心资源已逐渐被引入组织的管理战略之中，并得到广泛应用。智力资本的运作和管理涉及组织行为的管理与变革，具体表现为运作管理人力资本、提高员工忠诚度、建立终身学习的学习型组织文化、重组人才结构、强化组织绩效等。

（四）构建网络组织

网络组织是一个由活性节点的网络联结构成的有机的组织系统。信息流驱动网络组织运作，网络组织协议保证了网络组织的正常运转，网络组织通过重组适应外部环境，通过网络组织成员协作和创新实现网络组织目标。网络组织具有多种运行模式，当今绝大多数组织要想实施组织变革，都要考虑如何构建适合自身的网络组织。

案例 7.14

奈飞：从 DVD 租赁公司到流媒体巨头的网络组织变革

奈飞（Netflix）的创始人之一里德·黑斯廷斯（Reed Hastings）在 2007 年宣布，公司将从一家 DVD 租赁服务公司转型为在线流媒体平台。这一转型决策彻底改变了公司的组织结构和文化。奈飞建立了一个网络组织，强调员工的自主权和责任，采用了一种灵活的工作方式，允许员工自由决定休假时间和工作地点。此外，他们引入了"无差评文化"，鼓励开放和透明的反馈。

这一变革使奈飞能够更快地创新并推出原创内容，例如《纸牌屋》和《怪奇物语》，吸引了全球观众。同时，员工的高度投入和创造力有助于提高效率，降低成本，进一步推动了公司的成功。

点评：奈飞的案例强调了网络组织在组织变革中的潜力。通过赋予员工更多的自主权、建立灵活的工作环境和鼓励开放的沟通，奈飞实现了从 DVD 租赁服务公司到全球流媒体巨头的转型。这个案例也突出了文化和员工投入对于组织成功的重要性。奈飞的成功证明了在数字时代，网络组织可以取得卓越的业绩，并在竞争激烈的市场中脱颖而出。

对于如今的组织而言，不可能将所需的人才及其他资源都纳入自身，这就要求组织构建某种网络组织以获得外部的人才及其他资源，这显著改变了经济的运作模式及组织的结构。

1. 网络组织的构建基础

网络组织作为一种新的社会经济活动主体，既不同于经济学中基于企业-市场二分法的科层组织和市场组织，也有别于管理学中传统的金字塔型组织模式。无论是作为新型组织模式，还是一种新的管理方法，网络组织的构建都需要特定的基础，具体表现为以下几个方面的内容。

（1）健全的市场经济体制。市场经济体制是网络组织产生与建立的最基本保证。在健全的市场经济体制下，企业受利益驱动，自主选择合作伙伴，建立合作联盟，构建竞争优势。

（2）有利于企业超常发展的市场机遇。市场机遇是网络组织产生的根源，如 2024 年前后，小米汽车和与华为紧密合作的若干家车企，正是在新能源、智能化这一历史机遇的背景下，与供应链企业共同合作才获得了快速发展。

（3）突出的核心能力。网络组织主要是针对企业核心能力这种资源的整合，即企业把投资和管理的注意力集中在本身的核心能力上，而一些非核心能力或者自己短时间内不具备的核心能力则转向依靠企业外部的合作伙伴来提供。核心能力是企业选择合作伙伴的首要条件，只有拥有核心能力的企业才有可能成为网络组织的成员。

（4）高效、安全的信息网络。网络组织是依靠信息网络实现合作的，合作伙伴之间的信息传递、业务往来等均需要以信息网络为依托，所以构建网络组织必须建立高效、安全的信息网络。

（5）共享的信息、知识资源基础。知识经济时代，企业的成功是由企业对知识有效地收集和使用来决定的。作为一种外部资源整合的手段，网络组织依靠可以共享的信息、知识、技能来弥补单个成员知识、技能的不足，并通过能力互补和伙伴合作，形成强势组合。

（6）规范的契约体。网络组织的构建需要大量的双边规范，包括网络组织成员合作协议、组织成员资格认证标准、组织成员信誉等级评价制度、利益分配方案、知识产权保护以及与具体产品和服务相关的协议与合同文本等。

2. 平台型网络组织

近年来，基于云计算、大数据、物联网等数字技术的平台经济快速发展，在各行业形成了新的商业模式，并对社会生产和再生产过程实现了组织重塑。平台经济发展中形成了一种以数字平台为中心，以平台企业为主导，平台企业和众多生产者、供应商、消费者、技术人员参与其中的平台型网络组织。对于大多数组织而言，都要考虑如何与平台型网络组织进行合作。

数字化、平台化是当代互联网企业的一种主流运营模式，社交平台、电商平台、产业平台等不同类型平台如雨后春笋般涌现。它们尽管在商业模式与运行规则上千差万别，但都形成了一个以数字平台为中心，以平台企业为主导，生产商、供应商、广告商、消费者广泛参与的平台型网络组织，主体间借助数字平台基础设施构建起超越市场交易关系的密切联系。如用户通过京东、天猫、亚马逊等平台，总能找到所需商品的买方或卖方，这进一步加强了锁定效应，巩固了企业平台在商品交易中的作用，也使专业化的中小生产商更加依赖数字平台。

区别于传统网络组织，平台型网络组织通过对数据挖掘的应用和数字化基础设施的共同使用，以万物互联与高度社会化的资源配置重塑了整个社会的生产率，创造了巨大的经济价值。它涉及的组织范围更广、对经济活动的影响更深，在理论上，其规模可以无限扩大。

当前，平台型网络组织主要有以下几个特征。

（1）打破传统产业边界，形成跨行业组织。传统网络组织大多局限于产业经济，即同一产业内部上下游企业之间建立起分工协作、快速响应的企业联盟体；而平台型网络组织突破了产业边界，通过疏密有别、层级嵌套的网络将不同行业企业连接在一起，形成跨行业组织。例如，阿里巴巴的业务范围涵盖电子商务、金融、物流、社交等，各行各业都可在阿里巴巴的平台上开展业务。随着经济运行方式数字化程度加深，各行业的企业经济活动数据被数字平台收集、处理，并形成针对不同具体行业的数据应用，行业之间的数据信息实现了互通与共享，从而使各个行业在平台型网络组织下实现了大规模的社会化协作。

（2）对生产、分配、交换、消费各环节的重塑和连接。传统网络组织是围绕具体商品生产环节建立的，而平台型网络组织连接起生产、分配、交换、消费等多个环节，使整个社会再生产活动具有有序性和组织性。

（3）对全球范围内经济活动的组织。平台型网络组织在金融资本的加持下，在通信、物流等基础设施快速发展的基础上，利用数字技术、运营模式可以低成本复制这一特点，快速将平台服务扩展到境外更多国家和地区，整合全球价值链、商品链，将世界范围内的闲置货币资本、潜在劳动力、潜在市场集合起来，不断发展出新的商业模式，进一步扩大了平台经济的控制和组织范围，形成了新的国际垄断平台，这大大推进了平台经济全球化的进程。[①]

本 章 小 结

组织结构是指组织内部各种职位之间、各个成员之间的网络关系模式，涉及分工、沟通、权力、协调等方面的安排，表现为组织机构的横向分工关系和纵向隶属关系。本章介绍了组织结构理论发展的三个阶段和组织结构的不同类型，还重点介绍了组织结构设计的原则。

组织变革是指组织为了适应内外环境的变化，对组织的内部要素进行调整与修正的过程。组织变革的目的是实现组织发展的目标。组织变革的推动者必须积极地创造条件，采取有效措

① 本部分内容改编自《经济学家》2023年第1期第25~35页，邱海平、陈雪娇《以平台为中心的网络组织分析——基于马克思生产社会化理论视角》一文。

施，消除变革的阻力，保证组织变革的顺利实施。

综合练习题

一、名词解释

组织结构　统一指挥原则　机械型组织　有机型组织　虚拟组织　无边界组织
目标管理

二、单项选择题

1．以现代通信技术、信息存储技术、机器智能产品为依托，实现传统组织结构、职能及目标的组织结构是（　　）。

A．女性化组织　　　　　　　　　B．团队组织
C．无边界组织　　　　　　　　　D．虚拟组织

2．韦尔奇力求取消公司内部的横向和纵向边界，并打破公司与客户和供应商之间存在的外部边界障碍，这是运用了（　　）结构形式。

A．女性化组织　　　　　　　　　B．团队组织
C．无边界组织　　　　　　　　　D．虚拟组织

3．（　　）通过对数据挖掘的应用和数字化基础设施的共同使用，以万物互联与高度社会化的资源配置重塑了整个社会的生产率，创造了巨大的经济价值。

A．平台型网络组织　　　　　　　B．传统型网络组织
C．矩阵制组织　　　　　　　　　D．扁平型组织

4．库尔特·卢因提出变革的三个阶段是（　　）。

A．解冻、变革、重新解冻　　　　B．变革、解冻、变革
C．解冻、转变、固化　　　　　　D．沟通、教育、解冻

5．发明或者改进一种产品、一项工艺、一个流程的新想法或新思路，这称为（　　）。

A．创造　　　　　　　　　　　　B．创新
C．改造　　　　　　　　　　　　D．变革

三、多项选择题

1．通常，组织变革的方式可分为（　　）。

A．改良式　　　　　　　　　　　B．激进式
C．渐进式　　　　　　　　　　　D．直线式

2．组织变革的内容包括（　　）等。

A．决策模式　　　　　　　　　　B．转变工作任务
C．目标管理　　　　　　　　　　D．改变组织结构

3．属于来自组织的变革阻力的是（　　）。

A．群体惯性　　　　　　　　　　B．安全和倒退
C．资源的限制　　　　　　　　　D．对权力的威胁

四、简答题

1．组织结构理论经历了哪三个阶段？

2．组织结构设计的原则是什么？

3．如何划分机械型组织和有机型组织？

4．组织变革的基本动因是什么？

5．如何消除组织变革的阻力？

6．组织变革的方式有哪些？

7．组织的发展趋势是怎样的？

8．组织形态的新类型是什么？

9．联系实际，谈谈组织变革阻力的表现形式与克服变革阻力的方法。

10．试述为什么政治环境、法律环境、经济环境、社会文化环境、技术环境会影响企业的变革。

五、案例分析题

扫描二维码，阅读案例并回答后面的问题。

六、课外拓展训练

扫描二维码，完成测试。

案例分析题　　课外拓展训练

第八章　组织发展与组织文化

【学习目标】

了解组织发展的含义和工作生活质量的概念；熟悉组织文化的特征和组织文化对组织行为的影响；掌握组织文化的内涵，组织文化的结构与内容；掌握组织文化类型的划分和加强组织文化建设的方法。

【导入案例】

阿斯利康：构建终身学习型组织

数字商业时代的到来正从多种层面影响着企业的增长脚步。以往，人们往往关注数字科技如何影响业务模式、如何影响管理效率，但更深远的影响发生在组织基层。

来自领英的数据显示，如今最抢手的技能中，有一半在三年前都不曾出现在榜单上。这意味着人们对专业技能的需求正在快速转变，而要想让组织内的员工成为与时代同步进化的人才，学习型组织的建设已成为企业管理中的当务之急。

在全球各地，许多大型企业已经将"学习"作为人才管理系统中不可或缺的一部分。而在国内，亦有诸多企业展开了学习型组织的建设。2021 年，阿斯利康连续 11 年蝉联"中国杰出雇主"认证。在诸多人力资源管理实践中，学习型组织的建设堪称阿斯利康的一大亮点。

加速人才能力提升，应对不断变化的商业环境带来的机遇和挑战，这是阿斯利康能够持续创新、引领发展的不竭动力。而在中国，阿斯利康正在 3E（experience、exposure、education）模型的框架下不断深耕，打造终身学习的企业文化，赋能员工在快速变化的世界中快速学习新知识和新技能。

"许多企业都在讲创新。"阿斯利康中国副总裁、人力资源部负责人廖佩珊表示，"那么如何打造一个创新的环境呢，我觉得如果要做到创新，一定要有终身学习的理念。"

（1）提供多样化的岗位机会。在工作中积累经验是员工成长的重要途径，而为了给员工提供更广阔的成长空间，阿斯利康推出了"Plan100 项目"，让员工有机会在不同市场、不同岗位中锻炼自我。随着"Plan100 项目"的不断推进，阿斯利康正为员工提供多样化的岗位机会，赋能员工积累多样化的工作经验，以实现不断学习与成长的目标。

（2）鼓励前馈的教练文化。教练（coaching）文化是许多企业着力培养的学习文化。通过激发员工的潜能，明确未来的发展方向，减少前进中的阻碍以促进绩效的提升。阿斯利康认为，比起"反馈"，企业更应该注重"前馈"，即在目标设定阶段、行动落地之初便做好前瞻性指导，对成长目标达成共识，而不过多纠结于行动之后的评估、打分。

（3）课程培训移动化、本地化。员工年轻化是许多企业面临的普遍现象，这也要求企业在推动学习与培训机制的时候采用更加年轻化的手段。在阿斯利康，50%的员工是"90 后"，另外 43%是"80 后"，只有差不多 7%的员工是"80 前"。面对这一趋势，企业需要将学习、培训设计得有趣、简单，切合不同个体学习成长中的痛点，并且能够让员工进入学习环境时不受时间、地点的限制。

为此，阿斯利康启动移动化的企业学习平台 Degreed。这个平台整合了大量内外部学习资源，可以根据员工的兴趣、技能水平推荐个性化的学习内容。同时 Degreed 还有手机端应用，员工可以随时随地登录应用进行学习并且分享学习内容，创建适合自己的学习路径，真正做到了将学习的力量交到员工自己手中。

近年来，阿斯利康已经在学习型组织的建设上进行多项创新尝试。"我坦白说，有些员工也会觉得我们是不是太过于理想化了。"廖佩珊称，尤其是改变绩效考核的做法让不少员工一时难以适从，"但打造企业的文化不是一步登天的，不是一年内或者半年内能看到成效的。如果现在不做，三年后肯定看不到任何成果。而我们现在做这件事，至少会让我们得到更多学习和探索的机会。"

（改编自腾讯网哈佛商业评论官方账号刘玥2021年2月3日《阿斯利康：构建终身学习型组织》一文）

启发与思考：新商业时代，全球企业面临着前所未有的挑战。在全新的环境下，企业如何爆发出管理创新的活力？如何实现组织的持续发展？

在激烈的市场竞争环境中，面向未来，修炼管理内功、提高组织的适应能力成为企业必修课。本章学习组织发展的有关原理，分析如何塑造先进的组织文化。

第一节 组织发展

一、组织发展概论

1. 组织发展的含义

美国南加利福尼亚大学教授托马斯·卡明斯认为，组织发展是指将行为科学知识广泛运用于根据计划发展、改进和加强那些促进组织有效性的战略、结构和过程中。

对于托马斯·卡明斯的定义，我们在理解时应把握以下几点：第一，组织发展应在一个完整系统的战略、结构和过程中进行；第二，组织发展是建立在行为科学知识和实践的基础之上的；第三，组织发展涉及对计划变革进行管理，但并不是正规意义上的管理咨询或技术创新，正规意义上的变革方式倾向于变革的计划性和专家导向；第四，组织发展既包括对变革的创造又包括变革后的巩固；第五，组织发展致力于提高组织的有效性。

组织发展和变革管理都要处理计划变革的有效实施问题，都关心那些能够改善组织的行动、过程和由于领导层问题所导致的后果。就组织发展和组织变革的关系而言，组织变革的目的是使组织得到发展，以适应组织内外部条件的要求，但有些变革可能没有使组织向前发展。组织变革是组织发展的一种重要手段。组织发展不仅包括组织变革过程，也包括组织变革后的巩固过程。

案例 8.1

公司转型的困难

有家公司尝试从纯粹的贸易型公司向提供附加值服务的供应商转型，即不只做中间商代理外国公司的产品在中国的销售，还提供一些加工生产服务，开发一些边际产品、库存管理等附加值服务，以更好地增强客户黏性。与此同时，该公司还意识到需要开拓新的客户，因为该公司原有的固定客户中，有两家客户的业务占据了公司业务的 90%左右，如果这两家客户有任何一家流失，对该公司都是沉重的打击。

该公司的管理层认为，做纯粹的中间商风险是很大的，一是客户可能会直接跨过自己找厂家，二是客户可能会投向其他竞争供应商。但是在这个转型过程中，管理层感到很艰难，公司转型后的业务流程不顺畅，组织结构运转效率不高，大家感到越来越忙，但业务却增长不多，更让人头疼的问题是人员的素质跟不上公司转型的需要。公司从外面引进的几个经理也都离职了，有的是自己主动离职的，有的是被迫离职的。

点评：上面案例中公司的业务模式发生了变化，但是公司的业务流程、组织结构、人员没有相应地做出改变，该公司也没有意识到这些内容应该随着业务模式的改变而改变，例如该公司的人员不适应新业务的要求，而引进的经理又干不长，这些都说明公司在发展过程中，未进行相应的组织结构变革，从而无法顺应、支撑组织的业务变革。

2. 组织发展的价值观

组织发展应重视人员和组织的成长、合作与参与过程以及质询精神。组织变革的推动者在组织发展中具有指导作用，对组织发展中变革的推动者来说，并不应重视权力、权威、控制、冲突以及强制等观念。

大多数组织变革的推动者认为，组织发展活动的基本价值观念主要有：①尊重人。组织成员是负责的、明智的、关心他人的，组织成员有自己的尊严，应该受到尊重。②信任和支持。有效和健康的组织具有信任、真诚、开放和支持的气氛。③权力均等。有效的组织不强调等级权威和控制。④正视问题。组织不应该把问题掩盖起来，要正视问题，解决问题。⑤参与决策。受变革影响的组织成员参与变革决策的机会越多，这些成员就越愿意实施这些决策。

3. 组织发展的原则

组织发展的一般原则有以下几项。

（1）组织发展是人们探索自我导向性的变革，它是通过组织中的成员来直接明确、认识和解决问题的。

（2）组织发展是对整个组织而言的，应致力于组织的全面系统的变革与发展。

（3）典型的组织发展强调解决组织当前的问题与长期的组织发展相平衡。最有效的组织发展规划并不只是解决组织眼前的问题，还要考虑组织未来可能会出现的问题。

（4）组织发展比其他工作更强调收集资料、进行诊断以及解决问题这三个循序渐进又相互配合的工作环节。

（5）组织发展往往会冲破传统的等级制形式，趋向新的组织结构和相互关系。

二、组织发展的过程

组织发展的过程是漫长而艰难的，这一过程要经历八个阶段，即进入与签约、组织诊断、群体与职位诊断、诊断信息的收集和分析、诊断信息的反馈、设计干预措施、领导和管理变革、组织发展变革的评估与制度化。

1. 进入与签约

进入与签约是组织发展的第一步，需要初步确定组织的问题和发展机会，并就这些问题在推动组织发展的专家和客户之间建立起合作关系，为以后阶段开展活动建立起初步的参数（指标）。

这一阶段因实际情况不同，其复杂性和正式程度也大不相同。如果团队管理者本身就是组织发展专家，这个阶段就由其和团队成员一起开会，共同讨论要解决的问题以及合作的方式。在这种情况下，这一阶段相对简单且不算正式，所以相关人员可以直接参与进来而不需要正式程序；如果管理者考虑任用专业的组织发展专家，无论是组织外部的还是组织内部的，这一阶段都会变得更复杂、更正式，此时需要与专家签约，并由其收集原始资料以确定要解决的问题，专家可能还会与一些来自客户的代表进行会谈，并把他们各自的角色以及组织变革过程正式地确定下来。

2. 组织诊断

组织诊断是组织成员与组织发展专家合作，为组织变革收集相关信息、分析信息、得出结论的过程，它是评估组织、部门、群体和职位功能的一个过程，其目的在于发现问题的原因和有待提高的领域。组织诊断包括为可能的变革和改进收集、分析与当前运作有关的信息并得出结论。

组织诊断可以在三个层次上进行：最高层次是整个组织，包括对组织的战略、结构和程序的设计，大的组织单位，如部门、辅助性或战略性事务单位均可在这一层次进行诊断；低一层次的是团体或部门，包括对团体成员之间结构性的相互作用进行的团体设计和策略，如规范和工作计划；最低层次的是个人职位，包括用来设计岗位以便得出必需的作业行为的各种方式。

组织诊断可能在所有的三个层次上同时发生，也可能限于某一特定层次，每一层次上的诊断都需要从输入、设计构成和输出等三个环节进行。有效诊断的关键是要知道在每一层次上要寻找什么，以及找出这些层次之间是怎样相互影响的。

3. 群体与职位诊断

群体与职位诊断阶段的环节与组织诊断阶段的环节是相同的，但其内容是针对群体和职位（或员工个人）的。

4. 诊断信息的收集和分析

组织的发展实际上是通过有效的诊断来对组织运行状况进行评价并选择适当的调整干预措施的，因此，诊断信息的质量是组织发展过程中的一个重要因素。诊断信息的收集包括收集组织的某些特定信息，如投入、设计、产出等。这一过程开始于组织发展专家与信息来源的对象之间建立有效的联系以及选择收集信息的方法。收集诊断信息的方法有四种：问卷、面谈、观察和非显著性措施。

5. 诊断信息的反馈

组织发展专家要及时地把诊断信息反馈给客户，以便于专家和客户一起根据这些信息去设计合适的行动计划，进而对组织的变革产生影响。

6. 设计干预措施

设计干预措施阶段是组织发展专家和客户根据诊断信息反映出的问题，充分考虑引起组织发展问题的原因及影响因素，针对不同问题运用特定的干预技术，制订解决问题的行动计划并组织实施，以改善组织绩效，确保组织发展工作的顺利进行。

7. 领导和管理变革

由于环境的动态性与复杂性增加了组织变革的复杂性，因此，在通过实施行动计划来实现组织变革、达到提升组织业绩目的的过程中，必须加强对变革过程的领导和管理。传统上，变革管理只注重识别阻碍组织变革的根源，并采取有效措施克服或者消除这些阻碍组织变革的因素和问题。但是，新的组织发展方法已经对这种只关注阻碍因素和问题的方法提出了挑战。解决组织发展障碍因素和问题的新方法注重创造组织愿景，以期为组织变革获取更多的支持并促进组织发展目标更快地实现。

8. 组织发展变革的评估与制度化

组织发展变革的评估包括对变革是否已经按计划实施进行判断。这种评估旨在给组织成员提供反馈信息，评估人员通常与组织发展变革有关或对变革有一定的影响力。这些反馈信息可以反映变革方案是否需要进一步弥补缺陷、修改完善或者表明该变革是成功的。组织发展变革的评估主要涉及两个方面，即量化和研究设计。组织发展变革的制度化意味着对组织的日常运作的某一部分进行特定的、长期性的修改，这将保证已变革成功的方案可以长期发挥效用。

三、组织发展的技术

组织发展的技术或干预措施能带来组织变革，组织变革推动者一般采用的组织发展的技术或措施主要有以下六个方面。

1. 敏感性训练

敏感性训练是通过无结构小组的相互作用来改变人们行为的训练方法。在训练中，组织成员处于一个自由开放的环境中讨论他们之间的相互交往过程，并且有专业的行为学家进行引导。这种小组是过程导向的，也就是说，个人通过观察和参与来学习，而不是别人告诉他学什么他就学什么。专业人员为参与训练的组织成员创造机会，让他们表达自己的观点、信仰和态度，而专业人员本身并不具有（实际上是明确抵制）任何领导角色的作用。

无结构小组的目标是使参加训练的组织成员更明确地意识到自己的行为以及别人如何看待他们，并使自己对他人的行为更敏感、更理解小组的活动过程。敏感性训练的具体目标包括：提高移情能力；提高预见技能；更为真诚坦率；增强对个体差异的承受力；改进冲突处理技巧。

如果组织成员对别人如何看待自己缺乏了解，那么通过成功的无结构小组训练会使他们的自我知觉更为现实、群体凝聚力更强、功能失调的人际冲突减少。进一步来说，敏感性训练的理想结果将是：个人和组织更为一体化。

2. 调查反馈

调查反馈是评估组织成员所持有的态度、识别成员之间的认知差异以及消除这些差异的一种方法。组织中的每一个人都可以参加调查反馈，但其中最重要的是"组织家庭"（即任何一个部门中的管理者及向其直接汇报工作的下属）的参与。调查问卷通常由组织或部门中的所有成员填写。调查问卷主要询问成员对如下这些方面的认识、理解和态度：决策实践，沟通效果，部门间的合作以及对组织、工作、同事和直接主管的满意度。调查者通过提问或面谈的方式来确定哪些问题是重要的。

调查者根据个体所在的"组织家庭"及整个组织来设计问卷，并分发给成员。这些问卷就是确定问题、澄清问题的出发点。有时，组织外部的变革推动者会告诉管理者回答问卷的意义，并对"组织家庭"的小组讨论提供指导。在这里我们尤其要注意的是，调查反馈法鼓励小组讨论，并强调讨论要针对问题和观点，而不是进行人身攻击。调查反馈法的小组讨论要使成员认识到问卷结果的意义。人们会不会听这些信息？会不会由此产生新观点？决策、人际关系维护、任务分配能否得到改进？对这些问题的回答在一定程度上意味着要员工做出承诺，解决已发现的问题。

3. 过程咨询

没有能够尽善尽美地运作的组织，管理者常常会发现自己部门的工作绩效还可以继续改进，却不知道要改进哪些方面以及如何进行改进。过程咨询的目的就是让外部顾问帮助客户（通常是管理者）对他们必须处理的事务进行认识、理解并采取行动。这些事务可能涉及工作流程、各部门成员间的非正式关系、正式的沟通渠道等。

过程咨询与敏感性训练的假设很相似，即通过协调人际关系和重视参与，可以提高组织的有效性，但过程咨询比敏感性训练更具有任务导向性。过程咨询中的顾问，旨在让管理者了解在他的周围以及他和其他人之间正在发生什么事情，这些顾问并不解决组织中的具体问题，而只是作为向导和教练在组织发展过程中提出建议，帮助管理者解决自己的问题。顾问和组织的管理者共同工作，诊断哪些过程需要改进。在这里之所以强调"共同工作"，是因为管理者在对自己所在部门的分析过程中还培养了自己的诊断分析能力，这种技能在顾问离开以后仍然能继续存在。另外，管理者通过积极参与诊断和方案设计过程，能对过程的诊断、分析和解决方法有更好的理解，有利于减少管理者对所选择的活动方案的阻力。

重要的一点是，过程咨询顾问不必是解决具体问题的专家，其专业技能在于诊断和提供帮助。如果管理者和顾问均不具备解决某一问题所需要的技术知识，则顾问会帮助管理者找到这方面的专家，然后指导管理者如何从专家那里尽可能多地获得所需要的帮助。

4. 团队建设

组织越来越多地依靠团队完成工作任务。团队建设通过利用高度互动的群体活动来增进团队成员之间的信任与协作。团队建设既可以用于群体内部，也可以用于群体之间的相互依赖活动中。对一些成员来说，团队建设为他们提供了深入思考某些问题的机会，比如，要使团队达到最优效果，他们的工作意味着什么？他们需要承担哪些具体的任务？另外，团队建设与过程咨询顾问从事的活动十分相似，即分析团队内的关键过程，明确完成工作的方法以及如何改进这些过程以提高团队的绩效。

5. 群体间关系的开发

组织发展关注的一个重要领域是群体间功能失调的冲突，因此，改变群体间的态度、成见和观念也成为变革努力的方向之一。群体间关系的开发致力于改变群体间的态度、成见和观念。尽管有不少方法可以改善群体间的关系，但最常用的方法是共同协商解决问题法。这种方法首先让每一个群体独立列出一系列关于态度、观念等的清单，其中包括对自己的认识、对其他群体的认识以及其他群体是如何看待自己的。然后各群体间共享这些信息，讨论这些群体之间的相似之处和不同之处，尤其要明确指出群体之间的不同之处，并寻找导致分歧的原因。一旦找到了导致分歧的原因，群体就可以进入整合阶段，由各群体派出代表进行协商，寻找解决分歧的方法并改善群体间的关系。为了进一步深入诊断以找出各种可行性方案并改善群体间的关系，还可建立亚群体，即由来自每个冲突群体的成员所组成的群体。

6. 大群体干预

近年来，人们对将组织发展技术应用于大群体环境日益感兴趣，因为它更适合在复杂环境的组织中引发激进或改革性的变革。大群体干预这种做法涉及将组织各部门成员——常常还有组织以外的重要人士，聚集到组织以外的一个地方召开会议，讨论组织发展中的问题或机会，并为组织变革制订计划。大群体干预可能涉及50～500人并持续数天，到组织之外的地点开会可以免除干扰和分心，使参加会议的成员能专心探讨新的做事方法。

四、工作生活质量

（一）工作生活质量的概念

工作生活质量（quality of work life，QWL）也称为"劳动生活质量"，它是根据"生活质量"引申而来的术语。工作生活质量的理论基础来源于英国特里斯特提出的社会技术系统的概念，该概念的基本思想是为了提高组织的工作效率，不能只考虑技术因素，还要考虑人的因素，使技术和人协调一致，其实施方案首先是在美国发展起来的。

一些管理心理学中的研究证明，以金钱刺激作为激励手段并不能保证员工持续的工作积极性。因此，对作为内在激励手段的工作生活质量的研究便日益受到研究人员的重视。工作生活质量包括多方面的含义，有员工客观工作生活条件的改善和工作本身的丰富化，以及为员工提供学习发展的机会、成长愿景等。例如，国家制定的劳动保护、对女员工生产与哺乳期的照顾等制度，企业为员工提供交通、伙食、住房等各种优惠条件，这些都体现了国家、企业对员工的工作生活质量的关心。

由工会和管理部门共同合作提高员工的工作生活质量，改善员工生活福利和工作环境，以达到提高生产率和员工满意度的目的。

每个人都在努力地享受生活，尽可能提高生活质量，但人们对所追求的生活质量有不同的理解。与此相似，关于"工作生活质量"的具体概念，由于不同的企业追求的目标有所不同，因此不同企业对工作生活质量概念的理解也存在差异。美国人才发展协会（Association for Talent Development，ATD）把工作生活质量定义为："工作生活质量对于工作组织来讲是一个过程，它使组织中各个级别的成员积极地参与营造组织环境、塑造组织模式、产生组织成果。这个基本过程基于两个孪生的目标，分别是提高组织效率，改善雇员工作生活质量。"

这一定义比较全面，基本上包含了工作生活质量的全部含义。首先，它强调工作生活质量是一个"过程"，它适用于世界上各个国家的各种组织，是随组织机构的发展而持续进行的活动；其次，它突出了工作生活质量活动的两个基本目标，并强调这两者是"孪生"的，实现这两个目标的前提是让全体员工全身心地积极参与，将组织目标与成员的个体目标结合起来，既发展了组织，又提高了个人的工作生活质量；最后，它强调企业应该放弃简单追求生产效率的做法，而应改为更加重视每个组织成员的个人价值在工作中的体现，并且通过个人价值的实现反过来促进组织效率的提高。

（二）工作生活质量的内容

综合学者们的各种观点，管理中的工作生活质量大体包括以下几项内容。

（1）劳动报酬的充分性和公平性。员工在工作中的经济收入应得到充分保障，以维持其合理的生活水平，使其获得的报酬与贡献相适应。当员工与企业内外相关人员相比时，应能使其觉得薪酬的高低或制定薪酬的依据具有公平性。

（2）安全和有利于健康的工作条件。工作的物理环境、工作条件和工作时间不能损害员工的健康。给予员工一个能够安心工作和学习的、健康的环境十分重要，安全、舒适、有益的环境可以改善组织的工作绩效，增强人们的工作意愿。健康的工作条件包括高质量的照明系统，良好的通风，办公场所宽敞、温湿度适中、整齐、清洁等内容。

（3）组织中的人际关系。公司应创造良好的工作氛围，使员工能在组织中通过人际间的互动、交往，满足其社会归属的需求。

（4）对工作本身的满意度。①工作制度。工作制度包括工作时间、工作性质、工作内容等，工作制度应有利于员工自我成长；员工所担任的职务应能使员工感到具有相当的挑战性、成就感，并能促进员工不断学习。②工作自主性。应能使员工对于工作的执行方式、程序等自主独立地做出决定和判断。③权责明确。④工作富有变化。要尽量避免工作内容单调，让员工有从事不同类型工作的机会。

（5）员工职业生涯发展。这一项是很多员工，特别是高科技产业员工及现代组织普遍重视的。组织应在员工职业生涯规划、培训与升迁等层面做出系统规划，使员工满意。组织应让员工看到未来有提升的机会，重视员工培训。组织应克服由于劳动分工的细化而使员工失去学习、利用知识技能积极性的弊端，应进一步开发人力资源，使员工不会因为现有的职业、技能和学历而影响未来的就业和发展。

（6）民主管理。组织不能把人看成机器和工具，要尊重劳动者的个性，实行民主化管理，让员工直接参与管理的各个阶段。此外，还要注意信息的分享和良好的沟通，对于有些人而言，如果不能在工作中分享信息和进行良好的沟通，他们就会感觉自己像个生产的机器；反之，信息分享和良好的沟通可以提升员工的满意感。

（7）工作具有社会意义。组织应使员工认识到自己的劳动是与社会相联系的，能对社会进步做出贡献，应使员工具有工作荣誉感，有被自我、他人和社会肯定、尊重的价值。

（8）员工在组织内的权利。组织要保障员工的工作权，使员工能在一定时期内，持续保有相对固定的职位，而不会被任意地调动岗位。要保护员工，避免雇主和管理者滥用权力，应严格遵守劳动法规，防止侵犯员工的合法权利。要保障和提高员工的社会地位，减少员工遭受疾病威胁的可能性和对失业的担心。组织还要做好各种福利措施设计，满足不同员工和组织不同发展阶段的需要。

（9）工作以外的家庭生活和其他业余活动。在员工队伍中，女性员工所占的比例越来越大，其中还有些女性员工占据了组织的重要位置。出于传统的家庭分工考虑，部分女性员工在选择工作时，常会考虑到组织政策对其家庭生活的影响。反过来，家庭生活也会影响她们对工作的投入，有人对知识女性的调查表明：当问到"您事业的主要障碍是什么？"时，回答"家务事"的约占23.0%，仅次于"工作条件"一项（约占34.4%）。家务事是女性员工体力和时间耗费的重要方面，更是衡量其工作生活质量的重要方面。

（三）工作生活质量的指导作用

员工的工作生活质量对当今企业的人力资源开发和管理工作起着重要的指导作用，主要表现在以下几个方面。

1. 工作是人们生活的有机组成部分

工作生活质量把工作看成人们生活的有机组成部分，认为工作生活也有质量问题，为组织人力资源的开发和管理工作拓宽了视野，增加了新的手段。

🔨 案例 8.2

腾讯：员工幸福与创新的先驱

腾讯作为中国最大的互联网科技巨头之一，一直致力于创造积极的工作环境和提供丰富的员工福利。

首先，腾讯提供弹性工作时间和地点，允许员工更好地平衡工作和生活。这种灵活性有助于员工更好地适应个人需求和家庭责任。

其次，腾讯积极鼓励员工参与创新和自主创业。公司设有"创新驱动"的文化，鼓励员工提出新的想法和项目，为其提供资源和支持，以培养创新精神。

此外，腾讯还关注员工的健康和幸福感。公司提供健康保险、健身房、员工关怀计划以及丰富的文化和娱乐活动，以提高员工的生活质量。

点评：腾讯的做法表明，提供灵活性、鼓励创新和关注员工的福祉可以带来更高的员工满意度，创造更多的价值，从而使公司保持竞争优势。

由于泰勒工作制的影响，企业在人力资源开发与管理上曾一味强调监督管理，完善各项规章制度，对员工的工作表现仅仅重视经济上的重奖严惩。为确保工作效率，一些企业甚至安装监控装置，监控员工的一举一动。这种管理体制从表面上看会提高企业的效率，但其实际后果是很严重的：一方面无法真正保证工作的质量；另一方面也使管理层和员工之间的不信任感日益加深，矛盾不断激化，对企业的发展十分不利。

2. 员工工作目标多元

工作生活质量使人们认识到，组织中的员工除了要求较高的收入和稳定的工作之外，还有一些更重要的追求和目标。

根据马斯洛的需求层次理论，当人们仅限于基本的生存、安全需求的时候，他们往往将丰厚的收入、稳定的工作作为职业选择的首要因素来考虑。但是随着社会的进步和生活水平的提高，人们的需求逐渐上升到较高层次的社交、尊重以及自我实现的需求。工作生活质量概念就是为了适应员工较高层次的需求而提出的，它是马斯洛需求层次理论在工作生活领域成功实践的结果。当代企业员工更注重在工作中获得信任，维护自尊，通过取得工作成就来实现自我价值。提高员工的工作生活质量有利于在企业内部营造良好的工作氛围，促进上下级之间的相互信任，使每个人都能够享受工作带来的乐趣，在工作中感受到生活的意义。

3. 民主观念进入工作领域

工作生活质量促使民主观念真正进入工作领域，进而成为企业人力资源管理的一部分。

在工作生活质量概念提出之前，民主只在社会生活中被广泛关注和实践，工作领域中的民主虽然一直是工人运动所追求的目标，但从来没有被企业管理层所认可。工作生活质量概念的出现，表明工作中的民主问题已经为企业所关注。企业内的民主是工作生活质量活动的目标之一，它要求在企业内部上级与下级之间建立良好的关系，形成民主气氛，员工敢于说出自己的各种想法，上级领导善于听取意见并改善不妥的做法；它注重将生产效率的提高和员工工作生活质量的改善结合起来；另外，它还提倡企业各级员工的参与，员工参与企业管理是工作生活质量的重要内容，也是提高员工工作生活质量的关键。

4. 员工个人发展与组织发展有机地结合

工作生活质量概念把员工个人发展与组织发展有机地结合起来，改变了过去人力资源开发和组织管理活动中只重视整体而忽视个体，或者只强调个体而忽视组织整体的倾向。

第二节　组织文化概述

一、组织文化的内涵

松下幸之助曾说："我只要走进一家公司 7 秒，就能感受到这家公司这个月的业绩如何。"这位"日本经营之神"用来测量一个公司成就的工具，既不是财务报表上的数字，也不是挂在墙上的销售曲线图，而是他在瞬间捕捉到的一种气氛、一种感受、一种感染人心的力量，即公司的文化。

组织具有自己的各种构成要素，把这些要素有机地整合起来，除了要有一定的正式组织和非正式组织以及"硬性"的规章制度之外，还要有一种"软性"的协调力和黏合剂，它以无形的"软约束"力量构成组织有效运行的内在驱动力，它就是被称为管理之魂的组织文化。

案例 8.3

华为的狼性文化

华为曾以"狼性文化"著称，据说这是华为成为全球领先电信和信息技术解决方案提供商的基石，也是其战胜无端外来制裁的保障。

2020 年 3 月 24 日任正非接受《南华早报》的采访时提到，他认为狼有三个特点：敏感性、团队性、不屈不挠性。

第一，狼的最大特点是嗅觉很灵敏。华为要知道客户的需求是什么，才能知道一二十年后科学技术的方向在哪儿。

第二，要有团队精神，单打独斗是不会成功的。华为团队合作的实例很多，如 2020 年前后开始推行的"涂丹丹模型"构成为"三个博士+两个硕士+两个工程师+一个秘书或文员"。

第三，不屈不挠，拼死拼活也要做成这件事。团队领导不能有困难就要求换岗，要在自己选定的路上拼死拼活打上去，打不上去就退下来做后勤保障、做场景、做人的工作，帮助团队成功。

其实，早在华为成为产业领导企业之前，狼性文化就已经转向狮子文化，追求开放、合作、共赢，只是受外界关注不太够。

点评：狼性文化让华为克服了重重困难、战胜了众多对手，成长为产业领导企业。华为顺势调整企业文化，助力企业继续发展壮大。

1. 组织文化的概念

每个组织都有自己特殊的环境条件和历史传统，从而也就形成了该组织独特的信仰、意识形态、价值取向和行为方式，于是每个组织也都有自己特定的组织文化。就组织特定的内涵而言，组织是按照一定的目的和形式建构起来的社会群体。为了满足组织自身运作的要求，组织成员必须有共同的目标、共同的理想、共同的追求、共同的行为准则以及相适应的机构和制度，否则组织就会是一盘散沙。而组织文化的任务就是努力创造这些共同的价值观念体系和共同的行为准则。

综合国内外学者的观点，我们认为组织文化通常是指在组织管理领域这个狭义范围内产生的一种特殊的文化倾向，具体是指一个组织在长期发展过程中，把组织内部全体成员凝聚在一起的行为方式、价值观念和道德规范。它反映和代表着该组织的成员的整体精神、共同的价值标准、合乎时代的道德和追求发展的文化素质。它增强了组织内聚力、向心力和持久力，保证了组织行为的合理性，推动了组织成长和组织发展。

案例 8.4

两种不同的公司文化

A 公司是一家制造公司。该公司不鼓励风险较大的以及容易引发激烈变革的创造性决策。由于公司管理者一旦失败就会受到公开批评和处罚，因此他们尽量不采取那些会导致结果与现状背离较远的办法。一位层级较低的管理者引用了公司中流行的一句话："只要不破不漏，就别动手去修。"

A 公司要求员工遵守严密的规章制度。管理者对员工进行严格的监督以确保不出偏差。公司管理层关心的是高生产率，而不在乎其对员工士气和员工流动等方面的影响。

A 公司的工作活动基于个体进行设计。公司中有清晰的部门和领导层级，员工被期望尽量减少与其他职能领域或命令链以外人员的正式交往，其绩效评估和报酬体系强调个体努力，在决定加薪和晋升时，资历是一项主要因素。

B公司也是一家制造公司。在B公司里，公司的管理层鼓励并奖励员工的冒险与变革。公司既重视理性思考基础上的决策，也重视凭直觉思维做出的决策。令该公司管理层颇感自豪的是，公司具有尝试新技术的光荣传统，并在推行革新产品方面一直做得很成功。无论是公司的管理者还是一般员工，只要有好主意，公司就会鼓励他们去"实践"。失败被视为"学习经验"。让公司引以为豪的是：公司是市场驱动的，对顾客需求的变化，公司总是能够十分迅速地做出回应。

B公司要求员工遵守的规章制度很少，对员工的监督也比较宽松，因为公司的管理层相信自己的员工工作努力、值得信赖。管理层看重高生产率，但认为只有以正确的方式对待员工，才能实现高产出。公司对于自己"优良工作环境"的声誉十分自豪。

B公司的工作活动围绕团队进行设计，公司鼓励团队成员与其他职能领域、其他权力层级的人进行交往。员工对团队之间的竞争持积极态度。员工个体和团队都有自己的目标，奖金的分配基于他们实现目标的状况。员工有充分的自主权选择实现目标的手段和途径。

点评：风格迥异的组织文化来自不同特征的组合。A公司和B公司都是业内知名的企业，它们的组织文化却有天壤之别。组织文化就是一个组织的"个性"，它影响着组织行为的方方面面。

2. 组织文化的特征

组织文化是社会文化影响、渗透的产物，它是以社会文化发展为基础的，具有社会文化发展历史的连续性。组织文化既具有民族文化的烙印，同时又有组织管理的个性特点。一般来讲，组织文化具有以下五个特征。

（1）组织文化存在方式的无形性。组织文化所包含的共同理想、价值观念和行为准则作为一种群体心理及氛围存在于组织的员工之中。在组织文化的影响下，员工会自觉地按组织的共同价值观念及行为准则去工作、学习、生活。组织文化的这种作用是潜移默化的，是无法度量和计算的，因此组织文化是无形的。组织文化是一种信念的力量，是一种道德的力量，是一种心理的力量，组织文化虽然是无形的，却是通过组织中有形的载体（如组织成员、产品、设施等）表现出来的。

（2）组织文化作用的软约束性。组织文化之所以对组织和经营管理起作用，主要不是靠权力、规章制度之类的"硬约束"，而是依靠其核心价值观对员工的熏陶、感染和引导，使组织员工产生对组织目标、行为准则及价值理念的认同感，能自觉地按照组织的共同价值观念及行为准则去工作。组织文化对员工有无形的规范和约束作用，而这种规范和约束作用总体来看是一种"软约束"。

（3）组织文化的相对稳定性。组织文化是随着组织的诞生而产生的，具有一定的稳定性和连续性，能长期对组织员工的行为产生影响，不会因为日常微小的经营环境变化或个别员工的去留而产生变化。

（4）组织文化的可塑性。对于一个组织来说，其组织文化并不一定是生来就有的，也有可能是在组织生存和发展过程中逐渐总结、培育和积累形成的。组织文化是可以通过人为的后天努力加以培育和塑造的，而已形成的组织文化也并不是一成不变的，组织文化会随着组织内外环境的变化而变化。

（5）组织文化的个体性。组织文化有鲜明的个体性，不同的组织具有不同的文化，组织文化总是在特定的环境中生长，在特定的范围内发生作用的。即使同一国家内的不同组织，其组织文化也有共性的一面，即由同一民族文化和同一国内环境形成的一些共性，但由于其行业不同、历史特点不同、经营特点不同、产品特点不同、发展特点不同，必然也会导致组织文化个体性的不同。而组织文化只有具有鲜明的个体性，才有活力和生命力，才能充分发挥组织文化的作用，使组织长盛不衰。

二、组织文化的结构与内容

（一）组织文化的结构

一般认为，组织文化有三个结构层次，即表层文化、中介文化、深层文化。

（1）表层文化又称物质层文化，是指凝聚着组织文化抽象内容的物质体的外在显现，它包括组织实体性的文化设备、设施等，如带有本组织色彩的工作环境、作业方式、图书馆、俱乐部等。表层文化是组织文化最直观的部分，也是人们最易于感知的部分。

（2）中介文化又称制度层文化，是指体现某个具体组织的文化特色的各种规章制度、道德规范和员工行为准则的总和，也包括组织内的分工协作关系的组织结构。它是组织文化深层（内隐部分）与表层的中间层，是由深层文化向表层文化转化的中介。

（3）深层文化又称观念层文化或精神层文化，深层文化是组织文化中的核心和主体，包括组织精神、价值观念、道德观念等。

组织文化的表现形态有物化文化、制度文化、管理文化、生活文化、观念文化等。

（二）组织文化的内容

组织文化的具体内容有组织精神、组织理念、组织价值观、组织道德、组织素养、组织行为、组织制度、组织形象等。

从最能体现组织文化特征和内涵的角度来看，组织文化的内容包括以下几个方面。

1. 组织精神

组织作为一个有机体是具有精神的。作为组织灵魂的组织精神，一般是指组织经过组织成员的共同努力奋斗和长期培养所逐步形成的，认识和看待事物的共同心理趋势、价值取向和主导意识。组织精神是一个组织的精神支柱，是组织文化的核心，它反映了组织成员对本组织的地位、形象和风气的理解和认同，也蕴含着其对本组织的发展、命运和未来所抱有的理想和希望，折射出一个组织的整体素质和精神风格，成为凝聚组织成员的无形的共同理念和精神力量。组织精神一般是以高度概括的语言凝练而成的。如南京汽车集团有限公司的"四创精神"——"创业、创新、创优、创名牌"；南京商厦股份有限公司的"三自精神"——"自豪之情、自知之明、自立之能"。

2. 组织价值观

组织价值观是指组织评判事物和指导经营管理行为的基本信念和总体观点，它包括组织存在的意义和目的、组织中各项规章制度的必要性与作用、组织中各个岗位上的人们的行为与组织利益之间的关系等。

组织价值观一旦形成，就会成为组织评判事物和指导行为的基本信念、观点和选择依据。每一个组织的价值观都会有不同的层次和内容。成功的组织总是会不断更新组织的信念，不断地追求更新、更高的目标。

组织价值观具有不同的层次和类型，而优秀的组织总会追求更高的目标、承担更多的社会责任和产生新的信念。

3. 组织道德

组织道德是通过组织道德伦理规范表现出来的，它是组织向组织成员提出应当遵守的行为规范、通过组织群体舆论和群体压力来规范人们行为的准则。组织文化内容结构中的伦理规范既体现着组织自下而上环境中社会文化的一般性要求，又体现着本组织各项管理的特殊要求。以组织道德为内容和基础的员工伦理行为准则是传统的组织管理规章制度的补充、完善和发展。正是这种补充、完善和发展使组织的价值观融入了新的文化力量。

4. 组织素养

组织文化必须包含组织运作成功所需的组织素养。组织素养包括组织中各层级员工的基本思想素养、科技和文化教育水平、工作能力、精力以及身体状况等。其中，员工基本思想素养的水平越高，组织中的组织精神、价值观念、道德修养的基础就越深厚，组织文化的内容也就越充实丰富。可以想象，当对一种行为或一项选择不容易判定对与错时，基本思想素养水平较高的组织更容易帮助管理者做出正确决策。

5. 组织形象

组织形象是指社会公众和组织成员对组织、组织行为与组织各种活动成果的总体印象和总体评价，组织形象反映的是社会公众和组织成员对组织的承认程度，体现了组织的声誉和知名度。

组织形象包括人员素质、组织风格、人文环境、发展战略、文化氛围、服务设施、工作场合和组织外貌等内容，对组织形象影响较大的因素有五个：①服务（产品）形象；②环境形象；③成员形象；④组织领导者形象；⑤社会形象。

组织文化的结构层次、表现形态和具体内容之间有着不可分割的内在联系，我们可以用组织文化复合网络图来表示它们之间的关系，如图8.1所示。

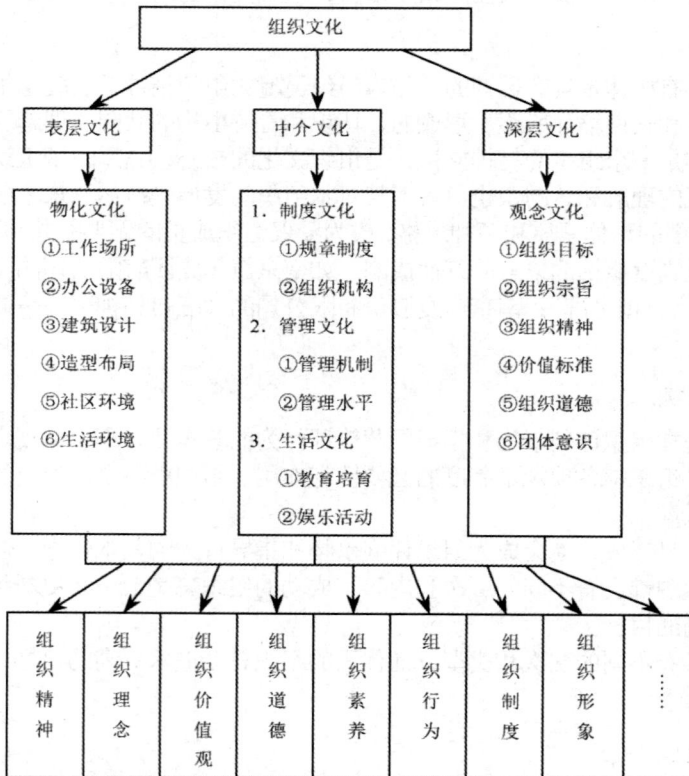

图8.1　组织文化复合网络图

三、组织文化对组织行为的影响

组织文化作为 20 世纪 80 年代初出现的管理理论，具有目标导向、凝聚、激励、创新、约束和效率等功能。随着现代组织管理理论和实践的发展，组织文化对组织行为的影响以及组织发展起着日益重要的作用。

案例 8.5

丹尼尔的笑脸管理

位于美国俄亥俄州的 RIM 公司曾一度生产滑坡，工作效率低，利润下降。后来，公司派丹尼尔担任总经理，他很快改变了公司的面貌。丹尼尔的做法很简单，他在工厂里贴上很多这样的标语："如果你看到一个人没有笑容，请把你的笑容分些给他""任何事情只有做起来兴致勃勃，才能取得成功"。标语的下面还签上了丹尼尔的名字。丹尼尔还把工厂厂徽改成一张笑脸。平时，丹尼尔总是春风满面，笑着同人打招呼，笑着向工人征询意见，全厂 2 000 多名工人的名字他都能叫得出来。在丹尼尔的笑脸管理下，两年后，工厂没有增加任何投资，生产效率却提高了 80%。《华尔街日报》在评论他的笑脸管理时称，这是"纯威士忌加柔情的口号、感情的交流和充满微笑的混合物"。美国人把丹尼尔的这种方法叫作"俄亥俄州的笑容"。

一个企业管理者的笑容对客户很重要，对员工更重要，因为没有一个员工不喜欢在轻松愉快的氛围中工作。只有企业内部充满了笑容，企业才会"笑"着前进。

点评：丹尼尔的笑脸管理提高了企业效益。在丹尼尔笑脸管理的背后，实际上是管理者对企业文化建设的高度重视。组织建立和推广的企业文化所产生的影响和功效是不容忽视的。

（1）目标导向功能。组织文化的整体优势使组织中的个体目标与组织的整体目标一致，它既是组织成员个体目标趋向组织目标的内在动因，又是个体目标发展的导向。

（2）凝聚功能。组织文化强调组织目标和组织成员工作目标的一致性，强调群体成员的信念、价值观念的共同性，强调组织对组织成员的吸引力和成员对组织的向心力。因此，它对组织成员有着巨大的凝聚作用，使组织成员团结在一起，形成一股强大的力量。

案例 8.6

本和杰瑞公司的快乐文化

本和杰瑞公司（Ben&Jerry's）是一家知名的生产各种冰激凌的公司。该公司为人称道不仅是因为它为人们提供可口的冰激凌，更重要的是它还为组织和员工的相互适配提供了样板。该公司的文化积极向上，鼓励员工愉快地工作，为此公司还建立了"快乐委员会"，并每年将 7.5% 的税前收益捐献给社区发展计划，为社会和环境保护做出实质性贡献，同时将公司各层级之间的收入差距控制在有限的范围之内。如果有人私下向它的员工提出这样的问题："你真的那么想在这儿工作吗？"得到的回答总是肯定而响亮的："当然！"

点评：从上面的案例可以看出，本和杰瑞公司有效地挖掘了组织文化的凝聚功能。组织文化的凝聚功能是指一种价值观被企业员工认可后，就会产生一种巨大的向心力和凝聚力，将企业员工团结起来。在外部环境复杂多变的情况下，组织文化将组织成员的理想、要求、事业心以及对成功的欲望与组织目标凝聚在一起，形成共同的目标、行为准则和价值观，具有极其重要的现实意义。

（3）激励功能。以组织文化为组织的精神目标和支柱，可以激励全体组织成员自信自强、团结进取。组织文化强调个人自由全面地发展。以组织文化塑造组织成员，每个组织成员对自己的工作都拥有相当大的自主权，实行自主管理、自我诊断、自我启发、自我完善，这样就可以充分调动组织成员的积极性、主动性和创造性。

（4）创新功能。组织文化注重创造适当的环境，以赋予全体成员创新的动机和创造的素质，从而引导创新行为，开发组织独特的技术、产品和服务。

（5）约束功能。组织文化通过"文化优势"创建出一些非正式的、约定俗成的群体规范或共同的价值准则。这些群体规范或价值准则虽然没有强制人们执行的性质，但它们在个体心理上所起的作用，有时反而比权威、命令大很多，更能改变个体行为，使之与群体行为一致。因此，企业文化对组织成员的行为具有一定的"软约束力"。

（6）效率功能。组织文化一方面试图通过提升组织成员的个体活力来提升组织整体活力，另一方面也对组织内部管理体制提出了新的挑战，要求以开放型管理体制代替传统僵硬的、封闭的行政管理体制来提高组织效率。开放型管理体制的特征是利用组织成员的默契合作来补充僵硬的行政协调，提倡组织成员之间的相互替代、相互合作。开放型管理体制不仅提倡组织之间的竞争，也提倡组织内部的竞争，以此提高组织整体效率。

第三节　组织文化建设

一、组织文化的形成

一个组织的组织文化究竟是如何形成的？埃德加·沙因指出，一个组织的组织文化的形成过程是其应对外部挑战和内部融合的过程；组织是在适应外部环境求生存和建立内部一体化的过程中形成自身文化的。

适应外部环境求生存是指组织该怎样在外部环境中找到适合的位置，并与不断变化的外部环境相适应，包括以下四个具体问题：①宗旨和战略，确定组织的基本宗旨和基本战略；②目标，确立组织的具体目标；③方法，确定如何实施组织目标的方式、方法、手段、工具等；④衡量，确定标准以衡量个人和群体完成目标的情况。

内部一体化是指组织成员之间在建立和保持一致有效的工作关系和组织关系过程中，人们的行为所形成的以组织目标为中心的规范化过程，包括以下四个具体问题：①语言和概念，确定组织成员间相互交流的方式和方法，形成组织成员对重要理念和概念的共同认可；②群体和团队的界限，建立群体和团队成员的资格标准；③权力和地位，确定获得、保持和剥夺权力和地位的规则；④奖励和惩罚，建立鼓励适当行为以及阻止不适当行为的制度和规则。

总之，当一个组织的成员把他们共享的知识、信念、价值观、行为规范等用于解决组织的外部适应性和内部一体化问题时，该组织的文化便会产生和形成。在新的组织里，其创始人或少数的关键人物在很大程度上影响或决定着组织的文化。在组织后来的生存和发展活动中，其文化主要反映那些创始人或早期高层管理者的价值观和思想。如柳传志对联想企业文化的影响、韦尔奇对通用电气企业文化的影响、马云对阿里企业文化的影响都说明了这一道理。

组织文化的形成也会受到社会文化的影响，如组织所在国家或地区的民族文化、风俗习惯、社会规范、道德标准等都会明显地影响组织文化的形成。

二、组织文化的维系

组织文化形成或创建后，有关的领导管理层应当采取必要的管理措施和方法来维系组织文化，从而保持组织文化的活力和特色。人力资源管理措施是众多管理措施中非常重要的一部分。人力资源管理活动维系和强化组织文化，组织文化对人力资源管理各个环节存在规范和约束功能。例如，组织可以通过使员工拥有一系列相似的经历而起到维系其文化的作用。组织文化的维系过程如图 8.2 所示。

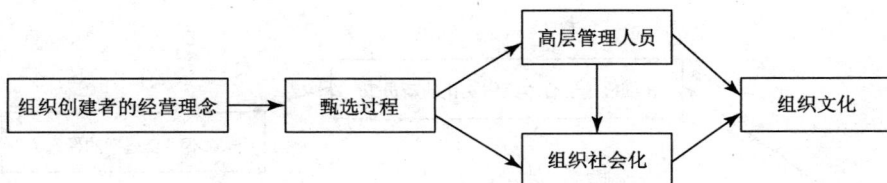

图 8.2　组织文化的维系过程

组织文化维系过程的含义包括如下几个方面。

首先，组织创建者的经营理念不仅决定着组织文化的创建，而且还会强烈地影响组织对其成员的甄选标准和甄选过程。

其次，组织成员的甄选标准和甄选过程会决定其对组织成员的挑选，并且会影响或设定组织成员的行为标准，限定高层管理人员的行动范围和组织成员的社会化过程。组织成员的甄选过程是指组织按照规定的甄选标准挑选和聘用适合本组织工作的人员。组织成员的甄选过程是一种文化价值观双向选择的过程。一方面，招聘者要仔细判断应聘者的价值观与组织的价值观是否匹配，筛除那些可能与本组织核心价值观不同的人；另一方面，应聘者也可在此过程中得到一些组织信息，若发现自己的价值观与组织的价值观相互冲突，可以自行退出候选人之列，这样也能起到维系组织文化的作用。

再次，高层管理者的言谈举止对组织文化有着重要的影响。他们的所作所为会表明或暗示组织成员哪些行为是可接受的，哪些行为是不可接受的，把明确的行为准则渗透进组织，如鼓励哪些行为，晋升、奖励的依据和标准是什么，怎样才是衣着得体的，等等。组织高层管理者的偏好会决定如何促进员工的组织社会化，进而影响组织文化的维系。

最后，员工的组织社会化——帮助组织成员特别是新的组织成员适应和接受组织文化的过程，在维系组织文化过程中起着特别重要的作用。无论组织甄选员工的标准和过程多么科学严密，新的组织成员对组织文化都有一个熟悉和适应的过程，他们可能会改变组织成员已有的观念和行为习惯；一些老的组织成员有时也会因为各种原因，不能完全适应组织文化的要求。而最关键的社会化阶段是员工刚加入组织的时候，组织要尽力把新加入的员工塑造成一个合格的员工。每完成一个员工的组织社会化过程，就起到了进一步维系组织文化的作用。

组织的社会化过程，尤其是一个组织将其新员工引入自身组织文化系统，转变为"自己人"的一般过程如图 8.3 所示。

维系一个组织的组织文化还有许多常规的方法，这些具体方法大部分都比单纯雇用或解雇员工要复杂得多。

维系组织文化的方法包括：①管理者和组织所注意的东西，是指那些得到管理者和组织注意和赞扬的过程和行为。按规则行事，要向组织成员发出强烈的信号——什么是重要的，期望他们去做什么。②对组织的危机的反应，是指当组织面临危机时，管理者和员工表现出的与组织文化有关的行为。人们对危机的处理方式既有可能增强现有的组织文化，也有可能在价值观、行为规范等方面改变现有的组织文化。③管理者的模范作用，是指通过管理人员的表率作用、教育和指导把组织文化传递给员工，并尽量把组织文化融入组织成员的培训和日常工作中去。④报酬与奖励制度，是指与各种行为相关的报酬与奖励制度，这些制度向员工表达了管理者和组织所关注的重点和价值观，人们往往会通过报酬与奖励制度来认知和学习组织的文化。⑤选择与晋升的标准，是指组织通过人员的招募、甄选、提拔和调动等标准来维系组织文化，这些标准是组织成员所通晓的，它们可以加强和表明组织文化的基本方面，并能维系和改变现有组织文化。⑥组织的活动仪式、标志物、庆典和历史展示等，它们是富有文化含义的、有计划的组织活动和组织文化宣传形式，既是组织文化的组成部分，也是维系组织文化的惯例和行为规范。

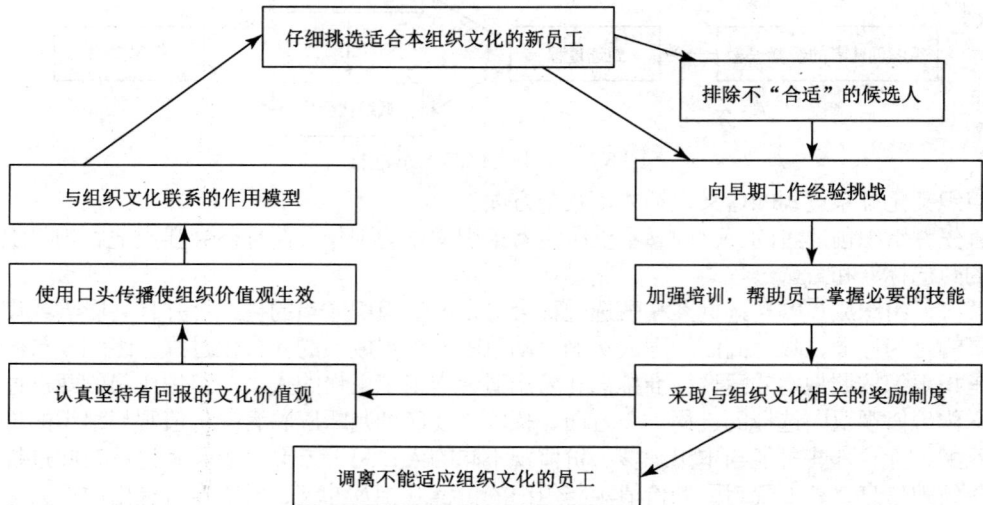

图 8.3　组织文化与新员工引入

三、组织文化的类型

组织文化是在一定的社会文化背景下，在组织成长、变革与发展的长期实践中，在社会文化的长期渗透与影响下形成的。因此，社会文化背景不同，组织文化的类型不同，组织文化就会呈现出不同的特点，显示出自身的活力。组织文化的类型可按不同的标准来划分。如按组织文化的内容、性质，可分为挑战型组织文化、创业型组织文化、人和型组织文化、守成型组织文化、发展型组织文化、求和型组织文化、技术型组织文化、智力型组织文化、服务型组织文化等；如按组织文化的活力程度来划分，可分为活力型组织文化、官僚僵化型组织文化和停滞型组织文化；如按不同的民族和国家（地区）来划分，可分为美国的组织文化、日本的组织文化、西欧的组织文化、中国的组织文化等。本节采用横向比较法，对美国、日本和中国的组织文化特点做简单的介绍和分析。

1. 美国的组织文化

美国作为发达资本主义国家的一个典型代表，其生产力水平和科学技术的发展非常迅速，这与美国的组织文化的发展是分不开的。美国是一个由移民组成的国家，因此其传统的民族文化比较复杂，文化发展的根基较浅。但是，资本主义产业革命和科学技术的进步推动了美国的组织管理思想意识的发展，并且造就了一种新型的美国的组织文化，使其成为世界资本主义发展的典范。美国的组织文化在其长期发展和形成的过程中，形成了自己独特的风格，大体上可以归纳为以下几个特点。

（1）充分相信那些愿意工作并且有工作能力的人，利用各种机会吸引来自世界各国的各类人才。

（2）信赖组织，并且尊重组织的所有者和领导者。

（3）相信竞争能够推动社会发展，把竞争引入生活的各个方面，特别是重视组织之间的竞争。

（4）尊重人而不考虑其宗教或信仰的差异，特别是在组织管理中倡导以人为中心。

（5）重视教育，尊重知识和人才。

（6）尊重财产所有权和专业技能，承认经过选举的或任命的正式职务的权威。

（7）信赖逻辑力量和科学技术，并为它们的发展而不懈努力。

（8）以开拓精神和变革试验去寻求更好的行为方式，不断开辟组织发展的新领域。

分析美国许多成功的企业，我们可以就上面归纳出的这些特点举出很多例子。比如 IBM 公司确定了"以人为核心，并向用户提供最优质的服务"的宗旨，并把这一宗旨作为企业的指导思想。

从美国企业的情况来看，其组织文化推动了企业的管理和发展，为企业带来了巨大的物质财富。近年来，美国企业界和理论界正在着手对组织文化进行广泛的研究，并总结了一些成功企业的组织文化发展和创建的经验，以推动美国的组织文化的进一步发展。

2. 日本的组织文化

日本的组织文化发展推动了日本经济的高速发展，使日本经济取得了世界公认的巨大成就。日本的企业在组织文化的创建过程中，十分注重继承民族的优秀传统文化、价值观念、道德规范，日本的企业把科学技术和现代的组织管理意识与传统的民族精神有机结合起来，形成了一种充满自豪、行之有效的管理思想。日本的组织文化的特点主要包括以下几个方面。

（1）民族精神是日本的组织文化的基石。这种组织文化以人为中心，推崇"仁义礼智信"的思想观念。

（2）组织的管理者把开拓精神与民族精神有机地结合在一起，将民族精神融合到组织文化中，使全体员工形成继往开来、先忧后乐、永不停止、开拓进取的思想。

（3）要求每个员工都要忠于组织，信赖领导者，把个人的奋斗目标同组织的奋斗目标结合起来。每个员工都要服从组织的领导，坚决执行组织的命令。

（4）职业道德教育是日本组织文化的一个重要组成部分。日本的大多数组织会将热爱本职工作、方便顾客的精神贯彻到员工的日常工作中去。

（5）积极进取，努力工作的精神是日本组织文化的一个重要特点，甚至有人称日本人为"工作狂"。

日本人非常善于把传统的组织管理方法和现代科学管理结合起来，形成日本式的管理模式，这就是日本组织文化的创新之处。

3. 中国的组织文化

中国是有着五千年悠久历史的文明古国，传统的民族文化中有许多先进的组织管理思想。中国的组织文化大致有如下几个方面的特点。

（1）寻求整体模式、大一统的思想仍然是中国组织文化最显著的特点之一。

（2）具有将远大理想和现实相结合的价值观、道德观。

（3）组织变革与组织发展不断融合，从而推动了中国的组织创新发展。

（4）不断挖掘传统文化中优秀的组织管理思想，并将其与中国的社会现实相结合，形成一种古为今用的组织文化思想意识。

（5）积极吸收国外先进的科学技术，以推动中国的经济发展。

（6）时间效益观念显著增强，主人翁观念和职业道德观念日益结合起来。

（7）在组织共同发展的基础上，对共同富裕的观念有了进一步的理解和更新。

我国属于发展中国家，因此我们要有长期艰苦奋斗的思想准备，在建设社会主义物质文明的同时，还要把精神文明、生态文明建设提到一个新的高度，建立和完善具有中国特色的组织文化，为推动我国经济建设发挥积极作用。

四、加强组织文化建设的方法

组织可以通过多种方法来加强组织文化建设，如管理者对事情的关注与反应，角色示范和培训，报酬与晋升，招聘、选拔、退休、解雇等制度和组织设计标准等，但最有效的形式是故事、仪式、物质象征和语言。

（1）故事。很多人都听说过下面这个故事：亨利·福特二世在担任福特公司董事长期间，当福特公司的管理人员骄傲自大时，福特先生就会提醒他们"福特公司的大楼写的是我的名字"，其意思很明确——掌握和控制福特公司的是亨利·福特二世。很多组织中都流传着类似的小故事，它们的内容一般都与组织的创始人从乞丐到富翁的发迹史、裁员、员工的重新安置、对过去错误的反省以及组织的危机事件等有关，这些故事可以起到借古喻今、宣传组织文化、引导和教育员工的作用，可以为当前的组织经营实践提供解释和支持。

🔨 案例 8.7

总裁受批评

在某电气公司流传着下面这样一个故事。

下班了，公司总裁还在实验室穿着白大褂做实验。一名来锁门的员工看见了总裁，因为不认识总裁，他高声质问道："昨天晚上你没有关灯就走了吗？"

"哦，我忘了关灯了。"

员工斥责他说："你不知道公司正在实施节能计划吗？总裁总是特别提醒要注意关灯！"

"对不起，下次我一定改正。"总裁回答道。

两天后，这名员工再次遇到了西装革履并佩戴了工牌的总裁。员工大吃一惊，心想："这下我要倒霉了。"谁知，总裁却极力表扬了这名员工工作认真负责。

点评：组织文化的许多基本的信仰和价值观往往都寄寓在一些故事之中，这些故事从老员工传到新员工，让员工能够深入了解和体验组织文化。

（2）仪式。仪式是一系列活动的重复，这些活动能够表达并强化组织的核心价值观，明确哪些组织目标是最重要的，哪些人是重要的。最出名的公司仪式当数玫琳凯公司的年度颁奖大会。这个颁奖大会通常是在一个大礼堂里举行的，台下是一大群兴高采烈的人，所有与会者都身着漂亮的礼服，整个颁奖大会看上去既像是马戏团的表演，又像是美国小姐大选。那些出色地完成了销售指标的销售人员都会得到一些精美的奖品，如黄金饰针、钻石饰针、毛皮披肩等。这种颁奖大会通过对销售业绩突出的员工进行公开表彰，起到了激励员工的作用。另外，这种仪式也突出了其创始人玫琳凯个人的坚强意志和乐观精神，正是这两点使她克服重重困难，创立了自己的公司并获得了巨大的物质财富。玫琳凯通过这种颁奖大会的形式告诉她的员工们，完成销售指标是重要的，通过努力工作是能获得成功的。

🔨 案例 8.8

英特尔的糖果

在英特尔公司，当某位员工出色地完成了一项任务之后，首席执行官总会把他请进办公室，给他一大把糖果以资鼓励。目前，公司每个人都有许多这样的糖果。这种奖赏方式极大地提高了员工的工作绩效和满意度。

　　点评：仪式是组织中特定的一系列活动的重复，仪式能够表达并强化组织的核心价值观。如果没有一定的表达形式，组织文化就会走向消亡。

　　（3）物质象征。组织文化的信息还可以通过向某些员工提供的特殊物质待遇表现出来，诸如较大的办公室、管理人员的额外津贴、员工休息室、特殊用餐设施、为某些员工提供的专门停车位等。这些物质象征都向员工传达了这样一些信息：谁是重要人物、什么是恰当的行为类型等。

案例 8.9

两家餐馆的迥异风格

　　A 餐馆和 B 餐馆是某城市消费最高的两家餐馆。尽管这两家餐馆相隔不超过五条街道，但是却有着完全不同的格调。A 餐馆正规得近乎有些古板，餐馆装饰得像博物馆，侍者身着庄重的制服，目不斜视、表情严肃、一丝不苟；相反，B 餐馆的气氛则要自然随意得多，餐馆的装修虽然是低标准的，但也不乏新潮和时尚，侍者的衣着随意而时髦，与整个餐馆的装饰风格协调一致。不同的装修、不同的员工服装等各方面折射出这两家餐馆具有不同类型的组织文化。并且，这些物质象征进一步将组织文化的相关信息传给它的员工。在 A 餐馆，这种组织文化传递的信息是，"我们是严谨的、正规的和传统的"；而在 B 餐馆则相反，它的组织文化表达了这样一种观念，"我们这里是轻松和开放的"。

　　点评：物质象征折射出这两家餐馆所具有的不同类型的组织文化，这些物质象征又将组织文化的相关信息传达给了它们的新员工。

　　（4）语言。许多组织以及组织内的不同单位都以一些特定的语言风格作为一种识别组织文化或亚文化的方式。通过学习这些特定的语言风格，组织成员可以确认他们已经接受了这种文化，这样做有助于他们保持相关组织文化的理念。如图书馆管理人员所用的术语大部分是外行人所不了解的。随着时间的推移，组织往往会创造出自己特有的名词，用来描绘与业务有关的设备、用具、关键人物、供应商、顾客或产品等。组织的新员工经过初期的培训之后，那些起初时常令他们困惑的术语、行话，就会完全成为他们语言中的一部分了。一旦这些术语和行话为该组织的员工所掌握，它们就成为组织文化的一部分了。

　　除了上述几种方式之外，组织还可以通过对组织形象的塑造来加强组织文化建设。

　　组织形象与组织文化的关系，就如同像与人、影与形的关系。组织文化是组织客观存在的微观文化；企业形象是组织文化在传播媒体上的映像；组织文化是企业形象的本源，企业形象是组织文化的外显。企业形象的塑造是组织文化建设的重要组成部分，也是企业经营战略的重要组成部分。

　　组织形象塑造被视作组织文化建设的重要内容。而企业识别系统（CIS）是组织形象塑造和实施系统的核心。企业识别系统包括以下三个层次。

　　（1）理念识别。理念识别包括对企业目标、企业哲学、经营宗旨、企业精神、企业道德等的识别。

　　（2）行为识别。行为识别包括对内的组织管理、人员培训、企业礼仪和风尚等行为的识别；对外的市场调查、产品推广、服务态度和技巧、公共关系活动等行为的识别。

　　（3）视觉识别。视觉识别的基本部分包括企业名称、标志、标准字、标准色、精神标语、手册等，视觉识别的应用部分涉及企业的产品及包装、招牌、服装、建筑、厂容厂貌、纪念物、广告等视觉信息的识别。

显然，这三个层次与组织文化的三个层次——观念层（深层）、制度层（里层）、物质层（表层）是一一对应的，在内容上也是相互重叠和大体一致的。

案例 8.10

华为公司变更企业标志

2004 年以前，华为企业标志的花瓣有 15 瓣，2004 年演变成 8 瓣，除了比原来简洁、好看外，还有其他的含义吗？

华为云的总裁张平安说过希望华为能够把产品销售到世界的各个地方，企业标志是红色的，和太阳光芒的颜色非常相似，是散发光芒的意思。官方解释说：标志采用了聚散的模式，8 瓣花瓣由聚拢到散开，寓意为华为发展事业上的兴盛。

第三代企业标志相比第二代整体没什么变化，主要是花瓣在视觉上更加扁平化，取消了渐变效果，企业标志下方的字体有了变化，由圆润变成了方正，其中的"E"尤为明显。

华为新的企业标志在保持原有标志蓬勃向上、积极进取的基础上，延伸了公司的核心理念：更加聚焦、创新、稳健、和谐，充分体现了华为将继续保持积极进取的精神，通过持续的创新，支持客户实现网络转型并不断推出有竞争力的业务；华为将更加国际化、职业化，更加聚焦客户，创造一种和谐的商业环境实现自身的稳健成长。

华为技术　　HUAWEI　　HUAWEI
2004 年以前　2004—2018 年　2018 年以后

点评：华为企业标志的三次变化，其实很大程度上代表了华为的发展阶段，第一阶段是创始起步，第二阶段是和国际接轨，第三阶段则是向大家宣告自己的强大。新企业标志采用了更简洁、大气的设计，一方面是追随流行趋势，另一方面也是品牌自信和品牌实力的体现。

在组织文化的三个层次中，观念层是最重要、最核心的部分；在组织形象塑造的三个层次中，理念识别是最重要、最根本的一环。这恰如人的形象塑造，仪表美、语言美、行为美、心灵美这四美构成了完美的形象，其中心灵美最重要，是"树根"，语言美、行为美是"树干"，而仪表美只是"树叶"和"花朵"。根深才能叶茂。如果仅仅在叶和花上下功夫，而不用心浇水培土，为树的根和干提供养料，则是舍本逐末之举，久而久之，叶会枯，花会落。"同仁堂"的金字招牌之所以 300 多年不倒，成为一笔庞大的无形资产，主要不是得益于同仁堂的店名、标志和广告，而是得益于它济世养生的宗旨、先义后利的行为以及"炮制虽繁必不敢省人工，品味虽贵必不敢减物力"的店训，正是这些，才使同仁堂在社会公众中树立了良好的信誉。

就企业形象策划工作而言，仅靠广告公司是不够的，而应是广告策划、公关策划、组织行为策划三方面的专家与企业密切合作，共同策划，不仅要在表层努力，更要在深层下功夫，才会收到事半功倍之效。

本 章 小 结

组织发展致力于提高组织的有效性，组织发展重视组织成员和组织的成长、合作与参与过程以及质询精神。工作生活质量重视每个组织成员的个人价值在工作中的体现，并且通过个人价值的体现反过来促进组织绩效的提升。

组织文化是指组织在长期的发展中所形成的，为本组织所特有的，且为组织多数成员共同遵循的最高目标、价值标准、基本信念和行为规范等的总和及其在组织活动中的反映。它增强了组织的凝聚力、向心力和持久力，保证了组织行为的合理性，推动了组织成长和组织发展。本章还介绍了建设组织文化的方法。

综合练习题

一、名词解释

智力资本　　组织发展　　敏感性训练　　大群体干预　　工作生活质量　　组织文化

二、单项选择题

1．关于组织发展说法不正确的是（　　　）。

A．组织发展应重视人员和组织的成长、合作与参与过程以及质询精神

B．组织发展仅包括组织变革过程

C．组织变革的推动者在组织发展中具有指导作用

D．组织发展中的变革推动者不应重视权力、权威、控制、冲突以及强制等观念

2．通过非结构化的群体互动来改变人们行为的一种方法是（　　　）。

A．敏感性训练　　　B．专业培训　　　　C．组织变革　　　　D．分权管理

3．管理中的工作生活质量的内容不包括（　　　）。

A．员工职业生涯发展　　　　　　　　B．劳动报酬的充分性和公平性

C．保障员工在组织外的权利　　　　　D．组织中的人际关系

4．组织文化通过文化优势创建出一些非正式的约定俗成的群体规范和价值观念，这体现了组织文化的（　　　）。

A．凝聚功能　　　B．创新功能　　　　C．约束功能　　　　D．效率功能

5．组织为其成员提供的诸如较大的办公室等属于组织文化的（　　　）。

A．文字和标志表现形式　　　　　　　B．仪式表现形式

C．物质象征表现形式　　　　　　　　D．实物形象和艺术造型表现形式

三、多项选择题

1．组织发展的技术或干预措施包括（　　　）等。

A．敏感性训练　　　B．调查反馈　　　C．过程咨询　　　　D．大群体干预

2．CIS包括（　　　）层次。

A．理念识别　　　B．行为识别　　　　C．视觉识别　　　　D．形象识别

3．组织文化的特点包括（　　　）。

A．阶级性　　　　B．民族性　　　　　C．整体性与个体性

D．历史连续性　　E．创新性

4．加强组织文化建设的最有效的形式有（　　　）等。

A．故事　　　　　B．仪式　　　　　　C．物质象征　　　　D．语言

四、简答题

1．工作生活质量的内容是什么？
2．组织发展的含义是什么？
3．什么是组织文化？组织文化的内容有哪些？
4．组织文化的特征、功能及其表现是什么？
5．维系组织文化的方法有哪些？
6．加强组织文化建设有哪些方法？
7．描述你所在大学的文化，它有何特征？
8．联系实际，谈谈组织应如何提高组织成员的工作生活质量。
9．试述如何通过组织文化建设提升组织形象。

案例分析题　课外拓展训练

五、案例分析题

扫描二维码，阅读案例并回答后面的问题。

六、课外拓展训练

扫描二维码，完成相关训练。

主要参考文献

[1] 奥斯兰，特纳，科尔布，等，2010. 组织行为学经典文献. 8 版. 顾琴轩，译. 北京：中国人民大学出版社.

[2] 陈春花，曹洲涛，宋一晓，等，2020. 组织行为学. 4 版. 北京：机械工业出版社.

[3] 陈国海，2020. 组织行为学. 6 版. 北京：清华大学出版社.

[4] 傅永刚，2010. 组织行为学. 北京：清华大学出版社.

[5] 哈里斯，哈特曼，2011. 组织行为学. 李丽，闫长坡，刘新颖，译. 北京：经济管理出版社.

[6] 胡君辰，2014. 组织行为学. 2 版. 北京：中国人民大学出版社.

[7] 黄培伦，2016. 组织行为学. 2 版. 广州：华南理工大学出版社.

[8] 李剑锋，2013. 组织行为管理. 5 版. 北京：中国人民大学出版社.

[9] 李永勤，郭颖梅，2014. 组织行为学. 北京：中国农业出版社.

[10] 李中斌，杨成国，胡三媛，2010. 组织行为学. 2 版. 北京：中国社会科学出版社.

[11] 刘智强，关培兰，2020. 组织行为学. 5 版. 北京：中国人民大学出版社.

[12] 罗宾斯，贾奇，2021. 组织行为学. 18 版. 孙健敏，朱曦济，李原，等译. 北京：中国人民大学出版社.

[13] 马林斯，2010. 组织行为学精要. 2 版. 高嘉勇，杨春妮，王鹤红，等译. 北京：人民邮电出版社.

[14] 麦克沙恩，格利诺，2018. 组织行为学：英文版 原书第 7 版. 吴培冠，张璐斐，译. 北京：机械工业出版社.

[15] 庞君，2017. 组织行为学. 重庆：重庆大学出版社.

[16] 单大明，2014. 组织行为学. 2 版. 北京：机械工业出版社.

[17] 苏勇，何智美，2021. 现代组织行为学. 3 版. 北京：清华大学出版社.

[18] 苏宗伟，苏东水，2021. 管理心理学. 6 版. 上海：复旦大学出版社.

[19] 孙健敏，2018. 组织行为学. 北京：中国人民大学出版社.

[20] 王凤彬，李东，2021. 管理学. 6 版. 北京：中国人民大学出版社.

[21] 肖志雄，刘宇璟，2008. 组织行为学. 武汉：华中科技大学出版社.

[22] 张德，2019. 组织行为学. 6 版. 北京：高等教育出版社.

[23] 赵慧军，2012. 现代管理心理学. 4 版. 北京：首都经济贸易大学出版社.

[24] 赵平，2021. 组织行为学. 北京：北京理工大学出版社.

[25] 赵曙明，2016. 国际企业：人力资源管理. 5 版. 南京：南京大学出版社.

[26] 赵应文，胡乐炜，2013. 精编组织行为学. 2 版. 武汉：武汉理工大学出版社.

[27] 周菲，2014. 组织行为学. 2 版. 北京：机械工业出版社.

更新勘误表和配套资料索取示意图

说明 1：本书配套资料在人邮教育社区（www.ryjiaoyu.com）本书页面内下载，注册后可直接下载的为学习资料，不能直接下载的为教学资料。

说明 2：本书配套教学资料的下载受教师身份、下载权限限制，教师身份、下载权限需经网站后台审批，参见示意图。

说明 3："用书教师"是指学生订购本书的授课教师。

说明 4：本书配套教学资料将不定期更新、完善，新资料会随时上传至人邮教育社区本书页面内。

说明 5：扫描二维码可查看本书现有"更新勘误记录表""意见建议记录表"。如发现本书或配套资料中有需要更新、完善之处，望及时反馈，我们将尽快处理！

咨询邮箱：13051901888@163.com

更新勘误及意见建议记录表

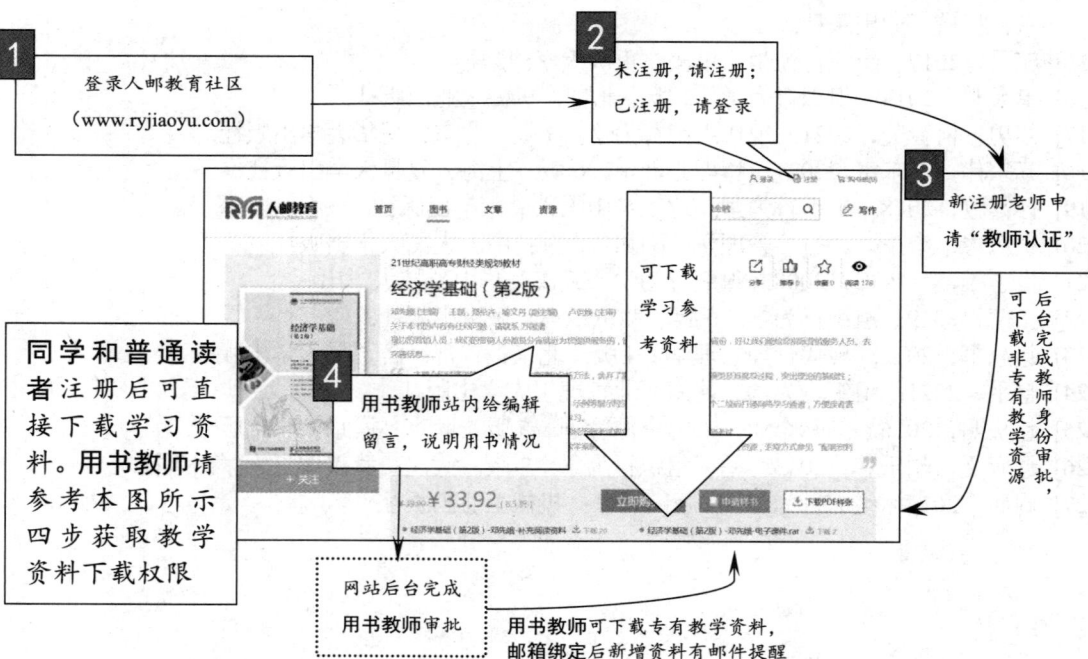